Fresques

Histoire et éducation à la citoyenneté
2e cycle du secondaire • **2e année**

Christophe Horguelin • Maude Ladouceur
France Lord • Fabienne Rose

Avec la collaboration de
Stéphanie Béreau, Jesse Boulette,
Chantal Gauthier et François-Nicolas Pelletier

Manuel de l'élève 2
Tome 2

GRAFICOR

CHENELIÈRE ÉDUCATION

Fresques

Histoire et éducation à la citoyenneté, 2e cycle du secondaire, 2e année

Christophe Horguelin, Maude Ladouceur, France Lord, Fabienne Rose

© 2009 Chenelière Éducation inc.

Édition : Audrée-Isabelle Tardif
Coordination : Denis Fallu et Christiane Gauthier
Révision linguistique : Claire St-Onge
Correction d'épreuves : Michèle Levert et Marie Théorêt
Conception graphique et infographie : Matteau Parent graphisme et communication inc. (Chantale Richard-Nolin)
Conception de la couverture : Matteau Parent graphisme et communication inc. (Chantale Richard-Nolin) et Josée Brunelle
Montages iconographiques : Luc Normandin (couverture, p. 2-3, 94-95 et 188-189)
Recherche iconographique : Marie-Chantal Laforge, Melina Schoenborn et Bernard Théoret
Recherche historique : Nancy Marando, Stéphane Gervais et Daniel Horner
Cartographie : Yanick Vandal, Groupe Colpron
Impression : Imprimeries Transcontinental

Remerciements

L'Éditeur tient à remercier Nancy Marando pour sa précieuse collaboration.

Pour leur travail de révision scientifique réalisé avec soin et promptitude, l'Éditeur remercie Donald Fyson, Université Laval (chapitre 4, régime français et régime britannique) ; Claude Gélinas, Université de Sherbrooke (chapitre 3, premiers occupants) ; Xavier Gélinas, Musée canadien des civilisations (chapitre 3, période contemporaine) ; Ollivier Hubert, Université de Montréal (chapitre 3, régime britannique) ; Marie Nathalie Leblanc, Département de sociologie, Université du Québec à Montréal (chapitre 3, République démocratique du Congo) ; François Melançon, Université de Sherbrooke (chapitre 3, régime français) ; Élise Naud, géographe (chapitre 5, la gestion de l'eau, un enjeu environnemental) ; Loïc Tassé, Université de Montréal (Birmanie).

GRAFICOR

CHENELIÈRE ÉDUCATION

7001, boul. Saint-Laurent
Montréal (Québec) Canada H2S 3E3
Téléphone : 514 273-1066
Télécopieur : 450 461-3834 / 1 888 460-3834
info@cheneliere.ca

ISBN 978-2-7652-0482-4

Dépôt légal : 1er trimestre 2009
Bibliothèque et Archives nationales du Québec
Bibliothèque et Archives Canada

Imprimé au Canada

2   3   4   5   ITIB   12   11   10   09

Nous reconnaissons l'aide financière du gouvernement du Canada par l'entremise du Programme d'aide au développement de l'industrie de l'édition (PADIÉ) pour nos activités d'édition.

Gouvernement du Québec – Programme de crédit d'impôt pour l'édition de livres – Gestion SODEC.

Membre du CERC

Membre de l'Association nationale des éditeurs de livres

CERC
Canadian Educational
Resources Council

ASSOCIATION NATIONALE DES ÉDITEURS DE LIVRES

TABLE DES MATIÈRES

chapitre 3

CULTURE ET MOUVEMENTS DE PENSÉE

chapitre 4

POUVOIR ET POUVOIRS

L'ORGANISATION DU MANUEL

Votre manuel en deux tomes comprend un rappel des réalités sociales de la 1re année du 2e cycle du secondaire, cinq chapitres et cinq sections de référence : la Boîte à outils, l'Atlas, la Chronologie, le Glossaire et l'Index.

Chaque chapitre permet d'aborder une réalité sociale selon une thématique et sous un angle historique et actuel.

Le début d'un chapitre

L'ouverture du chapitre présente en un coup d'œil la thématique à l'étude.

Le sommaire donne un aperçu du contenu du chapitre.

Les concepts du chapitre sont présentés sous forme de liste.

La fresque d'ouverture met en évidence les principaux éléments de contenu abordés.

Les pages « Aujourd'hui : tour d'horizon » soulèvent un questionnement sur un aspect du Québec contemporain. Ce questionnement se poursuivra à la fin du chapitre, dans les pages « Aujourd'hui : enjeux de citoyenneté ».

Les pictogrammes CD 1, CD 2, et CD 3 indiquent la compétence ou les compétences disciplinaires qui peuvent être développées dans la partie.

La rubrique « Pistes d'interrogation » incite l'élève, à partir des documents présentés, à s'interroger sur un enjeu lié à un aspect du Québec contemporain.

La partie en lien avec le passé du Québec

Ces pages d'ouverture présentent la thématique abordée sous l'angle de la durée.

La question de départ guide l'interprétation du contenu tout au long de la section.

Des consignes soutiennent l'interprétation selon la méthode historique.

Les projets facultatifs du chapitre sont présentés brièvement.

Le ruban du temps présente les périodes historiques abordées dans le chapitre. Les illustrations placées sous chacune des périodes amènent l'élève à s'interroger sur les éléments de continuité et de changement qui caractérisent chacune des périodes historiques à l'étude.

La partie est divisée en trois ou quatre périodes historiques.

La question d'ouverture guide l'interprétation du contenu de la période historique à l'étude.

Le ruban du temps permet de situer les principaux événements historiques de la période.

La rubrique « À travers le temps » présente un aspect de l'histoire dans une perspective de continuité entre le passé et le présent.

La rubrique « Portrait » relate le parcours des gens qui ont eu une influence sur leur époque.

Les définitions des mots ou des concepts écrits en bleu dans le texte sont placées en marge.

La rubrique « Curiosité » présente des faits étonnants.

Les documents écrits permettent de comprendre le point de vue des gens de l'époque.

Les concepts étudiés dans la partie en cours sont indiqués près du titre.

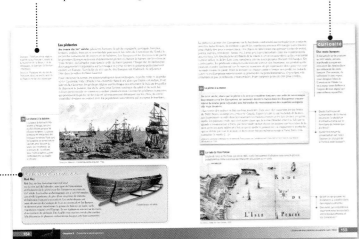

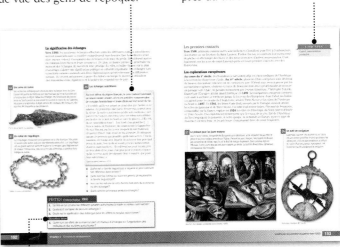

La rubrique « Lieu de mémoire » s'attarde à des éléments du patrimoine culturel des sociétés à l'étude.

La rubrique « Pistes d'interprétation » comprend des questions relatives au contenu d'une partie de la période à l'étude. La « Question bilan » permet de faire le point.

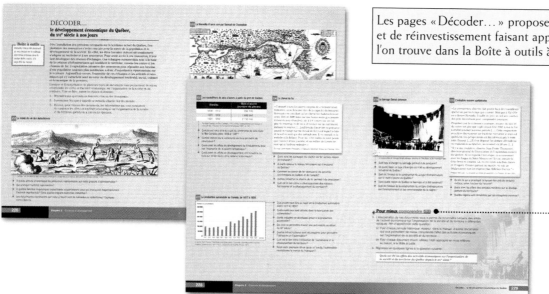

Les pages « Décoder... » proposent une activité d'intégration et de réinvestissement faisant appel à plusieurs techniques que l'on trouve dans la Boîte à outils à la fin du manuel.

La rubrique « Pour mieux comprendre » offre l'occasion de répondre à la question de départ.

La partie sur les sociétés de comparaison

La deuxième partie, intitulée « Ailleurs,... », permet de comparer le Québec contemporain avec une autre société, au choix parmi celles présentées dans cette partie.

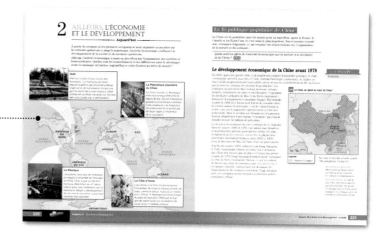

Une carte situe les sociétés de comparaison et les présente brièvement.

La rubrique « Et maintenant » propose des liens avec le présent afin de susciter la réflexion.

La rubrique « Pistes de comparaison » propose une série de questions relatives au contenu présenté ainsi qu'une activité de comparaison.

La fin d'un chapitre

Les pages « Aujourd'hui : enjeux de citoyenneté » portent sur le Québec actuel et poursuivent la réflexion amorcée dans les pages « Aujourd'hui : tour d'horizon » du début du chapitre.

La rubrique « Débats d'idées » pose des questions liées aux documents, en vue d'un débat en classe.

La rubrique « Pistes de réflexion citoyenne » amène à réfléchir aux gestes qu'on peut poser en tant que citoyens dans la société d'aujourd'hui.

La synthèse du chapitre est suivie de plusieurs activités de synthèse et de réinvestissement qui permettent de faire un retour sur le contenu, les concepts et l'objet d'interprétation du chapitre.

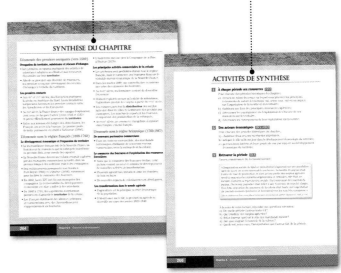

L'« Option projet » présente de façon détaillée les deux projets facultatifs du chapitre.

Le pictogramme [TIC] souligne une occasion de faire appel aux technologies de l'information et de la communication (TIC).

Les pages de référence du manuel

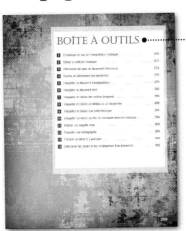

La Boîte à outils propose des techniques utiles en histoire et des exemples de leur application.

L'Atlas présente des cartes historiques et des cartes géographiques pertinentes.

- La Chronologie thématique fait un survol des événements importants de chaque thématique à l'étude.

- Le Glossaire-index regroupe toutes les définitions du manuel et renvoie aux pages où les mots définis apparaissent pour la première fois.

DÉVELOPPER SES COMPÉTENCES

Le cours d'histoire et éducation à la citoyenneté vise le développement de trois compétences disciplinaires.

CD 1 Interroger les réalités sociales dans une perspective historique

Cette compétence permet de relever de l'information et de se questionner sur le Québec d'aujourd'hui en vue d'aller chercher ensuite des explications dans le passé. Il s'agit de faire des liens entre les différents aspects de la société présentée sur une longue durée. On est alors amené à s'intéresser à l'évolution de la société dans le temps.

Dans le manuel, cette compétence peut-être développée dans les sections suivantes :

- Les pages « Aujourd'hui : tour d'horizon » ;
- La rubrique « Pistes d'interrogation » ;
- Les pages d'ouverture qui présentent la thématique du chapitre ;
- La partie en lien avec le passé du Québec ;
- La partie sur les sociétés de comparaison ;
- Les activités de synthèse.

CD 2 Interpréter les réalités sociales à l'aide de la méthode historique

Cette compétence permet d'utiliser la méthode historique et de mettre à contribution les outils et techniques propres à l'histoire, afin de trouver des explications à ses interrogations. Il s'agit d'interpréter le passé en faisant des liens entre les événements et en établissant leurs conséquences dans la durée. Appuyé par des documents variés, on justifie son interprétation en réutilisant les concepts à l'étude dans différents contextes.

Dans le manuel, cette compétence peut être développée dans les sections suivantes :

- La partie en lien avec le passé du Québec ;
- Les rubriques « Pistes d'interprétation » ;
- La partie sur les sociétés de comparaison et les rubriques « Pistes de comparaison » ;
- Les pages « Décoder... » ;
- La synthèse et les activités de synthèse ;
- La boîte à outils.

CD 3 Consolider l'exercice de sa citoyenneté à l'aide de l'histoire

L'étude des réalités sociales aide à réaliser l'importance des actions humaines dans le développement de notre société démocratique. Pour pouvoir établir les bases de participation à la vie collective, il faut être en mesure de définir son identité et reconnaître qu'il existe une diversité d'identités. En débattant d'enjeux de société et en réinvestissant ses connaissances dans le contexte du présent, on est en mesure de consolider l'exercice de sa citoyenneté.

Dans le manuel, cette compétence peut être développée dans les sections suivantes :

- Les pages « Aujourd'hui : tour d'horizon » ;
- Les rubriques « Et maintenant » ;
- Les pages « Aujourd'hui : enjeux de citoyenneté » ;
- Les activités de synthèse.

LES CONCEPTS COMMUNS EN UNIVERS SOCIAL

Le domaine de l'univers social s'articule autour de trois concepts communs : société, territoire et enjeu. Ce domaine regroupe la géographie, l'histoire et l'éducation à la citoyenneté. Ces disciplines permettent de comprendre le monde dans lequel nous évoluons et de trouver des façons d'y contribuer en tant que citoyens.

SOCIÉTÉ

Une société est un regroupement d'individus qui s'organisent sur un territoire et qui établissent des liens durables entre eux. Chaque société se définit par sa culture propre, c'est-à-dire ses traditions et ses coutumes, le mode de vie de ses habitants, son type de régime politique, la ou les religions qu'on y pratique, la ou les langues qu'on y parle, etc. Ainsi, la société québécoise se caractérise, entre autres, par ses valeurs démocratiques, son ouverture à la diversité et son attachement à la langue française.

TERRITOIRE

Le territoire est le lieu sur lequel une société évolue. Il est aménagé en vue de répondre aux besoins de cette société et il reflète les caractéristiques politiques, économiques et sociales du groupe humain qui l'occupe. Par exemple, le territoire de certaines régions ressources du Québec reflète le type d'exploitation économique (telle l'exploitation forestière) qui y est fait et le mode de vie de ceux qui y habitent.

ENJEU

Toutes les sociétés font face à des enjeux déterminants. Un enjeu est ce qu'il y a à gagner ou à perdre dans une situation qui, la plupart du temps, pose problème. Il est souvent lié à une question de continuité ou de changement dans une société, et il compte en général des opposants et des partisans. La question de la propriété et de l'utilisation de l'eau qui est disponible sur le territoire du Québec est un exemple d'enjeu. Elle implique ceux qui estiment que l'eau est un bien commun et appartient à l'ensemble des Québécois, et ceux qui estiment que l'eau est un bien et qu'elle peut être vendue. Le gouvernement, quant à lui, doit faire face à cet enjeu et évaluer tous les aspects du problème pour trouver un compromis.

Chapitre 1 : Population et peuplement

 La population des premiers occupants

—◆—◆— **Vers 1500** —◆—◆—

Des premières migrations à l'occupation du territoire vers 1500

- Les premières traces d'occupation en sol québécois remonteraient à environ 12 000 ans.
- L'occupation du territoire s'effectue par vagues de **migration** et s'échelonne sur plusieurs milliers d'années.
- Les modes de vie des Autochtones sont associés aux territoires qu'ils occupent.
- La concentration de la population est plus importante chez les semi-sédentaires, qui se regroupent dans des villages.

- Les échanges commerciaux favorisent les contacts entre certaines nations autochtones. Des conflits surviennent parfois, surtout dans la vallée du Saint-Laurent.

Le passage des premiers Européens

- Après les Scandinaves au Xe siècle, des Européens explorent le territoire et convoitent ses ressources à partir du XVe siècle.
- En 1534, Jacques Cartier prend possession du territoire au nom de la France. En 1540, les Français tentent de mettre en place une colonie de peuplement, sans succès.

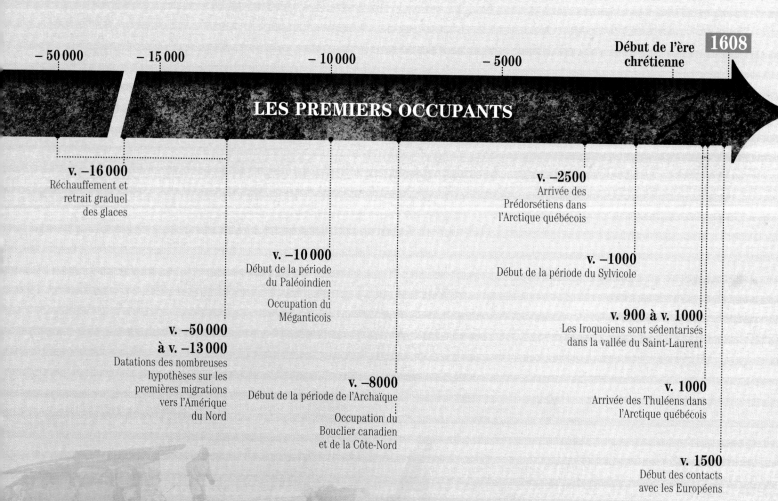

– 50 000   – 15 000   – 10 000   – 5 000   Début de l'ère chrétienne   **1608**

LES PREMIERS OCCUPANTS

v. –16 000
Réchauffement et retrait graduel des glaces

v. –2500
Arrivée des Prédorsétiens dans l'Arctique québécois

v. –10 000
Début de la période du Paléoindien

Occupation du Méganticois

v. –1000
Début de la période du Sylvicole

v. –50 000 à v. –13 000
Datations des nombreuses hypothèses sur les premières migrations vers l'Amérique du Nord

v. 900 à v. 1000
Les Iroquoiens sont sédentarisés dans la vallée du Saint-Laurent

v. –8000
Début de la période de l'Archaïque

Occupation du Bouclier canadien et de la Côte-Nord

v. 1000
Arrivée des Thuléens dans l'Arctique québécois

v. 1500
Début des contacts avec les Européens

La population sous le régime français

1608-1760

L'occupation du territoire

- La colonisation s'amorce véritablement au XVIIe siècle dans la vallée du Saint-Laurent avec les fondations de Québec (1608), Trois-Rivières (1634) et Montréal (1642).
- La population se concentre en majorité dans ces trois villes. Des îlots de peuplement se forment aussi dans les seigneuries sur les rives du Saint-Laurent et de ses affluents.
- Au cours des XVIIe et XVIIIe siècles, la colonie compte plus d'hommes que de femmes.
- Les voyages d'exploration contribuent à l'expansion du territoire.

Une faible évolution démographique

- Au cours du XVIIe siècle, la population augmente lentement en raison de la faiblesse de l'immigration.
- Le commerce des fourrures, la principale activité économique de la colonie, ne nécessite pas une population nombreuse.

- La rigueur du climat et les récits sur les atrocités des guerres iroquoises n'incitent pas les Français à émigrer en Nouvelle-France.
- En 1663, le roi Louis XIV prend le contrôle direct de la colonie. L'administration royale met en place des politiques pour favoriser la **croissance** de la population.
- L'accroissement naturel de la population d'origine européenne compense la faiblesse de l'immigration.
- La colonie empiète sur le territoire des Amérindiens dont la population est aussi affectée par un choc microbien.

Cohabiter en Nouvelle-France

- La hiérarchie sociale au Canada est constituée de trois ordres : la noblesse, le clergé et le tiers état. La majorité de la population fait partie du tiers état. On y retrouve aussi des esclaves et les Amérindiens.
- Les contacts entre les Européens et les Amérindiens amènent ces deux groupes à s'adapter. Leur mode de vie et leur **identité** se transforment.

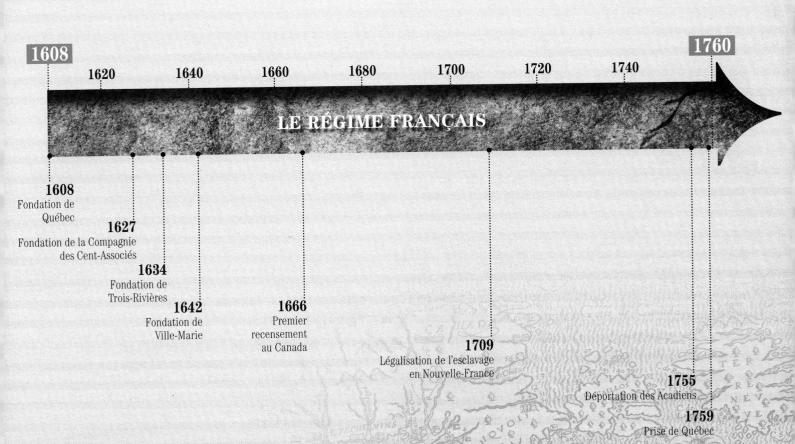

1608 — **1620** — **1640** — **1660** — **1680** — **1700** — **1720** — **1740** — **1760**

LE RÉGIME FRANÇAIS

1608
Fondation de Québec

1627
Fondation de la Compagnie des Cent-Associés

1634
Fondation de Trois-Rivières

1642
Fondation de Ville-Marie

1666
Premier recensement au Canada

1709
Légalisation de l'esclavage en Nouvelle-France

1755
Déportation des Acadiens

1759
Prise de Québec

La population sous le régime britannique

1760-1867

Le peuplement de la *Province of Quebec* et les tensions sociales jusqu'en 1815

- Après la Conquête de 1760, la population canadienne connaît toujours un fort taux d'accroissement naturel.
- La population amérindienne stagne.
- Les autorités veulent attirer des colons britanniques dans la colonie. À partir de 1775, des loyalistes s'y établissent.
- L'immigration anglophone et l'accroissement naturel entraînent l'expansion du territoire occupé vers l'intérieur des terres.
- Le système des cantons est mis en place.
- Des tensions naissent entre les Canadiens et les colons britanniques.
- Certains Britanniques ont une attitude conciliante envers les Canadiens. D'autres réclament l'application des lois et des institutions britanniques.

Le peuplement du territoire québécois, de 1815 à 1867

- À partir de 1815, les immigrants britanniques sont de plus en plus nombreux.
- La **croissance** démographique entraîne la surpopulation des terres de la vallée du Saint-Laurent.
- Une partie de la population se déplace vers les centres industriels de la Nouvelle-Angleterre, vers des régions de colonisation ou vers les centres urbains.
- Les canaux et les réseaux ferroviaires facilitent les mouvements migratoires.

L'organisation sociale sous le régime britannique

- Les tensions entre les groupes culturels culminent avec les rébellions de 1837-1838 et la publication du rapport Durham.
- La bourgeoisie d'affaires anglophone est très influente.
- La bourgeoisie libérale s'illustre pour défendre, entre autres, l'intérêt des Canadiens.
- Au cours du XIXᵉ siècle, une politique d'assimilation des Autochtones est mise en place.

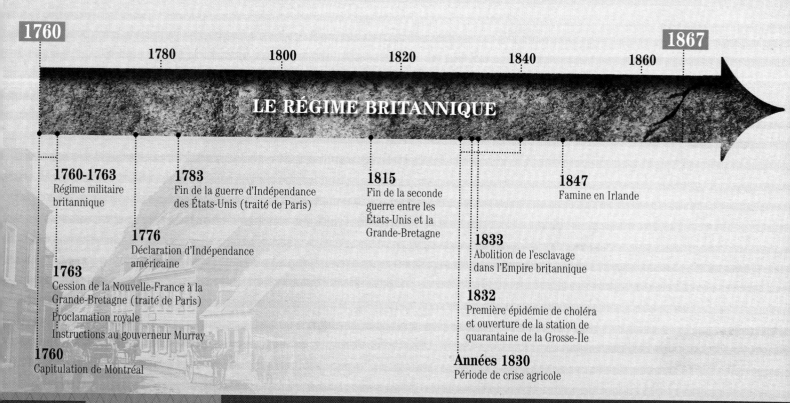

1760 ... **1780** ... **1800** ... **1820** ... **1840** ... **1860** ... **1867**

LE RÉGIME BRITANNIQUE

1760-1763
Régime militaire britannique

1763
Cession de la Nouvelle-France à la Grande-Bretagne (traité de Paris)
Proclamation royale
Instructions au gouverneur Murray

1760
Capitulation de Montréal

1776
Déclaration d'Indépendance américaine

1783
Fin de la guerre d'Indépendance des États-Unis (traité de Paris)

1815
Fin de la seconde guerre entre les États-Unis et la Grande-Bretagne

Années 1830
Période de crise agricole

1832
Première épidémie de choléra et ouverture de la station de quarantaine de la Grosse-Île

1833
Abolition de l'esclavage dans l'Empire britannique

1847
Famine en Irlande

La population durant la période contemporaine

Depuis 1867

La Confédération et les politiques d'immigration, de 1867 à 1885

- Dans l'AANB, les compétences en matière d'immigration sont partagées entre les gouvernements fédéral et provinciaux.
- La Politique nationale (1879) encourage l'immigration.
- À partir de 1869, les Autochtones et les Métis des Prairies s'engagent dans des rébellions.
- Les Autochtones doivent vivre dans des réserves et la Loi sur les Indiens de 1876 leur attribue un statut équivalent à celui d'une personne mineure.

L'industrialisation, l'urbanisation et les mouvements migratoires, de 1885 à 1930

- Lors de la deuxième phase d'industrialisation (1896-1929), les ouvriers se rassemblent dans les villes, ce qui crée un phénomène d'urbanisation. Dans les quartiers ouvriers, la mortalité infantile est élevée et les épidémies font des ravages.
- Des agriculteurs et des chômeurs émigrent vers les États-Unis. Pour freiner cette émigration, de nouvelles régions de colonisation sont développées.
- Au début du XXᵉ siècle, des vagues d'immigration contribuent à la diversification de la population. Le gouvernement adopte des politiques d'immigration restrictives.
- Pendant la Première Guerre mondiale, l'immigration chute.

Les transformations démographiques, de 1930 à 1980

- Pendant la Seconde Guerre mondiale, le Canada ferme ses frontières à l'immigration.
- Après la guerre, le baby-boom fait baisser l'âge moyen de la population du Québec.

- Le taux de natalité retombe dans les années 1960 et les mentalités changent par rapport au mariage.
- À partir des années 1950, le gouvernement du Canada instaure des politiques d'immigration qui tiennent compte des besoins du pays. Dans les années 1960-1970, des critères d'admission reconnaissent les valeurs individuelles des immigrants. Le pays accueille des réfugiés. L'origine des immigrants se diversifie.
- Dans les années 1950-1960, le Québec intervient davantage dans le processus de sélection des immigrants. Le ministère de l'Immigration du Québec est créé en 1968. Le Québec privilégie les immigrants qui parlent français afin de préserver l'**identité** de la population.
- Dans les années 1950, des programmes de colonisation privilégient le développement de régions ressources.
- Le processus d'urbanisation s'accélère. Les villes et les banlieues réduisent les terres agricoles. Certaines régions sont dépeuplées à partir des années 1960.

La population du Québec depuis 1980 : des défis renouvelés

- Le Québec connaît un vieillissement de sa population et une chute du taux de natalité. Le gouvernement instaure des mesures de soutien aux familles.
- Les Autochtones connaissent une **croissance** démographique.
- Depuis les années 1980, l'immigration, qui pallie en partie la chute du taux de natalité, transforme le visage de la société québécoise.
- La **pluriculturalité** de la société québécoise incite le gouvernement à faciliter l'intégration des nouveaux arrivants aux valeurs et institutions du Québec, tout en renforçant leur **appartenance** à la société québécoise.

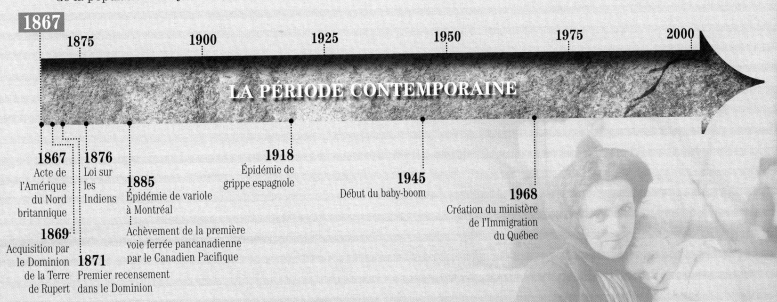

1867
Acte de l'Amérique du Nord britannique

1869
Acquisition par le Dominion de la Terre de Rupert

1871
Premier recensement dans le Dominion

1876
Loi sur les Indiens

1885
Épidémie de variole à Montréal

Achèvement de la première voie ferrée pancanadienne par le Canadien Pacifique

1918
Épidémie de grippe espagnole

1945
Début du baby-boom

1968
Création du ministère de l'Immigration du Québec

LA PÉRIODE CONTEMPORAINE

1867 — 1875 — 1900 — 1925 — 1950 — 1975 — 2000

Chapitre 2 : Économie et développement

 L'économie des premiers occupants

◆◆◆ Vers 1500 ◆◆◆

Occupation du territoire, subsistance et réseaux d'échanges

- Les premiers occupants pratiquent des activités de subsistance adaptées au climat et aux ressources disponibles sur leur **territoire**.
- Afin de se procurer une diversité de ressources, les premiers occupants développent des réseaux d'échanges à l'échelle du continent.

Les premiers contacts

- Aux XVᵉ et XVIᵉ siècles, des Européens pratiquent la pêche en Amérique du Nord. Leurs installations temporaires favorisent les premiers contacts entre les Autochtones et les Européens.

- Au XVIᵉ siècle, la France finance des voyages d'exploration, dont ceux de Jacques Cartier (entre 1534 et 1542) et prend officiellement possession du **territoire**.
- Grâce aux réseaux d'échanges des Autochtones, les Français ont accès à la fourrure. Le premier poste de traite permanent est établi à Tadoussac (1600).

| −1000 | −500 | Début de l'ère chrétienne | 500 | 1000 | 1500 | **1608** |

LES PREMIERS OCCUPANTS

v. −1000
Des Autochtones nomades sont établis dans la zone subarctique et dans la zone continentale humide

v. 900 à v. 1000
Les Iroquoiens sont sédentarisés dans la zone continentale humide

1492
Christophe Colomb atteint l'Amérique

v. 1000
Les ancêtres des Inuits, les Thuléens, sont établis dans la zone arctique

Des Scandinaves sont présents sur les côtes de Terre-Neuve

1497
Jean Cabot atteint Terre-Neuve et longe la côte de l'Amérique du Nord

1524
Giovanni da Verrazano atteint la côte atlantique de l'Amérique du Nord

1534
Jacques Cartier fait ériger une croix à Gaspé

1600
Le premier poste de traite permanent est établi à Tadoussac

L'économie sous le régime français

1608-1760

Le développement économique et l'expansion du territoire

- Le mercantilisme français fait de la Nouvelle-France un fournisseur de ressources que la métropole transforme en produits finis, pour ensuite les exporter.

- La Nouvelle-France devient une colonie-comptoir exploitée par des monopoles commerciaux accordés dans un premier temps à des individus, puis à des compagnies.

- Des établissements permanents sont fondés à Port-Royal (1604) et à Québec (1608), notamment pour faciliter le commerce des fourrures.

- En 1663, Louis XIV met fin aux monopoles des compagnies. La responsabilité du développement économique est alors confiée à des intendants.

- De 1663 à 1755, des expéditions d'exploration permettent d'agrandir le **territoire** de la colonie.

- Les Français établissent des alliances politiques et commerciales avec des Amérindiens pour s'approvisionner en fourrures.

- L'Angleterre met sur pied la Compagnie de la Baie d'Hudson (1670).

Les principales activités commerciales de la colonie

- Les pêcheries sont profitables durant tout le régime français, mais le commerce des fourrures demeure le véritable moteur économique de la Nouvelle-France.

- Dans les années 1690, une surproduction occasionne une crise du commerce des fourrures.

- Au XVIIIe siècle, les intendants tentent de diversifier l'économie.

- D'abord exploitée en tant qu'activité de subsistance, l'agriculture produit des surplus à partir du XVIIIe siècle.

- Les commerçants font la **distribution** des surplus agricoles dans les villes et fournissent des produits aux campagnes. Les marchands exportent les fourrures et importent des produits finis de la métropole.

- Au XVIIIe siècle, un commerce triangulaire s'organise dans l'empire colonial français.

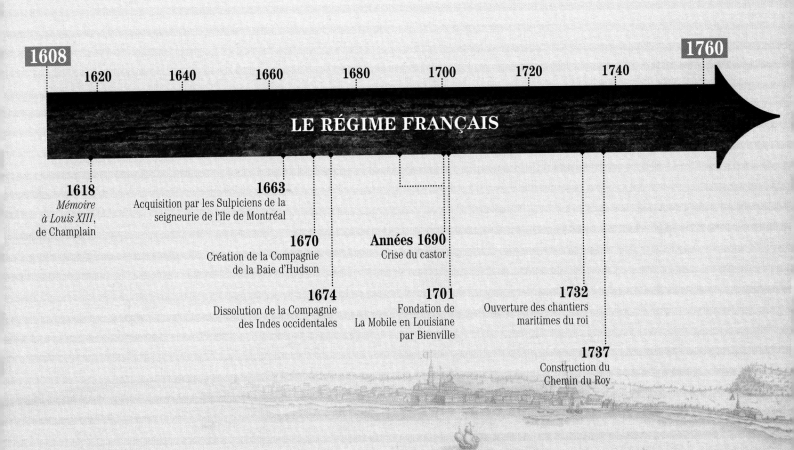

1608 — **1620** — **1640** — **1660** — **1680** — **1700** — **1720** — **1740** — **1760**

LE RÉGIME FRANÇAIS

1618
Mémoire à Louis XIII, de Champlain

1663
Acquisition par les Sulpiciens de la seigneurie de l'île de Montréal

1670
Création de la Compagnie de la Baie d'Hudson

1674
Dissolution de la Compagnie des Indes occidentales

Années 1690
Crise du castor

1701
Fondation de La Mobile en Louisiane par Bienville

1732
Ouverture des chantiers maritimes du roi

1737
Construction du Chemin du Roy

L'économie sous le régime britannique

1760-1867

De nouveaux partenaires commerciaux

- Dans un contexte mercantiliste, des marchands britanniques établissent de nouveaux réseaux commerciaux entre la métropole et la colonie.

Le commerce des fourrures et l'exploitation des ressources forestières

- Alors que le commerce des fourrures décline, celui du bois connaît un essor et entraîne le développement de nouvelles activités de transformation.
- Plusieurs agriculteurs travaillent dans les chantiers de bois en hiver.
- De nouvelles régions de colonisation sont développées.

Les transformations dans le monde agricole

- L'agriculture est la principale activité économique de la population.
- D'abord axée sur le blé, la production agricole se diversifie au cours des années 1830-1840.

L'adoption du libre-échangisme et les institutions financières

- La métropole adopte des politiques libre-échangistes au milieu du XIXe siècle. Les colonies britanniques d'Amérique du Nord se tournent donc vers un nouveau partenaire commercial : les États-Unis.
- L'apport des **capitaux** britanniques et américains permet de développer des industries.
- La multiplication des opérations commerciales mène à la création de plusieurs institutions financières au début du XIXe siècle.

L'économie durant la première phase d'industrialisation

- Dans les années 1850, la colonie connaît une première phase d'industrialisation.
- La construction d'un important réseau de canaux et de chemins de fer facilite les activités de **production** et de **distribution**.
- Les activités de transformation sont regroupées dans les centres industriels, ce qui favorise l'urbanisation de la **société**.

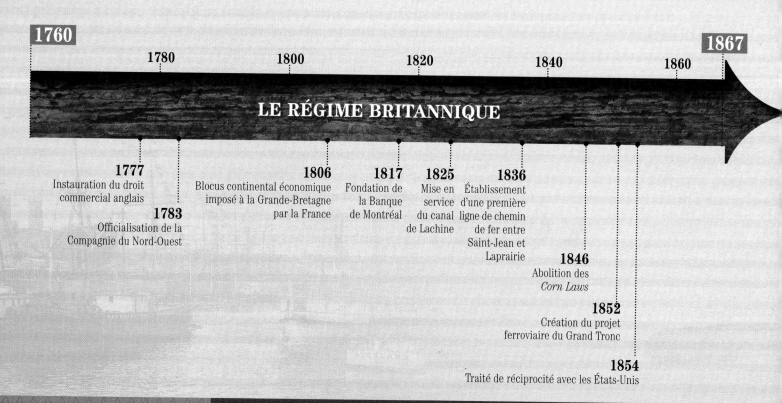

1760 · **1780** · **1800** · **1820** · **1840** · **1860** · **1867**

LE RÉGIME BRITANNIQUE

1777
Instauration du droit commercial anglais

1783
Officialisation de la Compagnie du Nord-Ouest

1806
Blocus continental économique imposé à la Grande-Bretagne par la France

1817
Fondation de la Banque de Montréal

1825
Mise en service du canal de Lachine

1836
Établissement d'une première ligne de chemin de fer entre Saint-Jean et Laprairie

1846
Abolition des *Corn Laws*

1852
Création du projet ferroviaire du Grand Tronc

1854
Traité de réciprocité avec les États-Unis

L'économie durant la période contemporaine

Depuis 1867

La Confédération et la Politique nationale

- Le développement du Dominion du Canada est basé sur l'industrialisation et l'expansion du **territoire** vers l'ouest.
- La Politique nationale (1879) vise le développement du réseau ferroviaire, l'instauration de politiques protectionnistes et l'accroissement de l'immigration.

Une deuxième phase d'industrialisation

- L'essor de la production du blé dans l'Ouest, les investissements américains et la participation du Canada à la Première Guerre mondiale permettent d'amasser des **capitaux**.
- Grâce à l'hydroélectricité, de nouveaux secteurs industriels émergent au Québec entre 1900 et 1929.
- L'industrialisation engendre des **disparités** entre les classes sociales. Des organisations ouvrières voient le jour.
- La spécialisation de la **production**, notamment dans l'industrie laitière, entraîne une période de croissance.

La Grande Crise et l'impact de la Seconde Guerre mondiale

- Pour réduire les **disparités** sociales reliées à la crise des années 1930, les gouvernements interviennent de plus en plus dans l'économie.
- La Seconde Guerre mondiale met un terme à la Grande Crise.
- La période de prospérité qui s'ensuit et l'augmentation du pouvoir d'achat de la population permettent l'avènement d'une **société** de **consommation**.

- Des entrepreneurs américains injectent des **capitaux** dans l'économie en exploitant des ressources naturelles.
- L'exploitation de ces ressources permet le développement de nouvelles villes dans le Nord du Québec.

Les investissements publics dans les années 1960 et 1970

- La Révolution tranquille des années 1960 est marquée par la nationalisation de l'électricité, qui permet aux Québécois de prendre en main un secteur clé de leur économie, et par l'émergence d'un État providence.
- De nouvelles infrastructures et institutions publiques, notamment en éducation et en financement d'entreprises, permettent l'émergence d'une nouvelle élite francophone.
- Le secteur tertiaire prend de plus en plus d'importance.

Récessions et reprises depuis les années 1980

- À la fin des années 1970, l'Occident connaît un ralentissement économique.
- Dans les années 1980 et 1990, les gouvernements réagissent au ralentissement économique en réduisant leurs dépenses.
- L'économie du Québec se caractérise par la croissance du secteur tertiaire et la libéralisation des échanges. L'Accord de libre-échange canado-américain est ratifié en 1989, puis remplacée par l'ALENA en 1994.
- La mondialisation de l'économie transforme les secteurs primaire et secondaire. Le Québec affronte la concurrence mondiale en spécialisant son économie et en investissant dans la formation et la recherche.

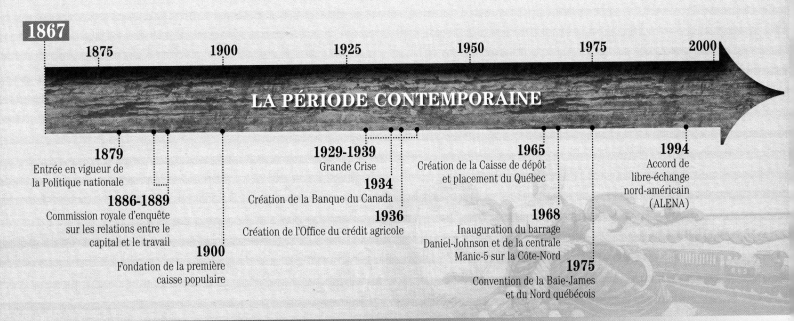

1867 · 1875 · 1900 · 1925 · 1950 · 1975 · 2000

LA PÉRIODE CONTEMPORAINE

1879
Entrée en vigueur de la Politique nationale

1886-1889
Commission royale d'enquête sur les relations entre le capital et le travail

1900
Fondation de la première caisse populaire

1929-1939
Grande Crise

1934
Création de la Banque du Canada

1936
Création de l'Office du crédit agricole

1965
Création de la Caisse de dépôt et placement du Québec

1968
Inauguration du barrage Daniel-Johnson et de la centrale Manic-5 sur la Côte-Nord

1975
Convention de la Baie-James et du Nord québécois

1994
Accord de libre-échange nord-américain (ALENA)

3

CULTURE ET MOUVEMENTS DE PENSÉE

Du XVIᵉ au XXIᵉ siècle

CONCEPTS

CONCEPT CENTRAL
▶ **Culture**

CONCEPTS PARTICULIERS
▶ Art
▶ Éducation
▶ Identité
▶ Patrimoine
▶ Religion

CONCEPTS COMMUNS
▶ Enjeu, société, territoire

AUJOURD'HUI : TOUR D'HORIZON

La culture et les mouvements de pensée au Québec

La culture québécoise est intimement liée à l'histoire des gens qui habitent le territoire de la province. Elle s'exprime dans de nombreuses réalisations matérielles, comme en témoignent les bâtiments, les documents écrits, les objets de la vie quotidienne et les productions artistiques qu'ont laissés les Autochtones, puis les Français, les Britanniques et les autres groupes d'immigrants. La culture québécoise se manifeste également sous des formes symboliques, immatérielles. Ainsi, la langue commune des Québécois, les mouvements de pensée auxquels ils adhèrent de même que leurs façons de concevoir le monde constituent autant de manifestations de leur culture. C'est à travers cet ensemble varié de traits culturels qui évoluent au fil du temps que les Québécois se reconnaissent et sont reconnus en tant que membres d'une même collectivité.

Quelles sont les principales caractéristiques de la culture et des mouvements de pensée au Québec ?

1 Une ouverture sur la francophonie

Les liens qui unissent les différents pays de la francophonie favorisent les échanges culturels. Plusieurs organismes, dont les Rendez-vous de la Francophonie et l'Office franco-québécois pour la jeunesse, offrent aux jeunes Québécois la possibilité d'effectuer des stages dans des pays qui font partie de la francophonie.

La culture québécoise sous toutes ses formes

Le Québec d'aujourd'hui est une société pluriculturelle. Les divers groupes qui composent la population contribuent à la culture québécoise, soit en perpétuant des anciens usages et coutumes ou en y intégrant de nouvelles idées et façons de faire. Certaines de ces manifestations culturelles constituent des traits communs qui permettent à des individus de cultures et d'origines diverses de vivre ensemble sur un même territoire.

Une langue commune

La langue française est l'un de ces traits culturels communs. En effet, en plus d'être la langue officielle de la province, elle est parlée par une majorité de Québécois. Le français est aussi indissociable d'une histoire et d'une conception du monde particulière. Il permet également aux Québécois de faire partie de la francophonie.

2 La répartition de la population du Québec en fonction de la langue parlée régulièrement à la maison, en 2006

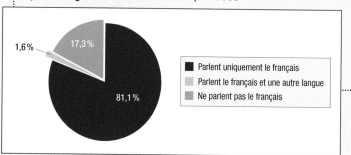

1,6 %
17,3 %
81,1 %

■ Parlent uniquement le français
▨ Parlent le français et une autre langue
▧ Ne parlent pas le français

Selon vous, pourquoi 17 % des Québécois ne parlent-ils pas régulièrement le français à la maison ?

D'après STATISTIQUE CANADA, *Recensement de la population 2006* [en ligne], réf. du 10 juin 2008.

3 Une romancière québécoise de langue anglaise

Bien que le français domine dans la littérature québécoise, celle-ci inclut des œuvres écrites dans d'autres langues. Par exemple, les écrits de Heather O'Neill, une Montréalaise anglophone, font partie de l'univers littéraire du Québec.

4 De la musique en anglais

Le français constitue la principale langue parlée au Québec. Toutefois, nombre de jeunes préfèrent la musique anglaise.

« L'anglais est la langue d'écoute qui domine chez les jeunes de 15 à 24 ans, particulièrement chez les adolescents qui cherchent à s'identifier à un style musical qui reflète leurs idées et leurs goûts et non ceux de leurs parents, plus grands consommateurs de musique francophone. Le genre de musique plus rythmé de la musique anglophone ainsi que l'offre proportionnellement plus grande sur le marché expliqueraient davantage les préférences des jeunes. »

« La domination de l'anglais », *Réseau Éducation-Médias* [en ligne], 2007, réf. du 10 juin 2008.

● D'après ce texte, pourquoi les jeunes du Québec préfèrent-ils la musique anglophone ?

● Selon vous, les motifs invoqués se rapportent-ils uniquement aux caractéristiques de la musique anglophone ? Expliquez votre réponse.

Des idées en mouvement et des valeurs communes

Plusieurs mouvements de pensée coexistent dans le Québec d'aujourd'hui. Les échanges qui résultent de cette rencontre d'idées contribuent à la vitalité de la démocratie dans la province. Les Québécois débattent des enjeux de société et soulèvent des questions qui les préoccupent. Depuis quelques années, la justice, l'égalité sociale et la démocratie, en particulier, sont au cœur de leurs préoccupations.

Les valeurs fondamentales de la société québécoise sont protégées par différents documents gouvernementaux et juridiques. Sur le plan juridique, le Code civil et le Code criminel régissent les rapports entre les personnes. La Charte des droits et libertés de la personne ainsi que les lois qui en découlent visent pour leur part à protéger les Québécois de la discrimination. Des groupes de citoyens se portent également à la défense de ces valeurs.

5 Le préambule de la Charte des droits et libertés de la personne

« Considérant que tous les êtres humains sont égaux en valeur et en dignité et ont droit à une égale protection de la Loi ; […]
Considérant que les droits et libertés de la personne humaine sont inséparables des droits et libertés d'autrui et du bien-être général ;
Considérant qu'il y a lieu d'affirmer solennellement dans une Charte les libertés et droits fondamentaux de la personne afin que ceux-ci soient garantis par la volonté collective et mieux protégés contre toute violation ; »

QUÉBEC, COMMISSION DES DROITS DE LA PERSONNE ET DES DROITS DE LA JEUNESSE, *Charte des droits et libertés de la personne*, préambule [en ligne], 19 avril 2006, réf. du 11 août 2008.

● Selon le préambule de la Charte, quelles valeurs sont fondamentales ?

● Selon vous, ces valeurs sont-elles répandues dans la société québécoise ? Justifiez votre réponse.

6 Une affiche contre la discrimination

Malgré le fait qu'il soit interdit de discriminer un individu – notamment sur la base de sa religion, de son sexe, de sa couleur ou de son orientation sexuelle – , certaines discriminations persistent. Cette situation est à l'origine de la campagne de sensibilisation contre l'homophobie dans les écoles organisée par le Groupe de recherche et d'intervention sociale gaies et lesbiennes (GRIS).

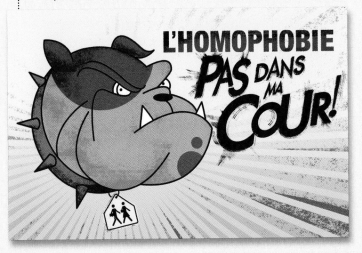

Une production artistique diversifiée

Les productions artistiques comptent parmi les expressions les plus importantes de la culture du Québec d'aujourd'hui. Les œuvres de nombreux artistes et créateurs québécois sont maintenant diffusées un peu partout dans le monde.

Dans le domaine de la musique, de la chanson et des arts de la scène en général, la diversité de la société québécoise se reflète dans la variété des manifestations artistiques. Le Québec compte de nombreux artistes de la chanson et musiciens de tous les genres (populaire, classique, électronique, rap, traditionnel, etc.) qui sont à la base d'une industrie dynamique. Quant à la danse – en particulier la danse contemporaine –, la renommée de plusieurs troupes et chorégraphes dépasse largement les frontières de la province.

Le Québec s'illustre également par sa production cinématographique et littéraire. De nombreux réalisateurs, romanciers, dramaturges et poètes contribuent à faire connaître les multiples aspects de la culture du Québec, tant ici qu'ailleurs dans le monde.

7 **Des personnages du téléroman *Ramdam***

Le téléroman occupe une bonne place dans la production télévisuelle au Québec. En plus de divertir les téléspectateurs de tous les âges, l'industrie du téléroman fournit du travail à de nombreux artistes, comédiens et techniciens de plateau.

8 ***Forêts*, de Wajdi Mouawad**

Le théâtre québécois se démarque par son originalité, et il n'est pas rare de voir une pièce créée au Québec remporter du succès à l'étranger. Plusieurs créateurs d'ici jouissent d'une réputation internationale, tel l'auteur d'origine libanaise Wajdi Mouawad, qui est issu de la nouvelle génération de dramaturges québécois.

9 Le théâtre québécois aujourd'hui

Marie-Thérèse Fortin, comédienne et directrice artistique du Théâtre d'Aujourd'hui (qui présente des pièces de dramaturges québécois), donne son point de vue sur l'avenir du théâtre au Québec.

« À cette époque [dans les années 1960], on parlait beaucoup de la place de la famille et de la naissance d'un futur pays. C'était les préoccupations principales des gens et ça se reflétait dans les quelques pièces que les trop peu nombreux auteurs québécois écrivaient.

Aujourd'hui, les auteurs parlent de collectivité, du défi de vivre ensemble et de l'ouverture sur le monde. Il faut comprendre qu'en 2008, il y a plusieurs communautés culturelles qui forment le paysage culturel québécois, ce qui n'était pas le cas il y a 50 ans au Québec. Mais peu importe le sujet traité au théâtre, je pense qu'il faut garder cette formule en tête : parler de sujets qui touchent les gens d'ici. »

Philippe Beauchemin, « Marie-Thérèse Fortin : "L'avenir du théâtre québécois passe par l'éclectisme" », *Montréal Express* [en ligne], 7 mai 2008, réf. du 11 juin 2008.

- D'après Marie-Thérèse Fortin, de quels sujets traitent les auteurs qui écrivent pour le théâtre, de nos jours ?
- En quoi ces sujets se distinguent-ils de ceux qui étaient abordés dans les pièces de théâtre des années 1960 ?
- Pourquoi considère-t-elle ces sujets comme le reflet de la société québécoise actuelle ?

La transmission de la culture

Pour rester vivante, la culture doit être transmise de diverses façons. La famille joue un rôle fondamental à cet égard, car c'est à la maison que les jeunes apprennent une première langue, qu'ils sont amenés à adhérer à certaines valeurs et qu'ils acquièrent certains savoirs et savoir-faire.

L'État a également un rôle à jouer en adoptant, par exemple, des politiques linguistiques et culturelles qui favorisent l'existence de caractéristiques culturelles communes. Il subventionne également les artistes ainsi que les organismes qui voient à la diffusion de leurs œuvres.

10 **Un jeune chanteur algonquin engagé**

Samian est un jeune Métis, qui chante du rap et du hip-hop. Il a choisi de s'exprimer en français et en algonquin, langue que lui a appris sa grand-mère. Dans ses chansons, Samian dénonce les difficultés que doivent affronter les jeunes Autochtones du Québec. Il cherche également à faire connaître la culture algonquienne.

11 **Deux jeunes Autochtones pratiquent le chant de gorge**

Il existe des métiers, des savoir-faire et des traditions qui se transmettent uniquement de génération en génération. Par exemple, c'est ainsi que se transmet l'art du *katajjait* (chant de gorge) que seules quelques femmes inuites connaissent encore. Ce mode de transmission est crucial pour la survie de certaines pratiques autochtones.

12 **Une des missions de l'école**

« Dans une société pluraliste comme la nôtre, l'école doit être un agent de cohésion : elle doit favoriser le sentiment d'appartenance à la collectivité, mais aussi l'apprentissage du "vivre ensemble". Dans l'accomplissement de cette fonction, l'école doit être attentive aux préoccupations des jeunes quant au sens de la vie ; elle doit promouvoir les valeurs qui fondent la démocratie et préparer les jeunes à exercer une citoyenneté responsable ; elle doit aussi prévenir en son sein les risques d'exclusion qui compromettent l'avenir de trop de jeunes. »

QUÉBEC, MINISTÈRE DE L'ÉDUCATION, DU LOISIR ET DU SPORT, « L'école, tout un programme », *Énoncé de politique éducative* [en ligne], 1997, réf. du 11 juin 2008.

● Quelles valeurs et attitudes l'école doit-elle promouvoir, selon le gouvernement du Québec ?

PISTES d'interrogation CD 1 • CD 3

1. Comment qualifieriez-vous la culture québécoise ?

2. Quels sont les principaux mouvements de pensée et les principales manifestations culturelles dans le Québec d'aujourd'hui ?

3. À quels grands enjeux la culture québécoise est-elle confrontée ?

1 LA CULTURE ET LES MOUVEMENTS DE PENSÉE AU QUÉBEC

Du xvie au xxie siècle

Les premières manifestations culturelles sur le territoire du Québec coïncident avec l'installation des premiers occupants, il y a environ 12 000 ans. Vers 1500, la culture de ces premiers occupants se définit par l'environnement dans lequel ils évoluent, ainsi que par les croyances, les valeurs et la spiritualité qui sont les leurs. L'arrivée des Français, au xvie siècle, provoque une rencontre culturelle qui a pour effet de modifier certaines des pratiques propres à chaque groupe. Sous le régime français, de nouvelles idées, croyances et valeurs s'implantent puisque les Français importent en Nouvelle-France leur religion, le catholicisme, ainsi que leur organisation politique, basée sur l'absolutisme. Le changement d'empire qui survient en 1760 et qui est suivi de l'immigration de colons britanniques transforme à son tour le paysage culturel. Le début du régime britannique s'accompagne de la montée du libéralisme dans la colonie. À la fin des années 1830, le libéralisme mène à des insurrections républicaines et nationalistes. À la suite de ces événements politiques, de nouveaux mouvements de pensée se diffusent, comme l'ultramontanisme et l'anticléricalisme. Au début de la période contemporaine, le capitalisme, le socialisme, le féminisme et l'agriculturisme, notamment, contribuent à transformer les modes et les habitudes de vie de la population. La deuxième moitié du xxe siècle est surtout caractérisée par des courants de pensée qui visent l'affirmation identitaire, comme le nationalisme, le féminisme et l'autochtonisme. Depuis 1980, d'autres enjeux favorisent l'expression de nouveaux mouvements de pensée dans la société québécoise, parmi lesquels l'altermondialisme.

1500   **1600**   **1700**

LES PREMIERS OCCUPANTS
LE RÉGIME FRANÇAIS

1608

Fondation de Québec

Le tatouage chez les Amérindiens

Sainte-Marie des Hurons, 1re mission du Canada

Une sculpture inuite représentant un chaman

Les armoiries royales de France

Question de départ `CD 2`

Quelle est l'influence des idées sur les manifestations culturelles au Québec depuis 1500 ?

Questionnement et hypothèses

- Consultez les documents qui se trouvent sur ces deux pages ou dans les pages suivantes.
- Formulez d'autres questions à partir de celle qui est énoncée ci-dessus afin de vous aider à interpréter la réalité sociale décrite dans ce chapitre.
- Émettez une hypothèse pour répondre à la question de départ.

OPTION PROJET

Vous pouvez lire dès maintenant, aux pages 88 et 89, la présentation des projets.

Projet 1 `CD 1 • CD 2 • CD 3`

Un musée qui nous ressemble

Projet 2 `CD 1 • CD 2 • CD 3`

Un patrimoine à sauvegarder

1800   1900   2000

LE RÉGIME BRITANNIQUE   **LA PÉRIODE CONTEMPORAINE**

1760

Capitulation de Montréal

1867

Acte de l'Amérique du Nord britannique

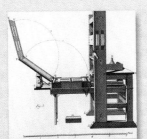

Une presse à imprimer du XVIIIᵉ siècle

Une œuvre de James Pattison Cockburn, *Québec, vu du fleuve en hiver*, 1831

Le radioroman *Un homme et son péché*, en 1945

Un spectacle à l'occasion de la Fête nationale, à Montréal, en 1976

La culture des premiers occupants

Vers 1500

Vers 1500, le territoire du Québec est occupé par différents groupes autochtones qui s'y trouvent depuis déjà des milliers d'années. En effet, les plus anciennes traces d'occupation humaine dans la vallée du Saint-Laurent remontent à environ 10 000 ans avant notre ère. La culture de ces différents groupes est intimement liée à l'environnement dans lequel ils évoluent. La production matérielle et les pratiques culturelles des premiers occupants sont également influencées par leur conception du monde, par leurs valeurs ainsi que par leurs croyances et leur spiritualité. À partir du XVIe siècle, les premiers occupants entrent en contact avec les Européens qui fréquentent le territoire puis s'y installent. À la suite de ce contact, les Autochtones voient leur nombre décroître et certains aspects de leur culture se transformer.

Quelle influence les idées et les croyances des premiers occupants ont-elles sur leur culture vers 1500 ? CD 2

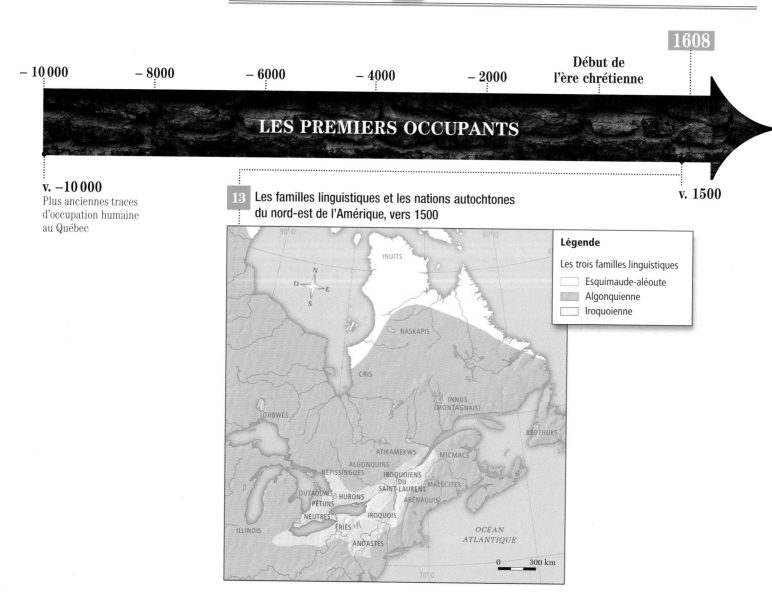

1608

Début de l'ère chrétienne

− 10 000   − 8000   − 6000   − 4000   − 2000

LES PREMIERS OCCUPANTS

v. 1500

v. −10 000
Plus anciennes traces d'occupation humaine au Québec

13 Les familles linguistiques et les nations autochtones du nord-est de l'Amérique, vers 1500

Légende

Les trois familles linguistiques

☐ Esquimaude-aléoute
▨ Algonquienne
☐ Iroquoienne

INUITS

NASKAPIS

CRIS

INNUS (MONTAGNAIS)

OJIBWÉS

BÉOTHUKS

ATIKAMEKWS   MICMACS

ALGONQUINS
NÉPISSINGUES   IROQUOIENS DU SAINT-LAURENT   MALÉCITES

OUTAOUAIS   HURONS   ABÉNAQUIS
PÉTUNS

NEUTRES   IROQUOIS

ÉRIÉS

ILLINOIS   OCÉAN ATLANTIQUE

ANDASTES

0   300 km

La culture et l'environnement

Les Autochtones vouent un grand respect à leur environnement, car c'est grâce à lui qu'ils peuvent assurer leur subsistance. Les ressources auxquelles ils ont accès sont fournies par le milieu dans lequel ils évoluent. L'accessibilité des ressources détermine à son tour la culture matérielle et les modes de vie des différents groupes autochtones.

Alors que les Inuits disposent d'une variété limitée de ressources, les nations algonquiennes et iroquoiennes, qui vivent sous des climats moins rigoureux, ont accès à des ressources plus diversifiées. Les vêtements portés par chacun de ces groupes, les habitations dans lesquelles ils vivent, les moyens de transport, les outils et le matériel qu'ils utilisent, de même que les pratiques par lesquelles ils assurent leur subsistance, sont donc tributaires des ressources et des matières disponibles sur le territoire qu'ils occupent.

14 Une protection contre le soleil

Les besoins matériels des Autochtones sont entre autres déterminés par leur environnement. Par exemple, pour se garantir de la cécité temporaire que peut causer l'éblouissement provoqué par le reflet des rayons du soleil sur l'étendue neigeuse, les Inuits se fabriquent des lunettes à partir de pièces de bois, de cuir ou d'os, dans lesquelles ils pratiquent de fines ouvertures afin de limiter l'entrée de la lumière dans les yeux.

Lunettes inuites, 1900-1905.

Et maintenant

Le Jardin des Premières-Nations CD 3 TIC

En 2001, le Jardin des Premières-Nations a été inauguré au Jardin botanique de Montréal. Cet espace est consacré à la préservation des espèces végétales connues des Autochtones ainsi qu'à la diffusion des savoirs et pratiques développés par ces populations. Le Jardin des Premières-Nations témoigne du rapport étroit qui existait entre les premiers occupants et leur environnement, rapport qu'entretiennent encore aujourd'hui leurs descendants.

● Selon vous, quel défi particulier pose la préservation et la diffusion de la culture autochtone ?

Lieu de *mémoire*

Le canot d'écorce algonquien

La culture matérielle et les pratiques des Algonquiens sont étroitement liées à leur environnement. Les Algonquiens construisent des canots de grandeurs diverses, selon l'usage qu'ils comptent en faire. Les plus petits peuvent être fabriqués en une journée, alors que les plus grands peuvent demander plusieurs jours, voire des semaines de travail. La charpente des canots est recouverte d'une grande pièce d'écorce arrachée à un bouleau ou de morceaux d'écorce – habituellement de bouleau, mais parfois aussi de cèdre ou d'orme – cousus ensemble à l'aide de racines. L'étanchéité de l'embarcation est assurée par l'application sur tous les joints de gomme provenant d'arbres résineux. Les peuples algonquiens décorent parfois leurs canots, soit en y peignant des motifs et des symboles, soit en grattant l'écorce qui recouvre le canot.

Fabrication d'un canot d'écorce à la Malbaie, vers 1868.

PISTES d'interprétation CD 2

1. Pourquoi les Autochtones vouent-ils un grand respect à l'environnement ?

2. Comment l'environnement influence-t-il la culture matérielle des peuples autochtones ?

Les rapports sociaux dans les sociétés autochtones, vers 1500

Les qualités auxquelles les peuples autochtones accordent de la valeur influencent elles aussi leurs pratiques culturelles. Elles jouent un rôle déterminant dans les rapports sociaux qu'ils entretiennent vers 1500.

15 La crosse

Lors des conseils de villages iroquoiens, les aînés et les chefs des clans qui habitent le village discutent des affaires qui concernent la collectivité, comme la construction de maisons ou de palissades. C'est aussi à l'occasion du conseil qu'ils décident de la tenue de festivités, de danses et de manifestations sportives, tels les tournois de crosse, un jeu d'équipe populaire chez les Autochtones.

Edmund C. Coates, *Indians Playing Lacrosse on the Ice*, 1859.

La chefferie autochtone

Chez les premiers occupants, les chefs sont généralement choisis en fonction des qualités qui sont culturellement valorisées par le groupe. Dans les sociétés nomades, où la chasse occupe une place prépondérante, le chasseur le plus habile est habituellement investi d'un certain pouvoir d'influence. Chez les Algonquiens, si le chasseur se distingue par son éloquence, il peut être choisi pour servir de porte-parole du groupe lors d'échanges avec d'autres communautés autochtones. Bien qu'il ne dispose d'aucun pouvoir décisionnel, le porte-parole d'une bande algonquienne est généralement considéré comme son chef.

Tout comme les chefs des nations nomades, les chefs iroquoiens doivent aussi faire montre de qualités auxquelles le groupe accorde de la valeur. Ils doivent être d'excellents guerriers, mais également de bons orateurs. L'éloquence s'avère une des principales qualités nécessaires à l'obtention du statut de chef, tant chez les groupes nomades que chez les groupes sédentaires. Les chefs des nations autochtones ne sont pas des dirigeants qui imposent leurs décisions et leurs volontés à ceux dont ils ont la responsabilité, mais plutôt des porte-parole chargés de représenter leur groupe et – dans le cas des nations iroquoiennes – de faire appliquer les décisions prises par les représentants du clan ou de la nation au sein de divers conseils. Lorsqu'un chef iroquoien est choisi, une cérémonie est organisée, au cours de laquelle le nouveau chef reçoit le même nom que son prédécesseur, afin d'assurer la continuité.

16 Les qualités d'un chef iroquoien

Dans les *Relations* qu'ils font parvenir périodiquement en France, les Jésuites décrivent le processus par lequel les Autochtones acclament leurs chefs.

« Ils [les chefs autochtones] arrivent à ce degré d'honneur partie par succession, partie par élection, leurs enfants ne leur succèdent pas d'ordinaire, mais bien leurs neveux et petits fils. Et ceux-ci encore ne viennent pas à la succession de ces petites royautés, comme les dauphins en France ou les enfants en l'héritage de leurs pères ; mais en tant qu'ils ont les qualités convenables et qu'ils les acceptent et sont acceptés de tout le pays. Il s'en trouve qui refusent ces honneurs, tant parce qu'ils n'ont pas le discours en main, ni assez de retenue ni de patience, que pour ce qu'ils aiment le repos : car ces charges sont plutôt des servitudes, qu'autre chose […] Ces capitaines ici ne gouvernent pas leurs sujets par voie d'empire et de puissance absolue : ils n'ont point de force en main pour les ranger à leur devoir. Leur gouvernement n'est que civil ; ils représentent seulement ce qu'il est question de faire pour le bien du village, ou de tout le pays. Après cela se remue qui veut. Il y en a néanmoins, qui savent bien se faire obéir, principalement quand ils ont l'affection de leurs sujets. »

Paul Le Jeune, *Relation de ce qui s'est passé en la Nouvelle-France, en l'année 1636* ; Barthelemy Vimont, *Relation de ce qui s'est passé en la Nouvelle-France, ès années 1644-1645*.

- D'après ce texte, comment un Autochtone devient-il chef ?
- En quoi consiste la fonction de chef autochtone ?
- En quoi cette fonction diffère-t-elle de celle du roi de France à la même époque ?

Le don et les rapports de réciprocité

Dans les sociétés autochtones, les porte-parole qui conservent leur statut de chef sont ceux qui font preuve de générosité, une qualité grandement valorisée par ces populations. Les chefs doivent veiller à la redistribution des biens que la collectivité a acquis par l'intermédiaire du commerce avec les autres nations ou groupes autochtones. La capacité à donner et à se montrer généreux n'est toutefois pas une qualité exigée des seuls chefs, mais de tous les membres de la collectivité. Chez les Inuits, par exemple, la nourriture est partagée entre tous les membres du groupe, même lorsqu'elle se fait rare. Dans les villages iroquoiens, les maisons longues sont construites par la collectivité, et non pas seulement par ceux qui vont les habiter. Les villageois s'entraident également dans leurs diverses tâches.

Ces rapports de réciprocité sont aussi présents dans le cadre des échanges entre les différentes communautés. À l'exception des Inuits, qui vivent relativement isolés des autres groupes autochtones, les diverses nations algonquiennes et iroquoiennes entretiennent des relations entre elles, qui se déroulent suivant des rituels précis. Le principe qui gouverne ces échanges est la réciprocité : chaque don doit être suivi d'un contre-don, une pratique qui vise à maintenir la bonne entente entre les groupes. En outre, les échanges sont une occasion de festivités au cours desquelles de grands festins sont organisés. Chaque groupe s'exprime par des danses et des chants, tandis que les chefs s'échangent des cadeaux et rivalisent d'éloquence dans leurs discours respectifs. Ces rituels visent à conserver les relations d'amitié entre les groupes.

18   Louis Antoine de Bougainville chez les Iroquois

Louis Antoine de Bougainville (1729-1811), un explorateur français qui a séjourné chez les Iroquois, témoigne de l'accueil que lui ont réservé ses hôtes amérindiens.

« Les Iroquois m'ont adopté dans ce festin et m'ont donné le nom de Garoniatsigoa, qui veut dire : Le grand ciel en courroux. Me voilà donc chef de guerre iroquois. Ma famille est celle de la Tortue, la première pour l'éloquence et les conseils, la deuxième pour la guerre, celle de l'Ours étant la première. On m'a montré à toute la nation, présenté le premier morceau au festin et j'ai chanté ma chanson de guerre en partie avec le premier chef de guerre. Les autres m'ont dédié les leurs. J'ai visité toute ma famille et j'ai donné de quoi faire un festin à toutes les cabanes. »

Louis Antoine de Bougainville, *Journal de l'expédition d'Amérique*, 10 juillet 1757.

●   Qu'est-ce que ce document révèle sur la façon dont les Iroquois concevaient l'identité ?

17   Tatouages et peintures corporelles

Les groupes autochtones pratiquent l'art de la peinture corporelle et du tatouage. Les peintures et les tatouages, qui ont souvent des significations particulières, constituent des moyens de communiquer aux autres son identité clanique, son rang social ou sa fonction au sein d'un groupe donné. Les peintures corporelles qui, en temps de guerre, ont notamment pour but d'impressionner l'ennemi, couvrent parfois tout le corps.

Dessin de Louis Nicolas tiré de *Les Raretés des Indes. Codex Canadiensis*, vers 1675-1680.

PISTES d'interprétation   CD 2

1. Quelles qualités les premiers occupants valorisent-ils ?
2. Comment se déroule la nomination d'un nouveau chef ?
3. Quelle est la fonction des rituels organisés lors de la nomination d'un nouveau chef ? Lors d'échanges entre groupes autochtones ?

Question bilan

4. Comment les qualités valorisées par les premiers occupants influencent-elles leur culture ?

La spiritualité autochtone

La culture des Autochtones se définit également par leur spiritualité et leurs croyances. Cette dimension spirituelle imprègne les divers aspects de la vie et des pratiques culturelles des premiers occupants.

L'animisme

Animisme Croyance qui consiste à attribuer un esprit aux objets, aux végétaux et aux animaux.

Les Autochtones sont **animistes**. Pour ces peuples, les esprits des vivants comme ceux des objets inanimés sont immortels, c'est-à-dire qu'ils peuvent exister au-delà des corps et des objets qui sont censés les incarner. Cet esprit qui habiterait tant les vivants que les objets inanimés, les Algonquiens l'appellent *manito*, et les Hurons l'appellent *oki*.

Les croyances animistes des Autochtones se reflètent dans leur rapport à l'environnement, en particulier dans leur façon de se comporter lorsqu'ils partent à la chasse ou à la pêche. Ainsi, ils entourent de soins particuliers l'animal qu'ils parviennent à tuer, car ils croient que, s'ils ont pu tuer l'animal, c'est parce que celui-ci s'est donné à eux. Par exemple, les Inuits croient que l'esprit d'un animal tué par un chasseur – esprit qu'ils nomment *inua* – va se réincarner dans un autre animal. Afin que l'animal revienne toujours se donner au chasseur et qu'il lui garantisse ainsi des chasses fructueuses, les Inuits respectent un certain nombre d'interdits. Par crainte d'offenser l'*inua* de l'animal qu'ils chassent, ils refusent notamment d'utiliser des outils confectionnés à partir d'os d'animaux marins pour chasser des animaux terrestres, et vice versa. Quant aux Algonquiens, chaque année ils sacrifient la première prise de chaque espèce en ne la mangeant pas. Ils s'assurent ainsi que les esprits de tous ces animaux leur seront favorables. Les Iroquoiens, pour leur part, cachent à la vue des poissons qu'ils souhaitent pêcher ceux qui ont déjà été pêchés et qui sont déjà morts, une précaution qui vise à favoriser le succès de la pêche.

19 Une amulette inuite

Chez presque tous les peuples autochtones, il est d'usage pour les chasseurs de porter des amulettes à l'effigie de l'animal qu'ils souhaitent chasser. Selon eux, les amulettes protègent le chasseur et lui portent chance.

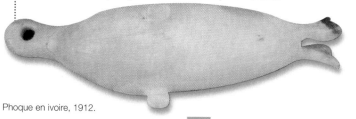

Phoque en ivoire, 1912.

20 Après un repas chez les Hurons

Chez les Iroquoiens, les restes des animaux chassés font l'objet de rituels et d'interdits particuliers. Le père récollet Gabriel Sagard en fait l'expérience lors de son séjour parmi les Hurons en 1623-1624.

« Ils prennent surtout garde de ne jeter aucune arête de poisson dans le feu, et y en ayant jeté ils m'en tancèrent fort et les en retirèrent promptement, disant que je ne faisais pas bien et que je serais cause qu'ils ne prendraient plus rien, parce qu'il y avait de certains esprits, ou les esprits des poissons même, desquels on brûlait les os, qui avertiraient les autres poissons de ne se pas laisser prendre, puisqu'on brûlait leurs os. Ils ont la même superstition à la chasse du cerf, de l'élan et des autres animaux, croyant que s'il en tombait de la graisse dans le feu ou que quelques os y fussent jetés, ils n'en pourraient plus prendre. [...] »

Gabriel Sagard, *Le grand voyage du pays des Hurons*, 1632.

- Pourquoi les Hurons réprimandent-ils le père Sagard ?
- Qu'est-ce que l'attitude des Hurons révèle de leurs croyances ?

Les Autochtones croient que certains esprits sont mauvais et malicieux, et qu'ils ont le pouvoir de nuire aux humains. Pour éviter que ces esprits leur soient défavorables, les Autochtones tentent par divers moyens de se les concilier. Chez les Hurons, par exemple, il existe un rituel qui consiste à faire des offrandes de tabac aux esprits. Les Inuits, qui craignent plus particulièrement les esprits des morts, respectent toute une série d'interdits à la suite du décès de l'un des leurs. Ils veillent entre autres à ce que les esprits des défunts ne puissent s'échapper des dépouilles que lorsque celles-ci sont transportées à l'extérieur des habitations.

Le rêve et la fumée comme moyens de communication avec les esprits

Les Autochtones croient qu'il leur est possible de communiquer avec les esprits. Chez les Algonquiens et les Iroquoiens, la fumée de tabac constitue un moyen d'entrer en contact avec les esprits. S'ils peuvent obtenir de la fumée en jetant du tabac sur le feu, c'est le plus souvent en fumant la pipe que les Autochtones tentent de créer un lien direct entre le monde des esprits et celui des vivants. Compte tenu du fait qu'elles permettent de produire la fumée nécessaire à la communication avec les esprits, les pipes ont une grande valeur aux yeux des Autochtones. Fabriquées par des artisans iroquoiens qui travaillent l'argile ou la pierre, elles sont parfois décorées de figures humaines ou animales, disposées de manière à faire face au fumeur.

Pour tous les peuples autochtones, le rêve est un autre moyen par lequel les esprits peuvent se manifester. Tous peuvent entrer en contact avec les esprits par cet intermédiaire. Les rêves ont des fonctions prémonitoires, c'est-à-dire qu'ils annoncent des événements à venir dans un futur plus ou moins rapproché. Les Autochtones croient aussi que les âmes des animaux qui vont se donner à eux lors d'une chasse peuvent se manifester pendant leur sommeil.

Le chaman, intermédiaire entre les vivants et les esprits

Le chaman est un intermédiaire entre les Autochtones et les esprits dont ils veulent s'attirer la bienveillance. Lorsqu'un individu fait un rêve dont la signification lui échappe, il fait appel au chaman. Les chamans sont en effet considérés comme des personnes ayant un accès privilégié au monde des esprits, ceux-ci étant réputés pour se manifester à eux plus fréquemment et de manière plus évidente. Généralement, un individu devient chaman après avoir fait des rêves l'incitant à remplir cette fonction auprès des siens. Toutefois, pas plus que les chefs, les chamans ne peuvent s'imposer au groupe. Pour remplir les fonctions de chaman, ils doivent être reconnus en tant que tel par les membres de leur communauté.

Les chamans sont reconnus pour être capables d'interpréter les rêves, mais ils peuvent également avoir des visions prémonitoires et posséder des dons de guérisseur. Chez tous les peuples autochtones, les chamans peuvent être invités à prédire l'issue d'une chasse. Les Inuits recourent au chaman, qu'ils nomment *angakkuq*, et lui demandent d'apaiser les tempêtes en intervenant auprès des esprits mauvais qui seraient à l'origine des intempéries. Comme la maladie est, elle aussi, attribuée à l'intervention des esprits mauvais, le chaman est partout appelé au chevet des malades.

Il pratique alors des rituels, comme des danses ou des chants rythmés par le son du tambour, qui ont pour but de chasser les mauvais esprits responsables de la maladie. La capacité du chaman à faire des prédictions qui s'avèrent justes ou à soigner les malades est nécessaire au maintien de son statut de chaman.

21 Une pipe iroquoienne

Les Autochtones utilisaient des pipes comme celle-ci afin de produire la fumée nécessaire pour entrer en contact avec les esprits.

Pipe iroquoienne, première moitié du XVIIe siècle.

PISTES
d'interprétation CD 2

1. Quel lien y a-t-il entre l'animisme et le rapport qu'entretiennent les Autochtones avec les animaux qu'ils chassent?

2. Pourquoi les premiers occupants se préoccupent-ils de s'attirer la bienveillance des esprits?

3. Par quels intermédiaires les Autochtones communiquent-ils avec les esprits?

4. En quoi la fonction de chaman est-elle comparable à celle de chef?

Question bilan

5. Quelle est l'influence de l'animisme sur la culture des premiers occupants vers 1500?

22 Une sculpture inuite représentant un chaman

La figure du chaman est omniprésente dans l'art autochtone. De nombreux artistes autochtones ont représenté des chamans sous des formes étonnantes, comme en témoigne cette statuette.

Karoo Ashevak, *Shaman*, 1969.

Les conséquences culturelles de la rencontre avec les Européens

Au **XVIᵉ siècle**, des Autochtones entrent en contact avec les Européens qui débarquent en Amérique, soit pour pêcher la morue sur les bancs de Terre-Neuve ou pour explorer et prendre possession des terres d'Amérique du Nord au nom des grandes puissances européennes de l'époque. La rencontre qui survient alors a d'importantes conséquences sur les cultures autochtones.

Lieu de *mémoire*

Un Amérindien à Paris

Du XVIᵉ au XVIIIᵉ siècle, il est d'usage chez les explorateurs européens de ramener dans leur métropole des spécimens de plantes et parfois d'animaux exotiques rencontrés au hasard de leurs explorations. Pour satisfaire la curiosité des élites métropolitaines fascinées par ce qu'elles appellent le «Nouveau Monde», les explorateurs ramènent aussi au pays des Autochtones qu'ils présentent aux rois d'Europe. En 1536, de retour de son deuxième voyage, Jacques Cartier ramène 10 Iroquoiens en France. Parmi ceux-ci se trouve Donnacona, le chef du village de Stadaconé, qui est présenté à François 1ᵉʳ. Comme la plupart des Autochtones qui traversent l'Atlantique entre le XVIᵉ siècle et le XVIIIᵉ siècle, Donnacona ne peut s'acclimater à la vie en Europe. Il meurt à Paris dans les années qui suivent son arrivée en terre européenne.

La fascination qu'exercent les Autochtones sur les Européens fait naître de nombreuses productions artistiques dans lesquelles les Amérindiens sont représentés d'une manière stéréotypée qui en apprend peu sur eux, mais beaucoup sur la façon dont les Européens les perçoivent.

Théodore de Bry, *Nouveau-Monde et histoires américaines, contenant la description des Indes occidentales*, 1631.

Les Autochtones manifestent un intérêt pour certaines des matières que peuvent leur procurer les Européens en échange des fourrures convoitées par ces derniers. Les Européens apportent notamment avec eux des outils et des ustensiles en fer, en acier et en laiton, matériaux jusqu'alors peu répandus – parfois même inconnus – des différents groupes autochtones. Dès lors, ces objets s'intègrent peu à peu à la culture matérielle autochtone : par exemple, les marmites de laiton, plus résistantes que les poteries parfois fragiles, en viennent à supplanter lentement ces dernières pour tout ce qui a trait à la cuisson des aliments.

23 Un couteau micmac du XVIIᵉ siècle

Les couteaux et les haches de fer et d'acier apportés par les Européens remplacent peu à peu les outils d'os ou de pierre que les Autochtones avaient l'habitude de fabriquer avant l'arrivée des Européens.

24 Des bracelets autochtones de perles de verre du XVIᵉ ou XVIIᵉ siècle

Les Autochtones, qui ne connaissent pas les techniques permettant de souffler le verre, apprécient beaucoup les perles de verre que leur apportent les Européens. Celles-ci ne tardent pas à s'ajouter aux coquillages, aux plumes, aux piquants de porc-épic et autres matières que les Autochtones utilisent habituellement pour leur artisanat.

La venue des Européens a aussi une incidence sur la façon dont les Autochtones s'habillent et se nourrissent. À la suite de leur rencontre avec les Européens, les groupes autochtones du Subarctique de l'Est et du Nord-Est adoptent la laine et le coton, qu'ils intègrent à leur habillement. Quant à l'alimentation, les Autochtones sédentaires introduisent lentement dans leur culture certains légumes connus des Européens, comme le concombre et l'oignon, certains produits, comme le pain, et prennent l'habitude d'entretenir des vergers pour favoriser la production de fruits. De plus, l'importation par les Européens d'animaux domestiques, tel le porc, modifie l'alimentation des Autochtones sédentaires, qui peuvent désormais s'approvisionner en viande autrement qu'en pratiquant la chasse.

D'autres emprunts culturels aux Européens ont des conséquences d'un autre ordre sur les cultures autochtones. C'est le cas des armes à feu, notamment. Avant l'arrivée des Européens, les Autochtones se faisaient la guerre en employant l'arc, le couteau et le **casse-tête**. Le fusil contribue à rendre les guerres autochtones plus mortelles. Toutefois, ce sont plus particulièrement les épidémies consécutives à la rencontre avec les Européens qui sont à l'origine de la décimation de la population autochtone.

25 **L'influence européenne sur l'habillement des Autochtones**

À la suite du contact avec les Européens, les Autochtones intègrent de nouvelles matières dans la confection de leurs vêtements, et en européanisent aussi parfois le style.

Anonyme, *Un couple d'Abénaquis*, fin du XVIIe siècle.

Casse-tête Massue à tête sphérique.

À travers le temps

La tradition orale autochtone

Avant l'arrivée des Européens, les Autochtones d'Amérique du Nord ne possèdent pas de système d'écriture. La perpétuation des savoirs, des mythes, des croyances et des savoir-faire repose sur un mode de transmission oral. Les conteurs, qui sont en quelque sorte la mémoire vivante des communautés, se chargent de transmettre le patrimoine autochtone, constitué des récits d'événements historiques ainsi que des mythes qu'on leur a racontés et qui sont repris de génération en génération. Les Autochtones du Québec d'aujourd'hui accordent encore une place privilégiée à la tradition orale. Par ce moyen, ils témoignent à leur manière de l'effet qu'a eu sur leurs cultures la rencontre avec les Européens.

Un porte-parole iroquois lors d'une rencontre diplomatique

Joseph-François Lafitau, *Mœurs des sauvages américains comparés aux mœurs des premiers temps*, 1724.

Le conteur innu Ben McKenzie

PISTES
d'interprétation **CD 2**

1. Quels emprunts culturels les Autochtones font-ils aux Européens?

Question bilan

2. Quelles sont les conséquences pour les Autochtones de leur contact avec et les Européens?

La culture sous le régime français

1608-1760

À partir de 1608, des Français s'installent de manière permanente dans la vallée du Saint-Laurent. Les rencontres avec les Amérindiens ainsi que les particularités géographiques et climatiques du territoire incitent les nouveaux venus à adapter certains de leurs usages et pratiques. Les Français importent par ailleurs en Nouvelle-France plusieurs éléments de leur culture, dont la religion catholique. Cette religion d'État, que les Français tentent d'imposer aux Amérindiens par l'intermédiaire des missions, exerce une influence déterminante sur l'organisation sociale et la culture de la colonie. Celle-ci est également soumise à l'absolutisme royal, qui caractérise l'organisation politique de la France.

Quelle est l'influence des idées sur les manifestations culturelles durant le régime français ? **CD 2**

1608 — **1760**

1620   1640   1660   1680   1700   1720   1740

LE RÉGIME FRANÇAIS

1610
Publication de la *Conversion des Sauvages*, de Marc Lescarbot

1663
Fondation du Séminaire de Québec

1684
Aménagement du palais de l'intendant

1702
Publication du *Catéchisme du diocèse de Québec*

Immigrer au Canada : importations et adaptations

CONCEPTS

Identité, patrimoine

Jusqu'en **1663**, le roi autorise les compagnies à exploiter les ressources de la colonie à condition qu'elles s'engagent à la peupler. Peu de Français s'établissent alors en Nouvelle-France. La plupart d'entre eux ne sont que de passage. Seules quelques rares familles arrivent dans la colonie avec l'intention d'y rester.

Les nouveaux arrivants apportent avec eux des pratiques, des coutumes et des usages propres aux régions de France où ils sont nés. Toutefois, le climat rigoureux et la rencontre des Amérindiens va amener les colons à modifier certains de leurs usages et certaines de leurs pratiques. Ces transformations vont mener à la naissance d'une nouvelle identité.

Les pratiques du quotidien

La plupart des Français qui immigrent en Nouvelle-France apportent très peu de biens matériels. Ils importent surtout des techniques – agricoles et artisanales, notamment – ainsi que des savoir-faire qu'ils doivent, dans certains cas, adapter.

Même si la coupe et les matières qui servent à la confection des vêtements demeurent essentiellement européennes, l'habillement des colons subit très tôt des transformations imposées par les particularités de la vie dans la colonie. Les colons continuent de se vêtir « à la française », mais ils ajoutent à leur tenue le capot « à la canadienne », un manteau d'hiver doté d'un capuchon et serré à la taille par une large ceinture qui empêche le froid de pénétrer. Quant aux chaussures et aux sabots, inappropriés par temps froid, ils sont le plus souvent délaissés pour des mocassins, empruntés aux Amérindiens. Les colons vont les améliorer en prenant soin de les imperméabiliser. Les bas, en usage en France, sont souvent remplacés par les mitasses, sortes de jambières couvrant une partie de la jambe. Enfin, la plupart des colons portent un chapeau dont les rebords peuvent être dépliés pour couvrir les oreilles, ou encore un bonnet de laine.

Les colons adoptent également les moyens de locomotion autochtones que sont les raquettes, le traîneau et le canot, et ils introduisent dans leur alimentation des produits indigènes, comme la courge, le maïs et le sirop d'érable. Ils découvrent aussi le tabac à pipe, dont font usage les Amérindiens.

26 Le colon français s'adapte

La traite des fourrures, à laquelle se consacrent un grand nombre de colons dans la première moitié du XVIIᵉ siècle, contribue aux échanges culturels entre Français et Amérindiens. Les interprètes et les coureurs de bois, qui côtoient régulièrement les Amérindiens (ils vont parfois même vivre parmi eux), leur empruntent de nombreux usages.

Bacqueville de La Potherie, *Canadien en raquettes allant en guerre sur la neige*, 1722.

● Quels vêtements et accessoires témoignent de l'adaptation des immigrants aux particularités de la colonie ?

27 Le coffre du colon

Les Français qui font la traversée vers la colonie transportent leurs vêtements et autres effets personnels dans des coffres de bois. Le coffre constitue d'ailleurs souvent le principal élément du mobilier des maisons de la Nouvelle-France. Celui-ci date des années 1650.

curiosité

Les Chevaliers de la Table !

Les Français qui s'installent en Nouvelle-France importent d'Europe des usages et des pratiques sociales. Samuel de Champlain, qui passe l'hiver 1606-1607 dans l'habitation de Port-Royal, y crée l'Ordre de Bon Temps. En France, la création d'ordres, qui sont des lieux de sociabilité, est une pratique courante, surtout parmi l'élite. Les membres de l'Ordre de Bon Temps se chargent, par exemple, d'aller chasser le gibier à tour de rôle afin d'approvisionner les hivernants en viande. Grâce à l'Ordre de Bon Temps, les hivernants arrivent à bien se nourrir en plus de se divertir pendant le long hiver.

Samuel de Champlain fait construire une première habitation à Québec en 1608.

Léonce Cuvelier, *Reconstitution de l'habitation de Champlain à Québec* [détail], vers 1940.

Patrimoine Ensemble des manifestations culturelles du passé, du présent et de l'avenir qui caractérise une société.

S'abriter et se meubler

Les premières installations permanentes des colons, soit les habitations de Port-Royal, Québec et Ville-Marie, sont des postes de traite. Il s'agit d'un ensemble de bâtiments, logements et entrepôts entouré de palissades destinées à protéger les Français des éventuelles attaques amérindiennes. Pour subvenir à leurs besoins, les habitants dépendent en grande partie des approvisionnements qui arrivent de France par navire.

À partir de **1627**, le régime seigneurial, en vigueur en France, est instauré dans la colonie. Les habitants s'installent alors sur des concessions qu'ils doivent défricher et pour lesquelles ils doivent payer des redevances à un seigneur. Ils commencent par ériger des habitations rudimentaires, puis des maisons de bois. De petites dimensions, celles-ci comptent une seule pièce, ce qui en facilite le chauffage pendant l'hiver. Les carreaux des rares fenêtres ne sont pas faits de verre (trop coûteux puisqu'il doit être importé de France), mais plutôt de papier ou de cuir huilé. Dans ces modestes maisons où les occupants vivent dans la promiscuité, l'ameublement est généralement sobre et fonctionnel.

Au **XVIIIe siècle** toutefois, à mesure que les colons défrichent et prennent possession du territoire, le confort augmente dans les foyers et l'architecture des logis évolue. Le chauffage des maisons s'améliore grâce à l'introduction du poêle en fonte, qui supplante les poêles de tôle et de briques. Il s'ensuit une augmentation de l'espace habitable et on voit alors apparaître des pièces cloisonnées (deux ou trois) qui demeurent toutefois de petite dimension. Les colons accentuent aussi la pente des toits des maisons afin d'empêcher l'accumulation de neige. Dans les campagnes, certaines maisons sont construites en pierres des champs. Les maisons de pierres, plus sécuritaires que les maisons de bois, domineront bientôt dans les villes de Québec et de Montréal, ravagées partiellement par des incendies aux XVIIe et XVIIIe siècles.

Au **XVIIIe siècle**, le mobilier des maisons demeure modeste. Il comprend, pour l'essentiel, un ou plusieurs coffres de rangement, des chaises, une table ainsi que des lits recouverts de paillasses qui servent de matelas. Certaines maisonnées possèdent une armoire ou un buffet. Les habitants fabriquent eux-mêmes leur mobilier, contrairement aux membres de la noblesse et de la bourgeoisie marchande qui l'importent le plus souvent de France. Plus luxueux et plus varié, le mobilier de ces élites comprend notamment des fauteuils et des commodes.

29 Une armoire à pointes de diamant

Cette armoire, qui date de 1725, est typique de l'ameublement de l'élite de la colonie.

30 La maison canadienne

Dans les villages situés le long du fleuve Saint-Laurent, on peut voir des maisons qui ont été construites à la fin du XVIIe siècle et au XVIIIe siècle. Ces maisons sont aujourd'hui appelées « maisons canadiennes ». La « maison Armand » représentée ici est, quant à elle, située sur le boulevard Gouin est, à Montréal. Classée monument historique, elle appartient au **patrimoine** de la province.

PISTES d'interprétation CD 2

1. Quels sont les emprunts culturels des colons aux Amérindiens ?

2. Qu'est-ce qui caractérise le logement et l'ameublement des colons au XVIIe siècle ? au XVIIIe siècle ?

3. Qu'est-ce qui différencie l'ameublement de l'élite de celui des habitants ?

Question bilan

4. En quoi l'esprit d'adaptation des colons influence-t-il les manifestations culturelles dans la colonie ?

L'Église catholique et les missions amérindiennes

Éducation, religion

Les Français qui immigrent en Nouvelle-France importent leurs valeurs, leurs normes et leur religion : le catholicisme. Des représentants de l'Église catholique sont présents dès le début de la colonisation. Ils viennent convertir les Amérindiens à la foi catholique, encadrer la population et faire de la Nouvelle-France une société catholique.

Des religieux chez les Amérindiens

Dans la **première moitié du XVIIᵉ siècle**, l'Église se donne comme objectif de convertir les Amérindiens. Les Jésuites séjournent d'abord en Acadie, de 1611 à 1613. Puis, les Récollets débarquent dans la vallée du Saint-Laurent, en 1615. En 1625, ils sont rejoints par les Jésuites et jusqu'en 1629, les deux ordres sont présents dans la colonie. Finalement, en 1632 (année de leur retour en Nouvelle-France), les Jésuites obtiennent le monopole des missions auprès des Amérindiens.

Jésuite Religieux membre de la Compagnie de Jésus fondée par Ignace de Loyola dans le but de propager la foi catholique dans le monde.

31 Une vue de l'Amérique du Nord

Les voyages que les missionnaires entreprennent afin d'entrer en contact avec les Amérindiens qu'ils cherchent à convertir, de même que les cartes qu'ils dressent lors de ces expéditions, contribuent grandement à accroître la connaissance du continent.

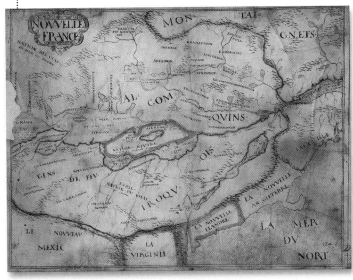

Anonyme, *Nouvelle-France*, vers 1641.

Les missionnaires catholiques s'installent dans certains villages amérindiens pour y prêcher la foi catholique. Cependant, pour arriver à convertir les Amérindiens, ils doivent en apprendre les langues. Les missionnaires sont d'ailleurs les auteurs des premiers lexiques et grammaires des langues amérindiennes.

Pour les Français, l'évangélisation des populations amérindiennes est indissociable de leur européanisation. Lorsque les religieux établissent une mission, ils construisent divers bâtiments, dont une église, et entreprennent d'initier les Amérindiens au mode de vie européen. À partir de **1637**, les Jésuites fondent plusieurs missions, qui sont de véritables villages. Ils y installent des Amérindiens dans le but de les convertir, de les sédentariser et de leur apprendre à vivre « à la française ».

Lieu de *mémoire*

Le Sault-au-récollet

En 1625, le récollet Nicolas Viel revient en canot d'une mission chez les Hurons. Il est accompagné d'un jeune Huron converti nommé Auhaitsique (Ahuntsic). Le récollet et son compagnon se noient en tentant de franchir les rapides situés sur l'actuelle Rivière-des-Prairies. Ces rapides seront dès lors désignés sous le nom de Sault-au-récollet, en référence au père Viel.

Cette toile orne l'un des murs de la cathédrale Marie-Reine-du-Monde, à Montréal.

Georges Delfosse, *Nicolas Viel 1ᵉʳ martyr canadien récollet et son néophyte Ahuntsic, 1625*, vers 1908.

À partir de **1639**, des congrégations de religieuses se joignent aux Jésuites pour participer à l'effort missionnaire. Les Ursulines s'installent à Québec en 1639, où elles fondent une institution destinée à l'enseignement religieux des jeunes Amérindiennes. Elles s'occupent également d'instruire les jeunes Françaises de la ville.

32 Une méthode pour favoriser la conversion des Amérindiens

Marc Lescarbot (1570-1642), un avocat français, séjourne en Acadie de 1606 à 1607. Il est l'auteur de la première pièce européenne jouée en Nouvelle-France, *Le Théâtre de Neptune* (1606). Il écrit aussi une *Histoire de la Nouvelle-France*, qui est publiée en 1609, ainsi que la *Conversion des Sauvages*, un récit dans lequel il explique pourquoi, à son avis, il faut sédentariser les Amérindiens afin de les convertir.

« Mais quant au pays des Armouchiquois [Abénaquis] et Iroquois, il y a plus grande moisson à faire pour ceux qui sont poussés d'un zèle religieux, parce que le peuple y est beaucoup plus fréquent et cultive la terre, de laquelle il retire un grand soulagement de vie. [...] Je croirais que des hommes robustes et bien composés pourraient vivre parmi ces peuples là, et faire grand fruit à l'avancement de la Religion Chrétienne. Mais quant aux Souriquois [Micmacs] et Etchemins [Malécites], qui sont vagabonds et divisés, il les faut assembler par la culture de la terre, et obliger par ce moyen à demeurer en un lieu. Car quiconque a pris la peine de cultiver une terre il ne la quitte point aisément. Il combat pour la conserver de tout son courage. »

Marc Lescarbot, *Conversion des Sauvages qui ont esté baptizés en la Nouvelle France, cette année 1610.*

● D'après Lescarbot, pourquoi la sédentarisation des Amérindiens est-elle nécessaire à leur conversion?

33 Sainte-Marie-des-Hurons

La mission de Sainte-Marie-des-Hurons, la première du Canada, est fondée en 1615 par les Récollets. En 1633, les Jésuites s'y installent. Ils en font un véritable village fortifié où ils initient les Hurons aux techniques agricoles européennes. Le site de Sainte-Marie-des-Hurons, situé près de Midland en Ontario, est un lieu de reconstitution historique administré par le ministère du Tourisme de la province.

Portrait

Marie de l'Incarnation (1599-1672)

Marie Guyart, dite Marie de l'Incarnation, est la fondatrice de la congrégation des Ursulines du Canada. Elle entre au couvent des Ursulines de Tours en 1632, après avoir eu des visions qu'elle interprète comme un appel de Dieu. Celui-ci lui aurait dit : « C'est le Canada que je t'ai fait voir ; il faut que tu y ailles faire une maison à Jésus et à Marie. » Afin d'accomplir ce qu'elle considère comme sa mission, Marie de l'Incarnation s'embarque pour la Nouvelle-France et arrive à Québec en 1639. Elle y fonde un couvent et se consacre notamment à l'enseignement des jeunes Amérindiennes et des jeunes Françaises.

Attribué à Hugues Pommier, *Mère Marie de l'Incarnation*, 1672.

Des laïcs missionnaires

Des laïcs appuient l'œuvre missionnaire des religieux. Ainsi, en **1642**, des dévots désireux de fonder un établissement permanent sur l'île de Montréal créent la Société de Notre-Dame de Montréal pour la conversion des Sauvages de la Nouvelle-France et se font concéder la seigneurie de Montréal. À l'emplacement de l'actuelle Pointe-à-Callières, ils fondent l'établissement de Ville-Marie, qu'ils placent sous la protection de la Vierge Marie. Ils y érigent des habitations qu'ils entourent de palissades. Les dévots de Ville-Marie souhaitent faire de leur établissement le point de départ d'un projet missionnaire catholique visant la conversion des Iroquois des environs. Cependant, de nombreux obstacles perturbent le projet, notamment l'hostilité des Iroquois qui ne cessent d'attaquer Ville-Marie. En 1663, la société cède sa seigneurie aux Sulpiciens, installés sur l'île depuis 1657.

La destruction de la Huronie et les missions amérindiennes

Dans la **seconde moitié du XVIIᵉ siècle**, à la suite de la destruction de la Huronie (survenue en 1650) et de la disparition de près de la moitié de la population huronne, décimée par les épidémies et les guerres, les missionnaires tentent de convertir les Iroquois. C'est ainsi qu'est fondée en Iroquoisie la mission de Sainte-Marie de Gannentaa (dans l'actuel État de New York), en 1656. Elle devra toutefois être abandonnée deux ans plus tard, les Iroquois étant hostiles aux missionnaires qui tentent de les convertir.

34 | Les Saints Martyrs canadiens

Lors de la destruction de la Huronie, les Iroquois s'en prennent à des missionnaires jésuites, qu'ils tuent ou torturent à mort. En 1930, le pape Pie XI canonise huit de ces missionnaires. Ils sont connus depuis sous le nom de « Saints Martyrs canadiens ».

François du Creux, *Les Saints Martyrs canadiens*, 1664.

À travers le temps

La réserve de Kahnawake

En 1667, les Jésuites fondent la première mission iroquoise du Canada : Kentaké. Rebaptisée Kahnawake par les Iroquois, la mission déménagera à plusieurs reprises. C'est en 1716 qu'elle trouve son emplacement actuel, à Kahnawake. Cette mission, que les Français appellent la mission de Saint-François-Xavier du Sault ou encore Sault-Saint-Louis, devient rapidement la plus peuplée du Québec. La réserve de Kahnawake est aujourd'hui habitée par des Mohawks, issus de la Confédération iroquoise des Cinq-Nations.

La première mission iroquoise du Canada
Anonyme, *Vue de la mission de Sault-Saint-Louis*, XVIIᵉ siècle.

Kahnawake de nos jours

PISTES d'interprétation CD 2

1. À quelles tâches se consacrent les catholiques au XVIIᵉ siècle ?
2. Par quels moyens entreprennent-ils de convertir les Autochtones ?

L'Église catholique et l'encadrement des colons

Durant la majeure partie du **XVIIe siècle**, l'Église est avant tout missionnaire. Les religieux sont néanmoins très présents dans la vie des colons puisque ce sont eux qui dispensent l'enseignement et les soins. Ils dirigent également les paroisses, cadre de vie des habitants.

L'enseignement

Les missionnaires se chargent aussi d'encadrer les colons, principalement par l'enseignement. Ainsi, les Ursulines de Québec, dont l'objectif premier est de convertir les jeunes Amérindiennes à la foi catholique, enseignent également aux filles des colons. À Québec, la plupart des filles de colons aisés qui habitent hors de la ville résident au pensionnat que dirigent les Ursulines. Dès 1697, celles-ci disposent également d'un hôpital-école à Trois-Rivières. Les Jésuites, pour leur part, fondent à Québec, en 1635, le premier établissement d'enseignement pour garçons de la colonie.

À partir de **1650**, d'autres communautés religieuses qui se consacrent à l'enseignement s'installent, cette fois, à Montréal. La congrégation de Notre-Dame, fondée en 1659 par Marguerite Bourgeoys, se charge de l'enseignement des filles. Les Sulpiciens, arrivés en 1657, ainsi que l'ordre des frères hospitaliers de la Croix et de Saint-Joseph (ou frères Charron, du nom de leur fondateur), fondé en 1694, enseignent pour leur part aux garçons. Ces deux ordres, ainsi que la congrégation de Notre-Dame, forment aussi des maîtres d'école. Dans la première moitié du XVIIIe siècle, ces maîtres d'école enseignent aux enfants des paroisses rurales.

35 Le collège des Jésuites

Durant tout le régime français, le collège des Jésuites à Québec est l'établissement le plus important à offrir le cours primaire et le cours secondaire. À partir de 1671, le collège propose aussi un cours d'hydrographie, destiné à former des navigateurs.

36 Le Séminaire de Québec

Fondé en 1663, le Séminaire se consacre notamment à la formation de prêtres. L'établissement domine la ville.

Richard Short, *Vue du collège et de l'église des Jésuites*, Québec, 1761.

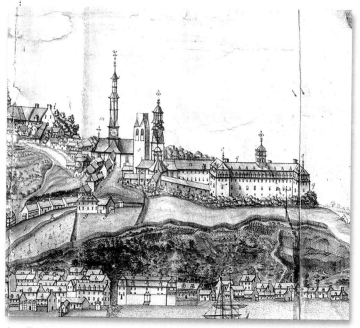

Jean-Baptiste-Louis Franquelin, *Partie de l'Amérique septentrionale où est compris la Nouvelle-France* [détail], 1699.

Comme en France, l'enseignement dispensé en Nouvelle-France a d'abord des visées religieuses. Il s'inscrit dans le cadre de la mission évangélisatrice de l'Église. C'est pourquoi il est essentiellement orienté sur l'apprentissage des principes de la foi catholique et des pratiques religieuses. Afin de favoriser cet apprentissage, les élèves apprennent généralement les rudiments de la lecture. Quelques-uns étudient les bases du calcul et de l'écriture. L'analphabétisme demeure toutefois prédominant en Nouvelle-France, car peu d'enfants fréquentent l'école de façon régulière.

Les services sociaux

D'autres communautés religieuses dispensent des soins aux colons et fondent les premiers établissements hospitaliers. L'Hôtel-Dieu de Québec est le premier hôpital de la Nouvelle-France. Il est fondé en 1639 par les Augustines de la Miséricorde de Jésus, arrivées dans la colonie la même année. Quant à l'Hôtel-Dieu de Montréal, il est mis sur pied en 1642 par Jeanne Mance, une laïque ayant participé à la fondation de la ville. Il est par la suite confié aux Hospitalières de Saint-Joseph, qui arrivent dans la colonie en 1659.

Claude François dit Frère Luc, *Hospitalière soignant le Seigneur dans la personne d'un malade*, 1670 ou 1671.

37 *Le Catéchisme du diocèse de Québec*

Afin de s'assurer que l'enseignement est uniforme et conforme aux principes de la foi catholique, les évêques de France se donnent la responsabilité de rédiger un catéchisme pour leur diocèse. Ce petit livre, constitué de questions et de réponses courtes, est distribué aux croyants qui doivent en mémoriser le contenu. Le *Catéchisme du diocèse de Québec* est imprimé en France en 1702, à la demande de l'évêque de Québec, Mgr de Saint-Vallier.

EXERCICE DU CHRETIEN Pour tous les jours.

COURTES PRIERES pour le Matin.

IL faut le matin à son reveil faire le signe de la Croix, disant, au nom du Pere, & du Fils, & du saint Esprit.
Puis dire.
Mon Dieu, je vous donne mon cœur.
S'habiller ensuite promptement & modestement en s'entretenant dans une bonne pensée ; étant levé & habillé, il faut prendre de l'eau benîte, se mettre à genoux devant quelque devote image, & dire :
Mon Dieu, je vous adore, & vous

38 **Les soins aux malades**

Les religieuses donnent des soins et assurent l'encadrement religieux des malades. Ces derniers doivent, par exemple, réciter quotidiennement des prières. Dans chacun des hôpitaux de la colonie, des prêtres se chargent de dire la messe.

● Quel personnage de la Bible personnifie un malade dans ce tableau ? Pourquoi ?

Dans la **seconde moitié du XVIIe siècle**, Montréal et Québec voient aussi s'ériger les premiers hôpitaux généraux. En 1693, les Augustines, qui gèrent l'Hôtel-Dieu, fondent l'Hôpital Général de Québec. La même année, les frères Charron font de même à Montréal. En 1747, l'établissement des frères Charron est confié aux sœurs de la Charité (ou Sœurs grises), une congrégation religieuse fondée en 1737 par une veuve de Montréal, Marguerite d'Youville.

39 **Le grand renfermement**

Dans un souci de contrôler la population du royaume, le roi Louis XIV ordonne, en 1662, la fondation d'un hôpital général dans chaque ville, y compris dans les colonies. Contrairement aux hôtels-Dieu, les hôpitaux généraux ne sont pas des établissements de soins à proprement parler. Y sont enfermés tous ceux qui sont jugés socialement indésirables, comme les mendiants, les vieillards sans famille, les orphelins, les prostituées et les déficients intellectuels. Les autorités croient pouvoir réformer ces laissés-pour-compte par le travail et l'enseignement religieux. Ces hôpitaux généraux sont en fait les ancêtres des établissements psychiatriques et des prisons, qui feront leur apparition au XIXe siècle.

Daniel Pomarede, *Fortifications de Montréal, 1760* [détail], 1882.

Le cadre paroissial

La fondation de la première paroisse de la colonie, Notre-Dame de Québec, date de 1664. Jusqu'en 1684, 25 nouvelles paroisses voient le jour au Canada. Dès lors, la paroisse s'impose comme le moyen le plus efficace dont dispose l'Église pour encadrer les colons.

Au cœur de la paroisse se trouve le curé, représentant direct de l'Église auprès des colons. Le curé doit veiller étroitement au respect des prescriptions de l'Église. Par exemple, l'Église interdit aux colons de travailler les dimanches et lors de certaines fêtes religieuses. Les colons sont également tenus de communier au moins une fois par année. Les curés doivent tenir le registre des paroissiens qui assistent à la messe et qui reçoivent la communion, et il n'est pas rare que l'évêque de Québec ordonne aux curés de refuser l'absolution à ceux qui ne se soumettent pas à ces obligations.

La paroisse est également un lieu de sociabilité et de rassemblement. C'est pourquoi, la plupart du temps, les paroisses sont créées à la demande des habitants. Le caractère obligatoire de la messe en fait l'occasion toute désignée de se rencontrer. Après la messe, les colons se regroupent sur le parvis de l'église pour échanger. De plus, comme il n'y a pas de journaux, la chaire et le parvis constituent des espaces de communication privilégiés où sont transmis les ordres et ordonnances du pouvoir.

Les résistances à l'Église

L'Église ne se contente pas de régler la pratique religieuse ; elle interdit aussi aux colons de s'adonner aux activités qu'elle juge immorales. Par exemple, elle dénonce certaines tenues que portent les femmes lors de la messe dominicale et qu'elle juge indécentes. L'Église réprouve aussi l'habitude qu'ont certains colons des villes de fréquenter les cabarets et les auberges, lieux de rencontres où il est possible de se divertir en jouant au billard, aux échecs ou aux dames, mais surtout de se procurer des boissons alcoolisées.

Lieu de *mémoire*

L'Église et les arts au Canada

Les riches ornements des églises contrastent avec le dénuement relatif des habitations des colons. Le caractère somptueux des sculptures, des pièces d'orfèvrerie et des tableaux vise à impressionner les fidèles en montrant la grandeur et la puissance de l'Église catholique. À partir de 1650, des artistes européens, tels le sculpteur Jacques Leblond et les peintres Hugues Pommier et Claude François (mieux connu sous le nom de Frère Luc), exercent leur art dans la colonie. Au XVIIIe siècle, les œuvres destinées à la décoration des différentes institutions religieuses sont surtout réalisées par des artistes locaux. Noël et Pierre-Noël Levasseur, des sculpteurs nés au Canada d'une famille d'artisans qualifiés, créent certaines des plus importantes pièces sculptées à être parvenues jusqu'à nous. Ces pièces font aujourd'hui partie du patrimoine religieux de la province.

L'église est aussi un lieu de diffusion musicale. Les religieux et les pensionnaires des couvents étudient des œuvres liturgiques de compositeurs français des XVIIe et XVIIIe siècles qu'ils interprètent à l'occasion des fêtes religieuses. C'est ainsi que certaines des pièces de ce répertoire seront diffusées dans la colonie.

Pierre-Noël Levasseur, *Chandelier*, *Crucifix* et *Retable de la chapelle des Ursulines*, début du XVIIIe siècle.

40 Des paroissiens indisciplinés

En 1706, le curé de la paroisse de la côte de Beaupré se plaint des agissements de ses paroissiens. L'intendant Raudot publie alors une ordonnance visant à réguler les comportements des colons durant la messe.

« Nous défendons à toutes sortes de personnes sous quelque prétexte que ce soit de donner à boire dans leurs maisons aucunes boissons, ni même d'en vendre les jours de fêtes et dimanches, [...] Faisons défense aussi à toute sorte de personnes de se quereller et entretenir dans l'église, d'en sortir lorsqu'on fera le prône* et de fumer à la porte ou alentour des dites églises [...] Exhortons tous les paroissiens d'assister au service divin de leur paroisse avec toutes la dévotion qu'ils doivent. »

* Discours du prêtre à la messe dominicale.

Intendant Raudot, *Documents judiciaires, janvier-juin 1712*, 13 février 1712.

● Qu'est-ce que l'intendant interdit aux paroissiens de faire durant la messe?

● Que nous apprend ce document sur le rôle de la messe dans la vie des colons?

L'Église surveille également les divertissements de l'élite de la colonie, qui suit la mode de Paris et de Versailles. Par exemple, les membres de la haute société assistent à des représentations privées des pièces de Jean Racine et de Pierre Corneille, deux dramaturges français très en vogue au XVIIe siècle. Ils organisent aussi des concerts et des bals. Les danses prisées en France, comme le menuet et la contredanse, deviennent populaires chez les élites de la colonie, et cela même si elles sont sévèrement décriées par le clergé.

42 Les élites et les sermons des curés

Élisabeth Bégon (1696-1755), dont le mari fut gouverneur de Trois-Rivières de 1743 à 1748, participe à la vie mondaine de la colonie. Dans les lettres qu'elle adresse à son gendre alors en Louisiane, elle témoigne de la réaction de certains membres de l'élite coloniale à l'égard des interdictions des curés.

« Le 26 janvier 1749
Je ne sais, mon cher fils, que de belles nouvelles à t'apprendre. Il a été prêché ce matin un sermon par M. le curé, sur les bals. Tu [...] ne seras point surpris de la façon dont il a parlé, disant que toutes les assemblées, bals et parties de campagne étaient toutes infâmes [...]
Le 27 janvier 1749
Je n'eus hier, cher fils, [...] que l'envie de te faire part du sermon que je craignais d'oublier, et me réservai à te faire part de la belle réflexion de M. de Longueuil. [...] Au sortir de la grand messe, il [...] fit de grands compliments à M. le curé sur son sermon [...]; [il dit] qu'il avait eu la complaisance de donner un bal à ses filles, mais qu'il n'en donnerait plus [...] Notez que, dans le temps que ce tartufe* parle, toutes ses filles sont aux noces chez un habitant à la Rivière-des-Prairies. »

* Personne qui fait preuve d'hypocrisie. S'écrit aussi « tartuffe ».

Élizabeth Bégon, *Lettres au cher fils*, janvier 1749.

41 *Tartuffe* au Canada

Dans *Tartuffe*, Molière se moque des dévots et dénonce l'hypocrisie religieuse. Lors de sa sortie en 1664, la pièce soulève une vive opposition. Les dévots de la cour réussissent momentanément à faire interdire l'œuvre. En 1694, Frontenac souhaite présenter *Tartuffe* au château Saint-Louis, mais Mgr de Saint-Vallier, alors évêque de Québec, l'interdit.

Pourquoi Mme Bégon traite-t-elle M. de Longueuil de tartufe?

● Quelle interprétation peut-on faire de l'attitude de M. de Longueuil à l'égard du curé?

PISTES d'interprétation CD 2

1. Par quels moyens l'Église encadre-t-elle les colons?

2. Quelles fonctions les paroisses occupent-elles dans la vie des colons?

3. Comment s'exprime l'esprit d'indépendance des Canadiens vis-à-vis de l'Église?

Question bilan

4. Comment le catholicisme influence-t-il les manifestations culturelles dans la colonie?

Absolutisme Idéologie politique selon laquelle le souverain détiendrait son pouvoir directement de Dieu et en serait le représentant sur terre.

L'absolutisme dans la colonie

Aux **XVIIe et XVIIIe siècles**, l'absolutisme a cours en France. Il est l'aboutissement d'un long processus de centralisation des pouvoirs auquel ont participé les différents rois qui ont régné sur la France du XVIe siècle jusqu'à la fin du XVIIIe siècle. Cet absolutisme royal, auquel l'Église ainsi que tous les représentants de l'autorité sont soumis, se manifeste de différentes façons dans la colonie.

43 L'absolutisme, d'après l'abbé Bossuet

Jacques Bénigne Bossuet (1627-1704), un évêque français au service de la famille royale sous Louis XIV, définit l'absolutisme de droit divin.

« Dieu établit les rois […], et règne par eux sur les peuples. [↖.] Les princes agissent donc comme ministres de Dieu, et ses lieutenants sur terre. C'est par eux qu'il [Dieu] exerce son empire. […] C'est pour cela que nous avons vu que le trône royal n'est pas le trône d'un homme, mais le trône de Dieu même. […] ils sont sacrés par leur charge, comme étant les représentants de la majesté divine, députés par sa providence à l'exécution de ses desseins. »

Jacques Bénigne Bossuet, *La politique tirée de l'Écriture sainte,* 1700-1703.

● D'après Bossuet, pourquoi le trône royal serait-il le « trône de Dieu » ?

Avant 1663, l'absolutisme royal se manifeste surtout par le contrôle que le roi exerce sur les compagnies auxquelles il octroie des monopoles d'exploitation. Ces compagnies doivent rendre des comptes au roi, qui a le pouvoir de les dissoudre. L'étendue des pouvoirs du gouverneur et de l'intendant, nommés par le roi, témoigne aussi de l'absolutisme royal. Les gouverneurs et intendants représentent physiquement le roi dans la colonie. Le faste qu'ils affichent, en particulier dans l'architecture des lieux de pouvoir tels le château Saint-Louis, la résidence du gouverneur et le palais de l'intendant, sont autant de manifestations de la puissance de celui qu'ils représentent.

L'absolutisme royal laisse aussi sa marque dans le paysage visuel et dans la toponymie de la colonie. Les portes des fortifications de Québec sont décorées aux armes de la monarchie française. Quant au prénom des trois derniers rois qui ont régné sur la Nouvelle-France, il figure en bonne place dans la toponymie de la colonie, comme en témoigne l'appellation « Louisiane », donnée en l'honneur de Louis XIV. De manière générale, tous les lieux publics sont considérés comme propriété du roi de France. C'est le cas de la route qui relie Montréal à Québec, appelée « Chemin du Roy ».

Noël Levasseur, *Les armoiries royales de France,* 1727.

Et maintenant CD 3 TIC

La fleur de lys

Les armoiries, qui font leur apparition au Moyen Âge en France, servent à en identifier le propriétaire. Ainsi, la fleur de lys est l'un des emblèmes de la monarchie française. Apposée sur les portes de la ville de Québec, elle rappelle l'autorité du roi sur la colonie. Le lys des rois de France fait aujourd'hui partie du patrimoine symbolique du Québec. Il apparaît notamment sur le drapeau et les armoiries de la province.

● Selon vous, pourquoi le symbole qu'est la fleur de lys est-il encore utilisé au Québec de nos jours ?

Diverses manifestations publiques ont également pour objectif de démontrer la puissance du roi. Par exemple, l'arrivée dans la colonie d'un gouverneur ou d'un intendant donne lieu à de fastes cérémonies. Et, pour souligner les grands moments de la vie de la famille royale, tels les naissances, les mariages et les décès, des messes sont chantées dans tout le royaume, y compris en Nouvelle-France. Des feux d'artifice ont aussi lieu et des banquets sont organisés.

L'absolutisme royal est indissociable du **gallicanisme**. D'après les partisans de cette doctrine, puisque le roi de France est le représentant de Dieu sur terre, il doit également être le chef de l'Église de son royaume. Par conséquent, il lui revient de nommer les évêques, le pape devant se limiter à approuver les nominations. Ainsi, à partir du **XVIIᵉ siècle**, le gallicanisme s'impose en France : l'Église de France est dorénavant soumise à l'absolutisme royal.

Dans la **seconde moitié du XVIIᵉ siècle**, le roi dote la Nouvelle-France d'un évêque. En 1674, l'évêché de Québec est fondé. François de Montmorency-Laval devient le premier évêque de la colonie.

Portrait

Mᵍʳ François de Montmorency-Laval (1623-1708)

François de Montmorency-Laval appartient à l'une des plus grandes familles de la noblesse française. Il occupe, de 1658 à 1671, la fonction de vicaire apostolique de la Nouvelle-France. Il débarque dans la colonie en 1659 et y fonde, en 1663, le Séminaire de Québec. En 1674, il est nommé évêque de Québec.

Gallicanisme Doctrine selon laquelle l'Église catholique en France jouit d'une autonomie par rapport à l'autorité du pape.

Lieu de *mémoire*

Le palais de l'intendant

En 1684, l'intendant De Meulles s'installe dans le bâtiment de la brasserie qu'avait fondée Jean Talon en 1668. Le bâtiment est bientôt réaménagé et transformé en palais de l'intendance. Ravagé par un incendie en 1713, le palais de l'intendant est reconstruit en 1716, avant d'être définitivement détruit sous le régime britannique. Des fouilles archéologiques ont mis au jour les vestiges de ces deux palais. Ces vestiges forment aujourd'hui un ensemble patrimonial nommé l'Îlot des Palais.

Richard Short, *Vue du palais de l'intendant*, 1761.

PISTES d'interprétation CD 2

1. Quelle idéologie politique a cours en Nouvelle-France ?

2. Qui représente cette idéologie dans la colonie ?

Question bilan

3. Quelle est l'influence de l'absolutisme sur les manifestations culturelles ?

La culture sous le régime britannique

1760-1867

La Conquête entraîne un changement d'empire et transforme la composition sociale de la colonie, vers laquelle immigrent un nombre croissant de Britanniques. Ces transformations vont de pair avec la diffusion de nouveaux mouvements de pensée, comme le libéralisme et le nationalisme. Les insurrections de 1837-1838, puis l'adoption de l'Acte d'Union, en 1840, permettent à l'Église d'accroître son influence sur la société coloniale. La présence et l'influence accrues de l'Église favorisent l'expression de l'ultramontanisme, ce qui va entraîner la transformation du nationalisme et du libéralisme.

Quelle est l'influence des idées sur les manifestations culturelles durant le régime britannique ? **CD 2**

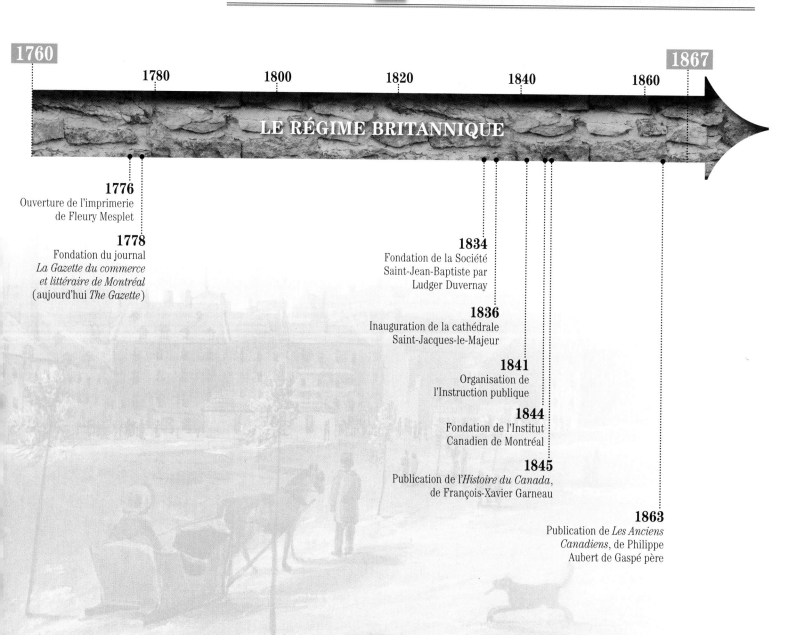

1760 **1780** **1800** **1820** **1840** **1860** **1867**

LE RÉGIME BRITANNIQUE

1776
Ouverture de l'imprimerie
de Fleury Mesplet

1778
Fondation du journal
*La Gazette du commerce
et littéraire de Montréal*
(aujourd'hui *The Gazette*)

1834
Fondation de la Société
Saint-Jean-Baptiste par
Ludger Duvernay

1836
Inauguration de la cathédrale
Saint-Jacques-le-Majeur

1841
Organisation de
l'Instruction publique

1844
Fondation de l'Institut
Canadien de Montréal

1845
Publication de l'*Histoire du Canada*,
de François-Xavier Garneau

1863
Publication de *Les Anciens
Canadiens*, de Philippe
Aubert de Gaspé père

Conciliation et collaboration, de 1760 à 1840

La Conquête place les Britanniques au pouvoir. L'Église catholique et la noblesse, qui bénéficiaient de privilèges sous le régime français, doivent agir de manière à gagner la confiance des nouveaux dirigeants. De leur côté, les autorités britanniques doivent ajuster leur politique à la réalité de la colonie.

La Proclamation royale et les instructions que le roi envoie en **1763** au gouverneur Murray ont pour objectif de faire des Canadiens des colons britanniques, c'est-à-dire anglophones et anglicans. L'application de cette loi et de ces instructions constitue une menace pour les membres du clergé et de la noblesse canadienne, car elle marquerait la fin pour la colonie du régime seigneurial et la disparition de l'Église catholique, à qui il est interdit de percevoir la dîme et de recruter des prêtres à l'étranger.

Ordination Cérémonie lors de laquelle un prêtre se voit autoriser à exercer la prêtrise.

Toutefois, en raison notamment de la supériorité démographique des Canadiens, les gouverneurs britanniques de la colonie veulent se montrer conciliants envers ceux-ci afin de s'assurer de leur fidélité à la Couronne. Les autorités coloniales choisissent donc de ménager le clergé catholique et les seigneurs canadiens, qu'ils perçoivent comme les élites du peuple, capables d'influencer et d'exercer une certaine autorité sur la population. Pour ce faire, les nouveaux dirigeants décident de n'appliquer que partiellement la Proclamation royale et permettent la nomination d'un évêque à Québec en **1766**. Cette nomination rend dès lors possible l'**ordination** de prêtres dans la colonie, garantissant par le fait même la survie de l'Église catholique sur le territoire. Quant au régime seigneurial, il est maintenu de façon non officielle par les autorités coloniales.

44 La diffusion des idées de collaboration et de conciliation

La première presse à imprimer est introduite dans la colonie en 1764, par William Brown et Thomas Gilmore, deux imprimeurs issus des Treize colonies qui fondent un journal hebdomadaire bilingue : *La Gazette de Québec/The Quebec Gazette*. Ce périodique constitue la voix officielle des autorités britanniques qui cherchent à se concilier les Canadiens et il est lu en chaire chaque dimanche par les curés. En se faisant ainsi l'intermédiaire du pouvoir britannique auprès du peuple, l'Église met en application sa politique de collaboration.

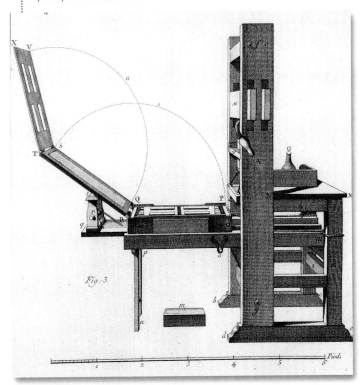

Une presse à imprimer, XVIIIᵉ siècle, tiré de *Recueil de planches sur les sciences et les arts libéraux*, Livorno, 1776.

45 Les stratégies de conciliation proposées par le gouverneur Carleton

Guy Carleton, gouverneur du Canada de 1768 à 1778, s'est fixé comme objectif de rallier la noblesse et le clergé canadiens.

« Le mode de tenure [le système de concession des terres] au Canada diffère [...] de celui en usage dans les autres parties des possessions américaines de Sa Majesté, mais la confirmation du mode de tenure suivi jusqu'ici [...] assurerait pour toujours la soumission sincère de cette province à la Grande-Bretagne. En outre, si l'on ne perd pas de vue la situation exceptionnelle de cette colonie et si l'on tient compte que nous ne pouvons compter que sur la race canadienne pour l'augmentation de la population, il s'ensuit que le maintien des coutumes de cette province est la meilleure politique à suivre. »

Lettre de Guy Carleton à Lord Shelburne, Québec, 12 avril 1768.

● Selon Carleton, quelles stratégies les autorités britanniques devraient-elles adopter afin de s'assurer de la loyauté de la population canadienne ?

Avec le temps, les autorités britanniques – coloniales et métropolitaines – se font toutefois de moins en moins conciliantes. Entre 1807 et 1811, le gouverneur James Craig rompt avec la tradition de conciliation de ses prédécesseurs. Sa volonté d'assimiler les Canadiens franco-phones et catholiques se heurte à une opposition de la part de ces derniers.

Gerritt Schipper, *Son excellence sir James Henry Craig*, vers 1810-1811.

Excommunication
Dans la religion catholique, peine grave qui empêche le fidèle de recevoir les sacrements religieux, comme l'eucharistie (communion) ou l'extrême-onction.

Dans ce nouveau contexte, le clergé et la noblesse choisissent de collaborer avec les dirigeants. Ils multiplient les témoignages de soumission à l'égard des nouvelles autorités. Par exemple, le clergé prêche auprès du peuple canadien la soumission aux autorités britanniques. Cette collaboration rejoint la volonté de conciliation des nouveaux dirigeants.

En **1774**, à la suite des autorités coloniales, la Couronne se fait conciliante non seulement à l'endroit de la noblesse et du clergé, mais également de la population canadienne, et adopte l'Acte de Québec. Cette attitude de conciliation s'inscrit dans un contexte particulier. En effet, dans la seconde moitié du XVIIIe siècle, les autorités veulent contrer l'influence que tentent d'exercer les colons des Treize colonies sur ceux de leurs autres possessions britanniques d'Amérique du Nord. Dans ce contexte, la fidélité des Canadiens est perçue comme nécessaire. Les insurgés des Treize colonies, qui sont légalement sujets britanniques, réclament les mêmes droits politiques que ceux dont disposent les sujets de la métropole. En adoptant l'Acte de Québec, qui remplace le serment du Test par un serment de fidélité au roi, rétablit les lois civiles françaises et reconnaît la religion catholique, la Grande-Bretagne croit que, contrairement à leurs voisins, les Canadiens ne revendiqueront pas les droits conférés aux sujets britanniques. Les membres de la noblesse et du clergé sont satisfaits par l'Acte de Québec, qui les incite à poursuivre leur politique de collaboration.

47 Mandement de l'évêque de Québec, en 1776

Entre 1774 et 1776, les insurgés des Treize colonies lancent des appels aux Canadiens. Comme l'Église collabore avec les autorités britanniques et prêche la soumission, le clergé fait alors pression sur les habitants en menaçant d'excommunication tous les Canadiens qui offriront un soutien armé aux insurgés.

« Votre rébellion, aussi contraire à la religion qu'au bon sens et à la raison, méritait déjà des châtiments exemplaires et rigoureux, du côté du prince dont vous n'avez reçu jusqu'ici que des marques signalées d'une bonté extraordinairement rare dans un vainqueur puissant et à laquelle aucun de nous ne s'attendait, bonté qui ne vous a fait connaître le changement de domination que par un mieux-être. [...] Ils [les insurgés] vous ont en conséquence représenté le Bill [l'Acte de Québec] comme un attentat à votre liberté, comme tendant à vous remettre dans l'esclavage, à la merci de vos Seigneurs et de la noblesse [...] Jésus-Christ, qui a dit positivement que quiconque n'écoutait pas ses ministres qu'il a envoyés pour instruire le monde et gouverner son Église, c'était lui-même qu'on n'écoutait pas ; qu'en résistant aux prêtres et en les méprisant, c'était à lui qu'on résistait, c'était lui qu'on méprisait [...]. »

Mgr Jean-Olivier Briand, *Mandement aux sujets rebelles durant la guerre américaine*, 1776.

● D'après cet extrait, quelle a été la conséquence de la Conquête pour la population canadienne ?

● À qui l'évêque assimile-t-il les prêtres ? Selon vous, dans quelle intention établit-il cette comparaison ?

PISTES d'interprétation CD 2

1. Pour quelles raisons les autorités britanniques cherchent-elles à se concilier la noblesse et le clergé catholique canadiens ?

2. Comment cette politique de conciliation se concrétise-t-elle ?

3. Par quels moyens les élites canadiennes diffusent-elles leurs idées de collaboration auprès de la population ?

Question bilan

4. Quelle est l'influence des idées de conciliation et de collaboration sur les manifestations culturelles ?

Le libéralisme dans la colonie, de 1760 à 1840

Le changement d'empire est également caractérisé par la montée du libéralisme dans la colonie. Grâce à la presse, les idées libérales se diffusent et se transforment bientôt en revendications politiques. Ces revendications sont formulées par les Britanniques – les marchands, entre autres – qui immigrent dans la colonie après la Conquête, mais également par certains professionnels et marchands canadiens qui adhèrent aux idées libérales. Le libéralisme réformiste de ces deux groupes les incite à réclamer l'instauration du parlementarisme dans la colonie. Dans les **années 1830**, certains Canadiens radicalisent cependant leur position, ce qui va mener aux insurrections de 1837-1838.

Les revendications des marchands britanniques

Après la Conquête, un certain nombre de marchands britanniques arrivent dans la colonie. Ils sont pour la plupart originaires des Treize colonies, tout comme les loyalistes qui, **après 1783**, viennent se joindre à eux. Ces marchands constatent que les lois françaises sont toujours en vigueur dans la colonie, qui ne dispose d'aucune institution permettant la représentation politique du peuple. Comme les autres colons des Treize colonies à cette période, ces marchands revendiquent la possibilité de jouir des mêmes droits que ceux qui sont accordés aux sujets britanniques de la métropole.

Leurs revendications s'inspirent du **libéralisme**. En Grande-Bretagne, le libéralisme est à l'origine de la monarchie constitutionnelle et du parlementarisme, c'est-à-dire de la limitation du pouvoir du souverain par celui d'un Parlement élu et chargé de représenter le peuple. Dans le cadre d'une monarchie constitutionnelle de type parlementaire, les droits fondamentaux des individus sont garantis par une constitution et par des lois qui, depuis le XVIIᵉ siècle, prévoient :

- le partage du pouvoir entre un monarque et le peuple, représenté par le Parlement ;
- le droit d'être représenté dans l'une des deux Chambres du Parlement : la Chambre des lords pour les nobles et la Chambre des communes pour le peuple ;
- l'*habeas corpus*, qui donne aux sujets britanniques le droit de ne pas être détenu de manière arbitraire, sans procès ;
- la liberté d'expression, qui se traduit notamment par la liberté de presse.

Même s'ils vivent dans une colonie, les marchands britanniques veulent que leurs droits fondamentaux soient respectés. Cependant, ils dénient ces droits aux Canadiens, car ceux-ci ne sont pas protestants. En effet, en Grande-Bretagne, les catholiques n'ont pas le droit d'être représentés au Parlement, à moins de renoncer à leur religion en prêtant le serment du Test. Dans les nombreuses pétitions qu'ils envoient au roi, plusieurs marchands britanniques réclament donc une Assemblée législative (ou Chambre d'assemblée) où ne siégeraient que des protestants. Ils dénoncent également la politique de conciliation des autorités britanniques, car ils sont favorables à l'assimilation linguistique et religieuse des Canadiens.

Libéralisme Idéologie politique selon laquelle tous les individus disposeraient de droits égaux et fondamentaux (naturels), dont celui d'être protégés des abus de pouvoir des rois.

Habeas corpus Loi anglaise du XVIIᵉ siècle qui oblige les autorités à justifier rapidement devant un juge la détention d'un citoyen, faute de quoi elles doivent le remettre en liberté.

48 Le *Theatre Royal*

Sous le régime français, les représentations théâtrales étaient rares, surtout parce qu'elles étaient dénoncées par l'Église coloniale. Mais le changement d'empire et l'immigration britannique et protestante vont entraîner la renaissance de l'art dramatique dans la colonie. En 1825, le *Theatre Royal*, premier théâtre permanent de la colonie, est fondé à Montréal par John Molson, un marchand britannique arrivé en 1782. On y joue surtout (en anglais) des pièces de William Shakespeare, le célèbre auteur britannique du XVIᵉ siècle. Le *Theatre Royal*, détruit en 1844, s'élevait sur l'emplacement de l'actuel marché Bonsecours, dans le Vieux-Port de Montréal.

Anonyme, *Intérieur du Theatre Royal*, 1825.

Portrait

Frances Brooke (1724-1789)

Frances Brooke, une femme de lettres britannique, a résidé à Québec de 1763 à 1768. Durant son séjour dans la colonie, elle fréquente le cercle du gouverneur Murray et rédige *The History of Emily Montague*, un **roman épistolaire** qui sera publié en Grande-Bretagne en 1769. Dans ce roman qui raconte la vie sentimentale de jeunes Britanniques vivant à Sillery, Brooke fait tenir à certains de ses personnages des propos qui rappellent la position qu'adoptent de nombreux marchands britanniques à l'égard des Canadiens – et surtout de la religion catholique.

Catherine Read, *Frances Brooke*, vers 1771.

« Leur religion, qu'ils pratiquent avec une dévotion fanatique, constitue un autre obstacle, tant en ce qui regarde le progrès de l'industrie que celui de la population : leurs innombrables fêtes les poussent à l'oisiveté ; leurs établissements religieux privent l'État de nombreux sujets qui pourraient être de la plus grande utilité à l'heure actuelle, ce qui retarde par le fait même la croissance de la colonie.

[...]

Quel que soit le préjudice que la religion a fait subir aux intérêts politiques sous le gouvernement français, il ne faut pas douter que cette cause de la pauvreté actuelle du Canada sera peu à peu éradiquée ; que ce peuple, aujourd'hui entravé par l'ignorance et les superstitions, découvrira avec le temps les effets salutaires d'une éducation plus libérale et sera guidé par la raison vers une religion qui est non seulement préférable – étant celle du pays auquel il est maintenant rattaché – mais aussi plus apte à lui apporter bonheur et prospérité. »

Frances Brooke, *The History of Emily Montague*, Londres, 1769 (traduction libre).

- Dans cet extrait, de quoi la religion catholique est-elle tenue responsable ?
- Quelle solution est proposée afin de régler la situation ?
- En quoi cette solution fait-elle écho à la politique qui est celle des libéraux britanniques de la colonie ?

Roman épistolaire Œuvre de fiction qui prend la forme d'un échange de lettres entre les personnages.

Pour les marchands britanniques, l'adoption de l'Acte de Québec en 1774 représente un affront : non seulement une Assemblée législative leur est refusée, mais ils se retrouvent officiellement régis par les lois civiles françaises.

49 Pétition au roi concernant la révocation de l'Acte de Québec, le 12 novembre 1774

Le 12 novembre 1774, des marchands britanniques de la colonie envoient au roi une pétition afin de lui demander de révoquer l'Acte de Québec. Ils y expriment leur sentiment à l'égard des lois françaises, qui, selon eux, sont inconciliables avec le respect des droits fondamentaux, puisqu'elles sont le produit de l'absolutisme royal, qu'ils jugent oppressif.

« [...] Mais nous constatons et prenons la liberté de dire avec un chagrin inexprimable que par un récent acte du parlement [l'Acte de Québec] [...] Nous avons perdu la protection des lois anglaises, si universellement admirées pour leur sagesse et leur douceur et pour lesquelles nous avons toujours entretenu la plus sincère vénération, et à leur place, doivent être introduites les lois du Canada qui nous sont complètement étrangères, nous inspirent de la répulsion comme Anglais et signifient la ruine de nos propriétés en nous enlevant le privilège du procès par jury. En matière criminelle, l'Acte d'*habeas corpus* est abrogé et nous sommes astreints aux amendes et aux emprisonnements arbitraires [...] »

Pétition à Sa Très-Excellente Majesté le Roi, Québec, 12 novembre 1774.

- D'après les signataires de cette pétition, quelles sont les conséquences du rétablissement des lois françaises ?

50 Une théière anglaise des années 1740

Les marchands britanniques qui, au nom du libéralisme, revendiquent leurs droits en tant que sujets britanniques, sont attachés à la Grande-Bretagne et au vaste empire que cette métropole parvient à se constituer au XVIIIᵉ siècle. Dans la colonie, l'**impérialisme** britannique se manifeste notamment dans les objets de luxe qu'importent les marchands. Ces objets sont parfois décorés de motifs qui font référence aux États et peuples conquis par la Grande-Bretagne.

Les revendications des professionnels et des marchands canadiens

Le libéralisme dans la colonie n'est pas que l'affaire des marchands britanniques. Vers la fin du XVIIIᵉ et au début du XIXᵉ siècle, l'expression du libéralisme au sein de la population canadienne est liée à la montée d'une élite constituée de marchands et – en particulier – de gens de professions libérales (notaires, médecins, avocats, etc.). À partir des **années 1770**, mais surtout dans les **années 1780**, certains Canadiens se joignent donc aux marchands britanniques pour revendiquer, notamment au moyen de pétitions, l'instauration d'une Assemblée législative dans la colonie.

Les libéraux canadiens se font également entendre par l'entremise de la presse. À Montréal, ils se regroupent autour de Fleury Mesplet. Le journal qu'imprime Mesplet à partir de **1778** constitue le principal moyen de diffusion des idées libérales. Le journal défend entre autres le principe de la séparation de l'Église et de l'État, et dénonce la noblesse et le clergé canadiens, qui s'opposent à l'instauration d'une Assemblée législative.

Attribué à François Beaucourt, *Portrait présumé de Fleury Mesplet*, 1794.

Portrait

Fleury Mesplet (1734-1794)

Fleury Mesplet, imprimeur français, s'installe à Philadelphie en 1774 afin de traduire et d'imprimer en français les trois appels des insurgés destinés aux Canadiens entre 1774 et 1776. En 1776, Mesplet s'établit à Montréal, où il ouvre la première imprimerie, et fonde le premier journal de la ville. Les critiques que publie le journal à l'endroit des autorités politiques et religieuses valent à l'imprimeur et à ses collaborateurs d'être emprisonnés. À sa sortie de prison, Mesplet reprend toutefois ses activités.

À travers le temps

Le plus vieux périodique d'Amérique du Nord

Le premier journal montréalais, intitulé la *Gazette du commerce et littéraire de Montréal*, puis la *Gazette littéraire*, est fondé par Fleury Mesplet en 1778. Publié en français, il est destiné à la critique d'œuvres littéraires françaises et à la circulation des idées des philosophes français du XVIIIᵉ siècle, en particulier celles de l'écrivain et polémiste Voltaire. En 1785, Mesplet transforme son journal pour en faire une publication bilingue, et en change le nom, qui devient *La Gazette de Montréal/The Montreal Gazette*. Même si les informations provenant (avec du retard) de périodiques européens y occupent une large place, *La Gazette de Montréal* n'en demeure pas moins un journal engagé, puisqu'elle sert à défendre les revendications parlementaires libérales de certains professionnels et marchands canadiens. En 1822, le journal est racheté par Thomas Andrew Turner, qui en fait un périodique unilingue anglophone destiné à défendre les intérêts des marchands et députés britanniques. Le journal, renommé *The Gazette* en 1867, devient en 1979 le plus important quotidien anglophone au Québec. Il est également le plus vieux périodique jamais publié en Amérique du Nord.

PISTES d'interprétation CD 2

1. Quelles sont les principales revendications des libéraux britanniques?
2. Quelles sont les principales revendications des libéraux canadiens?
3. Comment s'expriment les idées libérales dans la colonie?

Le développement de la presse d'opinion après 1791

En **1784** et **1785**, les autorités britanniques répondent favorablement à certaines des revendications libérales, et accordent notamment l'*habeas corpus*. En 1791, par l'adoption de l'Acte Constitutionnel, la métropole octroie également une Assemblée législative à la colonie. Les lois civiles françaises demeurent toutefois en usage au Bas-Canada.

En **1792** ont lieu les premières élections au Bas-Canada. Une majorité de Canadiens est alors élue. À l'Assemblée législative, des tensions se font rapidement sentir entre les députés canadiens et les députés britanniques, en particulier en ce qui concerne la langue d'usage en Chambre. L'opposition croissante entre ces deux groupes mène bientôt à une crise parlementaire et à la formation de partis : le Parti canadien et le *British Party*. Ces partis s'affrontent non seulement en Chambre, mais aussi par l'intermédiaire des journaux, permettant ainsi le développement d'une presse d'opinion dans la colonie. Cette presse d'opinion est le principal véhicule des différentes idées qui s'expriment alors.

À partir de **1805**, le *Quebec Mercury*, un journal conservateur anglophone de Québec, se porte à la défense des intérêts des marchands et des députés britanniques de l'Assemblée. Les rédacteurs de ce journal proposent la fusion des deux Canadas afin de placer les Canadiens en situation minoritaire. Ils revendiquent également la fin de l'application des lois civiles françaises, qu'ils considèrent comme des entraves au commerce.

51   Le Québec, une colonie britannique

À plusieurs reprises, le *Quebec Mercury* publie des textes dénonçant le fait que le français soit en usage au Québec.

« Cette province est déjà trop française, pour une colonie anglaise. La *défranciser* autant que possible [...] doit être un objectif primordial, en ce temps-ci surtout. Un Régime français est un régime arbitraire, parce qu'il est militaire : il devient donc de l'intérêt, non seulement des Anglais, mais de l'univers, de faire obstacle au progrès du pouvoir français. C'est un devoir de s'y opposer, et un crime de l'appuyer [...]. Jusqu'à un certain point, il est inévitable, pour le moment, qu'on parle français dans la province ; mais entretenir le français au-delà de ce qui peut être nécessaire, de façon à le perpétuer, dans une colonie anglaise, voilà qui est indéfendable, surtout par les temps qui courent. »

Quebec Mercury, 27 octobre 1806.

- Que dénonce l'auteur de cet article ?
- Dans quel contexte sa dénonciation s'inscrit-elle ?

Lieu de *mémoire*

La colonne Nelson

Entre 1792 et 1815, de nombreuses guerres opposent la France à la Grande-Bretagne. En 1805, lors de la bataille navale de Trafalgar, la flotte française est défaite par la flotte britannique que dirige l'amiral Horatio Nelson. Cette victoire britannique est l'occasion de réjouissances dans la colonie, notamment chez les marchands britanniques impérialistes, qui décident de faire ériger un monument en l'honneur de l'amiral Nelson, décédé lors de la bataille. Le monument, achevé en 1810, comporte une statue de l'amiral, créée à Londres. Elle domine une colonne qui a été exécutée dans la colonie. Restaurée à plusieurs reprises, cette colonne est le plus ancien monument patrimonial du Québec.

Robert Auchmuty Sproule, *La place du marché Jacques-Cartier à Montréal*, vers 1830.

En **1806**, un hebdomadaire unilingue francophone voit le jour. Ce journal, appelé *Le Canadien*, devient l'espace où les députés canadiens font publiquement valoir leurs revendications.

Servant de relais aux revendications des députés canadiens à l'Assemblée, les rédacteurs du journal *Le Canadien* se portent à la défense du libéralisme et des principes qui sont à la base de la Constitution britannique. Leur libéralisme est réformiste, c'est-à-dire qu'il a pour objectif la réforme des institutions en place. Les journalistes demandent entre autres la réforme du système politique par l'instauration d'un gouvernement responsable. En **1831**, le journal est repris par Étienne Parent. Alors que certains députés canadiens, devenus Patriotes en 1827, radicalisent leurs positions dans les années 1830, Parent fait du journal *Le Canadien* la voix des députés modérés et réformistes.

Dans ce contexte, d'autres journaux sont créés. Parmi ceux-ci, deux journaux montréalais : l'un francophone (*La Minerve*), l'autre anglo-irlandais (*The Vindicator*). Dans les **années 1830**, ces deux publications constituent les principaux organes de diffusion des idées patriotes. Parmi les journaux qui s'opposent aux revendications des Patriotes se trouve *L'Ami du peuple, de l'ordre et des lois*, un journal fondé en **1832** et financé par les Sulpiciens, seigneurs de Montréal. Ce journal sert à démontrer la loyauté de ces derniers envers les autorités britanniques.

52 Québec, vu du fleuve en hiver

James Pattison Cockburn (1779-1847), un militaire britannique, séjourne dans la colonie à deux reprises : en 1822 et 1823, puis de 1826 à 1832. Au cours de ses séjours (surtout le second), il peint à l'aquarelle plusieurs vues de Québec et de Montréal.

James Pattison Cockburn, *Quebec from the ice*, 1831.

PISTES d'interprétation CD 2

1. Quelles sont les conséquences de l'Acte Constitutionnel de 1791 ?
2. Quelles idées défendent respectivement le Parti canadien et le *British Party* ?
3. Comment s'expriment les idées des deux partis ?

Question bilan

4. Quelle est l'influence des idées du Parti canadien et de celles du *British Party* sur les manifestations culturelles ?

Jean-Baptiste Roy-Audy, *Portrait de Ludger Duvernay*, 1832.

Portrait

Ludger Duvernay (1799-1852) et Daniel Tracey (1794-1832)

C'est en 1827 que Ludger Duvernay, un imprimeur, devient propriétaire du journal *La Minerve*, fondé un an plus tôt. Daniel Tracey, un médecin irlandais, fonde pour sa part *The Vindicator* en 1828. Les positions que Duvernay et Tracey adoptent dans leurs journaux respectifs – ils sont contre le Conseil législatif et en faveur des revendications du Parti patriote – leur valent notamment l'emprisonnement en 1832. Par la suite, tous deux sont élus députés du Parti patriote : Tracey en 1832 et Duvernay en 1837.

Anonyme, *Portrait de Daniel Tracey*, 1832.

Républicanisme Idéologie politique selon laquelle la souveraineté appartient au peuple.

Nationalisme Idéologie politique qui identifie en tant que nation un groupe d'individus partageant des caractéristiques communes. Désigne aussi le sentiment d'appartenance d'un individu à une nation.

Le nationalisme et le républicanisme, dans les années 1830

Dans les **années 1830**, l'échec des demandes visant des réformes libérales entraîne la radicalisation des idées chez certains membres du Parti patriote ainsi que dans une partie de la population alors que le réformisme cède le pas au républicanisme. Les républicains considèrent qu'il est légitime pour un peuple de se gouverner lui-même. Cette position peut impliquer de prendre les armes, comme le font les Patriotes en **1837** et **1838**, afin de garantir le respect des droits fondamentaux du peuple.

Le républicanisme des Patriotes se teinte aussi de nationalisme. La nation dont les Patriotes prennent la défense est le peuple canadien. La langue, la culture et les origines françaises sont généralement considérées comme les principales caractéristiques de l'identité de ce peuple. Malgré ce nationalisme culturel, des colons anglophones (des Irlandais catholiques, surtout) s'allient avec les députés canadiens pour réclamer des réformes politiques. Les idées républicaines ne rallient cependant pas tous les Canadiens. En particulier, les membres du clergé catholique et de la noblesse canadienne prennent toujours position en faveur des autorités coloniales.

Dans les années 1830, les idées républicaines se répandent dans le Bas-Canada. Les journaux constituent d'importants espaces de débats et de circulation des idées. Les rédacteurs défendent le droit à la liberté de presse. Ce droit, reconnu par la Constitution britannique comme l'un des droits fondamentaux, n'est pas respecté par les autorités coloniales, qui arrêtent et emprisonnent ceux qui les critiquent.

53 Le peuple canadien

En 1834, les Patriotes présentent à l'Assemblée les 92 Résolutions dans lesquelles ils font valoir leurs revendications. La 52ᵉ résolution révèle leur conception de la nation canadienne.

« 52. Résolu, – Que c'est l'opinion de ce comité, que puisqu'un fait, qui n'a pas dépendu du choix de la majorité du peuple de cette province, son origine française et son usage de la langue française, est devenu pour les autorités coloniales un prétexte d'injure, d'exclusion, d'infériorité politique et de séparations de droits et d'intérêts, cette chambre en appelle à la justice du gouvernement de Sa Majesté et de son parlement, et à l'honneur du peuple anglais ; que la majorité des habitants du pays n'est nullement disposée à répudier aucun des avantages qu'elle tire de son origine et de sa descendance de la nation française, qui sous le rapport des progrès qu'elle a fait faire à la civilisation, aux sciences, aux lettres et aux arts, n'a jamais été en arrière de la nation britannique, et qui, aujourd'hui, dans la cause de la liberté et la science du gouvernement, est sa digne émule ; de qui ce pays tient la plus [grande] partie de ses lois civiles et ecclésiastiques, la plupart de ses établissements d'enseignement et de charité, et la religion, la langue, les habitudes, les mœurs et les usages de la grande majorité de ses habitants. »

92 Résolutions, 17 février 1834.

● D'après cet extrait, quels traits culturels sont caractéristiques de l'identité de la majorité des habitants du Bas-Canada ?

curiosité

Aux armes collégiens !

En 1830, de nombreuses révoltes nationales ont lieu en Europe, alors que, dans la colonie, les tensions montent entre le Parti patriote et les autorités britanniques. Au mois de novembre, les élèves du Collège de Montréal, un établissement dirigé par les Sulpiciens, se mobilisent pour dénoncer les autorités du Collège et hissent le drapeau révolutionnaire.

ANCIEN COLLÈGE DE MONTRÉAL.

L'édifice de l'ancien Collège de Montréal, alors appelé Petit Séminaire, situé rue Saint-Paul jusqu'en 1861. Détail de *Le Grand Séminaire et le nouveau Collège de Montréal*.

Toutefois, cette situation n'empêche pas les idées de circuler sous d'autres formes et de rejoindre l'ensemble de la population. Peu de Canadiens savent lire et, par conséquent, peu sont abonnés aux journaux. C'est pourquoi après la messe, sur les parvis des églises, des gens lisent à voix haute des extraits des journaux à l'intention des illettrés. Des réunions informelles sont aussi l'occasion de débats d'idées et de discussions. Les lieux de rencontre et de rassemblement que constituent les auberges sont également des endroits propices à la discussion, aux échanges d'idées et d'informations.

Entre 1834 et 1837, de grandes assemblées populaires sont aussi organisées dans les environs de Montréal. Ces réunions politiques sont des lieux de rencontres et de fête. Des clubs politiques et des associations patriotiques sont créés. Certaines de ces associations ont pour objectif de développer le patriotisme des Canadiens. Par exemple, l'Association Saint-Jean-Baptiste, qui deviendra plus tard la Société Saint-Jean-Baptiste, voit le jour le **24 juin 1834**, lors d'un grand banquet patriotique organisé par Ludger Duvernay. Dans ces assemblées et réunions patriotiques, on fait l'apologie des caractéristiques qui constituent l'identité de la nation canadienne.

54 **Une stratégie politique patriote**

En 1834, le curé de Saint-Laurent se plaint de ce que les Patriotes se servent de l'occasion de rassemblement que constitue l'après-messe pour faire circuler leurs idées.

« [...] nos campagnes sont inondées d'une foule de jeunes prétendus Patriotes qui bouleversent les idées de nos bons, honnêtes et religieux Habitans, et les harcèlent pour leur faire signer des requêtes à l'appui des 92 résolutions [...]. On choisit pour cela les jours consacrés à Dieu et à rassembler les Fidèles ; on les guette au sortir des Églises pour leur dire que ces requêtes sont pour conserver la Religion et chasser les Anglois ; que les Prêtres qui y montrent de l'opposition ne sont pas pour les Canadiens, qu'ils en sont leurs ennemis, etc... Ces jeunes Patriotes, [...] étoient arrivés avant la grand-Messe, à laquelle ils n'ont point assisté ; ils se sont contentés de venir roder quatre ou cinq fois à la porte de l'Église [...] »

Lettre du curé Jean-Baptiste Saint-Germain à Mgr l'évêque de Québec, Saint-Laurent, 22 avril 1834.

● Qu'est-ce que la stratégie des Patriotes révèle sur les habitudes de vie des habitants canadiens ?

55 **La sociabilité populaire**

Tant dans les villes que dans les campagnes, les idées circulent aussi par l'entremise des réseaux de sociabilité traditionnels que sont la parenté ou le voisinage. Les réunions familiales, les fêtes et les cérémonies religieuses sont autant d'occasions d'échanges.

Cornelius Krieghoff, *Habitants canadiens-français jouant aux cartes*, 1848.

PISTES
d'interprétation **CD 2**

1. Qu'est-ce qui caractérise le libéralisme des Patriotes dans les années 1830 ?

2. Qu'est-ce qui caractérise leur nationalisme ?

3. Comment circulent les idées des Patriotes dans la colonie ?

Question bilan

4. Quelle est l'influence des idées auxquelles adhèrent les Patriotes sur les manifestations culturelles dans les années 1830 ?

Collège classique
Établissement dirigé par des prêtres et qui dispense un cours préuniversitaire.

Ultramontanisme Doctrine politique et religieuse selon laquelle l'Église catholique prédomine sur tous les plans, notamment sur le pouvoir politique.

L'ultramontanisme, de 1840 à 1867

L'échec des rébellions de **1837-1838** et l'adoption de l'Acte d'Union en **1840** ont une influence sur les idées qui circulent dans la colonie. La création du Canada-Uni rend les Canadiens français minoritaires sur le plan politique, et fait de l'anglais la seule langue officielle de la colonie. Après 1840, l'Église catholique s'appuie sur l'ultramontanisme pour accroître son pouvoir et devient de plus en plus influente. Elle cherche alors à s'ingérer dans toutes les sphères de la vie de la colonie. L'influence grandissante de l'Église et le nouveau statut de minorité qui est celui des Canadiens français au sein du Canada-Uni a pour effet de transformer le nationalisme des Canadiens.

L'Église et le développement de l'ultramontanisme

Après 1840, les autorités britanniques accordent davantage de liberté à l'Église catholique coloniale, restée loyale envers la Couronne durant les rébellions. Dans les années 1840, l'évêque de Montréal, Mgr Ignace Bourget, obtient l'autorisation de faire venir de France de nouveaux ordres de religieux et de religieuses. À ces nouveaux arrivants s'ajoutent un certain nombre des diplômés des **collèges classiques** fondés au début du siècle. Le nombre de représentants de l'Église dans la colonie augmente alors considérablement.

Après 1840, la plupart des membres du clergé de la colonie ainsi que plusieurs laïcs adhèrent à l'**ultramontanisme**. Les ultramontains croient que le pouvoir de l'Église doit prédominer sur le pouvoir de l'État. Ils placent l'avis du pape au-dessus de tout. Par conséquent, ils croient que l'Église catholique doit être présente dans toutes les sphères de la société. Pour eux, seule l'Église catholique peut distinguer ce qui est bien et moral de ce qui ne l'est pas. Les ultramontains croient que les catholiques devraient s'en remettre au clergé tant en ce qui a trait à la religion et à la moralité qu'en ce qui concerne la culture et la politique.

56 **L'augmentation des effectifs cléricaux, après 1840**

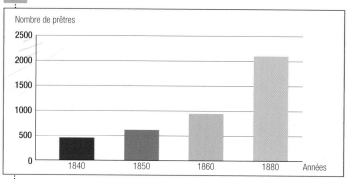

Paul-André Linteau et autres, *Histoire du Québec contemporain*, tome 1, De la confédération à la crise, Boréal, 1989, p. 261 ; Louis-Edmond Hamelin, « Évolution numérique séculaire du clergé catholique dans le Québec », *Recherches sociographiques*, vol. 2, n° 2, 1961, p. 189-241.

● Pourquoi le nombre de prêtres augmente-t-il après 1840 ?

Lieu de *mémoire*

L'église Saint-Jacques-le-Majeur, première cathédrale de Montréal

Avant 1836, toute la colonie relevait du diocèse de Québec et n'avait donc qu'un seul évêque, celui de Québec. En 1836, le diocèse de Montréal est créé, et l'église Saint-Jacques-le-Majeur, érigée entre 1823 et 1825, devient la première église cathédrale de la ville. Après un premier incendie en 1852, elle cesse d'être le siège de l'évêché de Montréal. Sur le site de la première cathédrale de Montréal s'élève aujourd'hui un pavillon de l'Université du Québec à Montréal : le pavillon Judith-Jasmin. Ce pavillon intègre dans son architecture certaines parties de l'église patrimoniale.

57 L'influence des idées ultramontaines ✳

Les ultramontains considèrent que seul le clergé est en mesure de déterminer à quels divertissements peuvent se consacrer les catholiques. En 1844, l'Œuvre des Bons Livres est fondée à Montréal par les Sulpiciens. Il s'agit en fait d'une bibliothèque qui contient uniquement des livres jugés moraux par l'Église. Les ultramontains donnent également leur avis dans d'autres domaines. Par exemple, ils incitent les catholiques à ne pas aller au théâtre, jugeant cet art immoral. À la fin du siècle, au moment où la glissade sur neige devient une activité de plus en plus populaire, le clergé intervient et met en garde les catholiques contre ce sport d'hiver qui favorise les contacts entre les jeunes.

William Henry Edward Napier, *Glissade en toboggan, au Mont-Royal*, vers 1860.

58 La cathédrale Marie-Reine-du-Monde, en 1898

L'influence du Vatican sur le clergé canadien ultramontain après 1840 se fait sentir de plusieurs façons. Au milieu du XIXᵉ siècle, les prêtres catholiques de la colonie adoptent le col romain. Ce col est encore porté aujourd'hui par les prêtres. C'est également sur le modèle de la basilique Saint-Pierre-de-Rome, située au Vatican, que Mᵍʳ Bourget fait construire sa nouvelle église cathédrale, l'actuelle cathédrale Marie-Reine-du-Monde.

L'ultramontanisme influe sur la vie politique de la colonie après 1840. L'Église s'allie avec les réformistes qui sont au pouvoir, et obtient notamment la mainmise sur l'éducation, les hôpitaux et les orphelinats. Ainsi, l'Église parvient à exercer son influence dans divers secteurs de la vie de la population.

L'Église, l'éducation et les services sociaux

Dans les **années 1840**, des lois scolaires comme la loi de l'Instruction publique, adoptée en **1841**, contribuent à asseoir l'influence de l'Église dans le domaine de l'éducation. C'est alors qu'est mis sur pied le système des écoles confessionnelles, qui sera en place jusqu'à la Révolution tranquille. L'Église catholique est présente à tous les niveaux d'enseignement, de l'école primaire à l'université, en passant par les collèges classiques.

L'instruction n'est alors pas obligatoire, mais le taux d'alphabétisation de la population canadienne-française augmente tout de même. Les collèges classiques, les écoles professionnelles ainsi que les universités franco-catholiques demeurent cependant réservés à une minorité. De plus, les filles n'y sont pas admises. Certains collèges privés tenus par des religieuses accueillent des filles qui souhaitent poursuivre leur éducation après le cours primaire. Cette formation est toutefois centrée autour de la vie domestique. Ce n'est qu'en **1908** qu'est fondé à Montréal le premier collège classique destiné aux filles : le collège Marguerite-Bourgeoys.

59 L'instruction primaire

La plupart des maisons d'école ne comptent qu'une seule classe. L'enseignement y est dispensé le plus souvent par une institutrice ayant obtenu son brevet d'enseignement au terme d'une brève formation. L'institutrice doit loger sur son lieu de travail durant toute l'année scolaire. Dans les campagnes et les villages, où la densité de population est moins forte, la classe rassemble des élèves d'âges et de niveaux différents.

Robert Harris, *L'institutrice et les commissaires d'école*, 1890.

L'Église prend également en charge les services sociaux du Canada-Est. À partir de **1840**, des œuvres de charité, comme la Société de Saint-Vincent-de-Paul, sont fondées dans la colonie. La plupart de ces œuvres, ainsi que des hôpitaux, orphelinats et asiles, sont placés sous l'autorité des communautés religieuses, surtout les congrégations féminines. Ces communautés œuvrent davantage dans les villes, où elles sont bien établies. Par l'intermédiaire de ces œuvres et de ces institutions, l'Église tente d'imposer ses valeurs.

60 La salle des malades de l'Hôtel-Dieu de Québec, vers 1890

Les Augustines de la Miséricorde de Jésus demeurent en charge de l'Hôtel-Dieu de Québec jusqu'en 1962.

61 L'évolution du taux d'alphabétisation de la population canadienne-française

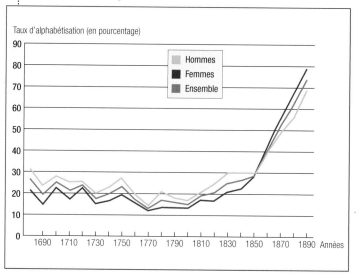

Michel Verrette, *L'alphabétisation au Québec, 1660-1900*, Septentrion, 2002.

Le nationalisme de la survivance

L'Église, dont l'influence s'étend alors à la plupart des domaines d'activité, se présente comme un rempart devant la menace d'assimilation qui pèse sur les Canadiens français. L'omniprésence de l'Église dans la vie sociale et politique de la colonie – combinée à la diffusion de l'ultramontanisme **après 1840** et à l'augmentation croissante de l'immigration britannique **à partir des années 1830** – ouvre la porte au développement d'un nationalisme qui place l'Église et la foi catholique au centre de la définition de l'identité des Canadiens français. Comme ce nationalisme a pour objectif la survie des caractéristiques propres à l'identité canadienne-française, il est qualifié de nationalisme de la survivance. Pour les tenants de ce nationalisme, seule la protection de l'Église peut garantir la préservation des principales caractéristiques de l'identité des Canadiens français, qui sont :

- la foi catholique ;
- la culture et la langue françaises ;
- un mode de vie traditionnel, axé sur le travail agricole et sur la vie dans les campagnes ;
- une organisation familiale traditionnelle, où les occupations des hommes et des femmes sont rigoureusement départagées, et où le père est considéré comme la figure de l'autorité.

Nationalisme de la survivance
Nationalisme qui fait du maintien de la foi et de l'Église catholiques, ainsi que de la langue et de la culture françaises, des conditions essentielles à la survie culturelle des Canadiens français en Amérique.

Portrait

François-Xavier Garneau (1809-1866)

Dans le rapport qu'il dépose en 1839, Lord Durham affirme que les Canadiens sont « un peuple sans histoire et sans littérature ». Entre 1845 et 1849, François-Xavier Garneau publie en trois volumes une *Histoire du Canada depuis sa découverte jusqu'à nos jours*. Son objectif est de démontrer que les Canadiens, contrairement à ce qu'affirmait Durham, possèdent une histoire riche. Il y fait notamment l'apologie de la France, d'où sont issus les Canadiens, et exalte les grandes figures de l'histoire de la Nouvelle-France. Dans son *Histoire du Canada*, Garneau résume ce en quoi consiste le nationalisme de survivance. Il présente l'histoire des Canadiens français comme une lutte pour la survie, ceux-ci ayant dû résister tout d'abord aux attaques amérindiennes, puis aux guerres contre les Britanniques et leurs colons, puis à la domination britannique après la Conquête. Sans prétendre, comme le font les ultramontains, que l'Église a droit de regard sur tout, il fait du catholicisme une caractéristique nationale des Canadiens français.

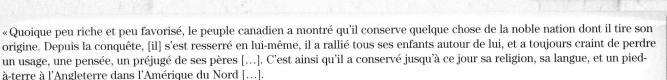

« Quoique peu riche et peu favorisé, le peuple canadien a montré qu'il conserve quelque chose de la noble nation dont il tire son origine. Depuis la conquête, [il] s'est resserré en lui-même, il a rallié tous ses enfants autour de lui, et a toujours craint de perdre un usage, une pensée, un préjugé de ses pères […]. C'est ainsi qu'il a conservé jusqu'à ce jour sa religion, sa langue, et un pied-à-terre à l'Angleterre dans l'Amérique du Nord […].

Les Canadiens français forment un peuple de cultivateurs, dans un climat rude et sévère. […], ils viennent de cette France qui se tient à la tête de la civilisation européenne depuis la chute de l'empire romain, et qui, dans la bonne comme dans la mauvaise fortune, se fait toujours respecter ; […] Pour nous, une partie de notre force vient de nos traditions ; ne nous en éloignons ou ne les changeons que graduellement. »

François-Xavier Garneau, Histoire du Canada depuis sa découverte jusqu'à nos jours, 1845-1849.

Dans la **deuxième moitié du XIXᵉ siècle**, beaucoup d'auteurs se mettent au service de ce nationalisme conservateur. Ils se donnent pour mission de faire naître une littérature nationale canadienne qui reflète ce qu'ils considèrent comme les éléments constitutifs de l'identité canadienne. À partir des **années 1860**, beaucoup de ces auteurs se regroupent à Québec, autour de l'abbé Henri-Raymond Casgrain, fondateur du Mouvement patriotique et littéraire de Québec.

Lieu de *mémoire*

Les Anciens Canadiens, de Philippe Aubert de Gaspé père

Plusieurs des œuvres littéraires de la période qui suit les rébellions s'attachent à mettre par écrit des contes et légendes issus du folklore canadien, et transmis oralement de génération en génération. *Les Anciens Canadiens*, un roman publié en 1863 par Philippe Aubert de Gaspé père, en est un bon exemple. L'auteur y fait la promotion de l'identité canadienne. Dans son roman, de Gaspé met notamment par écrit une légende inspirée d'une histoire vraie : celle de Marie-Josephte Corriveau (1733-1763), pendue en 1763 après avoir été reconnue coupable de la mort de son mari. Afin que sa mort serve d'exemple, son corps aurait été exposé dans une cage en fer suspendue à la Pointe De Lévy. De sa cage en fer, celle que l'on nomme La Corriveau aurait, d'après la légende, harcelé les passants afin qu'ils lui fassent traverser le fleuve Saint-Laurent.

Henri Julien, *La corriveau*, 1916.

---

62 **La procession de la Fête-Dieu à Kahnawake, en 1870**

Déjà, à l'époque du régime français, certaines fêtes religieuses donnaient lieu à des processions, c'est-à-dire à des défilés religieux auxquels les croyants sont invités à participer en priant ou en chantant. Après les rébellions, ces processions prennent de l'importance. Les processions de la Fête-Dieu et du Sacré-Cœur, en particulier, ont lieu partout dans la colonie, comme en témoigne cette représentation d'une procession catholique à Kahnawake.

Anonyme, *Procession le jour de la Fête-Dieu, Kahnawake*, 1870.

Une période de renouveau religieux

L'augmentation des effectifs du clergé de même que la diffusion des idées ultramontaines favorisent un meilleur encadrement religieux de la population canadienne. Des congrégations entreprennent d'assister les Canadiens qui, dans la **seconde moitié du XIXe siècle**, travaillent sur les chantiers dans les nouvelles zones de colonisation. Des prédicateurs parcourent la colonie et vont prêcher dans les villes et les villages. Dans les paroisses, des confréries et des congrégations sont également constituées. Elles visent l'entraide, mais également la création de lieux de rencontres catholiques. L'Église envoie aussi des religieux et des religieuses auprès des Canadiens français qui, **après 1850**, émigrent aux États-Unis, où ils trouvent du travail dans les usines.

Lieu de *mémoire*

Notre-Dame-du-Saguenay, une œuvre de Louis Jobin (1845-1928)

Louis Jobin, sculpteur sur bois, réalise au tournant du siècle de nombreuses sculptures religieuses destinées à orner les églises ou à marquer la présence de l'Église catholique en divers lieux. Cette statue monumentale de la Vierge Marie a été exécutée en 1881. Notre-Dame-du-Saguenay, ainsi qu'on l'appelle, se trouve sur le cap Trinité, dans le fjord du Saguenay. Classée monument historique par le ministère des Affaires culturelles en 1964, la statue est encore en place aujourd'hui.

PISTES d'interprétation CD 2

1. Quel mouvement de pensée sert à justifier la montée de l'influence de l'Église après 1840 ?

2. Dans quels domaines l'Église exerce-t-elle son influence ?

3. Qu'est-ce qui caractérise le nationalisme de la survivance ?

4. Qu'est-ce qui caractérise la vie religieuse de la seconde moitié du XIXe siècle ?

Question bilan

5. Quelle est l'influence de l'ultramontanisme et du nationalisme de la survivance sur les manifestations culturelles après 1840 ?

Le libéralisme et l'anticléricalisme, après 1840

Malgré la montée en force de l'ultramontanisme, certains individus continuent de se réclamer de l'idéologie libérale. En **1844**, de jeunes professionnels et des intellectuels de Montréal fondent l'Institut Canadien de Montréal, un lieu de discussions et d'échanges intellectuels. L'Institut organise des conférences et des lectures publiques sur divers sujets. Il compte aussi une bibliothèque où les francophones peuvent consulter des journaux locaux ou étrangers et emprunter des livres traitant de divers sujets: sciences, littérature, philosophie, droit, etc. À partir de **1847**, les membres de l'Institut Canadien se dotent d'un journal pour diffuser leurs idées: *L'Avenir*. La fondation de l'Institut Canadien de Montréal est suivie de celle d'autres Instituts Canadiens dans la province, dont celui de Québec, en 1848.

À partir de **1848**, plusieurs des membres libéraux de l'Institut Canadien de Montréal militent au sein du Parti rouge. Les Rouges revendiquent la fin de l'Union au nom du droit des peuples à disposer d'eux-mêmes. Ils renouent ainsi avec le nationalisme républicain et avec certaines des revendications des Patriotes. À la suite de l'échec de cette demande, certains Rouges qui idéalisent le républicanisme américain proposent et signent, en **1849**, deux manifestes prônant l'annexion du Canada-Est aux États-Unis. À l'Institut Canadien de Montréal, le thème de l'annexion fait l'objet de conférences publiques.

Lieu de *mémoire*

Les bibliothèques publiques

La bibliothèque de l'Institut Canadien de Montréal est l'une des premières bibliothèques publiques à voir le jour dans la colonie. Elle est également la première bibliothèque principalement francophone. Après 1850, les bibliothèques publiques offrant des titres en français se multiplient, si bien que même certaines paroisses et villages en possèdent. Toutefois, la lecture demeure essentiellement une activité pratiquée par l'élite.

La bibliothèque de l'Institut Canadien de Québec, en 1948.

L'Institut Canadien de Montréal attire rapidement la suspicion du clergé. La tolérance et la liberté de pensée prônées par les membres de l'Institut déplaisent à l'Église. Le fait que la bibliothèque de l'Institut rende accessibles certains titres interdits par le Vatican, ainsi que le fait qu'il soit possible, pour les anglophones protestants, d'en devenir membres incitent l'Église à intervenir. En **1858**, Mgr Bourget fait publier des lettres pastorales dans lesquelles il somme les membres de l'Institut de se conformer aux prescriptions de l'Église. Les plus modérés obéissent à l'évêque: ils quittent l'Institut Canadien de Montréal et fondent l'Institut canadien-français, où les protestants sont exclus et où les activités intellectuelles tiennent compte des indications morales du clergé. Certains toutefois demeurent membres de l'Institut Canadien. Ces membres sont partisans de la séparation de l'Église et de l'État. Ils sont d'avis que le clergé n'a aucun droit de s'ingérer dans la vie politique, de censurer les productions culturelles ou de tenter de régir la vie intellectuelle de la population. Leur opposition à l'influence du clergé fait d'eux des partisans de l'**anticléricalisme**.

Anticléricalisme Attitude consistant à refuser l'influence de l'Église dans d'autres sphères que la vie religieuse.

Arthur Buies (1840-1901) est membre de l'Institut Canadien de Montréal. Il est un fervent partisan de la séparation de l'Église et de l'État. Ce polémiste fonde plusieurs journaux, parmi lesquels *La Lanterne*, un journal qui paraît en 1868 et 1869. Buies y défend ses idées et prend notamment des positions anticléricales.

«Lorsque les colonies, nos voisines, s'affranchirent et proclamèrent leur immortelle déclaration des droits de l'homme, elles firent d'éloquents appels aux Canadiens de se joindre à elles.

Mais nous n'écoutions alors, comme aujourd'hui, que la voix des prêtres qui recommandaient une soumission absolue à l'autorité. […]

Uni à la noblesse, le clergé conspira l'extinction de tous les germes d'indépendance nationale qui se manifesteraient. Ces deux ordres étaient tenus de servir obséquieusement la métropole, pour que rien ne fût enlevé aux privilèges ecclésiastiques ni aux privilèges féodaux.

Jouissant d'une influence incontestée, d'un ascendant sans bornes sur la population, ils s'en servirent pour enchaîner leur patrie. […]

Pour n'avoir appris que cette phrase sacramentelle mille fois répétée, cet adage traditionnel inscrit partout «Les institutions, la religion, les lois de nos pères», pour n'avoir voulu vivre que de notre passé, nous y sommes restés enfouis, aveugles sur le présent, inconscients de l'avenir.»

Arthur Buies, *La Lanterne*, décembre 1868.

- Qu'est-ce que Buies reproche au clergé?

- En quoi les idées énoncées par Buies dans cet extrait sont-elles contraires aux principes et valeurs mis de l'avant par le clergé ultramontain de l'époque?

Afin de mettre fin à l'insoumission des membres de l'Institut Canadien de Montréal, le clergé sollicite l'intervention du pape. En **1868**, celui-ci condamne l'Institut Canadien et en excommunie les membres. La lutte que mène l'Église aux anticléricaux de l'Institut prend fin en **1877**, lorsque l'Institut ferme ses portes.

64 L'affaire Guibord

En 1869, Joseph Guibord, typographe et membre de l'Institut, meurt. L'Institut Canadien de Montréal ayant fait l'objet d'une condamnation par le pape – et ses membres ayant été excommuniés –, Mgr Bourget interdit l'inhumation de la dépouille de Guibord dans un cimetière catholique. En 1875, l'Institut Canadien sort victorieux du procès qu'elle a intenté à l'Église afin de permettre l'inhumation de Guibord en terre catholique. Escortée par la police et l'armée, la dépouille de Guibord – qui avait été entre-temps inhumée dans un cimetière protestant –, est alors transportée au cimetière catholique de la Côte-des-Neiges. Mais peu de temps après, Mgr Bourget réplique en faisant désacraliser le lot où Guibord est enterré.

L'Opinion publique, 2 décembre 1875.

curiosité

Les jurons

Au XIXe siècle, l'Église catholique cherche à contrôler l'usage que fait la population des mots relatifs à la religion. L'usage de tels mots devient, dès lors, un moyen de provoquer et de transgresser des interdits. Le vocabulaire des jureurs s'enrichit bientôt de tous les mots liés aux objets du culte catholique – mots qui sont encore en usage aujourd'hui.

PISTES d'interprétation CD 2

1. Comment le libéralisme se manifeste-t-il entre 1840 et 1867?

2. À quelles manifestations culturelles donne-t-il lieu?

3. Pourquoi les ultramontains s'opposent-ils aux libéraux anticléricaux?

4. À quelles stratégies les ultramontains recourent-ils afin de défendre leurs idées?

Question bilan

5. Quelle est l'influence du libéralisme et de l'anticléricalisme sur les manifestations culturelles?

La culture durant la période contemporaine

Entre 1867 et 1950, l'industrialisation ainsi que les changements politiques qui surviennent au Québec provoquent d'importantes transformations sur le plan culturel. Les modes de vie changent, tandis que de nouvelles formes d'expression culturelle font leur apparition. Ces changements influencent les discours nationalistes, qui doivent s'adapter au nouveau contexte économique et politique.

La seconde moitié du XXe siècle est également une période déterminante pour le Québec. La remise en question du traditionalisme et de l'influence de l'Église sur la société québécoise entraîne la modification du rôle de l'État et la redéfinition du concept de nation. Le Québec se retrouve alors au centre des débats linguistiques et constitutionnels engendrés par cette redéfinition. Dans ce contexte, les revendications des Autochtones et des féministes se font aussi entendre. Après 1980, la culture du Québec est marquée par de nouveaux mouvements de pensée qui vont influencer à leur tour les manifestations culturelles.

Quelle est l'influence des idées sur les manifestations culturelles durant la période contemporaine ? **CD 2**

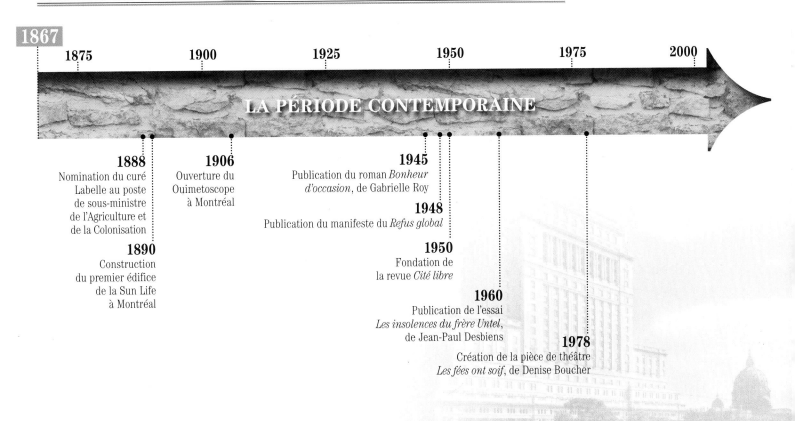

1867

1875 — 1900 — 1925 — 1950 — 1975 — 2000

LA PÉRIODE CONTEMPORAINE

1888
Nomination du curé Labelle au poste de sous-ministre de l'Agriculture et de la Colonisation

1906
Ouverture du Ouimetoscope à Montréal

1945
Publication du roman *Bonheur d'occasion*, de Gabrielle Roy

1948
Publication du manifeste du *Refus global*

1890
Construction du premier édifice de la Sun Life à Montréal

1950
Fondation de la revue *Cité libre*

1960
Publication de l'essai *Les insolences du frère Untel*, de Jean-Paul Desbiens

1978
Création de la pièce de théâtre *Les fées ont soif*, de Denise Boucher

Le capitalisme, le réformisme, le féminisme et le conservatisme, avant 1950

Au moment de la formation de la Confédération, en **1867**, le Canada et le Québec s'industrialisent. L'industrialisation s'accompagne d'importantes transformations sur les plans social et culturel, en raison notamment de l'accélération de l'urbanisation et de l'accroissement de l'immigration. La concentration de la population ouvrière dans les centres urbains ainsi que la diversification des groupes sociaux transforment aussi bien les modes de vie et les mentalités que les productions culturelles.

Le capitalisme et ses conséquences culturelles entre 1867 et 1930

Capitalisme Système économique qui favorise la concentration de la richesse, le contrôle des moyens de production par un petit nombre ainsi que la libre concurrence.

Le développement industriel nécessite l'investissement d'importants capitaux de même que la disponibilité d'une main-d'œuvre abondante. Au Québec, seule une élite très fortunée, soit la bourgeoisie d'affaires d'origine britannique, a la capacité de fournir ces capitaux. Les sommes considérables investies par les gens d'affaires leur permettent de faire des profits et, par conséquent, de s'enrichir davantage. Ce système économique sur lequel s'appuie l'industrialisation est le **capitalisme**.

Le capitalisme et l'industrialisation sont à l'origine d'importantes inégalités sociales. Les ouvriers reçoivent des salaires très bas et travaillent dans des conditions difficiles. Alors que la plupart des investisseurs sont d'origine britannique, la main-d'œuvre ouvrière est fournie par les Canadiens français qui, dans la seconde moitié du XIXᵉ siècle, connaissent une importante croissance démographique et sont de plus en plus nombreux à quitter les campagnes au profit des villes. À la **fin du XIXᵉ siècle** et au **début du XXᵉ siècle**, les immigrants affluent en grand nombre à Montréal principalement, et font augmenter le bassin de main-d'œuvre. Ces immigrants sont surtout des Irlandais, mais la province accueille aussi de nombreux Italiens, Chinois et Juifs.

65 **Les édifices de la Sun Life**

Les entrepreneurs et les financiers britanniques laissent leur marque dans l'architecture montréalaise. Le premier édifice de la compagnie d'assurance-vie Sun Life, fondée en 1871, est érigé en 1890-1891 par l'architecte Robert Findlay. La compagnie y maintient son siège social jusqu'en 1918, date à laquelle elle inaugure un édifice plus spacieux. Ce nouvel édifice, auquel on ajoute une tour de 26 étages entre 1923 et 1933, devient l'immeuble le plus élevé de Montréal et ne sera déclassé qu'en 1962, avec la construction de la Place-Ville-Marie. Les deux édifices de la Sun Life font aujourd'hui partie du patrimoine architectural de Montréal.

Le premier édifice de la Sun Life, dessin anonyme paru en 1903.

Le second édifice de la Sun Life, vers 1933.

Portrait

Rodolphe Forget (1861-1919)

Rodolphe Forget est un des rares Canadiens français à s'être illustré dans le milieu des affaires au tournant du XXe siècle. Après des débuts dans l'entreprise de courtage de son oncle, il s'enrichit en investissant dans certains secteurs stratégiques, tel celui de l'électricité. Grâce à ses investissements dans la Montreal Light Heat and Power, il détient un quasi monopole sur l'approvisionnement en électricité et en gaz pour la ville de Montréal, ce qui fait rapidement de lui un millionnaire. Il accroît également sa richesse en investissant dans les pâtes et papiers et le chemin de fer. Aux élections de 1904, il est élu député fédéral conservateur du comté de Charlevoix, un poste qu'il conserve jusqu'en 1917. La propriété qu'il possédait dans son comté constitue aujourd'hui une partie du Domaine Forget, espace patrimonial, artistique et culturel voué à l'enseignement et à la diffusion de la musique surtout, mais aussi de la danse.

Le capitalisme et l'industrialisation laissent une trace dans l'architecture des villes, qui prennent de l'expansion. Elles commencent à se partager en quartiers selon des facteurs socioéconomiques. Cette division socioéconomique de l'espace est notamment visible à Montréal, qui est alors le centre économique du Canada. À partir des **années 1880**, le centre de la ville est notamment habité par les membres de la bourgeoisie d'affaires anglophone. Les ouvriers, pour leur part, s'installent dans les quartiers périphériques, près des usines, des chantiers et des gares, qui sont leurs lieux de travail.

66 Montréal, vers 1920

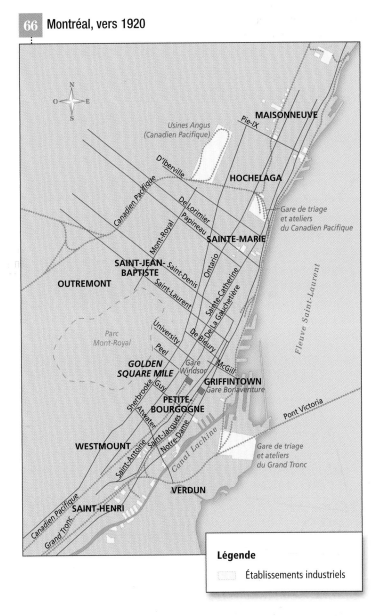

Légende

⬜ Établissements industriels

Et maintenant CD 3 TIC

La transformation des anciens quartiers ouvriers de Montréal

Quelques-uns des anciens quartiers ouvriers de Montréal sont aujourd'hui habités par des citadins aisés. Sur l'ancien axe industriel du canal de Lachine, les immeubles en copropriété se sont multipliés. Des anciennes usines reconverties abritent aujourd'hui des lofts luxueux. L'établissement de Radio-Canada dans le quartier Sainte-Marie a pour sa part contribué à y attirer une population plus scolarisée et plus fortunée.

● Selon vous, quelles sont les conséquences de ces transformations du paysage urbain?

Une usine transformée en copropriété aux abords du canal de Lachine.

Le Mille carré doré ou *Golden Square Mile*

De 1850 à 1930, Montréal est le lieu de résidence des plus riches familles de la bourgeoisie d'affaires d'origine britannique du Canada. La plupart des maisons bourgeoises sont situées dans les limites du quadrilatère formé par les rues Atwater à l'ouest, De Bleury à l'est, De La Gauchetière et son prolongement au sud et par le mont Royal au nord. Le fait que ces familles, qui représentent 0,5 % de la population du Canada, détiennent près des deux tiers de la richesse du pays explique le nom donné à ce quadrilatère : *Golden Square Mile*. Les luxueux intérieurs des vastes maisons de ce quartier sont décorés d'objets la plupart du temps importés d'Europe.

Résidence de J. K. L. Ross, rue Peel à Montréal, 1926-1927

67 Saint-Henri et Westmount

Bonheur d'occasion, un roman de Gabrielle Roy publié en 1945, met en scène une famille d'ouvriers pauvres de Saint-Henri. À plusieurs endroits, l'auteure souligne le contraste qui sépare ce quartier de ceux où réside la bourgeoisie britannique.

«Au-delà s'ouvraient des rues à maisons basses, s'enfonçant de chaque côté vers les quartiers de grande misère, en haut vers la rue Workman et la rue Saint-Antoine, et, en bas, contre le canal de Lachine où Saint-Henri tape les matelas, tisse le fil, la soie, le coton, pousse le métier, dévide les bobines […]. Mais au-delà, dans une large échancrure du faubourg, apparaît la ville de Westmount échelonnée jusqu'au faîte de la montagne dans son rigide confort anglais. Il se trouve ainsi que c'est aux voyages infinis de l'âme qu'elle invite. Ici, le luxe et la pauvreté se regardent inlassablement, depuis qu'il y a Westmount, depuis qu'en bas, à ses pieds, il y a Saint-Henri. »

Gabrielle Roy, *Bonheur d'occasion*, 1945.

- Dans cet extrait de *Bonheur d'occasion,* comment le quartier ouvrier de Saint-Henri est-il caractérisé ?
- Comment le quartier bourgeois de Westmount est-il caractérisé ?
- Comparez les caractéristiques des deux quartiers. Que constatez-vous ?

À cette division économique de l'espace urbain montréalais correspond aussi une division linguistique, identitaire et culturelle. Dans les quartiers de l'est de la ville, les ouvriers sont majoritairement francophones, tandis que ceux de l'ouest (St-Henri excepté) sont principalement anglophones. La composition culturelle des quartiers ouvriers de l'ouest de la ville est également plus diversifiée. Alors que la majorité des Irlandais qui arrivent à Montréal dans la **seconde moitié du XIXᵉ siècle** s'établissent dans le quartier de Griffintown, celui de la Petite-Bourgogne compte pour sa part une forte concentration de Noirs anglophones originaires des États-Unis et des colonies britanniques des Antilles. Quant à l'artère commerciale que constitue le boulevard Saint-Laurent, frontière symbolique entre l'est et l'ouest de la ville, elle attire notamment des Italiens, des Chinois et des Juifs. Les Chinois, dont beaucoup travaillent pour les compagnies de chemin de fer, s'installent autour de la rue De La Gauchetière, donnant ainsi naissance à un *Chinatown* montréalais.

PISTES d'interprétation CD 2

1. Quels sont les effets sociaux et les effets culturels du capitalisme ?
2. Qui possède la richesse au Québec entre 1850 et 1930 ?
3. Quelle influence le capitalisme a-t-il sur l'organisation de l'espace et l'architecture de Montréal ?

Le féminisme et le réformisme

Les inégalités socioéconomiques qui résultent du capitalisme et de l'industrialisation sont, partout en Occident, à l'origine de la création d'associations charitables et philanthropiques. Ces associations s'inscrivent dans le cadre du **réformisme social**. Au Québec, la plupart de ces associations sont surtout constituées de femmes, issues en majorité de la bourgeoisie britannique, mais aussi de la bourgeoisie canadienne-française. Les deux plus importantes associations réformistes sont le *Montreal Council of Women* (fondé en 1893) et la Fédération nationale Saint-Jean-Baptiste (fondée en 1907). Ces associations adhèrent à une vision traditionnelle des femmes, qu'elles conçoivent avant tout comme des mères et des épouses. Parce qu'elles considèrent qu'il est précisément de leur devoir de mère de se préoccuper d'éducation et de santé, les femmes réformistes voient leur action sociale comme une manifestation publique de leur fonction.

Toutefois, l'action de ces associations réformistes est limitée, car les femmes qui y militent n'ont pas le droit de voter ni de se présenter aux élections. Aux yeux de la loi, les femmes de la province de Québec sont des mineures, ce qui signifie qu'elles ne peuvent agir sans le consentement de leur père ou de leur époux.

Afin de pouvoir se faire entendre sur la scène politique, ces associations ajoutent à leurs revendications réformistes des revendications féministes. De nouveaux groupes s'organisent et militent plus spécifiquement pour l'obtention du droit de suffrage pour les femmes. Cependant, avant 1950, c'est essentiellement dans le but de mieux exercer leur rôle de mère et d'épouse que les féministes revendiquent des droits juridiques et politiques pour les femmes.

68 Bain et gymnase publics, à Montréal, en 1916

Le militantisme des associations réformistes en faveur de l'adoption de mesures d'hygiène publique est à l'origine de l'ouverture de bains publics dans les villes.

Réformisme social Idéologie qui prône des changements sociaux permettant de lutter contre la misère et les autres conséquences du développement industriel.

69 Une société à l'image de la famille

Dans plusieurs de leurs interventions publiques, les femmes réformistes présentent leur conception de la société.

« Certes, le foyer est le centre naturel de l'action de la femme ; nulle auréole ne lui convient mieux que celle d'épouse et de mère ; c'est l'œuvre de la création par excellence. Cependant, au-dessus de ce foyer, de la famille, il y a une autre grande famille qu'on appelle la Société, qui réclame les mêmes attentions. Or, dans cette société doit régner la même harmonie que dans la famille qui en est la base. C'est-à-dire que la collaboration de la femme y est aussi nécessaire. »

«Les Cercles des Fermières», *Bonne Parole*, vol. 12, nᵒ 11, novembre 1924, p. 1.

- À quoi la société est-elle comparée dans cet extrait ?
- Selon ce document, le rôle des femmes est-il limité à celui d'épouse et de mère ? Expliquez votre réponse.

70 Une clinique de la Goutte de lait, à Montréal, en 1932

Des cliniques appelées «Goutte de lait» sont créées au début des années 1910 dans les paroisses montréalaises. Afin de réduire le taux de mortalité infantile attribuable entre autres à une hygiène déficiente, on y distribue du lait de qualité et on y dispense des conseils aux mères.

Toutefois, certaines féministes revendiquent également la possibilité pour les femmes d'accéder aux études universitaires. En **1884**, la faculté des arts de l'Université McGill ouvre ses portes aux femmes qui souhaitent étudier des disciplines comme la littérature, l'histoire ou la philosophie. À partir de **1889**, elle peuvent également fréquenter le Royal Victoria College, qui dispense des cours de niveau universitaire. Les femmes francophones qui désirent faire des études universitaires doivent fréquenter ces établissements anglophones. En **1929**, l'Université Laval ouvre à son tour sa faculté des arts aux candidates. Quant aux femmes qui désirent faire des études dans d'autres domaines, elles doivent s'en aller étudier aux États-Unis ou en Europe.

71 Des transformations qui dérangent

Au Québec, comme ailleurs en Occident, les féministes font face à une forte opposition, surtout de la part des nationalistes conservateurs et du clergé. Ces groupes craignent que la participation des femmes à la vie politique entraîne le désordre social et l'immoralité. Ils voient par conséquent d'un mauvais œil les transformations que connaît la mode dans les années 1920 et 1930. Inspirées par la mode européenne, certaines femmes portent alors les cheveux courts ou introduisent dans leur habillement le pantalon ou des accessoires qui étaient auparavant réservés aux hommes.

Portrait

Irma Levasseur
(1878-1964)

Irma Levasseur est la première femme médecin spécialiste du Québec. Elle obtient son diplôme aux États-Unis en 1900. Désirant se spécialiser en pédiatrie, elle poursuit ses études à Paris et effectue des stages en Allemagne. À son retour, elle travaille à réduire le taux de mortalité infantile et met de l'avant diverses mesures ayant pour objectif l'amélioration de la santé et de l'hygiène publique. Elle contribue à mettre sur pied plusieurs cliniques, et participe à la fondation de l'hôpital Sainte-Justine (1908) et de l'hôpital de l'Enfant-Jésus de Québec (1923). Elle pratique également la médecine à New York et en Serbie.

Les revendications des féministes réformistes se heurtent à de nombreux opposants qui considèrent l'éducation des femmes et l'octroi de droits politiques et juridiques comme une menace à l'ordre social établi. L'Église catholique et les tenants du nationalisme de la survivance ne sont pas seuls à rejeter les revendications féministes : certaines femmes partagent leur avis. En 1922, une pétition demandant au gouvernement de ne pas accorder le droit de vote aux femmes est publiée dans le journal *La Presse*. Près de 45 000 femmes l'ont signée. Malgré l'accueil défavorable qui est réservé aux revendications féministes, les femmes finissent par obtenir le droit de vote au fédéral en **1918**, et au provincial, en **1940**.

PISTES d'interprétation CD 2

1. Quel est l'objectif du réformisme social ?
2. Quel groupe social s'implique activement dans les associations réformistes à la fin du XIXe et au début du XXe siècle ?
3. Pourquoi certaines réformistes deviennent-elles féministes ?
4. Quels gains font les féministes avant 1950 ?
5. Quelle influence le réformisme et le féminisme ont-ils sur les manifestations culturelles avant 1950 ?

Le capitalisme et la culture de masse

Le capitalisme et le processus d'urbanisation qui résulte de l'industrialisation sont indissociables du développement d'une culture de masse, liée notamment à l'apparition de nouveaux médias et de nouvelles technologies. C'est le début de la presse à grand tirage. Publiés quotidiennement et à très bas prix, les journaux rendent l'information accessible à une vaste majorité de la population. Les entreprises peuvent ainsi recourir à ce support pour faire paraître de la publicité afin d'inciter les lecteurs à consommer leurs produits.

Les premières décennies du XXe siècle sont aussi marquées par l'avènement du cinéma. Après l'inauguration d'un premier cinéma à Montréal en 1906, d'autres salles ouvrent ensuite leurs portes dans le reste de la province, si bien qu'en **1933**, le Québec compte 134 salles de cinéma, où sont projetés des films, mais aussi des actualités. Au début du siècle, le cinéma est donc non seulement un lieu de divertissement, mais aussi un espace culturel où il est possible de s'informer et de s'instruire.

À partir des **années 1920**, la population a accès à un nouveau média : la radio. Montréal est d'ailleurs la première ville du monde à inaugurer, en 1919, une station radiophonique, la XWA. Puis, en 1922, CKAC, la première chaîne de radiodiffusion francophone, ouvre ses portes. Dès lors, tous ceux qui possèdent un poste de radio peuvent y entendre de la musique, des bulletins météo ainsi que des émissions spécialisées consacrées à divers thèmes, dont certains sujets éducatifs. À partir des années 1930, avec la mode du radioroman, la radio devient aussi un espace de diffusion culturel pour les œuvres de certains auteurs de la province.

Par ailleurs, un des divertissements les plus populaires de la **première moitié du XXe siècle** est sans contredit le spectacle de variétés. Originaire des États-Unis, ce type de spectacle se présente comme un assemblage de monologues humoristiques, de numéros de variétés, tels la danse ou le chant, et de saynètes qui laissent aux artistes une grande part d'improvisation. Le spectacle de variétés est particulièrement populaire de 1910 jusqu'à l'apparition de la télévision, dans les années 1950.

72 La presse à un sou

Les innovations technologiques qui permettent d'imprimer une grande quantité d'exemplaires à moindre coût, ainsi que l'augmentation du taux d'alphabétisation – qui est d'environ 74 % dans les années 1890 – entraînent l'avènement de la presse quotidienne à un sou. Son coût modique la rend accessible au plus grand nombre. De plus, grâce au développement des réseaux de transport interurbains, les journaux peuvent être livrés dans tous les villages de la province.

● Quelle est l'influence de la presse à un sou sur la culture ?

73 Rose Ouellette, surnommée « La Poune »

Les artistes de variétés ont l'habitude d'utiliser des noms de scène. Trois des artistes les plus célèbres de la première moitié du XXe siècle, Olivier Guimond père (1893-1954), Olivier Guimond fils (1914-1971) et Rose Ouellette (1903-1996), sont couramment désignés par leur public par leur surnom respectif, soit « Ti-Zoune », « Ti-Zoune Junior » et « La Poune ».

L'homme le plus fort du monde

Louis Cyr (1863-1912) est reconnu pour sa force extraordinaire. Cyr est âgé de 18 ans lorsqu'il commence sa carrière d'homme fort en soulevant un cheval. À la fin du XIXᵉ siècle, il entreprend une tournée de spectacles dans lesquels il exhibe sa force en réalisant toutes sortes d'exploits destinés à impressionner les spectateurs. En 1883, il reçoit le titre d'homme le plus fort du Canada. Le 21 septembre 1891, Louis Cyr se produit au parc Sohmer, à Montréal, où il réalise un exploit inédit : avec la seule force de ses bras, il parvient à résister à la force de traction de 4 chevaux pendant 55 secondes. Durant les années 1890, Cyr poursuit des tournées aux États-Unis et en Angleterre, ce qui lui vaut bientôt le titre d'homme le plus fort du monde.

Dans la première moitié du XXᵉ siècle, la population des villes peut également se divertir en fréquentant des parcs d'attractions comme le Jardin botanique et zoologique, inauguré en 1852, le parc Sohmer (1889) ou le parc Belmont (1923). Dans ces établissements, les Montréalais peuvent assister entre autres à des spectacles de théâtre ou de cirque, à des combats de boxe et de lutte, ou encore à des concerts. Ils peuvent également visiter des salles d'exposition, une ménagerie, observer des curiosités ou tout simplement flâner ou faire une pause à l'un des nombreux kiosques qui offrent aux passants des friandises et des rafraîchissements.

C'est également durant cette période que le sport devient un spectacle. Au XIXᵉ siècle, le sport était une affaire d'élite. La bourgeoisie d'origine britannique encourageait des équipes sportives qui s'adonnaient à des sports en vogue en Grande-Bretagne, comme le curling, le golf, le tennis et le cricket. Mais avec le temps, cette bourgeoisie prend goût aux sports nord-américains comme la crosse, le hockey (un croisement entre la crosse et le hockey sur gazon pratiqué en Grande-Bretagne) et le baseball, pratiqué aux États-Unis. Au tournant du XXᵉ siècle, les premières équipes semi-professionnelles de crosse et de hockey sont constituées. Si la popularité de la crosse décline rapidement, il en va autrement du hockey, qui fait de plus en plus d'adeptes. Partout dans la province, des équipes se forment dans les villes, ce qui entraîne la mise sur pied de tournois interurbains. Puis, les équipes d'élite des grandes villes du Canada, devenues professionnelles, s'affrontent pour l'obtention de la coupe Stanley, trophée créé en 1893 par le gouverneur général du Canada, Lord Stanley, et décerné à la meilleure équipe canadienne.

74 Le Canadien de Montréal, saison 1912-1913

Pratiqué par les étudiants anglophones dans les universités et les collèges, le hockey sur glace se répand peu à peu parmi la population francophone, par l'intermédiaire des collèges classiques. Grâce notamment au Carnaval de Montréal, au cours duquel des matchs sont disputés, ce sport gagne en popularité. En 1909, une première équipe de hockey canadienne-française voit le jour à Montréal : le Canadien.

De son côté, la bourgeoisie urbaine s'adonne à d'autres types de divertissements. Dès 1860, les amateurs d'art de Montréal se rassemblent au sein de la Art Association of Montreal, fondée par Mgr Francis Fulford. La galerie d'art dont se dote cette association en 1879 afin d'y tenir des expositions permanentes est l'ancêtre de l'actuel Musée des beaux-arts de Montréal. Les amateurs de musique peuvent, quant à eux, assister à des concerts symphoniques. À la fin du XIXe siècle, plusieurs orchestres symphoniques sont créés dans la province.

75 **La villégiature à Métis-sur-Mer, vers 1915**

Beaucoup de familles fortunées, de Montréal et de Québec, passent leurs étés en villégiature au bord du fleuve, contribuant ainsi à l'essor d'une industrie touristique dans les régions de Charlevoix et du Bas-Saint-Laurent.

Portrait

Oscar Peterson (1925-2007)

Oscar Peterson est un pianiste et compositeur de jazz né dans une famille antillaise du quartier de la Petite-Bourgogne, à Montréal. Initié très tôt à ce style musical, il remporte un concours de musique amateur organisé par la CBC alors qu'il est âgé de 14 ans. Dès lors, il abandonne ses études et se produit comme pianiste professionnel dans les boîtes de nuit et à la radio. Sa renommée de pianiste et de compositeur atteint rapidement un statut international. Il signe des contrats d'enregistrement avec d'importantes compagnies de disque et joue avec les plus célèbres instrumentistes, chanteurs et chanteuses de jazz du XXe siècle. La contribution artistique d'Oscar Peterson a été récompensée par de nombreux prix et distinctions.

À travers le temps

Montréal et le jazz

Dès les premières décennies du XXe siècle, Montréal devient une ville de jazz. Ce genre musical, qui a vu le jour aux États-Unis dans les communautés noires au tournant du siècle, est importé dans le quartier de la Petite-Bourgogne par les familles afro-américaines qui s'y installent. La prohibition qui a cours aux États-Unis entre 1920 et 1933 et qui interdit la vente de boissons alcoolisées dans plusieurs États américains incite des musiciens de jazz à venir se produire dans les boîtes de nuit et dans les cabarets de Montréal. Cette situation contribue à faire de la ville un des hauts lieux du jazz dans la première moitié du XXe siècle. Aujourd'hui, Montréal est réputée mondialement pour son Festival International de Jazz qui, chaque année, attire des milliers de spectateurs.

Les *Canadian Ambassadors* au Hollywood Club de Montréal, vers 1934.

Le batteur Bernard Primeau au Festival International de Jazz, en 2005

PISTES
d'interprétation **CD 2**

1. Quels nouveaux médias font leur apparition dans les années 1910, 1920 et 1930?

2. Comment les citadins se divertissent-ils avant la Grande Crise?

Albert Lévesque, *Almanach de la langue française, Bottin national canadien-français*, Éditions Albert Lévesque, 1929.

Le conservatisme de l'Église

La transformation du mode de vie des Canadiens français inquiète l'Église catholique, qui fait la promotion de valeurs et d'un mode de vie traditionnels qu'elle estime essentiels à la survivance des caractéristiques culturelles et identitaires des Canadiens français.

L'Église, déjà présente dans toutes les sphères de la société, cherche à accroître son emprise, en particulier sur la jeunesse. Elle crée des associations paroissiales destinées à encadrer les jeunes catholiques, comme l'Association catholique de la jeunesse canadienne-française (ACJC). Comme elle détient encore le monopole en matière d'éducation, l'Église peut aussi exercer son influence morale par ce biais.

Dans les **années 1920**, les évêques publient plusieurs lettres et mandements dans lesquels ils condamnent la danse, le cinéma et le théâtre. De plus, l'Église intervient à maintes reprises afin de faire respecter les congés dominicaux qui, selon elle, devraient être consacrés aux obligations religieuses plutôt qu'aux divertissements. C'est toutefois en vain qu'elle tente de faire fermer le parc Sohmer les dimanches, et, par la suite, de faire interdire les projections de films ce même jour. Par l'entremise du Bureau de la censure, institué en **1913** par le gouvernement provincial, l'Église dispose cependant d'un moyen efficace de contrôler, entre autres, la programmation des cinémas. En effet, le Bureau de la censure, actif jusqu'en **1967**, censure des milliers de films. En 1927, l'Église parvient aussi à faire interdire l'accès des salles de cinéma aux jeunes de moins de 16 ans.

76 **Les dimanches**

Cette caricature présente sous un jour satirique les occupations qui sont celles des citadins le dimanche, à la fin des années 1920.

PISTES d'interprétation CD 2

1. Quelles sont les valeurs dont l'Église catholique fait la promotion ?

2. Par quels moyens exerce-t-elle son influence et se fait-elle entendre ?

3. Quelles idées circulent au Québec entre 1867 et 1950 ?

Question bilan

4. Quelle est influence des idées qui circulent entre 1867 et 1950 sur les manifestations culturelles ?

Les nationalismes au Canada français, de 1867 à 1950

CONCEPTS

Identité, patrimoine, religion

Entre 1867 et 1950, différents types de nationalismes canadiens-français se manifestent. Tous ont pour objectifs la survivance de la langue, de la foi catholique et des valeurs traditionnelles, qu'ils considèrent comme des éléments de l'identité des Canadiens français. Les nationalistes canadiens-français de la première moitié du XXe siècle voient dans l'Église catholique une institution essentielle à la survivance. Par conséquent, ils adoptent la morale et les valeurs traditionnelles et conservatrices qui sont celles de l'Église.

Le nationalisme canadien-français après la Confédération

Dans la **seconde moitié du XIXe siècle**, le nationalisme canadien-français demeure un nationalisme de la survivance. Après 1867, les Canadiens français se retrouvent minoritaires au sein d'un Canada majoritairement anglophone et protestant. Dans ce contexte, les nationalistes canadiens-français du Québec conçoivent le gouvernement provincial comme une instance politique capable de défendre leurs intérêts sur la scène politique et d'assurer, par conséquent, la survie des Canadiens français au sein du Canada. Jusqu'en 1897, les gouvernements qui se succèdent à la tête de la province de Québec se font les défenseurs de ce nationalisme. Particulièrement préoccupés par l'exode des Canadiens français vers les États-Unis, les dirigeants de la province voient dans le retour à la terre une solution à ce problème. Leur agriculturisme se manifeste notamment par l'adoption de diverses mesures visant à moderniser l'agriculture et à favoriser l'ouverture de nouvelles régions de colonisation. En **1888**, le Parti national, dirigé par Honoré Mercier, qui se présente comme le défenseur des intérêts des Canadiens français et fait la promotion de l'autonomie provinciale, crée le ministère de l'Agriculture et de la Colonisation. Ce ministère, dirigé par le curé Antoine Labelle, a la responsabilité d'ouvrir de nouvelles zones de colonisation et d'en assurer la supervision.

Agriculturisme Idéologie qui valorise un mode de vie traditionnel, axé sur le travail agricole.

Autonomie provinciale Refus de l'ingérence du fédéral dans les domaines de compétence qui relèvent du gouvernement provincial en vertu de la loi constitutionnelle.

Lieu de *mémoire*

Un homme et son péché, de Claude-Henri Grignon

En 1933, Claude-Henri Grignon (1894-1976) publie *Un homme et son péché*, qui met en scène l'avare Séraphin Poudrier, maire et agent de colonisation des Laurentides dans les années 1880. Le roman connaît un véritable succès et sa parution est suivie de nombreuses rééditions. Il est ensuite adapté par Grignon et radiodiffusé entre 1939 et 1962. Après l'avènement de la télévision, l'œuvre connaît une nouvelle vie sous la forme d'un téléroman intitulé *Les belles histoires des pays d'en haut*, qui connaît à son tour une grande popularité. Le téléroman est télédiffusé de 1956 à 1970. L'œuvre de Grignon, qui a fait également l'objet d'adaptations cinématographiques, a marqué la culture du Québec, si bien que l'expression « séraphin » est encore aujourd'hui utilisée pour désigner quelqu'un d'avare.

Les comédiens du radioroman *Un homme et son péché* en 1945 : Hector Charland, Estelle Mauffette, Lucien Thériault et Arthur Lefebvre (de gauche à droite).

Lieu de *mémoire*

La *Symphonie gaspésienne*, de Claude Champagne (1891-1965)

Musicien et compositeur, Claude Champagne part étudier en Europe de 1921 à 1923, où ses pièces musicales remportent du succès. À son retour, il enseigne la musique, puis devient directeur du Conservatoire de musique du Québec à Montréal. En 1945, il compose la *Symphonie gaspésienne*, une œuvre dans laquelle le compositeur transpose les impressions ressenties à la vue des paysages, de la faune et la flore de la Gaspésie.

L'impérialisme et le nationalisme canadien au début du XXᵉ siècle

Le nationalisme canadien-français se transforme au tournant du XXᵉ siècle. À ce moment, Henri Bourassa devient la figure de proue d'un nationalisme qui voit dans la fédération canadienne – toutefois libérée de ses liens coloniaux avec la Grande-Bretagne – un lieu d'appartenance pour les Canadiens français. Henri Bourassa adhère à l'idée selon laquelle l'Acte de l'Amérique du Nord britannique est un pacte entre deux nations fondatrices : les immigrants d'origine britannique de 1867 et les Canadiens français. Pour Henri Bourassa, la nation canadienne-française, qu'il définit par les institutions, selon lui fondamentales, que sont la foi catholique, la langue française et l'Église, peut donc voir sa survivance assurée au sein du Canada. Convaincu que le sentiment d'appartenance au Canada devrait se manifester chez les deux nations fondatrices, Henri Bourassa est d'avis que les Canadiens s'unissent pour défendre l'autonomie du Canada à l'égard de la Grande-Bretagne.

77 Le nationalisme canadien

En avril 1904, dans un article qu'il publie dans le journal *Le Nationaliste*, Henri Bourassa présente sa conception du nationalisme.

« Notre nationalisme à nous est le nationalisme canadien fondé sur la dualité des races et sur les traditions particulières que cette dualité comporte. Nous travaillons au développement du patriotisme canadien, qui est à nos yeux la meilleure garantie de l'existence de deux races et du respect mutuel qu'elles se doivent. Les *nôtres* […] sont les Canadiens français, mais les Canadiens anglais ne sont pas des étrangers et nous regardons comme des alliés tous ceux d'entre eux qui nous respectent et qui veulent comme nous le maintien intégral de l'autonomie canadienne. La patrie pour nous c'est le Canada tout entier, c'est-à-dire une fédération de races distinctes et de provinces autonomes. La nation que nous voulons voir se développer c'est la nation canadienne, composée des Canadiens français et des Canadiens anglais, c'est-à-dire de deux éléments séparés par la langue et la religion, et par les dispositions légales nécessaires à la conservation de leurs traditions respectives, mais unies dans un attachement de confraternité, dans un commun attachement à la patrie commune. »

Henri Bourassa, *Le Nationaliste*, 3 avril 1904.

- D'après Henri Bourassa, quels rapports les Canadiens francophones et anglophones entretiennent-ils ?
- Qu'est-ce qui constitue la patrie pour Bourassa ?
- D'après cet extrait, à quelles conditions la nation canadienne à laquelle aspire Bourassa peut-elle se développer ?

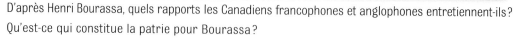

La vision d'Henri Bourassa s'oppose à celle des impérialistes britanniques du Québec et du reste du Canada, qui sont attachés au lien colonial qui unit le Canada à la Grande-Bretagne et qui croient que la puissance du Canada est proportionnelle à celle de la Grande-Bretagne. Les impérialistes, qui sont issus de la bourgeoisie d'affaires britannique, conçoivent en effet le Canada comme une partie de l'Empire britannique. Par conséquent, ils estiment que l'anglais devrait être la seule langue officielle du Canada, et le protestantisme, la seule religion officielle.

Selon la perspective des impérialistes, les Canadiens doivent travailler activement à la consolidation et à l'expansion de l'Empire britannique. Pour cette raison, ils souhaitent que le Canada participe aux guerres impériales de la Grande-Bretagne. En **1899**, les impérialistes militent en faveur de la participation du Canada à la guerre des Boers, qui a lieu en Afrique du Sud.

Les nationalistes qui partagent les idées d'Henri Bourassa s'opposent à la participation du Canada à la guerre des Boers. En **1903**, ils fondent une association nationaliste, la Ligue nationaliste canadienne. Le programme de la Ligue préconise entre autres que le Canada fasse preuve d'autonomie vis-à-vis de la Grande-Bretagne. Afin de faire circuler ses idées, Bourassa fonde à Montréal, en 1910, le journal *Le Devoir*, dans lequel il publie de nombreux textes où il s'en prend aux impérialistes.

La participation du Canada à la Première Guerre mondiale (1914-1918) est aussi l'occasion d'affrontements. Les impérialistes souhaitent que le gouvernement canadien soutienne la Grande-Bretagne par la conscription. Les nationalistes qui suivent Henri Bourassa sont pour leur part favorables à ce que les Canadiens s'enrôlent, mais uniquement sur une base volontaire. L'adoption de la loi sur la conscription en **1917** donne lieu à des émeutes à plusieurs endroits dans la province, en particulier dans la ville de Québec, où ces émeutes font des morts. L'opposition à la conscription dans la province est à l'origine du dépôt de la motion Francœur à la Chambre des communes en 1917.

Le nationalisme canadien-français entre 1920 et 1950

Dans les **années 1920**, et surtout après la Grande Crise, le nationalisme canadien-français s'oriente vers la critique des effets sociaux et culturels du capitalisme et du développement industriel. Les nationalistes ramènent alors en force les thèmes de la survivance, soit la famille, la religion et l'agriculture. La colonisation est présentée non seulement comme un moyen d'assurer la survie des Canadiens français, mais aussi comme une solution économique à la Crise, qui affecte plus particulièrement les ouvriers salariés.

78 **La motion Francœur**

À la suite de l'adoption de la loi sur la conscription, en 1917, le député libéral Joseph-Napoléon Francœur dépose une motion qui propose la séparation du Québec du reste du Canada. La motion Francœur est finalement retirée après avoir fait l'objet d'importants débats.

79 **Le square Victoria, vers 1887**

L'attachement à la Grande-Bretagne de la bourgeoisie d'affaires d'origine britannique se manifeste notamment par l'inauguration, en 1860, d'un square et d'un pont en l'honneur de Victoria, reine de Grande-Bretagne. La statue de la reine Victoria, érigée dans le square en 1872, fait aujourd'hui partie du patrimoine de la ville de Montréal.

La survivance est au cœur de plusieurs œuvres créées entre 1840 et 1945. De nombreux écrits de cette période en font l'apologie. C'est le cas de *Maria Chapdelaine*, un roman de Louis Hémon publié en 1914.

«Nous sommes venus il y a trois cents ans, et nous sommes restés… […] Nous avions apporté d'outre-mer nos prières et nos chansons: elles sont toujours les mêmes. […] Nous avons marqué un pan du continent nouveau, de Gaspé à Montréal, de Saint-Jean-d'Iberville à l'Ungava, en disant: ici toutes les choses que nous avons apportées avec nous, notre culte, notre langue, nos vertus et jusqu'à nos faiblesses deviennent des choses sacrées,

Marc-Aurèle De Foy Suzor-Côté, *La moisson*, 1912.

intangibles et qui devront demeurer jusqu'à la fin. Autour de nous des étrangers sont venus, qu'il nous plaît d'appeler des barbares; ils ont pris presque tout le pouvoir; ils ont acquis presque tout l'argent; mais au pays de Québec rien n'a changé. Rien ne changera, parce que nous sommes un témoignage. De nous-mêmes et de nos destinées nous n'avons compris clairement que ce devoir-là: persister… nous maintenir… Et nous nous sommes maintenus, peut-être afin que dans plusieurs siècles encore le monde se tourne vers nous et dise: ces gens sont d'une race qui ne sait pas mourir… Nous sommes un témoignage. C'est pourquoi il faut rester dans la province où nos pères sont restés, et vivre comme ils ont vécu, pour obéir au commandement inexprimé qui s'est formé dans leurs cœurs, qui a passé dans les nôtres et que nous devrons transmettre à notre tour à de nombreux enfants: Au pays de Québec rien ne doit mourir et rien ne doit changer…»

Louis Hémon, *Maria Chapdelaine*, Fides, 1982, p. 195-196.

● En quoi le texte reflète-t-il les thèmes de la survivance?

Des intellectuels cherchent à valoriser les modes de vie et les valeurs traditionnelles. L'abbé Lionel Groulx, un des principaux porte-parole du nationalisme canadien-français des **années 1920 à 1950**, travaille à mettre l'histoire au service de ce nationalisme. Alors que, pour Henri Bourassa, le Canada est le lieu d'appartenance des Canadiens français, pour Lionel Groulx et tous ceux qui partagent sa vision du nationalisme, la province de Québec constitue le principal espace politique apte à garantir la survie de la nation canadienne-française.

Afin de véhiculer ses idées, Lionel Groulx fonde la revue *L'Action française* en 1917. Celle-ci change de nom en 1933 et devient *L'Action nationale*. Le nationalisme canadien-français que défend Lionel Groulx s'exprime également dans des quotidiens comme *Le Devoir*, à Montréal, et *L'Action catholique*, à Québec. Plusieurs associations de jeunes, vouées notamment à la promotion de ce nationalisme, voient aussi le jour. C'est le cas des mouvements Jeune-Canada, fondé en 1932, et Jeunes Laurentiens, créé en 1936.

Abbé Lionel GROULX

NOTRE MAÎTRE, LE PASSÉ

Notre maître, le passé…
André BEAUNIER.

MONTRÉAL
BIBLIOTHÈQUE DE L'ACTION FRANÇAISE
MCMXXIV

81 *Notre maître, le passé*

Lionel Groulx est l'auteur de nombreux ouvrages sur l'histoire. *Notre maître, le passé*, dont le titre constitue le mot d'ordre du nationalisme de la survivance, a été publié pour la première fois en 1924. Il est principalement constitué d'articles et de textes de conférences. Groulx y vante les qualités de certains personnages historiques qu'il souhaite donner en exemple aux Canadiens français tout en faisant de la religion et de la foi catholique les caractéristiques fondamentales du Canada français.

À partir des **années 1920**, et davantage après la Grande Crise, les nationalistes canadiens-français modifient leur point de vue à l'égard du développement économique. Ils continuent de concevoir la vie agricole comme une caractéristique essentielle à la survivance et une solution pour contrer l'urbanisation, conséquence du développement capitaliste. Cependant, ils insistent aussi sur la nécessité pour les Canadiens français de contrôler leur économie car, selon eux, c'est en réduisant leur dépendance économique qu'ils pourront assurer leur survie.

Des nationalistes canadiens-français regroupés au sein de l'École sociale populaire développent une critique réformiste et catholique du capitalisme. Ils ne remettent pas le système en cause, mais en dénoncent plutôt les abus, jugeant que le capitalisme est à l'origine d'injustices sociales et de méfaits moraux liés à l'industrialisation. Sur cette base, ils proposent en **1933** un programme dans lequel ils cherchent à concilier leur attachement à la tradition et le développement économique de type capitaliste. S'ils considèrent encore le retour à la terre comme une solution économique, ils soutiennent également que, dans une économie capitaliste, la vie rurale n'est possible que dans la mesure où l'agriculture, la colonisation ainsi que les petites entreprises familiales sont soutenues par l'injection de capitaux et par des politiques qui favorisent les achats locaux. Afin de constituer le capital nécessaire au développement rural, ils misent sur le coopératisme, qui permet la mise en commun des économies des petits épargnants. Par ce moyen, croient-ils, l'économie rurale pourra être intégrée au système capitaliste et les Canadiens français pourront profiter du développement économique.

82 *Dollard des Ormeaux*, d'Alfred Laliberté

Dollard des Ormeaux est un colon français mort en 1660 lors de la bataille du Long Sault, qui a opposé des Iroquois à un groupe composé de Français et de leurs alliés autochtones. Lionel Groulx, qui voit en Dollard des Ormeaux le sauveur de la Nouvelle-France, cherche à faire de lui le symbole de la résistance canadienne-française et catholique. Il fait naître un véritable culte autour de cet homme qu'il considère comme un héros, et participe à l'organisation de pèlerinages annuels au Long Sault. En 1920, un monument commémoratif est érigé dans le parc Lafontaine, à Montréal, en l'honneur de Dollard des Ormeaux. Ce monument, qui fait aujourd'hui partie du patrimoine, est l'œuvre du sculpteur Alfred Laliberté (1878-1953).

Coopératisme Système économique qui favorise la mise en commun des ressources, un mode de gestion partagée ainsi que le partage des profits.

83 **Le premier édifice de l'École des HEC de Montréal, vers 1910**

Les nationalistes canadiens-français de cette période sont d'avis qu'il est primordial de développer l'enseignement technique dans la province. Plusieurs d'entre eux enseignent à l'École des hautes études commerciales (HEC), fondée en 1907.

PISTES d'interprétation **CD 2**

1. Qu'est-ce qui caractérise le nationalisme canadien-français après la Confédération ?

2. Qu'est-ce qui caractérise le nationalisme dont Henri Bourassa se fait le porte-parole ?

3. Comment se manifeste l'impérialisme des Canadiens d'origine britannique au début du XXe siècle ?

4. Qu'est-ce qui caractérise le nationalisme canadien-français entre 1920 et 1950 ?

Question bilan

5. Quelle est l'influence des différents nationalismes canadiens-français et de l'impérialisme sur les manifestations culturelles ?

Le socialisme, le communisme et le fascisme, de 1920 à 1940

Le nationalisme canadien-français **entre 1920 et 1950** tente de trouver des solutions aux effets de la Grande Crise mais aussi de contrer le socialisme, le communisme et le fascisme, qui proposent eux aussi des solutions de rechange au développement capitaliste et industriel.

Le socialisme est une idéologie politique née en Europe au XIXe siècle dans le contexte de la révolution industrielle. Le socialisme se veut une critique du développement industriel capitaliste. Les socialistes dénoncent la concentration de la richesse dans les mains d'un petit nombre et défendent les intérêts du plus grand nombre, notamment en exigeant une répartition plus équitable des richesses. Ils prônent l'intervention de l'État afin de soustraire l'entreprise à la propriété privée. Certains socialistes vont plus loin et souhaitent l'abolition du système capitaliste et des classes sociales en mettant en commun les moyens de production : c'est la naissance du communisme.

Au Canada, socialistes et communistes s'organisent durant les **années 1920 et 1930**. Ils fondent des associations, comme la Ligue de la jeunesse communiste du Canada (en 1923), s'investissent dans le mouvement syndical pour la défense des ouvriers, et créent des partis tels le Parti communiste du Canada (1921) et la *Cooperative Commonwealth Federation* (CCF, 1933). La CCF, qui fait la promotion d'un socialisme modéré, s'enrichit d'une branche québécoise dès **1939**. Bien que le Parti communiste ne soit pas présent au Québec avant les années 1960, il parvient tout de même à faire élire un député fédéral dans une circonscription ouvrière de Montréal lors des élections partielles de **1943**, puis lors des élections de **1945**.

Socialisme Idéologie qui défend les intérêts du plus grand nombre plutôt que ceux de petits groupes. Les socialistes considèrent que seul un État interventionniste est en mesure d'assurer cette défense.

Communisme Idéologie qui prône l'abolition de la propriété privée et la redistribution des richesses par la mise en commun des moyens de production. Les communistes considèrent que la révolution est essentielle pour donner le pouvoir aux ouvriers.

84 Affiche électorale de Fred Rose, candidat communiste dans la circonscription de Montréal-Cartier

Fred Rose est le seul député communiste à avoir été élu au Québec. En 1946, il est accusé d'espionnage à la solde de l'URSS. À la suite d'un procès dont la validité est aujourd'hui remise en question, il est arrêté, puis incarcéré. Il finit ses jours en exil en Pologne, après s'être vu retirer sa citoyenneté canadienne.

Qu'est-ce que cette affiche révèle sur l'électorat visé par le Parti communiste ?

Portrait

Léa Roback (1903-2000)

Léa Roback, une militante syndicaliste, communiste et féministe, naît à Montréal dans une famille d'immigrants polonais de religion juive et grandit à Beauport, près de Québec. Dans les années 1920, elle se rend aux États-Unis, puis en Europe, où elle étudie notamment la littérature et l'histoire. Là-bas, elle adhère au Parti communiste allemand. Elle revient au Québec dans les années 1930 et s'implique au sein du Parti communiste du Canada. En 1935, elle ouvre à Montréal une librairie communiste. Léa Roback milite également en faveur de l'amélioration des conditions de travail des ouvriers et de l'obtention du droit de vote pour les femmes.

Si le socialisme dérange, c'est sous sa forme communiste qu'il est le plus mal vu, à la fois des élites, nationalistes et cléricales, et des gouvernements. Les communistes sont alors victimes de répression.

Durant la Seconde Guerre mondiale, les gouvernements fédéral et provincial voient également d'un mauvais œil les fascistes et leurs sympathisants. Le **fascisme** prône le rétablissement d'un ordre traditionnel par des moyens autoritaristes. Il définit la nation en termes ethniques et repose sur l'idée selon laquelle certaines nations sont supérieures à d'autres. Les fascistes, qui font la promotion d'un nationalisme exacerbé, croient que les nations supérieures ont besoin d'un chef tout-puissant à qui la population pourra se soumettre aveuglément. En plus du culte qu'ils vouent à leur chef, les fascistes se caractérisent par leur fascination pour la vie et la discipline militaires.

Fascisme Idéologie qui fait la promotion de la tradition, du totalitarisme ainsi que d'un nationalisme exacerbé.

Au Canada, dans les **années 1930**, des partis fascistes sont formés dans plusieurs provinces. Les fascistes canadiens s'inspirent des régimes fascistes instaurés en Italie et en Allemagne à la suite de la Crise. Au Québec, le Parti national social chrétien (PNSC) est créé en 1934. Son chef, Adrien Arcand, est un admirateur des leaders fascistes Adolf Hitler et Benito Mussolini. Il fait circuler ses idées par l'intermédiaire d'un hebdomadaire, *Le Patriote*. Les sympathisants fascistes, appelés « Chemises bleues » (en référence à l'uniforme d'aspect militaire qu'ils portent), participent à des défilés.

Bien que sous certains aspects (par exemple la valorisation de la tradition), l'idéologie fasciste arrive à trouver un écho dans les écrits de quelques nationalistes canadiens-français, le parti fasciste d'Adrien Arcand attire peu de membres. Après l'entrée en guerre du Canada contre l'Allemagne fasciste en 1939, les fascistes et leurs sympathisants font l'objet des mêmes interdictions que les communistes. En 1940, Adrien Arcand et ses plus proches collaborateurs sont arrêtés et emprisonnés.

85 **Une représentation de Mussolini dans une église de Montréal**

Entre 1927 et 1933, le peintre Guido Nincheri peint une fresque dans l'église Notre-Dame-de-la-Défense, située dans la Petite-Italie, à Montréal. À la demande de la paroisse, il y représente Benito Mussolini à cheval.

Guido Nincheri, Sans titre [détail], 1933.

Portrait

Guido Nincheri
(1885-1973)

Guido Nincheri est un artiste italien spécialisé dans le vitrail et dans la peinture de fresques. Établi à Montréal en 1915, il décore plusieurs des églises de la province ainsi que des églises catholiques du Canada anglais et du nord des États-Unis. Sa fresque de l'église Notre-Dame-de-la-Défense à Montréal, où il a représenté Mussolini, lui vaut d'être arrêté durant la Seconde Guerre mondiale, et détenu dans un camp de prisonniers de guerre. Beaucoup d'immigrants originaires d'Italie et d'Allemagne, surtout, vont subir le même sort durant la guerre. Nincheri est cependant libéré lorsque la preuve est faite qu'il a représenté Mussolini pour répondre à une commande et non par convictions fascistes.

PISTES d'interprétation CD 2

1. Que prône le socialisme ?
2. Qu'est-ce qui caractérise le communisme ?
3. Quels groupes sont associés au socialisme ou au communisme ?
4. Qu'est-ce qui caractérise le fascisme ?
5. Quels groupes sont associés au fascisme ?

Question bilan

6. Quelle est l'influence sur les manifestations culturelles :
   • du socialisme et du communisme ?
   • du fascisme ?

L'américanisme et le laïcisme, après la Seconde Guerre mondiale

La fin de la Seconde Guerre mondiale marque le début d'une période de transformations majeures au Québec. Les trois décennies de prospérité économique qui succèdent aux années de guerre vont modifier les habitudes et le mode de vie de la population. Dans ce contexte, le traditionalisme et l'influence de l'Église catholique sur la société québécoise sont de plus en plus remis en question. Les mouvements de pensée à l'origine de ces remises en question influencent les manifestations culturelles de la période.

De nouvelles habitudes et un nouveau mode de vie

La prospérité économique des **années 1950** a des effets concrets sur la population : les salaires augmentent, les conditions de travail et de vie s'améliorent et le temps consacré aux loisirs s'accroît. De plus, le mode de vie des gens s'américanise.

Américanisme Mode ou habitude de vie semblable à ce qui a cours aux États-Unis.

L'**américanisme** se manifeste en particulier par l'adoption de nouvelles habitudes de consommation. Les salaires plus élevés permettent l'achat de biens jusque-là inaccessibles. Par exemple, les familles ouvrières peuvent désormais acheter des appareils ménagers qui facilitent le travail domestique. À partir de **1952**, l'invention de la télévision incite un grand nombre de familles à se doter d'un téléviseur. Si la télévision permet la diffusion de la culture américaine, elle encourage également la diffusion de productions culturelles locales, comme les téléromans.

Les critiques du traditionalisme et du cléricalisme

Au lendemain de la Seconde Guerre mondiale, les critiques du traditionalisme se diversifient. Cependant, toutes ont pour cibles le traditionalisme défendu avec vigueur par l'Église et le gouvernement de Duplessis ainsi que l'alliance entre l'Église et l'État.

Les principaux critiques du traditionalisme sont des artistes et des intellectuels. En **1948**, un groupe d'artistes publie le manifeste du *Refus global*. Les signataires du manifeste y dénoncent l'Église catholique et ses valeurs traditionnelles, qu'ils tiennent responsables de ce qu'ils considèrent comme le retard culturel de la province. Malgré sa diffusion limitée, le manifeste inquiète les autorités et l'Église.

86 Du temps pour les loisirs

Le cinéma demeure un divertissement populaire, et l'augmentation du nombre de voitures mène à la création d'un nouveau lieu de divertissement : le ciné-parc. Dans les ciné-parcs, les spectateurs peuvent regarder un film projeté sur écran géant tout en demeurant dans leur automobile. La bande sonore est transmise par de petits émetteurs que l'on suspend à la fenêtre du véhicule. Cette photographie date de 1972.

Portrait

Jean-Charles Harvey (1891-1967)

Jean-Charles Harvey, journaliste, publie en 1934 un roman intitulé *Les demi-civilisés*. L'auteur y fait la promotion de la liberté de pensée, critique le conformisme et le traditionalisme de la société canadienne-française, et il dénonce l'influence de l'Église catholique sur cette société. Le roman fait scandale, et l'évêque de Québec le fait interdire. Harvey est congédié de son poste de rédacteur en chef du journal *Le Soleil*. Il travaillera ensuite dans la fonction publique provinciale, et publiera d'autres romans, des essais ainsi que des recueils de nouvelles et de poésie.

87 Une œuvre gigantesque

Le peintre Jean Paul Riopelle est l'un des signataires du manifeste du *Refus global*. *Hommage à Rosa Luxemburg* (1992) est son œuvre la plus célèbre. Elle compte 30 tableaux répartis en trois sections.

Jean Paul Riopelle, *Hommage à Rosa Luxemburg*, 1992.

88 Le *Refus global*

Le manifeste du *Refus global* est rédigé par le peintre Paul-Émile Borduas. Sa publication entraîne le congédiement de son auteur, alors professeur à l'École du meuble.

« Rejetons de modestes familles canadiennes-françaises, ouvrières ou petites-bourgeoises, de l'arrivée du pays à nos jours restées françaises et catholiques par résistance au vainqueur, par attachement, arbitraire au passé, par plaisir et orgueil sentimental et autres nécessités.

Colonie précipitée dès 1760 dans les murs lisses de la peur, refuge habituel des vaincus ; là, une première fois abandonnée. L'élite reprend la mer ou se vend au plus fort. Elle ne manquera plus de le faire chaque fois qu'une occasion sera belle.

Un petit peuple serré de près aux soutanes restées les seules dépositaires de la foi, du savoir, de la vérité et de la richesse nationale. »

Paul-Émile Borduas, *Refus global*, 1948.

● À quels épisodes de l'histoire du Québec le manifeste fait-il référence ?

Laïcisme Idéologie qui soutient que seul le spirituel est du ressort de l'Église.

Les critiques qu'élaborent de jeunes intellectuels sont davantage diffusées. La revue *Cité libre*, fondée en 1950, est leur principal véhicule d'expression. Pierre Elliott Trudeau et Gérard Pelletier, entre autres, y dénoncent les valeurs traditionnelles véhiculées par l'Église catholique et le gouvernement nationaliste de Duplessis. Bien que les rédacteurs de *Cité libre* soient catholiques, ils sont anti-cléricaux et partisans du **laïcisme**, c'est-à-dire qu'ils prônent la séparation de l'Église et de l'État. Ils croient en effet que la religion doit être une affaire privée et que, par conséquent, l'Église ne devrait avoir autorité qu'en matière spirituelle. Selon eux, l'éducation et les services sociaux devraient être confiés à l'État.

PISTES d'interprétation CD 2

1. En quoi les habitudes et le mode de vie de la population se transforment-ils après 1950 ?
2. Quelles sont les critiques du traditionalisme au lendemain de la Seconde Guerre mondiale ?

Question bilan

3. Quelle est l'influence de l'américanisme et du laïcisme sur les manifestations culturelles ?

L'interventionnisme de l'État, après 1960

Les **années 1960** sont témoins de changements notables sur le plan politique. Le décès de Maurice Duplessis, en **1959**, permet à des gouvernements qui prônent l'**interventionnisme** de se succéder au pouvoir. L'État prend alors en main l'éducation, la santé et les services sociaux, et il agit également dans le domaine de la culture.

L'étatisation et la laïcisation de l'éducation

Au **milieu du XXe siècle**, les Canadiens français sont moins scolarisés que les anglophones de la province notamment parce que l'enseignement, qui est dispensé par l'Église catholique à tous les niveaux, est, en grande partie, orienté vers la religion et a pour objectif de former des croyants.

Interventionnisme
Politique d'intervention de l'État dans divers domaines (social, culturel et économique, notamment).

89 Une adresse aux élèves

Le contenu de l'enseignement dispensé à l'école est le reflet des valeurs et des idées qui circulent dans la société, comme en témoigne cette adresse aux élèves qui a été publiée dans un manuel d'histoire, en 1958.

« Lisez attentivement ces récits. Ils vous feront connaître les découvreurs et les pionniers de notre pays. […] Vous admirerez le courage et la générosité des premiers colons et de ceux qui, à toutes les époques, dans les régions nouvellement habitées de notre pays, les ont imités. […] Retenez surtout les beaux exemples des héros présentés. […] Après votre catéchisme, votre manuel d'Histoire du Canada doit être le plus aimé de tous vos livres. Ne vous inspire-t-il pas l'admiration de nos ancêtres, l'amour de notre patrie, le respect affectueux de tous ceux qui, aujourd'hui encore, contribuent à faire du Canada un pays où il fait bon vivre et travailler ? »

Frères des Écoles Chrétiennes, *Découvreurs et Pionniers : histoire du Canada, manuel de 4e et 5e année*, 1958.

● D'après cet extrait, à quoi le manuel d'histoire doit-il servir ?

Afin de remédier aux carences du système d'éducation, le gouvernement libéral provincial de Jean Lesage, élu en **1960**, instaure une série de mesures. En **1961**, il rend la fréquentation scolaire obligatoire et gratuite jusqu'à l'âge de 15 ans et met sur pied une Commission royale d'enquête sur l'éducation, la commission Parent. Dans le rapport qu'elle publie en 1963, la Commission recommande une réforme de l'éducation. Elle propose que l'enseignement devienne obligatoire jusqu'à la fin du secondaire et gratuit jusqu'à l'université. De plus, la commission Parent suggère que le domaine de l'enseignement soit confié à un ministère de l'Éducation plutôt qu'à l'Église catholique. Elle recommande également la création d'établissements publics d'enseignement mixtes à tous les niveaux, afin d'assurer aux filles une formation équivalente à celle dont bénéficient les garçons. La plupart des recommandations de la commission Parent sont mises en œuvre. En **1964**, année de la création du ministère de l'Éducation, l'Église catholique perd sa mainmise dans ce domaine. Le système d'éducation demeure toutefois confessionnel, c'est-à-dire que les commissions scolaires sont soit catholiques soit protestantes et qu'un enseignement religieux continue d'être dispensé.

Lieu de *mémoire*

Les insolences du frère Untel

En 1960, le frère Jean-Paul Desbiens publie, sous le couvert de l'anonymat, un essai satirique intitulé *Les insolences du frère Untel*, qui connaît un franc succès. Le frère Desbiens y dénonce le joual, qui est parlé par une bonne partie de la population québécoise et qu'il considère comme un français de piètre qualité. Il tient le système d'éducation responsable de cette situation.

L'État et la culture

C'est également à partir du **milieu du XXᵉ siècle** que l'État intervient afin d'encourager l'activité créatrice dans les domaines des arts visuels, de la musique, du théâtre, de la littérature et des communications. En **1949**, le gouvernement fédéral crée la Commission royale d'enquête sur l'avancement des arts, des lettres et des sciences, présidée par Vincent Massey. Dans son rapport, publié en **1951**, la commission Massey recommande aux gouvernements d'investir davantage afin de favoriser la production culturelle locale et de faire ainsi échec à ce qu'elle perçoit comme l'américanisation de la culture. Le gouvernement fédéral et le gouvernement du Québec suivent plusieurs des recommandations de la Commission. Des organismes destinés à subventionner la création artistique sont alors mis sur pied, et un ministère des Affaires culturelles est créé au Québec en **1961**.

Dans les domaines de la télédiffusion et du cinéma, des organismes voués à la production voient également le jour. En **1961**, le gouvernement du Québec se dote d'un office du film, le pendant provincial de l'Office national du film du Canada, créé en 1939. En **1969**, Radio-Québec (aujourd'hui Télé-Québec), une chaîne de télévision provinciale, ouvre ses portes. La création d'organismes culturels publics ainsi que les subventions de l'État aux artistes ont un effet positif sur la production artistique, la diffusion des œuvres de même que sur la promotion de la culture. Mais, malgré ces subventions, rares sont les artistes et auteurs de la province qui parviennent à vivre de leur art.

90 *Mon oncle Antoine*

Le soutien financier d'organismes tels l'Office du film du Québec et l'Office national du film du Canada permet l'essor de la production cinématographique de la province. Dans les années 1960 et 1970 surtout, plusieurs cinéastes bénéficient du soutien de ces organismes et produisent des films aujourd'hui considérés comme faisant partie du patrimoine québécois, mais aussi canadien.

91 *Joe*, de Jean-Pierre Perreault

En 1983, le danseur et chorégraphe Jean-Pierre Perreault (1947-2002) produit *Joe*. Cette œuvre de danse contemporaine a pour thème les normes et la conformité sociale. *Joe* met en scène plus de 30 danseurs, tous vêtus de façon identique, qui évoluent sur scène en l'absence de musique, au seul son du contact de leurs pieds sur le sol. Avec *Joe*, considéré comme un chef-d'œuvre, Perreault atteint une renommée internationale. L'octroi de subventions à la Fondation Jean-Pierre Perreault permet que *Joe* soit présenté à de nombreuses reprises.

Lieu de *mémoire*

Quand l'art sort des musées

Lorsque débute la construction du métro de Montréal, en 1960, la Ville de Montréal cherche à personnaliser chacune des stations de son réseau souterrain. Elle fait appel à différents architectes pour la conception de ces stations, qui deviennent des espaces de diffusion artistique. La Ville commandite la production d'œuvres d'art pour un certain nombre d'entre elles et incite d'autres donateurs privés et publics à financer des œuvres. C'est ainsi qu'en 1968, le gouvernement du Québec finance la production d'une verrière par l'artiste Marcelle Ferron (1924-2001), une des signataires du manifeste du *Refus global*. Cette verrière est intégrée à l'architecture de la station Champ-de-Mars.

Parallèlement à la mise sur pied de mesures visant à favoriser la création artistique et la diffusion culturelle, les gouvernements s'intéressent à la préservation des biens culturels déjà existants. Dans la **seconde moitié du XXᵉ siècle**, le nombre d'organismes voués à la protection, à la préservation ainsi qu'à la valorisation du patrimoine se multiplie. En **1967**, par exemple, la Bibliothèque nationale du Québec est créée. Elle a pour mission de conserver et de mettre en valeur le patrimoine documentaire de la province.

Enfin, l'État encourage la tenue d'événements qui permettent le rayonnement culturel du Québec. La tenue à Montréal de l'Exposition universelle de 1967 et des Jeux olympiques de 1976 résulte d'une étroite collaboration entre les gouvernements fédéral, provincial et municipal. Ces événements font non seulement connaître le Québec au reste du monde, mais permettent également aux Québécois de s'ouvrir à la diversité.

92 La Grande Bibliothèque

À sa création, en 1967, la Bibliothèque nationale du Québec (BNQ) s'installe dans l'édifice Saint-Sulpice, rue Saint-Denis à Montréal. En 2004, les collections de la BNQ et celles de la Bibliothèque centrale de la Ville de Montréal sont fusionnées et déménagent dans un nouvel édifice qui ouvre ses portes en 2005 : la Grande Bibliothèque. Celle-ci compte aujourd'hui plus de quatre millions de documents. Tous les Québécois peuvent en être membres.

93 Le Théâtre Centaur

Le Théâtre Centaur, fondé en 1969, est la plus importante compagnie de théâtre anglophone du Québec. Il est installé dans l'ancien édifice patrimonial de la Bourse, situé dans le Vieux-Montréal. Comme toutes les compagnies de théâtre de la province, il bénéficie de subventions qui lui permettent de poursuivre ses activités année après année.

● Pourquoi, selon vous, des institutions comme la Grande Bibliothèque sont-elles importantes pour une société ?

PISTES d'interprétation CD 2

1. Dans quels domaines l'État intervient-il après 1960 ?
2. Comment l'État intervient-il ?

Question bilan

3. Quelles sont les conséquences de l'interventionnisme de l'État dans ces domaines ?

Les nationalismes, de 1950 à 1995

Dans la **seconde moitié du XXe siècle**, le contexte sociopolitique donne lieu à l'expression de différents nationalismes québécois et canadien, ainsi qu'à l'affirmation des Autochtones, qui cherchent eux aussi à faire valoir leur conception de la nation.

Les nationalismes indépendantistes et canadien

À partir des **années 1960**, un nouveau nationalisme émerge. Il associe l'idée de nation au territoire du Québec et se manifeste sous différentes formes.

Le Rassemblement pour l'indépendance nationale (RIN), fondé en 1960, fait la promotion de ce nationalisme. Il rassemble surtout des intellectuels et des artistes qui militent en faveur de l'indépendance de la province. Le RIN s'inspire des mouvements de décolonisation qui ont cours dans les années 1960 en Afrique et en Amérique latine, notamment. Il affirme que les Canadiens français ont été colonisés par la Grande-Bretagne et que seule l'indépendance permettrait de les libérer du colonialisme. Le RIN, dont les membres sont partisans du laïcisme, fait de la langue et de la culture françaises les principales caractéristiques de la nation. S'inspirant aussi du socialisme, il soutient que le gouvernement d'un Québec indépendant devrait intervenir afin de contrôler l'économie et d'assurer une répartition équitable des richesses, mais sans pour autant abolir l'entreprise privée.

Le RIN se constitue bientôt en parti politique, et remporte 5,6 % des voix aux élections de 1966. Toutefois, l'année suivante, René Lévesque fonde le Mouvement souveraineté-association. Plus modérés que le RIN, les partisans indépendantistes du Mouvement souveraineté-association parviennent à gagner un plus grand nombre d'appuis. Dans un manifeste intitulé *Option Québec*, René Lévesque présente les principales idées qui guident ce Mouvement.

Contrairement aux partisans du RIN, les partisans du Mouvement souveraineté-association ne perçoivent pas l'indépendance du Québec comme une libération de la tutelle étrangère et ils ne font pas la promotion du socialisme. Pour eux, l'indépendance du Québec doit permettre de défendre les intérêts économiques, culturels et politiques de la nation canadienne-française qu'ils définissent par sa langue et ses origines françaises. Dans cette optique, les partisans du Mouvement souveraineté-association sont d'avis que l'indépendance politique du Québec doit aller de pair avec le maintien d'un partenariat économique étroit avec le Canada plutôt qu'avec l'instauration du socialisme.

En **1968**, le mouvement souveraineté-association parvient à rallier la majorité des membres du RIN, qui met fin à ses activités la même année. Il rassemble également d'autres indépendantistes, afin de constituer un parti politique : le Parti québécois (PQ). Le parti prend le pouvoir en **1976**. Entre autres choses, il organise deux référendums afin d'obtenir de la population de la province l'autorisation de négocier l'indépendance du Québec avec le gouvernement du Canada. Le 20 mai 1980, 59,44 % de la population refuse d'accorder ce mandat au PQ. Lors du second référendum qui a lieu le 30 octobre 1995, 50,58 % de la population exprime le même refus.

Lieu de *mémoire*

Les boîtes à chansons

Les boîtes à chansons sont de petites salles de spectacle qui ouvrent leurs portes dans les années 1950. Ces endroits deviennent rapidement les lieux d'expression de chansonniers nationalistes partisans de l'indépendance du Québec, tels Gilles Vigneault, Claude Gauthier et Félix Leclerc.

La Butte à Mathieu, à Val-David, en 1964.

D'autres indépendantistes souhaitent des changements plus radicaux. Ils choisissent de faire entendre leur voix autrement que par la création d'un parti. C'est le cas des militants qui, à partir de 1963, se joignent au Front de libération du Québec (FLQ). Tout comme le RIN, le FLQ adopte un discours anticolonialiste et socialiste. Cependant, les membres du FLQ croient que seule la lutte armée permettra aux Québécois d'obtenir l'indépendance.

À l'occasion des deux référendums, un autre type de nationalisme s'exprime : le nationalisme canadien. Les nationalistes canadiens associent la nation au territoire du Canada. Ils considèrent cette nation comme étant constituée des Canadiens d'origine britannique et des Canadiens d'origine française. Le biculturalisme et le bilinguisme sont pour eux caractéristiques de l'identité de la nation canadienne. Pierre Elliott Trudeau, ancien collaborateur de *Cité libre* et premier ministre du Canada de 1968 à 1979, puis de 1980 à 1984, est l'un des principaux défenseurs de ce nationalisme canadien.

Lieu de *mémoire*

Les *Deux solitudes*, de Hugh MacLennan

De nombreuses œuvres en langue anglaise sont publiées à Montréal dans les décennies qui suivent la Seconde Guerre mondiale. Les œuvres des poètes Irving Layton (1912-2006) et Louis Dudek (1918-2001) dominent le paysage littéraire anglophone de la ville. Par ailleurs, l'ouvrage le plus remarqué durant cette période est sans contredit *Two Solitudes*, du romancier Hugh MacLennan. Paru en 1945, le roman dépeint les tensions entre francophones et anglophones du Québec durant l'entre-deux-guerres. Il remporte le prix littéraire du Gouverneur général du Canada. Traduit en français en 1963 sous le titre *Deux solitudes*, l'ouvrage est aussi traduit en d'autres langues, dont l'espagnol. Encore aujourd'hui, l'expression « deux solitudes » est parfois utilisée pour décrire la relation qui existe entre les anglophones et les francophones du Québec.

94 La Fête nationale

Le 23 juin 1976, Claude Léveillée, Yvon Deschamps, Jean-Pierre Ferland, Gilles Vigneault et Robert Charlebois présentent un spectacle sur le mont Royal à Montréal à l'occasion de la Fête nationale devant une foule estimée à plus de 300 000 personnes.

Le français comme caractéristique d'une nouvelle identité nationale

La définition de la nation qui fait son apparition dans les années 1960 fait de la langue et de la culture françaises les caractéristiques de l'identité nationale des Québécois. Cette nouvelle définition mène à l'adoption de diverses mesures et lois visant à assurer la survie du français au Québec.

Durant cette période, de nombreux artistes utilisent leur art pour faire la promotion de la langue française ou celle d'un Québec indépendant et francophone. Dans les années 1960 et 1970, cette affirmation politique passe souvent par l'usage du joual, un français populaire parlé par de nombreux habitants de la province.

L'autochtonisme ou la nation selon les Autochtones

À partir des **années 1970**, les Autochtones cherchent eux aussi à faire valoir leur conception de la nation. Les grands projets hydroélectriques des années 1960 et 1970 prévoient l'inondation de terres nécessaires au maintien d'un mode de vie traditionnel que les Autochtones considèrent comme une caractéristique de leur identité. Cette situation incite les Inuits et les Innus (Montagnais) à se mobiliser et à s'affirmer.

Les Autochtones souhaitent que le Québec et le Canada leur reconnaissent des droits et tiennent compte de leur point de vue, de leurs intérêts et de leurs caractéristiques culturelles. Ils leur demandent de faire preuve d'**autochtonisme**. C'est dans cette optique que le gouvernement provincial signe, en **1975**, la Convention de la Baie-James et du Nord québécois et s'engage à consulter les Inuits et les Innus pour tout ce qui les concerne.

Autochtonisme Attitude consistant à tenir compte des caractéristiques culturelles des Autochtones.

95 Rita Mestokosho

Rita Mestokosho est une poète innue née dans la communauté d'Ekuanishit, sur la Côte-Nord du Québec. Dès l'adolescence, elle commence à écrire de la poésie. Son premier recueil, intitulé *Eshi Uapataman Nukum* (*Comment je vois la vie, grand-maman*), est publié en 1995. Rédigé en français, le recueil qui a pour thème central l'identité innue est diffusé à l'échelle internationale. Par la suite, Rita Mestokosho publie d'autres recueils et s'implique dans sa communauté. De 2001 à 2004, elle siège au Conseil des Innus d'Ekuanishit et travaille à mettre sur pied une maison de la culture dans sa communauté.

96 Une ouverture au dialogue

L'autochtonisme se manifeste également en chansons. La chanteuse québécoise Chloé Sainte-Marie accorde au dialogue entre les cultures une place déterminante dans sa production. C'est pourquoi elle a mis en chansons les textes de poètes québécois, mais aussi autochtones, comme Joséphine Bacon. Cette dernière a participé à l'écriture de la chanson *Mishapan Nitassinan* (*Que notre terre était grande*), constituée d'une énumération des noms de lieux d'origine autochtone qui, de l'Argentine au Grand Nord, marquent la toponymie des Amériques. Sur cette photo, Chloé Sainte-Marie est accompagnée de Joséphine Bacon (à gauche) et de Mme Mackenzie (au centre), une innue qui a collaboré à un vidéoclip de la chanteuse.

PISTES d'interprétation CD 2

1. D'après les nationalistes indépendantistes, qu'est-ce qui constitue les principales caractéristiques de l'identité nationale des Québécois ?

2. À quel espace les indépendantistes québécois s'identifient-ils ?

3. Qu'est-ce qui distingue le RIN, le PQ et le FLQ ?

4. Quel événement constitue un tournant pour l'affirmation autochtone ?

Question bilan

5. Quelle est l'influence des différents types de nationalismes et de l'autochtonisme sur les manifestations culturelles ?

Le féminisme, des années 1960 aux années 1980

Dans les **années 1960 et 1970**, le féminisme s'exprime de différentes façons. Un féminisme réformiste s'affirme de nouveau après 1960. Il est surtout représenté par la Fédération des femmes du Québec (FFQ), fondée par Thérèse Casgrain en 1966, et par l'Association féminine d'éducation et d'action sociale (AFEAS), mise sur pied la même année. Ces groupes féministes revendiquent l'amélioration de la condition des femmes et font pression pour modifier les lois afin d'assurer l'égalité entre les hommes et les femmes sur les plans social, juridique, économique et politique.

D'autres types de féminisme se font entendre au cours de cette période. Ils sont portés par plusieurs groupes autonomes comme le Montreal Women's Liberation Movement (MWLM), créé en 1969, et le Front de libération des femmes (FLF), fondé en 1970. Contrairement aux réformistes, ces groupes revendiquent une transformation en profondeur des structures de la société. C'est pourquoi ils qualifient leur féminisme de radical. Inspirées par le socialisme et par les luttes contre le colonialisme, les féministes radicales considèrent que, à l'exemple des peuples colonisés, les femmes doivent mener une lutte de libération contre l'oppression. Pour cette raison, le FLF milite aussi en faveur de l'indépendance du Québec, qu'il croit indissociable de la libération des femmes.

À la **fin des années 1970 et dans les années 1980**, le féminisme, qu'il soit réformiste ou radical, se diversifie et s'oppose à d'autres facteurs de discrimination. La lutte contre la discrimination basée sur la couleur, l'orientation sexuelle, l'âge, l'aspect ou les aptitudes physiques ainsi que la lutte contre la pauvreté sont parmi les causes que défendent un nombre grandissant de féministes.

97 *Les fées ont soif*, de Denise Boucher

Le féminisme est au centre de plusieurs productions culturelles des années 1960 et 1970. *Les fées ont soif*, une pièce de théâtre féministe écrite par Denise Boucher et présentée au Théâtre du Nouveau Monde (TNM) en 1978, met en scène une mère, une prostituée et une sainte. Cette dernière est représentée sous la forme d'une statue qui rappelle la Vierge Marie et les saintes de l'Église catholique. Ces personnages évoquent trois stéréotypes féminins dénoncés par Boucher et par d'autres féministes. La pièce de Boucher choque. Des groupes de catholiques manifestent devant le Théâtre du Nouveau Monde afin de faire interdire la pièce, et le Conseil des arts de la région métropolitaine refuse d'en financer la production.

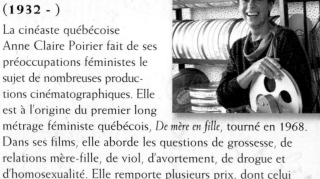

Portrait

Anne Claire Poirier
(1932 -)

La cinéaste québécoise Anne Claire Poirier fait de ses préoccupations féministes le sujet de nombreuses productions cinématographiques. Elle est à l'origine du premier long métrage féministe québécois, *De mère en fille*, tourné en 1968. Dans ses films, elle aborde les questions de grossesse, de relations mère-fille, de viol, d'avortement, de drogue et d'homosexualité. Elle remporte plusieurs prix, dont celui de la Gouverneure générale du Canada pour les arts de la scène, en 2001, ainsi que le prix Jutra-Hommage, en 2002.

PISTES d'interprétation CD 2

1. De quelles façons le féminisme se manifeste-t-il après 1960?

2. Qu'est-ce qui distingue les différentes formes de féminisme?

3. Qu'advient-il du féminisme dans les années 1980?

Question bilan

4. Quelle est l'influence du féminisme sur les manifestations culturelles entre 1960 et 1980?

De nouveaux mouvements de pensée

Dans les **années 1980 et 1990**, de nouveaux enjeux viennent se greffer à ceux soulevés par le nationalisme et par les revendications autochtones et féministes. En réaction aux bouleversements de l'économie, au désengagement de l'État ainsi qu'aux innovations technologiques qui transforment le monde des communications, de nouveaux mouvements de pensée émergent.

Un nouveau type de libéralisme, le **néolibéralisme**, voit le jour. Le néolibéralisme constitue une mise à jour des principes du libéralisme qui ont guidé l'industrialisation au XIXe siècle. Au Québec, les partisans du néolibéralisme sont surtout préoccupés par la question de la compétitivité de la province sur la scène économique mondiale.

Plusieurs groupes, tant à l'échelle locale qu'internationale, décident de s'unir afin de réfléchir collectivement aux enjeux liés au néolibéralisme – notamment en ce qui regarde la culture – ainsi qu'aux inégalités engendrées par le capitalisme un peu partout dans le monde. Les altermondialistes, favorables aux échanges culturels, mais aussi économiques, politiques et artistiques, cherchent à mettre en place des moyens visant à assurer que ces échanges se déroulent dans le respect de l'environnement, des identités, des groupes sociaux et culturels, ainsi que dans le respect des droits des individus. Le travail de concertation enclenché par les partisans de l'**altermondialisme** implique la prise en compte, lors des échanges, des particularités culturelles de chacun.

CONCEPTS

Art, identité

Néolibéralisme Idéologie qui fait la promotion du laisser-faire en économie et qui remet en question l'interventionnisme de l'État.

Altermondialisme Mouvement social, politique et culturel qui vise à créer des liens entre les individus à l'échelle mondiale.

Lieu de *mémoire*

Lucide ou solidaire ?

Le 19 octobre 2005, 12 personnalités publiques québécoises, parmi lesquelles l'ancien premier ministre du Québec Lucien Bouchard, signent le *Manifeste pour un Québec lucide*. Les signataires du manifeste s'inquiètent entre autres du déclin démographique des Québécois francophones, de la dette publique et des aptitudes du Québec à faire économiquement concurrence à des pays comme la Chine et l'Inde. Les solutions qu'ils proposent aux problèmes évoqués s'inspirent du néolibéralisme. Ils suggèrent notamment la privatisation de certains services publics et sociaux.

En réaction à ce manifeste, le *Manifeste pour un Québec solidaire* paraît le 1er novembre 2005. Signé par 34 personnes issues pour la plupart des mouvements sociaux, le manifeste remet en question certaines des conclusions du *Manifeste pour un Québec lucide*. Les signataires du *Manifeste pour un Québec solidaire* se prononcent en faveur du maintien de services gratuits, qu'ils estiment être une condition fondamentale du bien-être des Québécois.

Quelques signataires du *Manifeste pour un Québec lucide*, dont Lucien Bouchard.

Une manifestation pour la gratuité scolaire.

PISTES
d'interprétation CD 2

1. Quels mouvements de pensée émergent après 1980 ?

2. Qu'est-ce qui caractérise chacun de ces mouvements ?

Question bilan

3. Quelle est l'influence des mouvements de pensée qui émergent après 1980 sur les manifestations culturelles ?

DÉCODER...

la culture et les mouvements de pensée au Québec, du XVIe au XXIe siècle

Boîte à outils

Interprétez chacun des documents en vous basant sur la méthode appropriée proposée dans la section Boîte à outils, à la page 235 du manuel.

Depuis l'installation des premiers occupants sur le territoire du Québec actuel, la culture s'y manifeste de diverses façons. Les vagues successives d'immigrants ont contribué à façonner la culture québécoise. Les idées et les mouvements de pensée auxquels les différents groupes ont adhéré à chacune des époques ont influencé leurs pratiques et leurs productions culturelles. Aujourd'hui encore, les différentes manifestations culturelles qui caractérisent la culture du Québec sont influencées par les idées qui y circulent.

L'analyse et l'interprétation de plusieurs types de documents vous permettront de mieux comprendre l'influence des idées sur les manifestations culturelles. Pour ce faire, suivez les étapes ci-dessous :

1. Répondez aux questions en lien avec chacun des documents ;
2. Déterminez l'époque à laquelle se rattache chacun des documents ;
3. Relevez, pour chacun des documents, les informations qui vous permettent de constater l'influence des idées sur les manifestations culturelles.

98 Une amulette autochtone

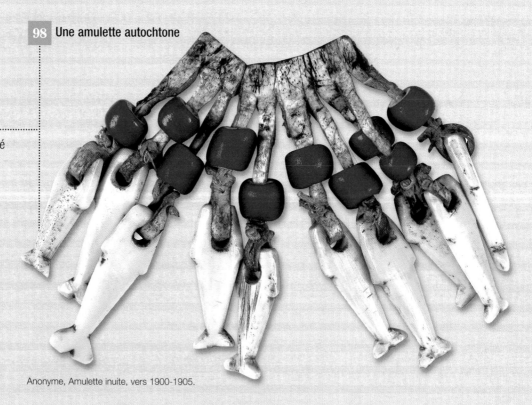

- Quel animal est représenté sur cette amulette ?
- Combien de fois l'animal est-il représenté ? Pourquoi, selon vous ?
- Qu'est-ce que cette amulette révèle sur la spiritualité des Autochtones ? sur leur rapport à la nature ?
- Comment les croyances des premiers occupants influencent-elles leurs pratiques culturelles ?

Anonyme, Amulette inuite, vers 1900-1905.

Attribué à Claude François dit frère Luc, *La France apportant la foi aux Hurons*, 1671.

- Quels symboles porte le personnage qui est debout au centre du tableau ? Que représente ce personnage ?

- Que représente le tableau que tient ce personnage ? Vers où le personnage pointe-t-il le doigt ?

- Que représente le personnage qui se tient à genoux devant le tableau ?

- Quelle influence l'absolutisme et le christianisme ont-ils en Nouvelle-France ?

« Concitoyens,

Quand un peuple se trouve invariablement en butte à une suite d'oppressions systématiques, malgré ses vœux exprimés, de toutes les manières reconnues par l'usage constitutionnel, par des assemblées populaires et par ses représentans [sic] en parlement après mûres réflexions ; quand ses gouvernans [sic], au lieu de redresser les maux divers qu'ils ont eux-mêmes produits par leur mauvais gouvernement, ont solennellement enregistré et proclamé leur coupable détermination de saper et de renverser jusqu'aux fondations de la liberté civile, il devient impérieusement du devoir du peuple de se livrer sérieusement à la considération de sa malheureuse position, – des dangers qui l'environnent, – et, par une organisation bien combinée, de faire les arrangemens nécessaires pour conserver intacts leurs droits de citoyens et la dignité d'hommes libres.

Les sages et immortels rédacteurs de la DÉCLARATION DE L'INDÉPENDANCE AMÉRICAINE consignèrent dans ce document les principes sur lesquels seuls sont basés les droits de l'homme, et revendiquèrent et établirent heureusement les institutions et la forme de gouvernement qui seules peuvent assurer permanemment [sic] la prospérité et le bonheur social des habitants de ce continent, dont l'éducation et les mœurs, liées aux circonstances de leur colonisation, demandent un système de gouvernement entièrement dépendant du peuple et qui lui soit directement responsable […]. »

Louis-Joseph Papineau, *La Minerve*, 2 novembre 1837.

- À quel aspect de la vie politique du Bas-Canada le premier paragraphe du texte fait-il référence ?

- À quelle conclusion Papineau arrive-t-il à la fin du premier paragraphe ?

- En tenant compte de cette conclusion et du contenu du deuxième paragraphe, à quel mouvement de pensée Papineau peut-il être associé ?

- Quelle est l'influence de ce mouvement de pensée sur les manifestations culturelles sous le régime britannique ?

101 La croix de chemin

Horatio Walker, *Le calvaire de Saint-Laurent*, 1923.

- Bien que créé en 1923, ce tableau représente une scène qui se déroule sous le régime britannique. Que représente-t-il?
- À quel mouvement de pensée fait-il référence?
- Quels éléments du tableau vous permettent d'associer celui-ci à ce mouvement de pensée?
- Quelle est l'influence de ce mouvement de pensée sur les manifestations culturelles sous le régime britannique?

102 Le droit de vote des femmes

Arthur Lemay, « Quand maman votera », *Almanach de la langue française*, 1929.

- Que représente cette caricature?
- Qu'est-ce que cette caricature tourne en dérision?
- Dans quel contexte historique cette caricature s'inscrit-elle?
- Quelle est l'influence du féminisme sur les manifestations culturelles de cette époque?

103 Le nombre de prêtres ordonnés annuellement au Québec

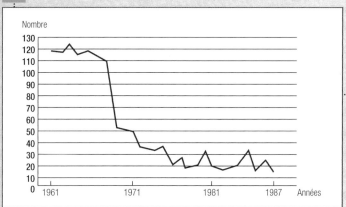

John A. Dickinson et Brian Young, *Brève histoire socio-économique du Québec*, Les éditions du Septentrion, 2003.

- D'après le graphique, quelle décennie constitue un point de rupture?
- Quels événements politiques, sociaux et culturels expliquent cette rupture?
- Quelles idées circulent au cours de cette décennie?
- Quelle est l'influence de ces idées sur les manifestations culturelles de 1960 à 1987?

104 Plus rien

« Mais moi je n'ai vu qu'une planète désolante
Paysages lunaires et chaleur suffocante
Et tous mes amis mourir par la soif ou la faim
Comme tombent les mouches […]

Tout ça a commencé il y a plusieurs années
Alors que mes ancêtres étaient obnubilés
Par des bouts de papier que l'on appelait argent
Qui rendaient certains hommes vraiment riches et puissants

Et ces nouveaux dieux ne reculant devant rien
Étaient prêts à tout pour arriver à leurs fins
Pour s'enrichir encore ils ont rasé la terre
Pollué l'air ambiant et tari les rivières

Mais au bout de cent ans des gens se sont levés
Et les ont avertis qu'il fallait tout stopper
Mais ils n'ont pas compris cette sage prophétie
Ces hommes-là ne parlaient qu'en termes de profits »

Les Cowboys fringants, « Plus rien », tiré de l'album *La Grand-Messe*, 2005.

● À quoi les couplets 2 et 3 de la chanson font-ils référence ?

● De quel mouvement de pensée est-il question dans le dernier couplet ?

● Quelle est l'influence des différents mouvements de pensée abordés dans cet extrait sur les manifestations culturelles aujourd'hui ?

Pour mieux comprendre 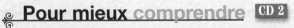 CD 2

1. L'interprétation de ces documents vous a permis de reconnaître l'influence de certaines idées sur les manifestations culturelles à différentes époques. Afin d'approfondir cette question :

   a) Pour chaque période historique, repérez, dans le manuel, d'autres documents qui vous permettent de mieux comprendre l'influence des idées sur les manifestations culturelles.

   b) Pour chaque document trouvé, utilisez l'outil approprié en vous référant, au besoin, à la Boîte à outils.

2. Répondez en quelques lignes à la question suivante :

   Quelle est l'influence des idées sur les manifestations culturelles au Québec depuis 1500 ?

2 AILLEURS, LA CULTURE

Aujourd'hui

Des premiers Autochtones à aujourd'hui, la culture au Québec s'est transformée de façon importante. Les idées et les mouvements de pensée de chaque période de l'histoire ont laissé leur empreinte sur les manifestations culturelles québécoises.

Ailleurs, la République démocratique du Congo a aussi vécu de nombreux bouleversements qui ont marqué sa culture. Imprégnée de traditions anciennes, elle a subi l'influence du colonialisme et se confronte aux idées occidentales. Quelles sont les différences et les ressemblances entre la culture du Québec aujourd'hui et celle de la République démocratique du Congo ?

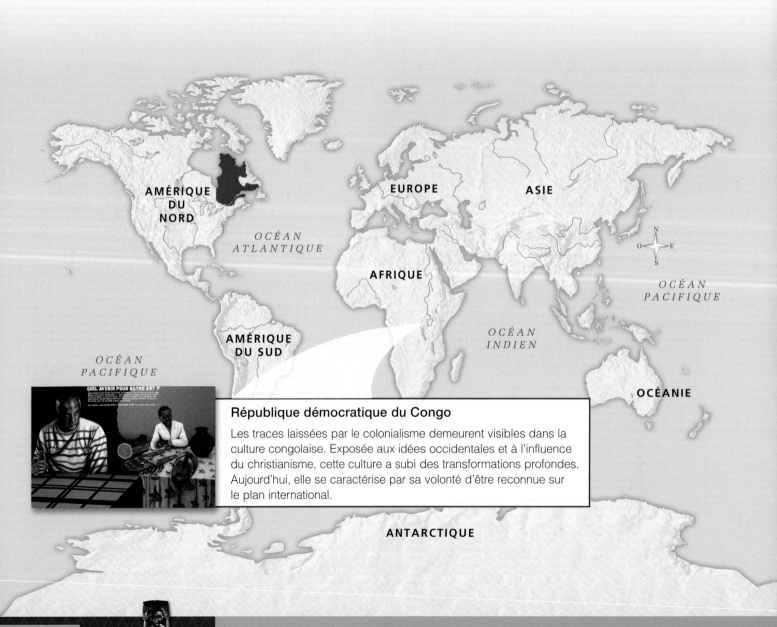

AMÉRIQUE DU NORD

EUROPE

ASIE

OCÉAN ATLANTIQUE

AFRIQUE

N O E S

OCÉAN PACIFIQUE

AMÉRIQUE DU SUD

OCÉAN INDIEN

OCÉAN PACIFIQUE

OCÉANIE

République démocratique du Congo

Les traces laissées par le colonialisme demeurent visibles dans la culture congolaise. Exposée aux idées occidentales et à l'influence du christianisme, cette culture a subi des transformations profondes. Aujourd'hui, elle se caractérise par sa volonté d'être reconnue sur le plan international.

ANTARCTIQUE

La République démocratique du Congo

La République démocratique du Congo (RDC), appelée aussi « Congo-Kinshasa », est le plus grand pays d'Afrique, après le Soudan et l'Algérie. En 2006, il comptait 60,5 millions d'habitants. Colonisé par la Belgique au milieu du XIXᵉ siècle, le pays a obtenu son indépendance en 1960. Après avoir été transformée pendant la période coloniale, la culture traditionnelle congolaise est de nouveau encouragée depuis l'indépendance du pays. Parallèlement émerge une culture contemporaine, dans laquelle transparaissent des traces du colonialisme et l'influence de l'Occident.

Quelles idées imprègnent la culture de la République démocratique du Congo ? **CD 2**

Le Congo d'hier à aujourd'hui

Jusqu'au XVᵉ siècle, le bassin du Congo est formé de plusieurs royaumes. Les Portugais arrivent dans la région en 1482. Ils y introduisent le christianisme, bouleversent l'équilibre politique et encouragent la traite des Noirs, dont sont victimes les populations locales. Les luttes entre royaumes s'accentuent alors jusqu'au milieu du XIXᵉ siècle, époque où les puissances européennes prennent possession de ce vaste territoire. Les puissances coloniales justifient cette prise de possession par la nécessité de mettre fin à l'esclavage et d'ouvrir les terres méconnues du Congo au monde moderne. En 1878 et 1879, le journaliste d'origine britannique Henry Morton Stanley explore la région pour le compte du roi Léopold II de Belgique. Celui-ci prend possession du territoire en tant que propriété et colonie personnelle, en 1884 et 1885. En 1908, le roi remet la colonie privée à la Belgique : la colonie du Congo belge est née. Doté d'une administration coloniale et d'une présence missionnaire importantes, le Congo devient une colonie puissante.

Comme de nombreux autres pays d'Afrique, le Congo obtient son indépendance après la Seconde Guerre mondiale, soit en 1960. La situation politique est toutefois très instable, jusqu'au coup d'État militaire de Joseph Mobutu, le 24 novembre 1965. Mobutu instaure une **dictature** et demeure au pouvoir jusqu'en 1997, année où son gouvernement est renversé par Laurent-Désiré Kabila. Ce dernier promet des élections mais, dans les faits, la dictature se poursuit. Assassiné en 2001, Kabila est remplacé par son fils Joseph, qui maintient une politique dictatoriale.

CONCEPT

Identité

Dictature Régime politique dans lequel une personne, un parti ou un groupe s'attribue arbitrairement tous les pouvoirs. Dans une dictature, la critique publique n'est pas tolérée.

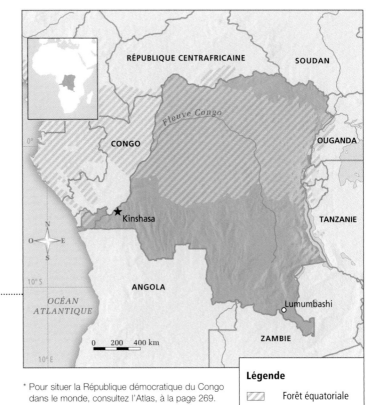

105 La République démocratique du Congo

La République démocratique du Congo fait partie des pays d'Afrique centrale. Il ne faut pas la confondre avec un de ses pays voisins, le Congo, aussi appelé « Congo-Brazzaville ».

* Pour situer la République démocratique du Congo dans le monde, consultez l'Atlas, à la page 269.

Légende

Forêt équatoriale

Une culture faite de tradition

La République démocratique du Congo compte plus de 200 ethnies. La majorité de la population (80 %), d'origine bantoue, est regroupée au sein de trois groupes principaux : les Lubas, les Mongos et les Kôngos. Même si la langue officielle demeure le français, imposé à l'époque par les colonisateurs belges, les Congolais lui préfèrent les quatre langues nationales, soit le swahili, le lingala, le kikongo et le tshiluba.

La culture congolaise est l'héritière de traditions anciennes, propres à chacun des groupes culturels installés sur le territoire du bassin du Congo avant l'arrivée des Européens. L'art de ces différents groupes compte trois caractéristiques communes. Premièrement, leur principale forme d'expression artistique est la sculpture, le bois sculpté étant l'un des matériaux qui résistent le mieux au passage du temps. Deuxièmement, l'art est essentiellement religieux : l'objet **fétiche** sert à perpétuer des rites initiatiques, à célébrer la mémoire d'un ancêtre ou à éloigner les mauvais esprits. Troisièmement, puisque le pouvoir « magique » de l'œuvre importe plus que sa matérialité, l'artiste n'est pas nécessairement reconnu pour son travail. C'est pourquoi peu d'œuvres traditionnelles sont signées, contrairement à la coutume qui a cours en Occident. Par ailleurs, ces caractéristiques communes n'ont pas empêché l'émergence de styles locaux : ainsi, les statues kôngos sont très réalistes ; celles des Lubas représentent essentiellement des femmes ; l'art mangbetu, quant à lui, est reconnu pour sa symétrie et le style élancé de ses têtes de femmes.

Fétiche Objet qui, selon certaines croyances, aurait des pouvoirs magiques.

106 Un tabouret luba

Anonyme, XIXᵉ siècle.

Un Pygmée aka
Les Pygmées akas font partie du patrimoine mondial immatériel de l'Unesco.

Lieu de *mémoire*

Les Pygmées : un exemple de culture traditionnelle

Il existe encore des groupes dont la culture demeure relativement imperméable aux influences extérieures, tels les Pygmées (les premiers habitants du Congo), qui vivent en Afrique centrale. Le Congo-Kinshasa abrite entre autres les Pygmées bambutis, les Akas et les Twas. La plupart de ces groupes sont installés dans la forêt équatoriale, située dans le nord du pays, et ils en sortent rarement. Les Pygmées sont en effet encore régulièrement victimes de racisme dans les centres urbains. Ils ont remplacé leurs arcs et leurs flèches par des fusils et ils portent désormais certains vêtements occidentaux. Toutefois, leur manière de vivre continue de refléter leur connaissance profonde de la faune et de la flore qui les entourent. Par exemple, ils se servent de racines pour soigner les morsures de serpent et savent tirer profit des lianes qui, une fois coupées, leur procurent de l'eau.

curiosité

Les nkisis

Les nkisis ou nkondis, de l'ancien royaume Kôngo, sont des statuettes magiques qui incarnent les esprits de la nature. Placées sous la responsabilité d'un prêtre féticheur, ces statues permettraient de résoudre des problèmes, d'obtenir une guérison ou encore, d'éloigner un esprit malfaisant. Chaque clou planté dans le nkisi témoigne de la résolution d'un conflit. Les grandes narines du chien-médium aideraient l'animal à repérer les mauvais esprits et la cloche suspendue à son cou, permet au prêtre de retrouver l'animal dans l'obscurité du monde des esprits. Quant à sa langue pendante, elle lui permet d'évacuer les éléments impurs qu'il aurait pu absorber dans sa lutte contre le mal.

L'influence des idées occidentales

La culture traditionnelle congolaise, très appréciée des amateurs d'art occidentaux, constitue un patrimoine important. Toutefois, parallèlement à cette culture ancestrale se développe, depuis les années 1960, un art contemporain influencé par le passé colonial du pays, le christianisme et les idées occidentales.

L'influence du colonialisme : deux points de vue

La colonisation belge a profondément marqué la culture congolaise. Certains ont tenté d'évacuer cette époque douloureuse en privilégiant la culture ancestrale, qu'ils considèrent comme «authentique». D'autres ont choisi de rendre compte des effets négatifs de cette période sur la culture et l'identité congolaises.

La culture dite « authentique »

À partir du milieu des années 1960, le président Mobutu met en place une politique d'«authenticité». Selon lui, les valeurs occidentales doivent être remplacées par ce qu'il considère comme la véritable culture congolaise. Ces transformations se reflètent notamment dans la toponymie. Ainsi, en 1971, le pays prend le nom de Zaïre et les principales villes sont renommées : Léopoldville devient Kinshasa, Élizabethville devient Lumumbashi, etc. Les prénoms d'origine africaine sont désormais obligatoires alors que les langues nationales, soit le swahili, le lingala, le kikongo et le tshiluba, sont de nouveau enseignées à l'école primaire. Cette politique a toutefois peu d'effets sur la culture et l'identité congolaises. Lorsque Laurent-Désiré Kabila prend le pouvoir en 1997, il élimine ces mesures. Il fait du Zaïre la République démocratique du Congo et transforme le drapeau, qui redevient, à quelques détails près, celui du Congo au temps de Léopold II.

Le rappel du passé

L'identité et la culture congolaises sont marquées par le passé colonial du pays. De nombreux peintres rappellent dans leurs œuvres cette période funeste de leur histoire. Les toiles de Tshibumba Kanda Matulu sont particulièrement représentatives de ce courant.

107 Joseph-Désiré Mobutu

Dans sa volonté d'authenticité, Joseph-Désiré Mobutu se fait appeler *Mobutu Sese Seko Kuku Ngbendu Waza Banga*, c'est-à-dire «guerrier qui va de victoire en victoire sans que personne ne puisse l'arrêter».

Tshibumba Kanda Matulu, *Colonie belge*, 1971 ou 1972.

108 L'art et le colonialisme belge

Un garde noir fouette un compatriote sous le regard du Blanc. Le prisonnier est vêtu de noir et jaune et a les fesses striées de rouge, ces trois couleurs rappelant celles du drapeau belge à l'arrière-plan. Ce tableau de Matulu dénonce aussi implicitement les violences infligées à la population par le régime mobutiste.

109 La répartition des religions en 2008

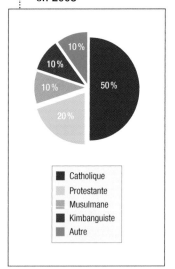

- ■ Catholique
- □ Protestante
- ▨ Musulmane
- ■ Kimbanguiste
- ▩ Autre

D'après CIA, *The 2008 World Factbook* [en ligne], réf. du 17 septembre 2008.

Lieu de *mémoire*

Les petits sorciers de Kinshasa

Kinshasa est la capitale de la République démocratique du Congo. Elle compte aujourd'hui plus de 8 millions d'habitants. Autrefois appelée « Kinshasa la belle », elle est devenue « Kinshasa la poubelle ». Les transports sont quasi inexistants, faute d'essence. La plupart des habitants sont très pauvres et souffrent de malnutrition. De plus, un adulte sur cinq est atteint du sida. Dans cet environnement où les gens survivent plus qu'ils ne vivent, les sectes religieuses se multiplient et la peur traditionnelle des sorciers resurgit. Les enfants, qui constituent un véritable fardeau pour bien des familles, peuvent facilement être accusés de sorcellerie. Quand ils ne sont pas exorcisés de manière très violente, ils se retrouvent à la rue, livrés à eux-mêmes.

L'influence du christianisme

Les colons européens amènent avec eux le christianisme, qui modifie profondément les religions traditionnelles du pays. L'évangélisation chrétienne contribue alors à façonner la culture religieuse congolaise contemporaine de même que son identité.

Avant l'arrivée des colonisateurs, il existe dans le bassin du Congo autant de religions que de sociétés. Contrairement aux religions occidentales, ces religions ne célèbrent pas de dieu unique ni de prophète. Elles vénèrent plutôt plusieurs déesses, démons, esprits, ancêtres qui sont présents partout dans la nature. Selon ces religions, l'être humain, qui fait aussi partie du monde de la nature, doit s'attirer la clémence des différentes divinités au moyen d'offrandes et de sacrifices. La religion imprègne donc tous les gestes du quotidien (chasse, récolte, mariage, etc.). L'arrivée des missionnaires catholiques et protestants, au début du XXe siècle, bouleverse la culture religieuse des Congolais. En effet, les missionnaires manifestent ouvertement leur mépris à l'égard des croyances traditionnelles et n'hésitent pas à détruire ce qu'ils considèrent comme des fétiches. Dès lors, de nouvelles pratiques religieuses, issues de la fusion entre les religions traditionnelles et les modèles occidentaux, font leur apparition.

Aujourd'hui, la religion demeure au cœur de la vie des Congolais. La pratique religieuse est libre et le gouvernement n'impose pas de religion d'État. Les relations entre les différentes congrégations sont plutôt harmonieuses. Elles sont néanmoins perturbées par le retour de certaines croyances traditionnelles et sectaires, conséquence des difficultés économiques et sociales que vit le pays. Il n'est pas rare en effet que des enfants ou des personnes âgées soient accusés d'être de mauvais esprits.

Exemple de fusion entre le christianisme et les cultes traditionnels, l'« Église de Jésus-Christ sur la terre par son envoyé spécial Simon Kimbangu » (EJCSK) est fondée en 1921 par Simon Kimbangu et devient officielle en 1959, sous le régime Mobutu. Elle compterait aujourd'hui près de 4 millions d'adeptes en Afrique centrale. Elle fait de Simon Kimbangu le dieu Saint-Esprit et de Jésus, le rédempteur de l'humanité. Simon Kimbangu, dont le père était un guérisseur, est présenté par ses premiers adeptes comme le dieu capable de guérir les malades et de réveiller les morts.

110 Simon Kimbangu

Fondée par Simon Kimbangu, l'EJCSK est, en 1969, la première Église noire admise au Conseil œcuménique des Églises.

Tshibumba Kanda Matulu, *Simon Kimbangu après sa vision à Kamba*, vers 1970.

L'art congolais et l'Occident

Comme la plupart des pays colonisés, le Congo a été soumis au joug des dirigeants européens, qui méprisaient les formes culturelles traditionnelles et qui ont imposé les leurs. Même si la situation a changé depuis l'indépendance, plusieurs artistes constatent encore que le patrimoine et l'histoire de leur pays ne sont pas reconnus à leur juste valeur par les Occidentaux. Ils n'hésitent donc pas à utiliser leur art pour faire valoir leur opinion devant cette situation.

De nombreux artistes dénoncent dans leurs œuvres la domination de l'Occident dans l'art et le fait que l'Afrique (et l'art africain) soit reléguée au second rang. Ainsi en est-il de l'artiste congolais Chéri Samba. Peintre de la vie moderne de la République démocratique du Congo – et en particulier de Kinshasa, la capitale –, Chéri Samba critique les travers de ses contemporains et traite des problèmes sociaux comme les méfaits du sida et l'état des rues à Kinshasa. Son art aborde également des thèmes identitaires, comme la place de l'Afrique ou de l'art africain dans le monde.

Cette dénonciation est particulièrement évidente dans un triptyque peint en 1997, intitulé *Quel avenir pour notre art?* Le premier tableau montre deux artistes: Picasso et Chéri Samba (en arrière-plan, entouré de masques africains traditionnels). Par cette œuvre, l'artiste rend hommage à l'art traditionnel et rappelle que cet art a inspiré de très grands artistes européens, dont Picasso. Il dénonce également le fait que l'art européen est toujours plus valorisé que l'art africain.

La situation tend toutefois à changer. Même si pendant longtemps l'art traditionnel a été dénigré, il est aujourd'hui reconnu et apprécié. Ainsi, de nombreux collectionneurs occidentaux achètent des sculptures réalisées au Congo.

Cependant, tous n'ont pas les moyens de se procurer des œuvres anciennes. Ils peuvent par contre se procurer des productions plus récentes que les artisans et artistes congolais exécutent pour gagner leur vie. Au Congo, comme dans d'autres pays africains, une nouvelle forme d'art – appelée «art pour touristes» ou «art d'aéroport» – a vu le jour. Ces statuettes vendues à un prix abordable permettent à de nombreux artistes de s'exprimer. Bien que souvent dénigré, l'art pour touristes compte des productions dignes d'être admirées et qui répondent aux goûts de la clientèle occidentale.

Les traces laissées par le colonialisme sont encore visibles dans la culture congolaise. Exposée aux idées occidentales et à l'influence du christianisme, cette culture a subi des transformations profondes. Aujourd'hui, elle se caractérise par le retour des croyances traditionnelles et par sa volonté d'être reconnue sur le plan international.

111 La place de l'art africain

Chéri Samba, *Quel avenir pour notre art?* (1/3), 1997.

PISTES de comparaison CD 2

1. Quelles sont les principales caractéristiques de la culture congolaise?

2. Quelles sont les principales idées qui circulent au Congo?

3. Comment ces idées ont-elles une influence sur la culture congolaise?

4. Vous participez à un voyage culturel au Congo dans le but de créer des liens avec des élèves d'un pays membre de la francophonie. Afin de préparer les échanges culturels qui auront lieu, vous devez faire un résumé des principales ressemblances et différences entre la culture du Québec et celle du Congo aujourd'hui.

AUJOURD'HUI : ENJEUX DE CITOYENNETÉ

La préservation du patrimoine culturel et l'homogénéisation de la culture

Depuis l'arrivée des premiers Autochtones, la culture du Québec s'est considérablement transformée. Des conceptions du monde et des mouvements de pensée ont marqué chacune des périodes de l'histoire. Les manifestations culturelles héritées des périodes précédentes constituent le patrimoine de la société québécoise. Le caractère de ces témoignages du passé est unique.

Pour que les générations futures puissent y avoir accès à leur tour, il importe que ces témoignages soient protégés par des mesures visant leur conservation. Les pratiques et politiques de conservation doivent également tenir compte du fait que certaines des manifestations culturelles actuelles deviendront possiblement, elles aussi, des témoignages du passé. Il convient donc de veiller à ce que ces manifestations laissent des traces qui permettent leur préservation éventuelle.

Un contexte de mondialisation

Homogénéisation Le fait de rendre uniforme.

La mondialisation des échanges fait naître de nouveaux enjeux et constitue un défi pour la préservation de la diversité. Afin d'éviter l'homogénéisation des cultures, il apparaît essentiel de protéger par divers moyens les expressions culturelles locales, régionales ou nationales, et de faire appel à la participation de chacun pour y arriver.

---

112 La langue dans la culture

Le Conseil supérieur de la langue française rappelle l'importance de la langue dans la préservation du patrimoine québécois.

« La langue est porteuse d'identité, de valeurs, d'histoire et de sens. Elle permet la cohésion sociale et favorise le développement d'un sentiment d'appartenance à la collectivité.

Pour nous, Québécois, la langue constitue l'étoffe de ce que nous sommes et de ce que nous voulons être. Elle s'inscrit au cœur de notre identité et doit continuer de le faire, nonobstant les impératifs économiques qui surgissent de toutes parts. À l'échelle de la planète, les langues s'inscrivent au cœur d'un patrimoine culturel où chacune reflète une vision du monde, un système de pensée et des valeurs propres à leur peuple. Rassemblées, elles incarnent la pluralité des identités et des expressions culturelles qu'il nous revient de préserver. »

Christine Fréchette, « Protéger la langue à l'ère de la mondialisation », *Conseil supérieur de la langue française* [en ligne], mars 2007, réf. du 11 juin 2008.

- D'après ce texte, quel est le rôle de la langue dans la culture ?
- Pourquoi est-il essentiel de la préserver ?

113 Relativiser les effets de la mondialisation

En entrevue, Farhang Rajaee, professeur d'université et ancien délégué de l'Iran à l'ONU, insiste sur l'importance de relativiser les effets de la mondialisation sur la culture.

« D'aucuns prétendent que la mondialisation a pour effet […] de rendre la planète homogène, mais vous récusez ce point de vue. Pourquoi ? »

« Pour moi, il s'agit là d'une vision unidimensionnelle de la mondialisation. C'est une conception […] qui simplifie à outrance un phénomène extrêmement complexe. […] Il est intéressant de constater que Coca Cola fait sa marque partout, mais ne réussit pas à s'imposer en Chine. Pourquoi ? Parce qu'il n'arrive pas à y déclasser le thé. Il n'est pas enraciné dans la culture locale. Il en va ainsi de tous les produits mondialisés : à moins de se rattacher d'une façon ou d'une autre à la culture locale, aucun ne pourra y prendre racine. […] Je n'estime donc pas que la mondialisation est synonyme d'homogénéisation. »

« Tête à tête avec Farhang Rajaee », *Bulletin du centre de recherches pour le développement international* [en ligne], 22 février 2001, réf. du 11 juin 2008.

- D'après Farhang Rajaee, la mondialisation n'est pas une menace pour la diversité culturelle. Pourquoi ?

Lors d'un colloque sur les identités culturelles tenu à Paris en 2000, Mauril Bélanger, député d'Ottawa-Vanier, s'est prononcé sur l'homogénéisation de la culture. Il représentait alors la ministre du Patrimoine canadien.

« Nous avons abordé aujourd'hui une question cruciale pour l'avenir de l'humanité : la sauvegarde de nos identités culturelles dans le contexte de la mondialisation. Le Canada est peut-être l'un des pays qui a ressenti le plus tôt et avec le plus d'acuité l'urgence d'agir pour contrer l'homogénéisation culturelle qu'ont entraînés des phénomènes d'envergure planétaire comme la mondialisation et la percée des nouvelles technologies.

Au Canada, on ne peut parler de culture sans mentionner trois réalités :

Premièrement,

nous partageons la plus longue frontière non militarisée au monde avec [...] les États-Unis, une superpuissance mondiale et un géant culturel. [...]

Deuxièmement,

le Canada est l'un des pays les plus ouverts aux cultures étrangères. Les chiffres à cet égard sont éloquents : par exemple, 95 % des films présentés dans nos salles de cinéma sont étrangers.

Troisièmement,

le Canada est une terre d'immigrants. Notre pays est né de la rencontre de trois peuples aux traditions riches et immémoriales, auxquelles se sont ajoutées par la suite presque toutes les grandes cultures du monde. [...]

Dans un marché à ciel ouvert comme le nôtre et de plus en plus dominé par la culture américaine du divertissement, il importe plus que jamais de reconnaître, de mettre en valeur, de protéger et de promouvoir notre identité culturelle. »

Mauril Bélanger, « Les parlements et l'identité culturelle à l'heure de la mondialisation », *Union de la Presse francophone* [en ligne], 12 septembre 2000, réf. du 11 juin 2008.

- Quel constat l'auteur de ce texte fait-il à propos de la culture au Canada ?
- D'après lui, quelle menace la mondialisation économique représente-t-elle pour la culture ?
- Êtes-vous d'accord avec les propos de l'auteur ? Pourquoi ?

La préservation du patrimoine, l'affaire de tous

Dans le contexte de la mondialisation, le gouvernement, les organismes et les citoyens doivent travailler de concert afin de garantir la préservation du patrimoine culturel.

Une nouvelle définition du patrimoine

Le gouvernement du Québec s'inspire des politiques adoptées à l'échelle internationale en ce qui a trait à la préservation de la diversité du patrimoine mondial. Il a notamment adopté une nouvelle définition du patrimoine, telle que proposée par l'Unesco au tournant du XXIe siècle. Selon cette nouvelle définition, le patrimoine culturel d'une société n'est pas uniquement constitué de biens matériels, mais comprend également des représentations, des idées ainsi que des savoirs et des savoir-faire qui ont été partagés par une collectivité à divers moments de son histoire.

Ainsi, la préservation patrimoniale doit viser non seulement les biens matériels que sont par exemple les objets du quotidien, les documents écrits et l'architecture, mais aussi les manifestations culturelles immatérielles telles la langue, les traditions et les idées.

Dans cette optique, le ministère de la Culture, des Communications et de la Condition féminine du Québec lançait en 2008 une vaste consultation publique qui doit mener à l'élaboration d'une loi visant une meilleure protection du patrimoine culturel.

115 Le conteur Jocelyn Bérubé en spectacle

Le Conseil québécois du patrimoine vivant est créé en 1993 dans le but de veiller à la conservation et à la diffusion du patrimoine immatériel ou patrimoine vivant. Ainsi, les techniques et les savoir-faire traditionnels et ancestraux, les musiques, chants et danses folkloriques et traditionnels, de même que les contes et légendes sont considérés comme faisant partie de ce patrimoine culturel immatériel. Le conteur Jocelyn Bérubé contribue, par ses spectacles, à la diffusion du patrimoine immatériel.

116 Habitat 67, monument historique

En 1985, le gouvernement du Québec accordait aux municipalités le pouvoir d'identifier de nouveaux sites patrimoniaux. Il voulait ainsi s'assurer que l'inventaire du patrimoine culturel de la province soit le plus complet possible. C'est dans ce cadre que la Ville de Montréal a déclaré le bâtiment Habitat 67 monument historique en 2007. Construit pendant l'Exposition universelle de 1967, l'édifice constitue un témoin de cet événement majeur.

117 Les lois sur le patrimoine

Au fil des années, le gouvernement du Québec a adopté une série de lois visant à protéger le patrimoine de la province.

Année	Loi	Objectif
1922	Loi relative à la conservation des monuments et des objets d'art ayant un intérêt historique ou artistique	Préserver le patrimoine bâti et matériel de la province
1972	Loi sur les biens culturels	Favoriser la conservation des biens culturels et réglementer la tenue de fouilles archéologiques
1972	Loi sur la qualité de l'environnement	Permettre les grands projets de développement en tenant compte du patrimoine culturel
1979	Loi sur l'aménagement et l'urbanisme	Permettre la planification de l'espace urbain en tenant compte de l'existence de zones patrimoniales
2002	Loi sur la conservation du patrimoine naturel	Permettre la conservation du patrimoine naturel
2006	Loi sur le développement durable	Dans une perspective de développement durable, insister sur la nécessité de reconnaître et de protéger le patrimoine culturel

Des méthodes de conservation appropriées

Comme le patrimoine culturel de la société québécoise se présente sous des formes variées, sa conservation doit faire l'objet d'une action concertée. Au Québec, la conservation des ressources documentaires est assurée essentiellement par les centres d'archives et par la Bibliothèque nationale du Québec. Quant aux collections et archives audiovisuelles, qui nécessitent des techniques de conservation particulières, elles sont conservées à la Cinémathèque québécoise. Du côté des musées, plusieurs se consacrent aux œuvres d'art, alors que d'autres se spécialisent dans la conservation de manifestations culturelles particulières. C'est le cas du site historique maritime de la Pointe-au-Père, qui s'occupe notamment de préserver des artefacts maritimes.

La mise en valeur et la diffusion du patrimoine

Plusieurs des institutions chargées de veiller à la conservation du patrimoine ont aussi pour tâche d'en assurer la mise en valeur et la diffusion auprès du public. Afin d'élargir la diffusion de leurs collections, des musées québécois ont mis en ligne des sites qui présentent de nombreuses pièces et tableaux ainsi que des versions numériques de divers documents qui sont en leur possession. Le recours aux technologies informatiques permet non seulement de préserver le patrimoine culturel, mais également de le faire connaître au public.

Toutefois, ces deux mandats – la diffusion et la conservation – sont parfois difficiles à concilier. Par exemple, l'exposition de certains artefacts très fragiles peut mettre en péril leur conservation. Les citoyens ont donc un important rôle à jouer en agissant de façon responsable, mais aussi en se prononçant au sujet des manifestations culturelles qu'ils souhaitent voir préservées.

118 Un travail précieux

La conservation des œuvres d'art nécessite des techniques et un savoir-faire particuliers, comme en témoigne le travail de restauration de cette sculpture.

119 Quand le nom d'une avenue soulève la controverse

En 2006, le conseil de la Ville de Montréal a pris la décision de renommer l'avenue du Parc « avenue Robert-Bourassa », en l'honneur de celui qui a été premier ministre du Québec. Devant les protestations de nombreux citoyens, le projet a finalement été abandonné.

« Un front commun d'organismes et de citoyens préoccupés par le patrimoine a déposé une demande à la CTQ [Commission de toponymie du Québec] afin que celle-ci n'officialise pas le changement de nom de la rue de Bleury et de l'avenue du Parc pour celui d'avenue Robert-Bourassa. [...]

"L'avenue du Parc porte un nom qui recèle une histoire et s'inscrit dans le tissu profond de notre ville", a déclaré Mme Phyllis Lambert [fondatrice du Centre canadien d'architecture].

"[...] l'adoption de nouveaux toponymes ne doit pas se faire au détriment de toponymes plus anciens et souvent méconnus en raison d'une connaissance déficiente de notre histoire", a signifié Denis Hardy [président du comité du patrimoine et ancien ministre dans le gouvernement Bourassa]. [...]

Cette décision [celle de faire changer le nom de l'avenue] a suscité un tollé, des centaines de résidants se rendant devant l'hôtel de ville pour manifester. »

Geneviève Allard, «La saga de l'avenue du Parc se poursuit», *L'express d'Outremont* [en ligne], 12 décembre 2006, réf. du 11 juin 2008.

● Quel est le principal argument invoqué en faveur du maintien du nom « avenue du Parc » ?

120 Métis-sur-Mer, un beau village du Québec

En 1997, était créée l'Association des plus beaux villages du Québec. Les villages qui en font partie doivent remplir un certain nombre de critères, dont plusieurs relatifs à la qualité de leur patrimoine bâti et de leurs paysages. Les habitants de ces villages ont un rôle important à jouer pour assurer la préservation du caractère patrimonial de leur agglomération.

« En créant cet organisme en août 1998, M. Girardville et ses collègues ont voulu insuffler un sentiment de fierté chez les villageois. Progressivement, le patrimoine est devenu au cours des années 1990 une richesse collective à protéger. [...] L'implication de l'association a sans aucun doute contribué à cette prise de conscience. On constate d'ailleurs que dans les plus beaux villages du Québec, la construction d'horreurs diminue. "Des maires me disent qu'ils ont de moins en moins besoin de contraindre les gens à respecter le patrimoine. Ils le font d'emblée", dit-il. »

Simon Diotte, «Année charnière pour les plus beaux villages du Québec» *Cyberpresse* [en ligne], 3 juin 2008, réf. du 11 juin 2008.

● D'après cet article, quels sont les effets positifs des mesures prises dans le but de préserver le patrimoine ?

PISTES de réflexion citoyenne CD 3

1. Quels moyens le gouvernement du Québec prend-il pour préserver le patrimoine culturel de la province ?
2. Selon vous, quelles manifestations culturelles contemporaines devraient faire partie du patrimoine du Québec ? Pourquoi ?
3. Quels gestes concrets les citoyens du Québec peuvent-ils faire pour faciliter la préservation du patrimoine culturel ?

Débats d'idées CD 3 TIC

1. Comment faire pour concilier mondialisation et patrimoine culturel au Québec ?
2. Est-il possible de s'ouvrir à la diversité culturelle tout en préservant le patrimoine ?

OPTION PROJET

Faites appel au contenu du chapitre pour réaliser l'un des projets suivants.

Projet 1 CD 1 · CD 2 · CD 3 TIC

Un musée qui nous ressemble

Vous êtes conservatrice ou conservateur dans un musée du Québec. Vous avez comme mandat de préparer une exposition ayant pour thème l'influence des idées sur les manifestations culturelles au Québec. Vous devez planifier cette exposition en tenant compte du passé de la province et de sa réalité actuelle.

Les étapes à suivre

1. Afin de choisir les éléments qui seront présentés dans le cadre de votre exposition, faites une recherche qui vous permettra d'identifier :
   a) des idées ou des mouvements de pensée qui ont une influence sur la culture québécoise d'aujourd'hui ;
   b) des idées ou des mouvements de pensée qui ont eu une influence sur la culture québécoise dans le passé.

2. Choisissez deux idées ou mouvements de pensée que vous pouvez associer au régime français, au régime britannique et à la période contemporaine. Une des deux idées que vous aurez choisies pour chaque période doit être encore présente aujourd'hui.

3. Poursuivez votre recherche afin de trouver deux manifestations culturelles (peinture, sculpture, photographie, etc.) qui illustrent chacun de vos choix. Recueillez de l'information sur chacune des manifestations culturelles choisies.

4. Choisissez les manifestations culturelles qui seront présentées dans votre exposition. Pour chaque manifestation culturelle choisie :
   a) Faites-en une description.
   b) Notez l'époque de sa création et le nom de l'auteur.
   c) Précisez le lien entre la manifestation culturelle et une idée qui a marqué une ou des périodes de l'histoire du Québec.
   d) Expliquez pourquoi, selon vous, cette manifestation culturelle représente un aspect du patrimoine du Québec.

5. a) Selon vous, pourquoi est-il important de préserver ces manifestations culturelles ? Justifiez votre point de vue.
   b) Le Québec a-t-il toujours eu le souci de préserver son patrimoine ? Justifiez votre réponse à l'aide d'exemples.

6. Dressez un plan de l'exposition.

7. Inaugurez l'exposition et recueillez les commentaires des visiteurs.

Pavillon Charles-Baillairgé, Musée national des beaux-arts de Québec.

Projet 2 CD 1 • CD 2 • CD 3 TIC

Un patrimoine à sauvegarder

Le Fonds du patrimoine culturel québécois offre des subventions afin de sauvegarder le patrimoine de la province. Soumettez une requête à cet organisme afin d'obtenir des fonds pour préserver un bien ou un élément patrimonial que vous jugez essentiel à conserver pour les générations présentes et futures.

Les étapes à suivre

1. Prenez connaissance des objectifs du programme de subvention du Fonds du patrimoine culturel québécois.

2. Décrivez la place que le patrimoine occupe au Québec.

3. Faites une recherche afin de choisir un élément patrimonial (édifice, objet, lieu, etc.) que vous jugez essentiel à préserver afin que les générations présentes et futures puissent en profiter. L'élément choisi devra respecter les critères suivants :
   • Être relié à l'histoire du Québec ;
   • Témoigner de l'influence d'une idée ou d'un mouvement de pensée sur la culture ;
   • Refléter l'identité québécoise ;
   • Être accessible de nos jours.

4. Justifiez votre choix en expliquant comment il répond aux différents critères.

5. Pour préparer votre demande de subvention, répondez aux questions suivantes :

   • Comment pouvez-vous mettre en valeur l'élément que vous avez choisi ?
   • Dans quel état se trouve cet élément ? Est-il bien conservé ?
   • À qui appartient cet élément, qui en a la responsabilité ?
   • À quoi vous servirait la subvention demandée :
     – L'élément choisi a-t-il besoin d'être restauré ?
     – L'élément choisi est-il suffisamment mis en valeur ?
     – L'élément choisi fait-il déjà partie du patrimoine culturel du Québec ? Si oui, pourquoi cet élément doit-il de nouveau faire l'objet d'une subvention ?
   • Comment allez-vous promouvoir l'élément choisi auprès du public ?
   • Qui aurez-vous à convaincre afin de réaliser votre projet ? Avec qui devrez-vous travailler ?

6. Rédigez votre dossier.

7. Soumettez votre dossier aux instances (municipalité, gouvernement, etc.) concernées.

SYNTHÈSE DU CHAPITRE

La culture des premiers occupants (vers 1500)

L'environnement, les rapports sociaux et la spiritualité

- Les Autochtones respectent l'environnement, qui assure leur subsistance sur le **territoire** et leur procure les ressources essentielles à leur production matérielle.

- Les rapports sociaux chez les Autochtones sont déterminés par des qualités comme l'éloquence et la générosité auxquelles ils attribuent une grande valeur. Pour être nommé chef, un individu doit posséder ces qualités.

- L'animisme des Autochtones détermine leur rapport à l'environnement ainsi que certaines de leurs pratiques. Les Autochtones croient à l'existence des esprits et entrent en contact avec eux par divers moyens, comme la fumée, le rêve et le chamanisme.

La rencontre avec les Européens

- La rencontre avec les Européens transforme la culture matérielle des Autochtones. Ils découvrent de nouveaux matériaux et modifient leurs habitudes vestimentaires et alimentaires.

- La rencontre avec les Européens a des effets démographiques négatifs pour les **sociétés** autochtones.

La culture sous le régime français (1608-1760)

Immigrer au Canada : importations et adaptations

- Les immigrants français importent des techniques, des savoir-faire ainsi que des objets et vêtements qu'ils adaptent aux exigences du climat colonial. Ils adoptent aussi certaines productions matérielles autochtones. Ces transformations vont mener à la naissance d'une nouvelle **identité**.

- Après 1627, les postes font place à des habitations rudimentaires. Au XVIIIe siècle, le confort augmente dans ces habitations.

L'Église catholique

- Au XVIIe siècle, l'Église se donne pour mission de convertir les Amérindiens à la **religion** catholique. Divers ordres religieux ainsi que des dévots laïcs se consacrent aux missions.

- L'Église prend en charge les services sociaux et l'**éducation** dans la colonie.

- L'Église démontre sa grandeur et sa puissance grâce à l'**art** religieux. Elle lègue ainsi un important **patrimoine**.

- Après 1664, le système paroissial permet à l'Église de mieux encadrer les colons. Les paroisses constituent aussi un lieu de rassemblement et de sociabilité pour les colons. Ceux-ci défient parfois les ordres de l'Église, qui cherche à régir leurs comportements ainsi que ceux des élites de la colonie.

L'absolutisme dans la colonie

- L'absolutisme, qui prévaut en France, se manifeste dans la colonie. Avant 1663, le roi de France contrôlait les compagnies à monopole; après 1663, il nomme les gouverneurs et intendants qui le représentent sur le **territoire** de la colonie.

- En vertu du gallicanisme, l'Église de France et le clergé colonial sont soumis au roi de France, qui nomme les évêques.

La culture sous le régime britannique (1760-1867)

Conciliation et collaboration (de 1760 à 1840)

- Après la Conquête, les Britanniques au pouvoir adaptent leur politique à la réalité de la colonie et tentent de s'allier la noblesse et le clergé canadiens. Ceux-ci gagnent la confiance des autorités britanniques en prêchant la collaboration.

Le libéralisme, le nationalisme et le républicanisme (de 1760 à 1830)

- Le changement d'empire coïncide avec la montée du libéralisme dans la colonie. Les libéraux, qu'ils soient d'origine britannique ou canadienne, revendiquent la réforme du système politique colonial. Après 1791, les tensions linguistiques qui s'installent à l'Assemblée législative favorisent le développement d'une presse d'opinion.

- Dans les années 1830, certains des libéraux canadiens se radicalisent et deviennent républicains et nationalistes, ce qui mène aux insurrections de 1837-1838.

L'ultramontanisme, le libéralisme et l'anticléricalisme (après 1840)

- Après 1840, l'influence de l'Église catholique sur la **société** coloniale augmente. À la faveur de l'ultramontanisme, elle cherche à s'ingérer dans toutes les sphères de la vie de la colonie. Elle obtient la mainmise sur l'**éducation** et les services sociaux.

- Autour d'elle s'organise alors un nouveau nationalisme canadien-français : le nationalisme de la survivance. Ce nationalisme fait de la **religion** catholique, de la langue française et de la ruralité les caractéristiques de l'**identité** des Canadiens français.

- Le **patrimoine** canadien s'enrichit de nombreuses œuvres littéraires qui reflètent ce nationalisme conservateur.

- Des libéraux continuent de se faire entendre après 1840. L'Institut Canadien de Montréal constitue leur principal lieu de rassemblement. Ils y expriment notamment leur anticléricalisme et leur nationalisme républicain.

La culture durant la période contemporaine (depuis 1867)

Le capitalisme, le réformisme, le féminisme, le conservatisme et les nationalismes (avant 1950)

- Le capitalisme, l'industrialisation et l'urbanisation ont des répercussions sociales et économiques. Des groupes réformistes cherchent des solutions afin de pallier certains de ces effets négatifs sur la **société**. Les femmes, nombreuses dans ces groupes, doublent leurs revendications réformistes de revendications féministes.

- Une culture de masse se développe dans les premières décennies du XXe siècle. Les habitudes et modes de vie se transforment. L'Église catholique dénonce ces transformations, et continue à promouvoir la tradition.

- Les nationalismes entre 1867 et 1950 ont aussi la survivance pour objectif. Certains éléments contribuent toutefois à les distinguer. Le nationalisme canadien d'Henri Bourassa se structure en opposition à l'impérialisme britannique. Celui de Lionel Groulx fait du Québec l'espace géographique du Canada français. Entre 1920 et 1950, certains nationalistes font la promotion du coopératisme afin de concilier agriculturisme et capitalisme.

Le socialisme, le communisme et le fascisme (entre 1920 et 1940)

- À partir des années 1920, socialistes, communistes et fascistes s'organisent au Canada. Bien que leurs visées soient différentes, ils sont tous mal vus des autorités politiques et font l'objet de répressions.

L'américanisme, l'interventionnisme de l'État, les nationalismes et le féminisme (après 1950)

- Avec la prospérité qui suit la Seconde Guerre mondiale, les habitudes et modes de vie s'américanisent. Ces transformations s'accompagnent d'une montée des critiques du traditionalisme et du cléricalisme. Ces critiques sont surtout portées par des artistes ainsi que par de jeunes intellectuels.

- Après 1960, l'État prend en charge l'**éducation**, les services de santé ainsi que les services sociaux. Il intervient également dans le domaine de la culture afin de favoriser les **arts** et d'assurer la préservation du **patrimoine**.

- Un nationalisme indépendantiste s'exprime sous des formes diverses après 1960. Il fait de la langue et de la culture française les caractéristiques de l'**identité** des Québécois et réclame l'indépendance du territoire du Québec. À ce nationalisme indépendantiste s'oppose un nationalisme canadien, qui conçoit la nation comme étant biculturelle et qui fait du Canada l'espace géographique de cette nation.

- Après 1960, les Autochtones font entendre leur voix et demandent aux gouvernements de faire preuve d'autochtonisme.

- Un féminisme réformiste se manifeste de nouveau dans les années 1960. Parallèlement, un féminisme radical se fait aussi entendre. À partir de la fin des années 1970, les revendications féministes se doublent de revendications visant la réduction d'autres injustices et inégalités sociales.

De nouveaux mouvements de pensée (après 1980)

- Après 1980, un nouveau libéralisme – le néolibéralisme – s'exprime. Il se préoccupe de développement économique et remet en question l'interventionnisme étatique. En réaction, des groupes sociaux demandent le maintien d'un État interventionniste, et cherchent des solutions de rechange au développement capitaliste. Ces groupes se réclament de mouvements de pensée tels que l'écologisme et l'altermondialisme.

> **Aujourd'hui**, les idées dans d'autres sociétés, comme la République démocratique du Congo, ont une influence sur les manifestations culturelles.

ACTIVITÉS DE SYNTHÈSE

1 Le temps des idées `CD 2`

Pour chacune des périodes historiques du chapitre :

a) Dressez un repère temporel sur lequel vous situerez les principaux mouvements de pensée et les idées qui ont marqué le régime français, le régime britannique et la période contemporaine.

b) Ajoutez sur votre repère temporel les principales manifestations culturelles associées à ces idées et mouvements de pensée.

c) Répondez à la question suivante en quelques lignes : Quelle est l'influence des idées sur les manifestations culturelles ?

2 La culture sous toutes ses formes `CD 1 · CD 2`

a) Décrivez chacune des idées ou chacun des mouvements de pensée suivants :
   - Absolutisme
   - Féminisme
   - Libéralisme
   - Animisme
   - Impérialisme
   - Nationalisme
   - Catholicisme
   - Laïcisme
   - Ultramontanisme

b) Associez ces mouvements de pensée à une ou des périodes historiques du Québec.

c) Donnez des exemples de manifestations culturelles associées à chacune de ces idées ou à chacun de ces mouvements de pensée.

d) Ces idées ou mouvements de pensée ont-ils encore une influence dans la société québécoise d'aujourd'hui ? Expliquez votre réponse.

3 Une culture homogène ? `CD 3`

a) Expliquez dans vos mots en quoi consiste l'homogénéisation de la culture.

b) Selon vous, est-ce que l'homogénéisation de la culture représente un enjeu pour la culture québécoise ? Expliquez votre réponse.

4 Des manifestations d'une époque `CD 2`

a) Pour chacune des périodes historiques présentées dans le chapitre, relevez une manifestation culturelle que vous jugez importante (œuvre, objet, élément architectural, etc.).

b) Associez une idée et un concept à chaque manifestation culturelle choisie.

c) Expliquez dans un court texte l'influence de l'idée associée à chaque manifestation culturelle que vous avez choisie.

5 Aux origines de notre culture `CD 1 · CD 2`

a) Trouvez deux idées ou mouvements de pensée qui animent la société québécoise aujourd'hui.

b) Retracez les origines historiques de ces idées ou mouvements de pensée.

c) Pour chaque idée ou mouvement de pensée, précisez s'il y a plus d'éléments de continuité ou plus d'éléments de changement. Expliquez vos réponses.

Claude François dit Frère Luc, *L'Ange gardien*, 1671.

6 Une idée qui perdure CD 1 · CD 2

Observez le document ci-contre et répondez aux questions suivantes :

a) À quelle période historique pouvez-vous associer le document ?

b) À quelle idée pouvez-vous l'associer ?

c) Quelle a été l'influence de cette idée sur la vie quotidienne des habitants ?

d) Cette idée est-elle encore présente de nos jours ? Si oui, quelles sont les traces de cette idée dans la culture québécoise actuelle ?

7 La culture autochtone CD 2

a) Quels sont les principaux traits qui caractérisent la culture autochtone avant l'arrivée des Européens ?

b) Quel est le lien entre la culture autochtone et l'environnement ?

c) Pour chacun des aspects énumérés ci-dessous, donnez des exemples de manifestations culturelles (objets, documents iconographiques, documents écrits, etc.) qui sont reliées aux principales idées ou croyances des Autochtones.
   – Mode de vie (nourriture, habillement, etc.)
   – Coutumes et traditions
   – Croyances et spiritualité

d) Comment la culture autochtone s'est-elle transformée depuis l'arrivée des premiers Européens en Amérique du Nord ?

8 Reconnaître un mouvement de pensée CD 2

Prenez connaissance du document suivant :

> « Lorsque les colonies, nos voisines, s'affranchirent et proclamèrent leur immortelle déclaration des droits de l'homme, elles firent d'éloquents appels aux Canadiens de se joindre à elles. Mais nous n'écoutions alors, comme aujourd'hui, que la voix des prêtres qui recommandaient une soumission absolue à l'autorité. […]
>
> Uni à la noblesse, le clergé conspira l'extinction de tous les germes d'indépendance nationale qui se manifesteraient. Ces deux ordres étaient tenus de servir obséquieusement la métropole, pour que rien ne fût enlevé aux privilèges ecclésiastiques ni aux privilèges féodaux.
>
> Jouissant d'une influence incontestée, d'un ascendant sans bornes sur la population, ils s'en servirent pour enchaîner leur patrie. […]
>
> Pour n'avoir appris que cette phrase sacramentelle mille fois répétée, cet adage traditionnel inscrit partout "Les institutions, la religion, les lois de nos pères", pour n'avoir voulu vivre que de notre passé, nous y sommes restés enfouis, aveugles sur le présent, inconscients de l'avenir. »
>
> Arthur Buies, *La Lanterne*, 1868.

À la suite de votre lecture, répondez aux questions suivantes :

a) À quelle période historique ce document peut-il être associé ?

b) Quel document important l'auteur cite-t-il ?

c) Pourquoi, selon ce document, peut-on qualifier l'auteur d'anticlérical ?

d) En quoi consiste l'anticléricalisme ?

e) Quelle idée, diffusée à la même époque, s'oppose à l'anticléricalisme ?

chapitre 4

POUVOIR ET POUVOIRS

Du XVIIᵉ au XXIᵉ siècle

SOMMAIRE

CONCEPTS

CONCEPT CENTRAL
▶ **Pouvoir**

CONCEPTS PARTICULIERS
▶ Droits
▶ État
▶ Influence
▶ Intérêt
▶ Institution

CONCEPTS COMMUNS
▶ Enjeu, société, territoire

AUJOURD'HUI : TOUR D'HORIZON

Le pouvoir et les pouvoirs au Québec

Le Québec est un État démocratique. Par ses diverses institutions, l'État dispose de l'autorité nécessaire pour administrer la société et en assurer la cohésion. Ses pouvoirs sont reconnus par l'ensemble de la population, qui élit ses représentants politiques à l'Assemblée nationale. Parallèlement au pouvoir de l'État, plusieurs rapports de force s'établissent au sein de la société civile. Certains groupes s'organisent en vue d'influencer les décisions de l'État en fonction de leurs propres besoins et intérêts.

Quelles sont les principales caractéristiques du pouvoir et des pouvoirs au Québec?

Un pouvoir partagé

L'État québécois partage ses pouvoirs avec l'État canadien. En effet, la Constitution canadienne prévoit la répartition des pouvoirs entre le gouvernement central fédéral et les gouvernements provinciaux. Le gouvernement fédéral dispose de certaines compétences qui concernent l'ensemble du pays, tandis que chaque province dispose de compétences qui s'appliquent à son territoire. Ces compétences partagées entre le fédéral et le provincial occasionnent régulièrement des tensions entre les deux paliers de gouvernement. Par exemple, le fédéral a le pouvoir de désavouer une loi provinciale. Ce pouvoir de désaveu démontre que l'État provincial est subordonné à l'État fédéral.

1 La répartition des compétences entre le gouvernement fédéral et les gouvernements provinciaux en vertu de la Constitution de 1867

Compétences du fédéral	Compétences des provinces	Compétences partagées
• Affaires indiennes	• Administration de la justice	• Agriculture
• Commerce	• Droit civil (mariage)	• Développement économique
• Défense et armée	• Éducation	• Immigration
• Droit criminel	• Municipalités	• Pêches
• Monnaie et banques	• Ressources naturelles et matières premières	• Prisons et justice
• Navigation	• Routes et travaux publics	• Transports et communications
• Postes	• Santé	• Travaux publics
• Pouvoir de désavouer une loi provinciale		
• Pouvoirs résiduaires		
• Taxes		

Qu'est-ce qui peut créer des tensions entre le fédéral et le provincial?

Le pouvoir politique du Québec

Dans les sphères de compétences provinciales, le gouvernement du Québec est souverain, c'est-à-dire qu'il prend ses propres décisions politiques dans les domaines où il a le droit de légiférer. Le pouvoir politique est remis à l'État par l'ensemble des citoyens qui s'expriment dans le cadre de divers processus électoraux (élections des députés à l'Assemblée nationale, élections municipales, élections scolaires, etc.). Il comprend trois volets: le pouvoir législatif (faire les lois), le pouvoir exécutif (faire appliquer les lois et administrer la province) et le pouvoir judiciaire (interpréter les lois et régler les litiges).

Afin de gérer le pouvoir, l'État québécois se dote de plusieurs organismes et institutions. Par exemple, les lois qui sont votées par l'Assemblée nationale règlementent la vie en société. Le système judiciaire impose des sanctions à ceux qui ne respectent pas les règles établies par l'État. Les dirigeants qui œuvrent au sein du gouvernement, comme l'ensemble des gouvernés d'ailleurs, sont soumis à des règles et adhèrent à des principes de droit commun. En résumé, le pouvoir est accepté par la majorité, car il garantit la bonne marche de l'État.

Au Québec, la population élit des députés qui la représentent à l'Assemblée nationale.

········● Selon vous, qui détient le pouvoir au Québec?

Des pouvoirs d'influence

Le pouvoir de gouverner, détenu par l'État, est différent du pouvoir d'**influence** qu'exercent certains organismes, entreprises, individus ou groupes d'individus. Les décisions du gouvernement, qui sont le reflet de l'orientation du parti au pouvoir, sont parfois incompatibles avec les intérêts des groupes qui défendent des idées différentes. Ceux-ci cherchent alors à influencer l'État de manière qu'il prenne en compte leurs intérêts particuliers. Pour ce faire, ils utilisent plusieurs moyens (manifestations, mémoires, lettres aux journaux, etc.) afin d'inciter la population à les appuyer. La pression ainsi exercée sur le gouvernement peut amener celui-ci à réviser ses positions.

Influence Capacité ou possibilité de faire modifier un comportement, une position, et ce, sans avoir recours à la violence.

Le pouvoir des médias dans la sphère politique

Les médias sont souvent considérés comme le quatrième pouvoir (après les pouvoirs législatif, exécutif et judiciaire de l'État). Ils peuvent exercer une grande influence sur l'opinion publique. En effet, par leurs reportages et leurs dossiers, ils informent la population tout en donnant de la visibilité aux différents groupes d'influence.

De plus, la diffusion de sondages, par exemple lors d'une campagne électorale, peut influer sur l'opinion publique : les sondages peuvent avantager ou désavantager des partis politiques et des politiciens. Certains s'inquiètent d'ailleurs de l'effet de ces sondages sur le choix des électeurs et sur les décisions des politiciens.

3 L'influence des médias sur les intentions de vote

« Devenus un véritable outil politique, les sondages sont largement utilisés et diffusés dans les médias afin de mesurer des comportements, des intentions et des opinions sur différents sujets. [...] Selon le sociologue Pierre Bourdieu, "il n'y a rien de plus inadéquat pour représenter l'état de l'opinion qu'un pourcentage". Bien que ses propos méritent d'être nuancés, il souligne que certains journalistes minimisent le nombre d'indécis afin de présenter une opinion publique plus claire et définie. Selon Bourdieu, en commettant cette faute, le journaliste sous-entend que les indécis voteront dans les mêmes proportions que les gens ayant choisi un parti. Ensuite, cela surévalue, dans l'esprit du public, les intentions de vote déclarées. Finalement, il note qu'un candidat plus populaire dans les sondages peut avoir un temps de parole plus significatif donc, une meilleure visibilité dans les médias. [...] »

Stéphanie Nadeau, « Mauvaise interprétation des sondages par les médias ? », *Perspective Monde* (Université de Sherbrooke) [en ligne], 25 mars 2007, réf. du 6 octobre 2008.

● Quelle influence les médias exercent-ils sur le pouvoir?

4 La popularité au service des aidants naturels

Certains artistes ou personnages publics se servent parfois de l'attention médiatique pour soutenir une cause ou promouvoir les intérêts d'un groupe. C'est le cas de la comédienne et chanteuse Chloé Sainte-Marie, qui se sert de sa popularité et de la notoriété de son mari, le cinéaste Gilles Carle, pour appuyer la cause des aidants naturels. Il s'agit souvent de membres de la famille d'une personne en perte d'autonomie.

Lobbyiste Personne ou groupe de personnes qui tente d'influencer les instances gouvernementales dans un but précis. Il peut s'agir d'un projet de loi ou encore de l'attribution de permis, de contrats, de subventions, de nominations, etc.

5 Des journalistes se lancent en politique

Le milieu politique est souvent très proche du monde des médias. À preuve, certains journalistes décident parfois de bifurquer vers la scène politique. C'est le cas de deux anciens journalistes de Radio-Canada : Christine Saint-Pierre, devenue ministre de la Culture, de la Communication et de la Condition féminine pour le Parti libéral en 2007, et Bernard Drainville, élu député de la circonscription de Marie-Victorin pour le Parti québécois en 2007.

Les lobbyistes

Certaines personnes choisissent de se regrouper et de concerter leurs actions dans le but d'influencer le gouvernement. C'est ce que font les lobbyistes. Ces derniers peuvent représenter des groupes financiers, des compagnies, des associations, etc. Cette activité est toutefois réglementée. En effet, depuis 2003, tout lobbyiste doit s'inscrire au registre des lobbyistes, administré par le ministère de la Justice du Québec. Cette mesure a pour but de permettre aux citoyens de savoir qui cherche à exercer son influence auprès des institutions publiques, et dans quel intérêt.

6 Une loi sur le lobbyisme au Québec

« 1. Reconnaissant que le lobbyisme constitue un moyen légitime d'accès aux institutions parlementaires, gouvernementales et municipales et qu'il est dans l'intérêt du public que ce dernier puisse savoir qui cherche à exercer une influence auprès de ces institutions, la présente loi a pour objet de rendre transparentes les activités de lobbyisme exercées auprès des titulaires de charges publiques et d'assurer le sain exercice de ces activités. [...] »

QUÉBEC, *Loi sur la transparence et l'éthique en matière de lobbyisme* [en ligne], révisée le 1er août 2008, réf. du 9 octobre 2008.

● Pourquoi est-ce important que la population soit informée des activités des lobbyistes ?

Les pouvoirs de la société civile

Dans toute société démocratique, les citoyens ont le pouvoir de contester l'État. Certains groupes de pression, tels les syndicats, les associations de consommateurs, les grandes entreprises, les organismes communautaires, les chambres de commerce, etc., tentent d'influencer l'État dans le sens de leurs intérêts. Ils exercent ainsi une pression sur le pouvoir politique en lui accordant ou non leur appui ou en mettant en évidence ce qu'ils considèrent comme des incohérences ou des injustices. Ces acteurs de la société civile peuvent influencer les décisions politiques et réguler le pouvoir de l'État. D'ailleurs, au Québec, ce sont les pressions exercées par la société civile qui ont permis l'instauration de nombreux programmes sociaux au cours du XXe siècle.

7 L'influence des syndicats en politique

« Le samedi 3 mars, la Fédération des travailleurs du Québec (FTQ), la plus importante organisation syndicale au Québec, comptant plus de 500 000 membres et organisant la plupart des travailleurs du secteur industriel, a donné son appui au parti indépendantiste provincial, le Parti québécois (PQ), dans les élections québécoises qui auront lieu le 26 mars 2007.

D'autres centrales, telles que la Confédération des syndicats nationaux (CSN), vont appuyer le PQ en demandant, soi-disant pour garder leur indépendance, de ne pas réélire les libéraux. L'appui de la FTQ et des autres centrales syndicales offre une autre démonstration que la bureaucratie syndicale constitue depuis plus de trente ans l'un des principaux piliers du PQ. »

Guy Charron, «Élections 2007 au Québec: la FTQ appuie officiellement le Parti québécois», *Word Socialist Website* [en ligne], 12 mars 2007, réf. du 9 octobre 2008.

● Quelle influence les syndicats exercent-ils sur le pouvoir?

9 Une manifestation comme moyen d'influence

Les manifestations publiques sont un moyen pour la société civile de montrer son désaccord ou d'exercer son pouvoir d'influence face au pouvoir de l'État. Ici, plusieurs familles, travailleurs en garderie et syndicats se regroupent afin de protester contre l'augmentation, annoncée par le gouvernement, de 40 % des frais de garde dans les centres de la petite enfance (CPE).

8 Les multiples pouvoirs de la communauté

« Défense des démunis, développement de l'agriculture biologique, création de logements sociaux… les groupes communautaires du Québec s'activent sur tous les fronts. Au cœur des grands enjeux sociaux de la province, ils sont devenus des acteurs incontournables de la société. Leur force? Une formidable capacité à constituer des réseaux – et, du coup, à mobiliser la population. Hétérogène mais influent, ce mouvement compte quelque 9000 organismes à but non lucratif, coopératives et entreprises d'économie sociale implantés à travers la province. Généralement aussi à l'aise avec les médias que dans les couloirs des ministères, leurs porte-parole sont de véritables stars […]. Leurs revendications passent d'ailleurs rarement inaperçues, pesant régulièrement sur les décisions politiques. […] L'État leur confie d'ailleurs des mandats de services – notamment dans la santé, l'accueil des immigrants ou la protection de la jeunesse. […] Partie intégrante du "modèle québécois", fondé depuis les années 1960 sur la concertation entre les différents acteurs de la société, les organismes communautaires sont des interlocuteurs reconnus des pouvoirs publics. »

Isabelle Grégoire, «Le pouvoir communautaire», *L'Express fr* [en ligne], 13 décembre 2004, réf. du 9 octobre 2008.

● Quelle influence les groupes communautaires exercent-ils sur le pouvoir?

PISTES d'interrogation CD 1 • CD 3

1. Qui exerce le pouvoir au Québec?
2. Quels sont les principaux groupes qui exercent un pouvoir d'influence sur l'État et la société québécoise?
3. Décrivez les liens qui existent entre le pouvoir d'influence détenu par la société civile et le développement social de la province.

1 LE POUVOIR ET LES POUVOIRS AU QUÉBEC

— Du XVIIe au XXIe siècle —

Dans une société, le pouvoir politique est détenu par l'État. Il existe cependant des «pouvoirs» exercés par des groupes d'influence issus de la société civile, qui défendent des intérêts autant publics que privés. Sur le territoire du Québec, depuis le XVIIe siècle, le pouvoir et les pouvoirs ont revêtu différentes formes et ont été en constante interaction.

Sous le régime français, l'État absolutiste ne tolère pas qu'on remette en question l'autorité du roi et de ses représentants. Afin de maintenir l'ordre social, l'État est toutefois amené à partager son pouvoir avec certains groupes sociaux de la colonie. Sous le régime britannique, l'État colonial, qui sert dorénavant les intérêts de la nouvelle métropole, doit tenir compte des demandes des colons – canadiens et britanniques – et des Amérindiens. À la suite de longues luttes et de compromis, la métropole accorde de nouvelles institutions : une Assemblée législative en 1791, puis un gouvernement responsable en 1848. Après la création du Dominion en 1867, le partage des compétences entre le fédéral et les provinces entraîne des négociations incessantes. Par ailleurs, les luttes des Autochtones, des syndicats et des femmes conduisent l'État à intervenir davantage. À partir des années 1960, alors qu'un État providence est mis en place, la démocratisation de la société et l'adoption de chartes des droits et libertés permettent aux groupes d'influence d'exprimer leurs revendications de manière plus ouverte et organisée. Enfin, depuis les années 1990, les effets de la mondialisation poussent différents groupes liés notamment aux mouvements environnementaux ou de justice sociale à tenter d'influencer l'État.

1650　　　　　1700　　　　　1750　　　　　1800

LE RÉGIME FRANÇAIS　　　　　　　　　　　　　**LE RÉGIME**

1608　　　　　　　　　　　　　　　　　　　　　1760

Buste de Louis XIV, 1931

Œuvre de John Williams, *Le raid contre Deerfield*, XVIIIe siècle

Œuvre de George Heriot, *Danse au château Saint-Louis*, 1801

OPTION PROJET

Vous pouvez lire dès maintenant, aux pages 182 et 183, la présentation des projets.

Projet 1 CD 1 • CD 2 • CD 3

Le lobby du pouvoir!

Projet 2 CD 1 • CD 2 • CD 3

Le pouvoir des idées

1850   1900   1950   2000

BRITANNIQUE   **LA PÉRIODE CONTEMPORAINE**

1867

Œuvre de Joseph-Charles Franchère, *Banquet de fondation de la Société Saint-Jean-Baptiste de Montréal en 1834*, 1909

La conférence de Victoria, en 1971

Le premier ministre Jacques Parizeau, lors du référendum de 1995

Le pouvoir sous le régime français

1608-1760

Le pouvoir en Nouvelle-France est distribué de façon très inégale. L'État est absolutiste, c'est-à-dire qu'il ne reconnaît pas d'autorité qui puisse aller à l'encontre de celle du roi et de ses représentants. Théoriquement, le pouvoir de ceux-ci est sans limites.

Même si l'État colonial a son siège à Québec, les intérêts qu'il défend sont ceux du roi de France. Ses actions ont principalement pour but d'accroître la puissance de la métropole par le commerce, la guerre et la diplomatie, et de contrecarrer les empires rivaux, en particulier celui de la Grande-Bretagne. L'État s'efforce aussi de maintenir l'ordre social avec ses inégalités. Dans la poursuite de ces objectifs, il est amené à partager son pouvoir avec certains groupes sociaux de la colonie.

Quelle est la dynamique entre le pouvoir et les groupes qui cherchent à exercer une influence sous le régime français ? CD 2

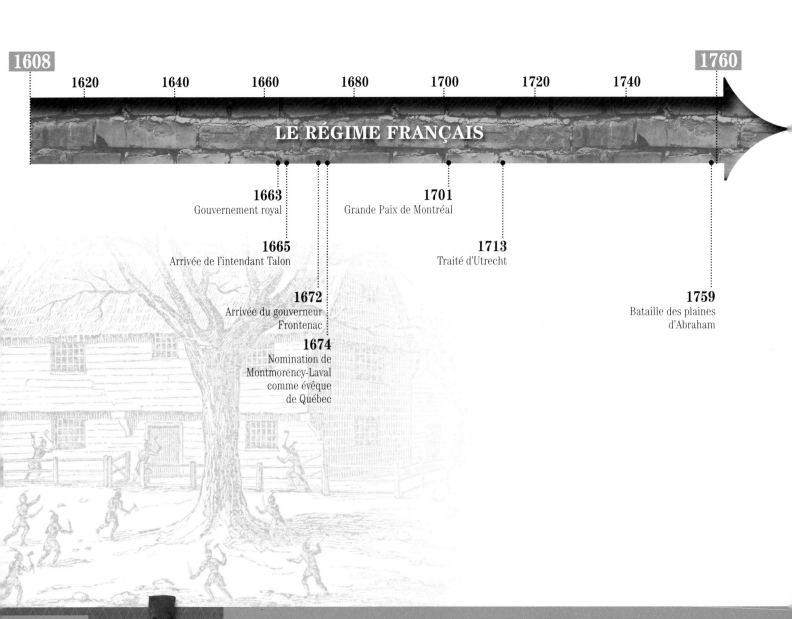

1608 — **1760**

1620   1640   1660   1680   1700   1720   1740

LE RÉGIME FRANÇAIS

1663
Gouvernement royal

1701
Grande Paix de Montréal

1665
Arrivée de l'intendant Talon

1713
Traité d'Utrecht

1672
Arrivée du gouverneur
Frontenac

1759
Bataille des plaines
d'Abraham

1674
Nomination de
Montmorency-Laval
comme évêque
de Québec

Le pouvoir de l'État

Après l'époque des compagnies de commerce (**1608-1663**), la monarchie française reprend le contrôle de ses colonies d'Amérique. Le jeune roi Louis XIV entreprend alors de faire triompher l'absolutisme dans son royaume, y compris outre-mer. De **1663 à 1760**, le Canada vit sous le régime royal. L'État français administre la colonie par l'intermédiaire d'un gouverneur et d'un intendant dont les ressources et les pouvoirs sont très étendus.

L'autorité de la métropole

L'État qui dirige le Canada doit obéir aux directives venues de la métropole. Chaque année, au milieu de l'été, les navires du roi partis de Bordeaux ou de La Rochelle arrivent dans le port de Québec. En plus des salaires des militaires et des fonctionnaires royaux, ils transportent les lettres officielles adressées par le ministre de la Marine au gouverneur général et à l'intendant. Ces lettres contiennent des directives visant tous les aspects de l'administration de la colonie : guerre, **diplomatie**, commerce, justice, etc. En contrepartie, le gouverneur et l'intendant font rapport au roi de leurs activités pour l'année qui vient de s'écouler. Leur correspondance quitte le port de Québec au début de l'automne, juste avant que le fleuve Saint-Laurent ne soit pris par les glaces.

Malgré la distance et l'interruption des communications maritimes six mois par année, les autorités coloniales obéissent aux ordres de la métropole. En effet, le gouverneur et l'intendant sont nommés par le roi et occupent leurs fonctions « selon son bon plaisir ». S'ils se révèlent de mauvais serviteurs, ils seront rappelés en France, et leur carrière dans l'administration royale sera compromise. Les fonctionnaires royaux se sentent donc beaucoup plus redevables envers la métropole qu'envers les habitants de la colonie.

10 **Les colonies de la Nouvelle-France, au XVIIIe siècle**

La Nouvelle-France comprend plusieurs colonies, dont le Canada. L'État a son siège à Québec et dans les autres capitales de la Nouvelle-France.

Légende
- Nouvelle-France
- Colonies britanniques
- Floride (Espagne)

● Quelles sont les colonies de la Nouvelle-France ? Quelle est la capitale de chaque colonie ?

Diplomatie Branche de la politique qui concerne les relations entre les États ou les peuples.

11 **Le régime royal en Nouvelle-France, de 1663 à 1760**

Ce tableau montre l'inauguration du Conseil souverain à Québec, en 1663. La création du Conseil marque la fin de la période des compagnies de fourrures et le début du régime royal. En plus des juges et du procureur général, ce haut tribunal comprend le gouverneur, l'évêque et bientôt l'intendant. Tous sont nommés par le roi pour gouverner la Nouvelle-France en son nom. La toile se trouve à l'Hôtel du Parlement, à Québec.

Charles Huot, *Le Conseil souverain*, vers 1920.

● Qu'est-ce qui indique que le pouvoir émane du roi de France ?

En France, la naissance d'un dauphin (le fils aîné du roi) donne lieu à de grandes célébrations dans tout le royaume, car cette naissance signifie que la succession de la monarchie est assurée. Le 4 septembre 1729, l'épouse du jeune roi Louis XV, la Polonaise Marie Leszczyńska, met au monde un premier garçon. Dans le document suivant, un administrateur colonial décrit au roi les mesures prises par le gouverneur de la Nouvelle-France à la suite de cette nouvelle.

« Le 1ᵉʳ avril 1730, Monsieur le marquis de Beauharnois, gouverneur et lieutenant général pour Sa Majesté en cette Nouvelle-France, eut avis par la Nouvelle-Angleterre de l'heureux accouchement de la reine et de la naissance de Monseigneur le dauphin. Il le fit annoncer au public par une décharge de l'artillerie du château Saint-Louis […] et donna ses ordres pour le faire savoir dans toutes les villes et forts de la colonie. La cathédrale et les communautés [religieuses] l'annoncèrent au son de toutes les cloches et chantèrent le Te Deum. M. le gouverneur général, l'intendant, le Conseil supérieur* […] y assistèrent. Monsieur le gouverneur général donna le soir un grand repas aux dames et à toute la noblesse. On y but les santés de Leurs Majestés et celle de Monseigneur le dauphin. Tous les bourgeois et artisans […] firent la même chose, de sorte qu'une partie de la nuit se passa partout dans les plaisirs et les divertissements. »

* Conseil souverain.

Lettre anonyme jointe à la correspondance du gouverneur et de l'intendant, octobre 1730.

- Combien de temps la nouvelle de la naissance du dauphin met-elle à atteindre Québec ?
- Selon vous, pourquoi la nouvelle passe-t-elle par la Nouvelle-Angleterre pour atteindre Québec ?
- Que fait le gouverneur de la Nouvelle-France en apprenant la naissance du dauphin ?
- Selon vous, pourquoi le gouverneur envoie-t-il un rapport au roi à ce sujet ?

Milicien En Nouvelle-France, colon de sexe masculin âgé de 15 à 60 ans environ et soumis au service militaire non rémunéré, sur simple ordre du gouverneur. Le milicien n'est pas un soldat de métier et il ne fait pas partie de l'armée.

Des pouvoirs très étendus

Pour appliquer les directives du roi et gouverner la société, l'État colonial dispose de pouvoirs très étendus dans les domaines législatif, exécutif et judiciaire.

En matière de lois, le gouverneur général et l'intendant agissent sans avoir à consulter qui que ce soit dans la colonie. L'intendant, qui est responsable de l'économie et des finances, peut par exemple fixer le prix de certaines marchandises et rédiger des ordonnances qui seront ensuite lues et affichées à la porte des églises.

En ce qui regarde le pouvoir exécutif, chacun des deux dirigeants commande à ses subalternes dans les différents districts de la colonie. Ainsi, le gouverneur, qui est responsable de la guerre et de la diplomatie, peut ordonner aux capitaines de milice de chaque paroisse de fournir des **miliciens** pour ériger des fortifications, transporter des munitions ou combattre aux côtés des soldats. Ces services, qui peuvent représenter plusieurs journées de travail par année, ne sont presque jamais payés. L'intendant, de son côté, peut réquisitionner du blé dans les campagnes pour les besoins de l'armée.

Dans le domaine de la justice, le gouverneur et l'intendant dirigent le Conseil souverain, le haut tribunal de la colonie. Ils jouent un rôle dans la nomination des conseillers et siègent eux-mêmes au Conseil. L'intendant supervise également les autres tribunaux de la colonie et peut intervenir directement dans tout procès en cours. Le pouvoir judiciaire n'est donc pas indépendant des autres pouvoirs de l'État colonial.

Critiquer le gouverneur ou l'intendant, représentants du roi en Nouvelle-France, peut conduire à un procès. Les manifestations publiques (contre le prix trop élevé du pain, par exemple) sont aussi réprimées, et les meneurs, arrêtés.

13 L'intendant Talon

Jean Talon est le premier intendant de la Nouvelle-France. Il occupe ses fonctions de 1665 à 1668, puis de 1670 à 1672.

Attribué à Claude François dit frère Luc, *Portrait de Jean Talon*, vers 1671.

Portrait

Pierre de Rigaud de Vaudreuil (1698-1778)

Le marquis de Vaudreuil est le dernier gouverneur général de la Nouvelle-France (1755-1760). Il est aussi le seul à ne pas être né en Europe. Fils du gouverneur général en poste à Québec au début du XVIIIᵉ siècle, Pierre de Rigaud naît dans la capitale canadienne et entreprend une carrière militaire. Nommé gouverneur de Trois-Rivières, puis de la Louisiane (où il possède une plantation et 30 esclaves), il accède au commandement suprême de la Nouvelle-France au début de la guerre de Sept Ans. Après la défaite française sur les plaines d'Abraham (1759), il signe la capitulation générale à Montréal l'année suivante. Le roi Louis XV lui accorde alors la croix de Saint-Louis, une décoration qui vise à honorer les militaires les plus valeureux, ainsi qu'une pension. Vaudreuil prend sa retraite à Paris. Généralement, le gouverneur et l'intendant ne restent dans la colonie que pour une durée de quatre ou cinq ans. Après leur passage à Québec, ils vont poursuivre leur carrière dans la métropole ou ailleurs dans l'empire.

Anonyme, *Pierre de Rigaud, marquis de Vaudreuil*, vers 1750.

---

14 Le pouvoir d'État du Canada sous le régime français, de 1663 à 1760

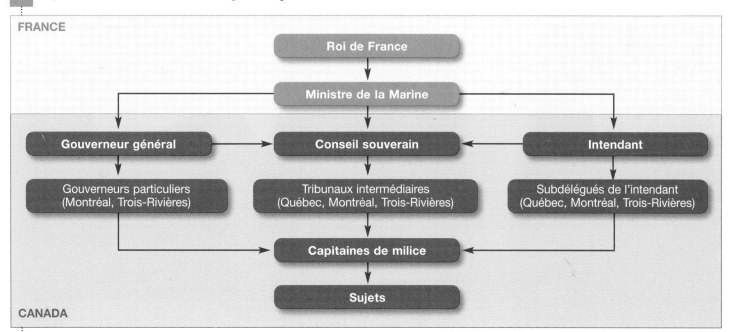

Indique un rapport d'autorité.

- Quelles sont les principales institutions de l'État colonial ?
- Qui détient le plus grand pouvoir sur la colonie ? au sein de la colonie ? Expliquez vos réponses.

PISTES d'interprétation CD 2

1. Qui contrôle l'État colonial ? Comment ce contrôle s'exerce-t-il ?
2. Pourquoi les fonctionnaires royaux se sentent-ils davantage redevables envers la métropole ?
3. Quels sont les pouvoirs de l'État colonial ?
4. Quelle conséquence le fait de critiquer le gouvernement royal entraîne-t-il ?

Des moyens de contrôle

Pour faire appliquer ses décisions et faire respecter son autorité, l'État recourt à trois principaux moyens de contrôle : l'armée, les châtiments exemplaires et les démonstrations publiques de sa puissance. Son objectif est d'intimider la population afin qu'elle ne songe pas à désobéir.

Les troupes de la Marine et le capitaine de milice

L'État colonial appuie son autorité sur une forte présence militaire. De **1683 à 1760**, soit jusqu'à la fin du régime français, le roi entretient dans ses villes et ses forts d'Amérique des troupes de la Marine, composées d'environ 2000 soldats de métier venus d'Europe et souvent commandés par des nobles canadiens. Même si leur rôle premier est de combattre les ennemis aux frontières, ces soldats servent aussi de police dans la colonie. Leur présence intimidante dans les villes décourage les désordres publics, à moins bien sûr que ces désordres ne soient causés par les soldats eux-mêmes, ce qui est fréquent. À la campagne, c'est le capitaine de milice, un habitant d'âge mûr et respecté de la communauté, qui fait appliquer les décisions de l'État.

Lieu de *mémoire*

La présence militaire à Louisbourg

Louisbourg est la capitale de l'île Royale (en Nouvelle-Écosse actuelle). L'île est une colonie fondée par la France après la perte de l'Acadie, en 1713, soit au moment de la signature du traité d'Utrecht. Ce traité met fin à la guerre

Un mortier français

Ce mortier a servi à défendre Louisbourg lors du siège de 1758 par les Britanniques.

entre la Grande-Bretagne et la France. Le rôle de la forteresse de Louisbourg consiste à protéger les activités économiques de la colonie, soit la pêche et le commerce maritime, et à garder l'entrée du golfe du Saint-Laurent. La garnison compte plusieurs centaines de soldats des troupes de la Marine. Ils logent dans des casernes, contrairement aux soldats cantonnés dans les autres villes de la Nouvelle-France (Québec, Montréal), que les colons sont obligés d'héberger gratuitement. Deux fois prise par les Britanniques (1745, 1758) et rasée la seconde fois, Louisbourg a été en partie reconstruite par le gouvernement canadien dans les années 1960.

Les châtiments publics

Afin d'inciter la population à respecter les lois, l'État soumet les criminels à des châtiments corporels publics. Les personnes qui sont reconnues coupables de crimes graves (meurtre, haute trahison, viol, combat en duel, infanticide) sont exhibées en public, un écriteau décrivant leur crime accroché au cou. Elles sont ensuite conduites devant l'église pour y être fouettées ou pendues. Une fois exécutées, certaines personnes sont démembrées ou traînées dans les rues, face contre terre. Même les corps des suicidés sont pendus, le suicide étant considéré comme le « meurtre de soi-même ». Quant aux criminels en fuite, les autorités font brûler une image d'eux en public. Par ces moyens dissuasifs, l'État espère convaincre la population que nul ne peut échapper à la justice du roi.

Le spectacle du pouvoir

L'État exerce aussi un contrôle sur la population en lui faisant voir l'étendue de sa puissance. Le gouverneur, l'intendant et les autres officiers royaux logent dans des édifices imposants, tels le palais de l'intendant et le château Saint-Louis, et ils dépensent des fortunes en vêtements, en meubles et en bals. Tous ces dignitaires se présentent à la messe ou dans les processions religieuses suivant leur rang dans la hiérarchie. Enfin, pour souligner les événements importants, la garnison tire du canon. Ces démonstrations de puissance ont surtout lieu en ville.

15 Un condamné au pilori

« Escroc, fabricateur de fausse loterie et de libelles diffamatoires » : les méfaits du condamné sont exposés à la vue de tous. La réputation des habitants de la Nouvelle-France constitue bien souvent leur principale richesse.

Anonyme, *Le véritable portrait tiré d'après nature, sur la place du Palais-Royal, d'Emmanuel Jean de la Coste, condamné au carcan, à la marque et aux galères à perpétuité, le 28 août 1760*, date inconnue.

16 Les dirigeants de la colonie en déplacement

En février 1753, Louis Franquet, inspecteur des fortifications, accompagne l'intendant qui fait route vers Montréal.

« Il est de M. l'intendant comme du [gouverneur] général : il ne voyage point seul, mais accompagné, pour la décence de son état, d'un nombre d'officiers [et de leurs épouses] qui lui forment une cour. […] De sorte que l'on était 15 personnes, indépendamment du maître d'hôtel, du hoqueton [garde], des cuisiniers et domestiques. »

Louis Franquet, *Voyages et mémoires sur le Canada*, 1753.

- Pourquoi les représentants du roi ne voyagent-ils pas seuls ?
- Selon vous, qui peut être témoin de cette équipée ?

17 Le buste de Louis XIV

À la fin du XVIIe siècle, l'intendant Champigny fait installer un buste en bronze de Louis XIV au milieu de la place Royale, dans la basse-ville de Québec, « pour donner une idée du roi » à ses sujets éloignés. L'œuvre, qui nuit à la circulation sur la Place, est retirée. Le monument aurait été retourné à la France ou encore détruit lors d'un incendie. Le buste actuel a été offert par la France en 1931.

PISTES d'interprétation CD 2

1. Quels sont les trois principaux moyens dont dispose l'État colonial pour imposer son autorité ?
2. Quels sont les objectifs visés par les châtiments publics ?
3. Selon vous, le pouvoir de l'État est-il bien visible pour toute la population de la Nouvelle-France ?

Question bilan

4. Comment l'État exerce-t-il son pouvoir dans la colonie ?

L'État et ses partenaires amérindiens

Pour mener à bien leurs objectifs militaires et diplomatiques, la monarchie française et ses représentants en Nouvelle-France possèdent un atout de premier ordre : l'alliance amérindienne. Cet immense réseau d'accords avec les peuples autochtones se construit graduellement. Il commence au **XVIIe siècle**, avec les Hurons et les Montagnais (Innus), puis s'étend vers le sud et l'ouest, jusqu'à englober, au **XVIIIe siècle**, des dizaines de peuples répartis sur le tiers du territoire de l'Amérique du Nord : Outaouais, Ojibwés, Miamis, Illinois, Chactas, etc.

Autour des Grands Lacs et du fleuve Mississippi, ces alliés commercent avec les marchands de fourrures montréalais et combattent pour la France. De plus, au cœur même des établissements français, les villages de domiciliés fournissent à l'État des guerriers amérindiens pour les expéditions militaires contre les colonies britanniques.

Cependant les alliés amérindiens ne sont pas de simples exécutants des volontés de l'État, car ils ne sont pas des sujets du roi de France. Ils ont leurs propres intérêts et objectifs. Ils imposent leurs manières de faire, traitent d'égal à égal avec les autorités françaises et retirent des bénéfices de leur collaboration. Parce qu'il a besoin d'eux, l'État fait de nombreux compromis pour garder de son côté ce groupe qui cherche à exercer son influence.

La guerre

Dans les nombreuses guerres intercoloniales, la Nouvelle-France emploie une stratégie militaire visant à compenser la faiblesse de sa population. Cette stratégie consiste à lancer des raids contre des établissements isolés des colonies britanniques afin de contraindre l'ennemi à se disperser. La plupart du temps, les alliés amérindiens sont les plus nombreux à participer à ces raids.

Les Amérindiens ont leurs propres intérêts à défendre dans ces attaques. Souvent, ils souhaitent ramener des prisonniers qu'ils adoptent et intègrent à leur communauté pour remplacer leurs défunts. Certains espèrent obtenir une rançon, profiter du pillage ou honorer leur alliance avec la France. D'autres veulent chasser les colons britanniques de leurs terres ancestrales.

18 **Les Amérindiens et les guerres**

Les Amérindiens considèrent les prisonniers comme leur bien. Ils les utilisent en fonction de leur intérêt.

Claude-Louis Desrais, *Sauvage du Canada*, XVIIIe siècle.

Légende

1 Fort français
2 Maison des missionnaires sulpiciens
3 Église
4 Village des Iroquois et des Hurons
5 Cabane du roi
6 Maison des sœurs de la Congrégation Notre-Dame
7 Village des Népissingues
8 Village des Algonquins
9 Place du jeu de crosse

19 **Un village de domiciliés**

En 1732, selon les renseignements transmis à l'État par les Sulpiciens, la mission du Lac-des-Deux-Montagnes, près de Montréal, compte 900 habitants et peut fournir 250 guerriers. En plus des missionnaires et des militaires français, ce village de domiciliés abrite des représentants de plusieurs nations autochtones.

Claude de Beauharnois, *Plan de la mission du Lac-des-Deux-Montagnes* [avec retouches], 1743.

Au cours de ces expéditions militaires, les alliés désobéissent fréquemment aux officiers français qui sont censés les diriger. Gardant à l'esprit leurs intérêts, ils emploient leur propre tactique, appelée la « petite guerre ». Cette forme de guérilla vise à réduire les pertes humaines en privilégiant les attaques-surprises et les embuscades et en évitant d'assiéger des places fortifiées.

Une alliance faite de compromis

Pour entretenir l'alliance, le gouvernement de la Nouvelle-France et les Amérindiens doivent faire d'autres compromis importants. Dans les faits, l'État renonce à soumettre les Amérindiens aux lois françaises. Lorsqu'un Amérindien commet un crime contre un colon, il est arrêté et interrogé par la justice, mais il n'est presque jamais condamné. L'État se plie plutôt aux usages autochtones en permettant que la communauté du criminel verse une compensation à la victime ou à sa famille. Dans les rapports diplomatiques, l'État se conforme également aux coutumes amérindiennes : échanges de présents et de colliers de coquillages (wampums), discours, calumet, etc. Les rencontres se déroulent en langues autochtones, les Français ayant recours à des interprètes. Enfin, ces alliances coûtent annuellement à l'État des dizaines de milliers de livres en présents de toutes sortes : armes, munitions, tissus.

En contrepartie, les alliés amérindiens de la France acceptent de combattre pour elle. Ils renoncent aussi à s'affronter les uns les autres. Lors de la signature de la Grande Paix de Montréal, en **1701**, 40 nations acceptent de considérer dorénavant le roi de France comme leur « père » et permettent au gouverneur général de résoudre leurs querelles. Chaque hiver, le gouverneur se rend donc à Montréal pour arbitrer les conflits ou demander l'aide de ses « enfants » pour aller en guerre.

Lieu de *mémoire*

Le raid contre Deerfield

L'attaque franco-amérindienne menée en 1704 contre le village de Deerfield, au Massachusetts, survient pendant la guerre de succession d'Espagne (1701-1713). Elle est typique des expéditions militaires lancées par la Nouvelle-France contre les colonies britanniques. Partie de Chambly en plein hiver, la troupe des attaquants comprend une cinquantaine de soldats de métier et de volontaires français ainsi qu'environ 250 alliés amérindiens, dont la majorité vient des villages de domiciliés du Saint-Laurent. Les miliciens canadiens ne participent presque jamais à ce genre d'opération. Le 29 février à l'aube, au terme d'une marche de 500 km en raquettes, la troupe surprend le village de Deerfield endormi. Après avoir vaincu la résistance des villageois et tué 40 d'entre eux, les assaillants pillent et incendient des maisons, abattent le bétail et repartent avec plus de 100 prisonniers. Ils atteignent Montréal un mois plus tard. Les prisonniers de Deerfield sont gardés jusqu'à la fin de la guerre, mais 26 d'entre eux choisissent de se convertir au catholicisme et de s'intégrer au Canada, certains du côté des Français, d'autres parmi les Amérindiens domiciliés. Deerfield subit de nouveau l'attaque des Français et de leurs alliés en 1709, puis en 1746.

John Williams, *Le raid contre Deerfield*, XVIIIᵉ siècle.

PISTES d'interprétation — CD 2

1. Pour quelles raisons l'État entretient-il une alliance avec les Amérindiens ?

2. Le pouvoir de l'État s'applique-t-il aux alliés amérindiens ? Expliquez votre réponse.

3. Quels sont les intérêts des Amérindiens à faire alliance avec les autorités coloniales ?

4. Quelles mesures l'État prend-il pour conserver ses alliés amérindiens ?

Question bilan

5. Quelle est la dynamique entre le pouvoir de l'État et les Amérindiens ?

Carême Dans la religion catholique, période de privation d'une durée de 40 jours avant Pâques.

---

20 La soumission de l'Église à l'État

Mgr de Laval prête serment de fidélité à Louis XIV.

« Sire, je, François de Laval, premier évêque de Québec dans la Nouvelle-France, jure le très saint et sacré nom de Dieu, et promets à Votre Majesté que je lui serai tant que je vivrai fidèle sujet et serviteur, que je procurerai son service, et le bien de son État de tout mon pouvoir, et ne me trouverai en aucun conseil, dessein, ni entreprise au préjudice de ceux-là. Et s'il vient quelque chose à ma connaissance, je le ferai savoir à Votre majesté. »

François de Laval, 1674.

● Pourquoi Mgr de Laval jure-t-il d'être fidèle sujet et serviteur du roi ?

La collaboration entre l'État et l'Église catholique

Dans toutes les sociétés occidentales de l'époque, il existe un pouvoir religieux à côté du pouvoir de l'État. En Nouvelle-France, ce pouvoir est exercé par les prêtres de l'Église catholique. L'Église, qui cherche à exercer son influence, et l'État s'appuient mutuellement, ce qui leur permet de se renforcer l'un l'autre et d'assurer le maintien de l'ordre social établi.

Le pouvoir de l'Église

Le pouvoir de l'Église sur les colons s'explique entre autres par sa présence à chacune des étapes importantes de leur vie, notamment par les sacrements du baptême et du mariage. Tant dans les villes que dans les campagnes, la vie sociale est rythmée par les messes dominicales et les fêtes religieuses, ce qui représente au total 87 jours par année durant lesquels il n'est pas permis de travailler. À la messe du dimanche, le curé donne ses instructions aux fidèles. L'enseignement de base et les soins de santé que dispensent les religieux aux colons dans les hôpitaux de Québec et de Montréal contribuent également à renforcer le pouvoir de l'Église sur ceux-ci. Les nombreux privilèges que l'État accorde à l'Église renforcent le pouvoir de celle-ci sur la société.

Premièrement, en faisant du catholicisme la religion officielle du royaume, l'État concède à l'Église catholique un statut de monopole. Le catholicisme est en effet la seule religion permise par la loi, et sa pratique est obligatoire. L'État garantit ce monopole en ne tolérant aucun protestant dans la colonie : ceux qui souhaitent s'établir en Nouvelle-France doivent donc se convertir au catholicisme ou, du moins, faire semblant.

Deuxièmement, l'État distribue chaque année des subventions au clergé, aux missionnaires, aux hôpitaux et aux religieux et religieuses. Il concède aux ordres masculins d'importantes seigneuries le long du fleuve Saint-Laurent, par exemple l'île de Montréal aux Sulpiciens et l'île Jésus (Laval) aux Jésuites. Ces seigneuries comptent parmi les plus riches de la colonie.

Troisièmement, l'État intervient pour faire respecter les obligations religieuses. Des ordonnances du gouvernement fixent le montant de la dîme, c'est-à-dire la portion des récoltes que les colons doivent verser chaque année pour le curé. De plus, les tribunaux royaux veillent à ce que les fêtes religieuses soient respectées par tous, par exemple en obligeant les bouchers à fermer boutique pendant le **carême**.

Tout en renforçant le pouvoir de l'Église, l'État continue de soumettre celle-ci à l'autorité royale en vertu du gallicanisme. Selon cette doctrine, le clergé français est davantage soumis au roi qu'au pape.

21 Les paroisses de la région de Trois-Rivières

Sous le régime français, le Canada compte à peine cinq ou six villages où l'église y est souvent le seul édifice public.

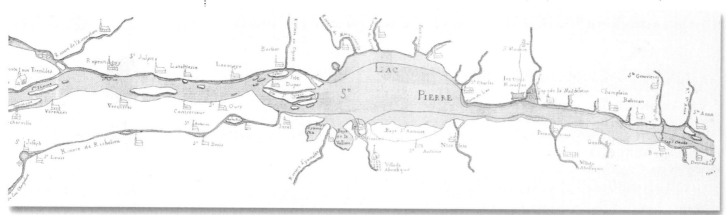

Anonyme, *Carte générale des paroisses et missions établies des deux côtés du fleuve Saint-Laurent* [détail], vers 1760.

L'appui de l'Église aux autorités

Le pouvoir que l'Église exerce sur la société coloniale profite à l'État, parce que l'Église enseigne aux fidèles à accepter leur sort et à obéir aux autorités. Cet esprit de soumission est utile lorsque l'État ordonne aux colons d'entretenir les chemins, de loger des soldats ou de construire une palissade, et ce, sans aucune forme de rémunération. La soumission est encore plus importante en temps de guerre, quand les miliciens, mal entraînés et mal équipés, doivent quitter leur paroisse pour courir au-devant de la mort. Dans ces situations, les curés peuvent profiter de la messe du dimanche pour encourager leurs paroissiens à se soumettre aux ordres du gouverneur. Et lorsque survient une crise (invasion des Britanniques, famine), l'évêque de Québec use de son influence et rédige un mandement pour exiger, encourager ou rassurer.

L'État bénéficie aussi de la présence des religieux chez ses alliés amérindiens. Les missionnaires prêchent le respect de l'alliance franco-amérindienne dans les pays d'en haut et dans les villages de domiciliés. Ils tiennent le gouverneur au courant et participent parfois directement aux négociations diplomatiques.

22 Le catéchisme pour former les esprits

Le catéchisme est un livre qui sert à enseigner les notions de base de la religion. Rédigé par l'évêque dans un langage simple, sous forme de questions et de réponses, il est distribué à tous les curés du diocèse. L'ouvrage comprend deux parties : le *Petit catéchisme*, qui est écrit « en faveur des plus jeunes enfants ou des personnes grossières », et le *Grand catéchisme* qui s'adresse aux « personnes plus avancées dans la connaissance des mystères ». En 1702, Mgr de Saint-Vallier publie le catéchisme de Québec, afin de « voir une manière uniforme d'enseigner la doctrine chrétienne dans tout [son] diocèse ». Il défend aux curés de la Nouvelle-France d'en utiliser d'autres.

• Où est publié le catéchisme du diocèse de Québec ?

• Selon le catéchisme, à qui les chrétiens doivent-ils obéissance ?

« **Grand catéchisme, leçon IX**

– *Quel est le quatrième Commandement de Dieu ?*

– Père et mère tu honoreras, afin que tu vives longtemps. […]

– *Les enfants sont-ils donc obligés d'obéir à leurs pères et mères ?*

– Oui, l'Apôtre dit : enfants, obéissez à vos parents […], car cela est juste.

– *Quels sont les devoirs des serviteurs à l'égard de leurs maîtres ?*

– C'est de leur obéir avec crainte et respect, ne les servant pas seulement lorsqu'ils ont l'œil sur eux, mais avec affection, regardant en eux le Seigneur.

– *Comment doivent se comporter les maîtres à l'égard de leurs serviteurs ?*

– Ils doivent leur témoigner de l'affection, ne les traitant pas avec rudesse et menaces, sachant qu'ils ont les uns et les autres un maître commun dans le Ciel qui n'aura pas d'égard à la condition des personnes.

– *Sommes-nous aussi obligés d'honorer les rois et les princes et de leur obéir ?*

– Oui. Soyez soumis, dit saint Pierre […], à tout homme qui a du pouvoir sur vous, soit aux rois comme aux souverains, soit aux gouverneurs, comme à ceux qui sont envoyés de sa part pour punir ceux qui font mal et traiter favorablement ceux qui font bien.

– *Ne devons-nous pas pareillement le respect et l'honneur aux évêques et autres pasteurs de l'Église ?*

– Oui, saint Paul dit : obéissez à vos pasteurs et soyez-leur soumis, car ils veillent, comme devant rendre compte de vos âmes. »

Jean de la Croix de Saint-Vallier, *Catéchisme du diocèse de Québec*, 1702.

PISTES d'interprétation CD 2

1. De quelle façon l'Église catholique exerce-t-elle son pouvoir sur les colons ?

2. Quel objectif poursuit l'État en recherchant le soutien de l'Église catholique ?

3. Comment l'État renforce-t-il le pouvoir de l'Église ?

4. De quelle manière l'Église appuie-t-elle le pouvoir de l'État ?

Question bilan

5. Quelle est la dynamique entre le pouvoir de l'État et l'Église ?

23 La croix de Saint-Louis

La croix de Saint-Louis est la plus haute distinction militaire conférée à un noble par le roi. Celle-ci aurait été créée entre 1635 et 1715.

La noblesse au service de l'État

En plus d'être appuyée par l'Église catholique, la monarchie française peut compter sur le soutien d'un groupe social particulier : la noblesse. Le rôle des nobles est de servir le roi, que ce soit comme officiers militaires, juges ou hauts fonctionnaires. Les nobles vouent au roi une fidélité absolue. En échange, l'État leur octroie de nombreux privilèges.

En Nouvelle-France, le roi peut compter sur un groupe de nobles qui représente environ 2,5 % de la population à la fin du régime français. Tous les gouverneurs et intendants sont nobles, de même que la plupart des juges du Conseil souverain. Plusieurs familles françaises nobles sont établies au Canada (tels les Legardeur, les Leneuf ou les Lacorne). Les fils de ces familles occupent souvent des postes d'officiers dans les troupes de la Marine. De plus, « pour bien soutenir l'autorité du roi et ses intérêts en toutes choses », comme l'écrit Jean Talon, Louis XIV décide d'anoblir 11 colons qui se sont particulièrement distingués, tels Charles Lemoyne de Longueuil et Pierre Boucher de Boucherville.

Charles Lemoyne fils (1656-1729), premier baron de Longueuil.

Portrait

La famille Lemoyne

Charles Lemoyne père n'est sans doute pas très riche lorsqu'il arrive au Canada en 1641, à l'âge de 15 ans. Mais l'apprentissage de langues autochtones, au cours d'un séjour de quatre ans chez les Hurons comme serviteur des missionnaires jésuites, va lui permettre de se lancer avec succès dans le commerce des fourrures. Avec son associé et beau-frère Jacques Leber, Lemoyne devient le marchand le plus prospère de Montréal. Comme soldat et comme interprète, il rend à l'État de nombreux services. Sur la recommandation de l'intendant Jean Talon, Louis XIV récompense Lemoyne en l'anoblissant, en 1668. En plus d'accumuler les seigneuries, ses 12 fils poursuivent des carrières militaires au service du roi en Nouvelle-France, dans les Antilles ou en France. L'aîné, Charles, est fait baron de Longueuil par le roi en 1700, et devient gouverneur de Trois-Rivières, puis de Montréal. Le troisième, Pierre Lemoyne d'Iberville, qui emmène toujours à la guerre un ou plusieurs de ses frères, multiplie les succès militaires et fonde le premier poste français en Louisiane (Biloxi, 1699).

Louis XIV anoblit Charles Lemoyne père

« Nous avons estimé qu'il était de notre justice de distinguer par des récompenses d'honneur ceux qui se sont le plus signalés [dans la guerre contre les Iroquois], pour exciter les autres à mériter de semblables grâces. [...] Désirant traiter favorablement notre cher et bien aimé Charles Lemoyne, sieur de Longueuil, pour le bon et louable rapport qui nous a été fait des belles actions qu'il a faites dans le pays de Canada [...] par ces présentes [nous] anoblissons et décorons du titre de noblesse le dit Charles Lemoyne [avec] sa femme, enfants, postérité et lignée, tant mâle que femelle, nés et à naître en loyal mariage, [et qu'ils soient] réputés nobles portant la qualité d'écuyer* [...] Car tel est notre plaisir. »

* Titre que portent à la base tous les nobles. Les rangs supérieurs de la noblesse sont, en ordre ascendant : chevalier, baron, vicomte, comte, marquis et duc.

Insinuations du Conseil souverain de la Nouvelle-France, mars 1668.

● Quels motifs poussent Louis XIV à anoblir Charles Lemoyne père ?

Les privilèges de la noblesse

Les nobles ont toujours la préférence dans l'attribution des plus hautes charges publiques : officiers militaires, commandants de vaisseaux, juges, ingénieurs, etc. Grâce à ces postes, ils exercent une certaine influence dans la colonie. En outre, ils reçoivent la plus grande part des seigneuries concédées par le roi en Nouvelle-France. Par ces moyens, l'État s'assure que les membres de la noblesse possèdent suffisamment de biens pour ne pas avoir à travailler de leurs mains – ce qui leur est interdit – et pour apprendre le métier des armes ou le droit. Plusieurs fils de nobles de Nouvelle-France vont d'ailleurs apprendre ces métiers en France.

Les nobles qui sont coupables de crimes peuvent voir leur peine réduite ou annulée par l'État. C'est particulièrement vrai lorsqu'ils s'emportent contre un **roturier**. Ces derniers ne doivent pas obéissance aux nobles, mais dans cette société inégalitaire, ils sont censés montrer un profond respect à leur égard, par exemple quand ils les croisent dans la rue. L'État protège ces privilèges de la noblesse. En retour, il peut compter sur un groupe social qui est tout disposé à servir le roi fidèlement.

Roturier Personne qui n'est pas noble.

Copie d'Henri Beau réalisée vers 1935 d'après une œuvre de Nicolas de Largillière, *Portrait présumé de Madame Bégon*, XVIIIᵉ siècle.

Portrait

Élisabeth Bégon, femme d'influence (1696-1755)

Bien que les femmes soient totalement exclues des fonctions officielles du pouvoir, celles qui appartiennent à la noblesse exercent parfois un pouvoir d'influence sur l'État. Fille d'un haut fonctionnaire royal, Élisabeth Bégon est la veuve d'un gouverneur de Trois-Rivières et la belle-sœur d'un intendant de la Nouvelle-France. Elle est également l'amie du gouverneur de La Galissonière. Dans sa demeure montréalaise, ses contacts lui attirent plusieurs courtisans qui espèrent obtenir des faveurs des dirigeants grâce à elle.

> « **5 mars 1749**. Si j'aimais [...] à me voir faire des révérences et en quelque façon la cour, je serais bien contente, car les attentions de M. le [gouverneur] général pour moi persuadent à bien des aveugles que je peux beaucoup auprès de lui.
>
> **21 mars**. Mᵐᵉ Varin me fait un peu la cour depuis quelque temps, dans l'idée que M. le [gouverneur] général ne me refusera pas un poste pour son frère aîné [...]. C'est une vraie comédie que le monde.
>
> **30 mars**. Mᵐᵉ Varin me presse grandement pour faire placer Beaujeu à Michillimakinac*, mais elle ignore, comme bien d'autres, qu'il [le poste] est [déjà] donné.
>
> **23 mai**. M. notre [gouverneur] général nous est venu voir à son ordinaire et, comme il doit partir [après] la dernière fête [pour Québec], les demandes ont abondé ici. Et je l'ai fait rire un peu en lui disant que j'avais pour le moins une trentaine de mauvaises questions à lui faire [des faveurs qu'elle demande pour ses amis], sur lesquelles je me trouverais heureuse s'il voulait m'en accorder trois. »
>
> * Fort français à l'entrée du lac Michigan.
>
> Élisabeth Bégon, *Lettres au cher fils*, 1749.

- Sur quoi repose le pouvoir d'influence d'Élisabeth Bégon ?
- Quelles sont les faveurs que les gens espèrent obtenir par l'entremise de Mme Bégon ?

PISTES d'interprétation CD 2

1. De quelle manière la noblesse sert-elle les intérêts de l'État ?
2. Comment l'État obtient-il le soutien de la noblesse ?

Question bilan

3. Quelle est la dynamique entre le pouvoir de l'État et la noblesse ?

Les paysans et les artisans devant l'État

Contrairement aux alliés amérindiens, au clergé, aux nobles et à certains marchands importants, les gens du peuple n'ont pas le pouvoir d'influencer l'État colonial. Les paysans et les artisans, qui représentent plus de 80 % de la population, n'ont aucun droit politique. Ce que l'État veut obtenir d'eux (récoltes, service militaire), il parvient à l'avoir. Par conséquent, l'État ne tient pratiquement pas compte des intérêts des paysans et des artisans. Au contraire, il les considère un peu comme une menace, en raison de leur grand nombre, de leur manque d'instruction et de leur pauvreté relative. La principale préoccupation des autorités à leur égard est de prévenir les révoltes.

Le poids de l'État

En plus de payer les redevances annuelles au seigneur et la dîme au curé, les gens du peuple doivent faire des contributions obligatoires à l'État. Ainsi, ils paient une taxe sur certains produits importés, comme le vin et l'eau-de-vie. En tant que miliciens, ils doivent travailler gratuitement plusieurs jours par année aux ouvrages militaires et au transport de matériel. En période de guerre, c'est-à-dire une année sur trois en moyenne, ils doivent obéir au capitaine de milice et prendre les armes. Les paysans doivent aussi fournir tout le blé réquisitionné par l'intendant pour les besoins de l'armée.

Les gens du peuple n'ont aucun moyen de contrôler les contributions qu'on leur impose ni l'usage qui en est fait. Par conséquent, l'État utilise ces contributions pour ses propres intérêts militaires et commerciaux et rarement dans l'intérêt de la majorité.

S'adresser aux autorités

Les colons ne peuvent contester ni les impôts ni les autres décisions du gouvernement colonial, même si ces mesures s'avèrent nuisibles pour eux. L'État tolère que les nobles et les marchands qui se rassemblent pour discuter de commerce colonial lui donnent leur avis. Toutefois, les simples habitants se voient interdire toute forme d'action collective face à l'État.

Les artisans n'ont pas le droit de former des associations professionnelles (les guildes), comme c'est l'usage en France. Les pétitions collectives sont interdites. En 1685, des habitants de la basse-ville de Québec qui osent écrire au ministre de la Marine sont condamnés à 50 livres d'amende chacun. Enfin, les rassemblements populaires, par exemple pour protester contre le prix élevé des farines, conduisent presque toujours à des arrestations.

Un habitant a cependant le droit de s'adresser aux autorités sur une base individuelle. Comme le rappelle le ministre Colbert au gouverneur Frontenac, en 1673 : « Il est bon que chacun parle pour soi et que personne ne parle pour tous. » Cette façon de faire empêche la population d'établir un rapport de force face à l'État.

24 **Le gouverneur Frontenac**

Louis de Buade de Frontenac est gouverneur de la Nouvelle-France à deux reprises (de 1672 à 1682, puis de 1689 à 1698). En tant que chef des armées, le gouverneur, qu'on appelle d'ailleurs « général », organise la défense de Québec contre le commandant anglais Phips, en 1690.

Buste de Frontenac (élément du Monument aux valeureux à Ottawa), 2006.

PÉRIODES DE GUERRE

1629-1632 : guerre franco-anglaise

1650-1653 : guerre franco-iroquoise

1660-1667 : guerre franco-iroquoise

1684- : guerre franco-iroquoise
(Cette guerre se poursuit durant la guerre de la ligue d'Augsbourg.)

1688-1697 : guerre de la ligue d'Augsbourg

1701-1713 : guerre de la succession d'Espagne

1744-1748 : guerre de la succession d'Autriche

1754-1760 : guerre de la conquête

25 **Guerre et paix au Canada sous le régime français**

Pendant toute la durée du régime français, les habitants du Canada sont en guerre plus d'une année sur trois : d'abord contre les Iroquois, puis contre les Britanniques.

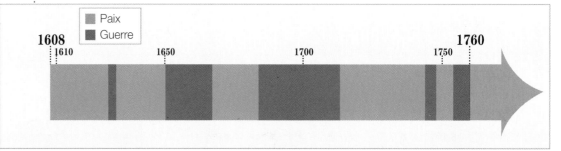

Un début de révolte près de Québec, en 1714

En 1714, le prix élevé du pain pousse des habitants de la région de Québec à se révolter. Le 18 août, une quarantaine de femmes attaquent un transport de marchandises et confisquent 500 livres de farine. Une semaine plus tard, des hommes prennent les armes pour protester.

« Il s'en est trouvé quelques-uns parmi eux assez téméraires pour s'être armés de fusils [...] ils ont poussé l'insolence jusqu'au point de faire des menaces d'entrer dans la ville ainsi attroupés si on n'écoutait [pas] leur remontrance. Et ils ne se sont retirés que [quand] ils ont appris que les troupes et les milices de cette ville étaient commandées pour marcher sur eux. »

Jugements et délibérations du Conseil souverain, séance du 12 août 1715.

- Que demandent les hommes rassemblés en banlieue de Québec?
- Quelle est la réaction des autorités coloniales?

Un pouvoir sur la vie quotidienne

Même s'ils n'ont aucun pouvoir sur l'État, les paysans et les artisans maîtrisent une partie importante de leur quotidien. Les familles paysannes vivent dans des maisons qu'elles ont bâties, elles mangent ce qu'elles ont élevé et récolté, et elles portent des vêtements confectionnés par les femmes du foyer. La plupart des artisans sont leurs propres patrons : ils possèdent leurs outils et ont leur atelier et leur boutique dans leur maison.

Par ailleurs, comme les paysans et artisans ne peuvent compter sur l'aide de l'État en cas de maladie, de famine ou pour assurer leur retraite, ils se tournent vers la parenté et les voisins, qui constituent à la fois leur réseau social et leur réseau de soutien. Les gens du peuple exercent également une certaine influence dans la vie religieuse de leur paroisse, par exemple en élisant les **marguilliers**.

Marguillier Personne laïque, élue par l'assemblée des paroissiens, pour gérer les biens de la paroisse, notamment les bâtiments, tels l'église et le presbytère.

27 **L'autonomie des paysans**

Au bout de deux décennies de travail acharné, un défricheur et son épouse peuvent espérer jouir d'un certain confort et établir leurs enfants sur de nouvelles terres.

Thomas Davies, *Une vue du pont de la rivière du Sault à la Puce* [détail], 1790.

PISTES d'interprétation CD 2

1. Quelles contributions les paysans et les artisans doivent-ils faire à l'État colonial?

2. Pourquoi l'État colonial ne tient-il pas compte de leurs intérêts?

3. Quel pouvoir les paysans et les artisans ont-ils sur leur propre vie?

Question bilan

4. Peut-on dire que les paysans et les artisans constituent un groupe d'influence dans la colonie? Expliquez votre réponse.

Le pouvoir sous le régime britannique

1760-1867

Entre la Conquête de 1760 et la création de la fédération canadienne en 1867, le Québec vit sous le régime britannique. L'État colonial sert les intérêts de la nouvelle métropole, la Grande-Bretagne. Il doit néanmoins tenir compte des demandes des colons – canadiens et britanniques – et des Amérindiens, qui cherchent à se faire entendre avec force. Au prix de longues luttes et de compromis, certains groupes sociaux de la colonie (notamment la bourgeoisie canadienne et britannique) obtiennent de l'État qu'il prenne en considération leurs intérêts.

Quelle est la dynamique entre le pouvoir et les groupes qui cherchent à exercer une influence sous le régime britannique ? **CD 2**

28 La colonie du Saint-Laurent sous le régime britannique

Nom de la colonie	Constitution	Période
Province de Québec	Proclamation royale	1763-1774
	Acte de Québec	1774-1791
Province du Bas-Canada	Acte constitutionnel	1791-1840
Canada-Est (partie du Canada-Uni)	Acte d'Union	1840-1867

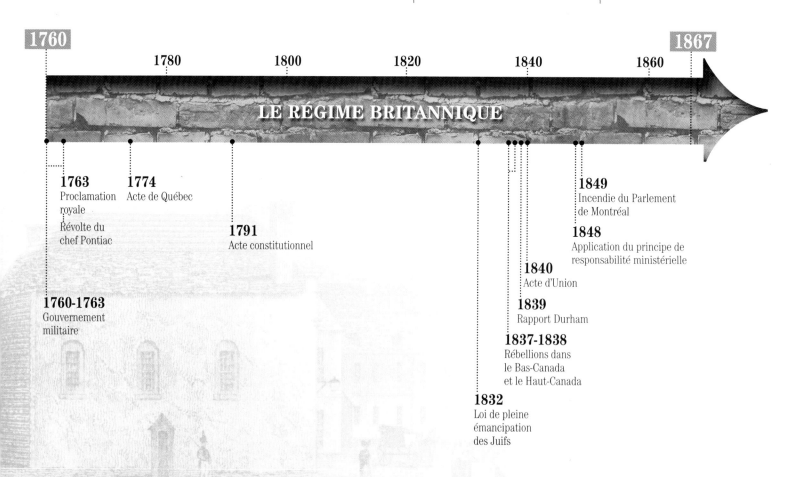

1760 **1780** **1800** **1820** **1840** **1860** **1867**

LE RÉGIME BRITANNIQUE

1763
Proclamation royale
Révolte du chef Pontiac

1774
Acte de Québec

1791
Acte constitutionnel

1849
Incendie du Parlement de Montréal

1848
Application du principe de responsabilité ministérielle

1840
Acte d'Union

1839
Rapport Durham

1837-1838
Rébellions dans le Bas-Canada et le Haut-Canada

1832
Loi de pleine émancipation des Juifs

1760-1763
Gouvernement militaire

Le gouverneur britannique et ses adversaires dans la province de Québec, de 1763 à 1791

Après une période durant laquelle la colonie est gouvernée par l'armée d'occupation (1760-1763), la Proclamation royale de 1763 instaure un régime politique autoritaire qui ressemble beaucoup à celui de la Nouvelle-France. Toutefois, une certaine liberté d'expression et l'arrivée de colons d'origine britannique vont créer une nouvelle dynamique entre l'État et les différents groupes sociaux de la colonie. L'autorité de l'État est ouvertement contestée, et la métropole est contrainte d'apporter plusieurs modifications au régime politique.

L'implantation d'un État autoritaire

L'État colonial britannique exerce son autorité sur la colonie grâce à divers moyens de contrôle et avec l'appui de certains groupes sociaux.

Les objectifs de l'État

Dans la province de Québec, les principaux objectifs de l'État colonial sont similaires à ce qu'ils étaient sous le régime français, bien que les circonstances changent. Premièrement, l'État favorise le commerce transatlantique, qui accroît la richesse générale de l'Empire et celle de la métropole grâce aux droits de douane. La guerre est la seconde grande préoccupation de l'État, qui doit prévenir une reconquête éventuelle par la France, combattre la rébellion amérindienne dirigée par Pontiac dans les Grands Lacs (1763-1766) et maîtriser l'agitation croissante dans les Treize colonies (à partir de 1765). Enfin, l'État compte maintenir l'ordre intérieur dans une société inégalitaire et peuplée essentiellement d'anciens ennemis : des sujets catholiques de langue française, les Canadiens.

Les institutions politiques

La Proclamation royale de **1763** prévoit la création éventuelle d'une Assemblée législative. Mais dans l'immédiat, elle confie tous les pouvoirs exécutifs et législatifs au gouverneur, assisté d'un Conseil nommé par le roi, sans créer une Assemblée législative (ou Chambre d'assemblée) élue par les colons. Ainsi, la population, notamment là majorité canadienne, ne participe pas directement à l'exercice du pouvoir.

L'Acte de Québec de **1774** ne change rien à cette situation. Le Conseil peut désormais accueillir des catholiques, mais la plus grande partie du pouvoir est toujours entre les mains du gouverneur. En somme, le nouveau régime politique ressemble à celui de la Nouvelle-France. Il s'agit essentiellement d'un régime autoritaire, non démocratique, qui doit se soumettre aux décisions de la métropole et de son représentant dans la colonie : le gouverneur.

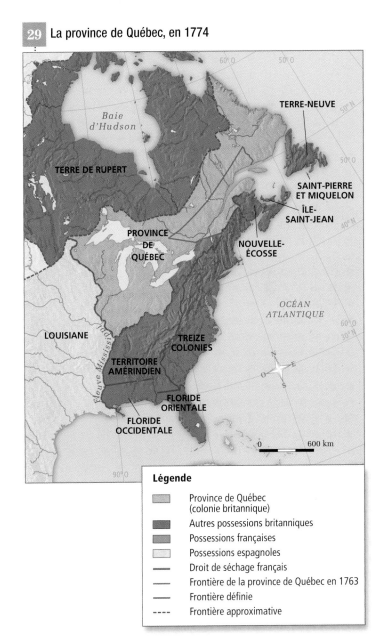

29 La province de Québec, en 1774

Légende

- Province de Québec (colonie britannique)
- Autres possessions britanniques
- Possessions françaises
- Possessions espagnoles
- Droit de séchage français
- Frontière de la province de Québec en 1763
- Frontière définie
- Frontière approximative

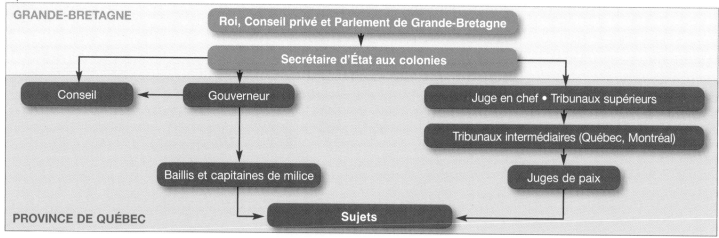

GRANDE-BRETAGNE

Roi, Conseil privé et Parlement de Grande-Bretagne

Secrétaire d'État aux colonies

Conseil ← Gouverneur

Juge en chef • Tribunaux supérieurs

Tribunaux intermédiaires (Québec, Montréal)

Baillis et capitaines de milice

Juges de paix

PROVINCE DE QUÉBEC

Sujets

➡ Indique un rapport d'autorité.

Des libertés nouvelles

Malgré l'absence d'une Assemblée législative, les colons disposent de certains moyens pour se faire entendre des autorités, en vertu de libertés apparues au XVIIᵉ siècle dans le droit anglais. Ainsi, les journaux sont autorisés : la *Gazette de Québec* (bilingue) commence à paraître en 1764 ; la *Gazette du commerce et littéraire de Montréal*, en 1778 ; le *Quebec Herald*, en 1788. Les colons ont le droit d'adresser des pétitions collectives au gouverneur, au Parlement britannique ou au souverain. Ils ont également le droit de former des associations (loges de **francs-maçons**, clubs sociaux, sociétés de débats oratoires) et de discuter d'affaires publiques dans les cafés et les tavernes. De plus, les personnes accusées ont le droit d'être représentées par un avocat et d'être jugées par un jury de citoyens lors d'un procès criminel.

Ces libertés marquent une différence importante par rapport au régime politique de la Nouvelle-France, mais elles ont leurs limites. À tout moment, l'État peut décider d'entraver la liberté d'expression en prétextant une situation d'urgence, la **sédition** ou la diffamation, et jeter les coupables en prison. D'ailleurs, les colons qui publient leurs opinions dans les journaux jugent souvent plus prudent de les signer d'un pseudonyme. Londres retarde aussi pendant 20 ans l'introduction de l'*habeas corpus* au Québec. Enfin, l'esclavage est maintenu dans la colonie.

Franc-maçon Membre d'une organisation masculine aux rituels secrets, la franc-maçonnerie, qui prétend œuvrer au progrès de l'humanité, sans préjugés nationaux ou religieux. La franc-maçonnerie serait apparue en Grande-Bretagne au XVIIᵉ siècle, avant de se répandre dans l'Occident.

Sédition Révolte préméditée contre l'autorité de l'État.

31 Un *coffee house* au XVIIIᵉ siècle

Les *coffee houses* qui ouvrent dans la colonie au XVIIIᵉ siècle sont des lieux propices aux discussions sur les affaires publiques.

Anonyme, *Colonial Coffee House, 18th century*, XIXᵉ siècle.

Les moyens de contrôle de l'État

Comme sous le régime français, la présence militaire demeure importante dans la colonie, avec des garnisons dans les villes et dans les forts des Grands Lacs. L'État dispose donc d'une force armée suffisante pour maintenir l'ordre intérieur.

Dans le but de décourager la criminalité, la justice royale continue d'offrir en spectacle les châtiments corporels des condamnés, même si les enquêtes criminelles ne donnent plus lieu à des séances de torture, comme c'était le cas avec la justice française.

33 Les «mouches» du gouverneur

Malgré une certaine liberté d'expression, l'État a parfois recours à des informateurs (appelés «mouches») pour connaître l'opinion de la population et sévir contre ceux qui encouragent la sédition. Au moment de la révolution américaine, le marchand montréalais Pierre Guy explique à son associé de Québec le danger que représentent les «mouches».

«Comme l'on suppose qu'il y a beaucoup de mouches pour entendre les conversations ordinaires et en faire le rapport, je me suis déterminé à rester tranquille chez moi, afin d'éviter d'être […] surpris dans un cercle où quelque esprit emporté s'ouvre trop imprudemment, au risque d'être noté [dénoncé] par un de ses concitoyens dont il ne se méfie pas. Regardant de telles gens comme l'horreur du genre humain, je les éviterai autant qu'il sera en mon pouvoir.»

Lettre de Pierre Guy à François Baby, 19 juin 1775. (Français modernisé.)

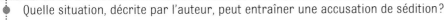

- Quelle situation, décrite par l'auteur, peut entraîner une accusation de sédition?
- Les sujets de la province de Québec jouissent-ils de la liberté d'expression? Expliquez votre réponse.

Les alliés de l'État

L'État colonial britannique peut compter sur l'appui de trois groupes sociaux importants dans la province de Québec : les Amérindiens, la noblesse canadienne et le clergé catholique.

Privés de leur ancien allié français, les Amérindiens deviennent des partenaires militaires de la Grande-Bretagne après l'écrasement de la révolte du chef Pontiac, en 1766. Ainsi, les Iroquois (Mohawks) combattent en faveur du roi d'Angleterre lors de la guerre d'Indépendance américaine.

L'État obtient aussi le soutien des nobles canadiens. Malgré son désir de transformer les Canadiens en sujets anglophones et protestants, il se voit contraint de leur accorder des concessions s'il veut s'assurer de leur loyauté dans l'immédiat. La métropole refuse d'ouvrir toutes grandes les portes de l'armée britannique aux nobles, comme ceux-ci le réclament. Toutefois, par l'Acte de Québec de 1774, l'État remplace le serment du Test par un serment d'allégeance au roi acceptable pour les catholiques. Il accepte également de maintenir le droit civil français et le régime seigneurial.

Les nobles canadiens, qui sont aussi seigneurs, se montrent reconnaissants. Certains d'entre eux sont nommés au Conseil de Québec et forment, avec les officiers et les administrateurs britanniques les plus proches du gouverneur, le *French Party*. Ce groupe appuie systématiquement l'État colonial. Les nobles canadiens prennent aussi position en faveur de la Grande-Bretagne lorsque les révolutionnaires américains envahissent la province de Québec, en 1775-1776.

32 Des mercenaires allemands

Pendant la guerre d'Indépendance américaine (1775-1783), plusieurs milliers de mercenaires allemands recrutés par la métropole viennent s'ajouter aux soldats britanniques postés dans la province de Québec pour combattre les Treize colonies rebelles. Par la suite, plusieurs centaines d'entre eux s'établiront dans la province.

Anonyme, *British and Hessian Soldiers, 18th century*, XIXᵉ siècle.

34 Joseph Brant (Thayendanegea)

Joseph Brant (1742-1807) conduit les guerriers iroquois qui combattent du côté des Britanniques pendant la guerre d'Indépendance américaine.

George Romney, *Thayendanegea, Joseph Brant, the Mohawk Chief*, 1776.

Portrait

Sir Guy Carleton (1724-1808)

Deux fois gouverneur de la province de Québec (1768-1778 et 1786-1796), le général Guy Carleton, plus tard Lord Dorchester, exerce une profonde influence sur le développement politique de la colonie. Comme le gouverneur Murray avant lui (1763-1766), il se montre accommodant à l'endroit de la majorité canadienne. Les recommandations qu'il envoie à Londres conduisent à l'adoption de l'Acte de Québec, c'est-à-dire au renforcement du pouvoir de la noblesse canadienne et de l'Église catholique. Leader du *French Party*, ses politiques favorables aux Canadiens et hostiles aux idées libérales (par exemple, il refuse l'idée d'une Assemblée législative élue) suscitent l'opposition des bourgeois britanniques.

Mabel B. Messer, d'après une œuvre anonyme du XVIIIe siècle, 1923.

« Il faudrait créer un ou deux bataillons de Canadiens. Cette mesure permettrait de donner de l'emploi à la noblesse, et ainsi de l'attacher fermement à nos intérêts. [...] Par leur entremise, nous obtiendrions une plus grande influence sur la classe inférieure [des Canadiens], ce qui serait rendre un grand service à l'État. »

Lettre de Carleton au général Gage, 4 février 1775. (Traduction libre.)

● Pour quelles raisons Carleton souhaite-t-il que l'État offre des postes d'officier aux nobles canadiens?

curiosité

Une mère de circonstance

Dans l'intention d'établir de bonnes relations avec le conquérant, les Ursulines de Québec se choisissent en 1760 une supérieure d'origine britannique et protestante : Esther Wheelwright. Celle-ci a été capturée en 1703, à l'âge de sept ans, lors d'un raid franco-amérindien au Massachusetts. Elle a vécu parmi les Abénaquis avant d'être amenée à Québec, où elle s'est convertie à la religion catholique et est devenue religieuse.

Anonyme, *Sœur Esther Wheelwright (Marie-de-l'Enfant-Jésus)*, vers 1760.

Au lendemain de la Conquête, c'est toutefois l'Église catholique qui devient le principal partenaire du pouvoir britannique au Québec. Londres hésite tout d'abord à renforcer l'exercice d'une religion qui n'est pas légale en Grande-Bretagne. La métropole interdit les ordres religieux des Jésuites et des Récollets, elle force les Sulpiciens à couper les ponts avec leur maison-mère à Paris, et elle empêche le recrutement en France de nouveaux prêtres catholiques.

D'un autre côté, la Grande-Bretagne permet qu'un évêque catholique choisi par le gouverneur, c'est-à-dire Mgr Olivier Briand, soit nommé par le pape. De plus, l'Acte de Québec confirme la tolérance accordée au catholicisme et rend obligatoire pour les catholiques le paiement de la dîme.

En contrepartie, le clergé catholique collabore avec les gouverneurs britanniques. L'évêque et les curés prêchent aux Canadiens la loyauté et la soumission envers le souverain d'Angleterre. Pendant l'invasion américaine, ils menacent même d'excommunication ceux qui aident les rebelles.

PISTES d'interprétation CD 2

1. Qui exerce le pouvoir politique dans la province de Québec?
2. Quels sont les objectifs de l'État?
3. Quelles libertés apparaissent dans la province de Québec?
4. Quels groupes sociaux soutiennent l'État colonial dans la province de Québec?
5. Comparez la dynamique qui se crée entre l'État et les groupes sociaux de la colonie sous le régime britannique avec celle qui avait cours sous le régime français.

La contestation des bourgeois britanniques et canadiens

Dès le début du régime britannique, en 1760, plusieurs colons britanniques se plaignent du régime politique en place dans la province de Québec. Ils s'opposent ouvertement aux gouverneurs. Après plusieurs échecs, ils cherchent des alliés parmi la population canadienne, puis auprès des loyalistes.

Les causes et les moyens de la contestation

Une partie des nouveaux colons réclament les droits auxquels ils sont habitués en tant que sujets britanniques: notamment le droit d'élire une Assemblée législative et l'*habeas corpus*. Ils veulent que ces droits soient respectés afin de pouvoir exercer une influence sur les décisions de l'État selon leurs intérêts. Ces colons sont encore plus irrités lorsque l'Acte de Québec de 1774 impose le droit civil français et confirme la tolérance envers le catholicisme.

 35 Trop de droits pour les catholiques

> En 1764, les membres britanniques du grand jury* de Québec, qui compte aussi sept Canadiens, se plaignent au gouverneur Murray de la présence de catholiques parmi eux. Depuis 1606, disent-ils, la loi anglaise interdit aux catholiques l'accès à un grand nombre de postes au service du roi (juge, avocat, officier, fonctionnaire, etc.).
>
> «Nous croyons [...] que l'admission parmi les jurés de personnes appartenant à la religion [catholique] romaine, et qui reconnaissent l'autorité [...] de l'Église de Rome, constitue une violation manifeste de nos lois et de nos libertés les plus sacrées, conduit à la destruction de la religion protestante, et menace le pouvoir [...] de Sa Majesté dans la province où nous vivons.»
>
> * Institution judiciaire qui initie des procès et qui a un pouvoir de recommandation au gouvernement.
>
> *Documents relatifs à l'histoire constitutionnelle du Canada*, 1759-1791.

Portrait

Thomas Walker
(?-1788)

Le marchand britannique Thomas Walker quitte Boston en 1763 pour venir s'installer à Montréal. Tout en faisant des affaires dans la fourrure et le blé, il s'oppose aux privilèges accordés aux troupes britanniques dans la province de Québec. Une nuit de décembre 1764, des hommes masqués (sans doute des soldats) font irruption chez lui et lui coupent une oreille. Les suspects sont plus tard acquittés. Walker devient alors l'un des principaux adversaires des gouverneurs Murray et Carleton. Il réclame une Assemblée législative et milite contre les droits accordés aux catholiques et contre l'Acte de Québec. Au moment de la révolution américaine, il diffuse la propagande des Treize colonies et propose que le Québec se joigne à elles. Après l'échec de l'invasion américaine, il retourne vivre à Boston, désormais ville des États-Unis.

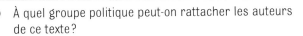 À quel groupe politique peut-on rattacher les auteurs de ce texte?

Peu nombreux, les colons britanniques manquent de ressources pour influencer l'État colonial. Cependant, ils mettent à profit les libertés dont ils disposent pour tenter d'obtenir des gains politiques. Ils multiplient les campagnes de signatures pour des pétitions qu'ils adressent aux autorités de la métropole. Ils engagent un agent pour expliquer leur point de vue au gouvernement impérial. Ils obtiennent le rappel du gouverneur Murray en 1766. Ils publient leurs idées réformistes dans les journaux et dans des pamphlets. En 1775 et 1776, plusieurs collaborent à l'invasion américaine de la province de Québec.

L'alliance avec la bourgeoisie canadienne

Après l'adoption de l'Acte de Québec, les bourgeois britanniques constatent que leur petit nombre et leur intransigeance à l'égard des Canadiens les empêchent d'obtenir du succès dans leurs revendications. Ils tentent alors de trouver des alliés parmi la majorité canadienne. Certains marchands diffusent les messages des rebelles américains afin de faire connaître les idées libérales aux Canadiens. Surtout, les colons britanniques font un compromis: ils abandonnent l'idée d'une assemblée où seuls les protestants pourraient être élus. Ils croient pouvoir dominer cette assemblée malgré leur faible nombre. Plusieurs d'entre eux renoncent aussi à réclamer les lois civiles anglaises, sauf dans les affaires commerciales.

À la suite de ce compromis, plusieurs bourgeois canadiens et quelques nobles acceptent d'appuyer les revendications des colons britanniques. Ils font circuler en **1784** une pétition en faveur d'une Assemblée législative, et ils publient une brochure en français pour convaincre les Canadiens de la signer.

La noblesse canadienne et le clergé catholique continuent de s'opposer à ces changements. Ils craignent que la participation du peuple à l'exercice du pouvoir nuise à leurs intérêts. Ils font donc circuler leurs propres pétitions contre la création d'une Assemblée législative.

Toutes ces pétitions sont envoyées à Londres, où se décide le sort de la colonie.

36 La pétition de 1784

En 1784, des bourgeois britanniques et canadiens font circuler une pétition, dans les deux langues, en faveur d'une Assemblée législative. Elle est signée par 855 Britanniques et 1436 Canadiens.

« À Sa Très Excellente Majesté le roi.

Qu'il plaise à Votre Majesté […]

3. Que les lois criminelles d'Angleterre soient maintenues telles qu'actuellement établies par l'Acte de Québec. […]

4. Que les anciennes lois et coutumes de ce pays concernant la propriété foncière, [le mariage et les héritages] restent en vigueur […]

5. Que les lois commerciales d'Angleterre soient proclamées celles de cette province en toutes affaires de commerce […]

6. Que l'Acte d'Habeas Corpus […] devienne partie intégrante de la constitution de ce pays.

14. […] Que l'Assemblée soit investie du pouvoir de prélever les taxes et droits de douane nécessaires pour défrayer les dépenses du gouvernement civil de la province. […] »

Pétition demandant une Chambre d'assemblée, 24 novembre 1784.

● Dans quel intérêt les colons envoient-ils cette pétition?

L'obtention d'une Assemblée législative

Les loyalistes qui arrivent dans la province de Québec comme réfugiés de la guerre d'Indépendance américaine (1775-1783) ou après la reconnaissance des États-Unis par la Grande-Bretagne (1783), viennent ajouter leur voix à ceux qui réclament une Assemblée législative au Québec.

De son côté, la métropole est financièrement affaiblie par sa guerre contre les Treize colonies. Elle cherche à réduire les coûts d'administration de son empire. Une Assemblée législative dans la province de Québec pourrait taxer la population et ainsi assumer une partie des dépenses de la colonie.

En **1791**, par l'Acte constitutionnel, Londres accepte finalement d'accorder une Assemblée législative à sa colonie. Mais pour contenter les loyalistes sans froisser ses alliés canadiens, la métropole divise le Québec en deux colonies – le Bas-Canada et le Haut-Canada – et maintient dans le Bas-Canada les lois civiles françaises et les privilèges de l'Église catholique. Par ailleurs, dans les deux colonies nouvellement constituées, Londres contrebalance le pouvoir des élus de l'Assemblée par un Conseil législatif nommé par le roi. Les premières élections législatives dans les deux colonies ont lieu en 1792.

PISTES d'interprétation CD 2

1. Pour quelle raison les colons britanniques souhaitent-ils une Assemblée législative au Québec?

2. Comment les colons britanniques exercent-ils une influence politique dans la colonie?

3. Pourquoi font-ils un compromis avec les bourgeois canadiens?

4. Quels motifs amènent la métropole à créer une Assemblée législative?

Question bilan

5. Quelle est la dynamique entre le pouvoir et les groupes qui cherchent à exercer une influence dans la colonie entre 1763 et 1791?

Le parlementarisme au Bas-Canada, de 1791 à 1840

L'Acte constitutionnel de 1791 divise la province de Québec en deux Canadas, dotés chacun d'une Assemblée législative. Au Bas-Canada, des représentants élus tentent à présent d'amener l'État colonial à agir dans le sens de leurs intérêts. La métropole et ses alliés dans la colonie résistent avec force à cette diminution de leur pouvoir.

CONCEPTS

Droits, État, influence, institution, intérêt

37 Les deux Canadas, de 1791 à 1840

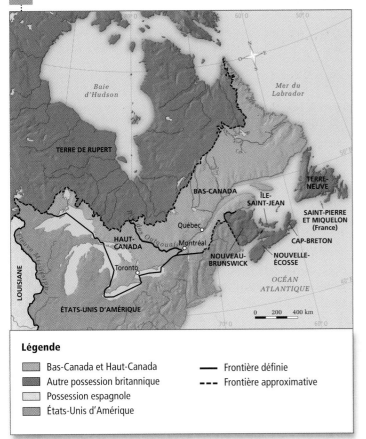

Légende

- Bas-Canada et Haut-Canada
- Autre possession britannique
- Possession espagnole
- États-Unis d'Amérique

— Frontière définie
--- Frontière approximative

Le pouvoir de l'État et des colons au Bas-Canada

Au Bas-Canada, une partie de la population a désormais le pouvoir d'influencer l'action de l'État colonial. Toutefois, celui-ci demeure fortement soumis aux intérêts de la métropole.

La représentation des intérêts de la population

La création d'une Assemblée législative en 1791 transforme la dynamique politique au Bas-Canada. Une grande partie de la population coloniale masculine peut maintenant défendre ses intérêts auprès de l'État en élisant, tous les quatre ans, 50 députés pour la représenter. Chaque nouvelle loi, chaque nouvelle taxe doit nécessairement recevoir l'approbation d'une majorité de ces députés. Par conséquent, les décisions de l'État tiennent mieux compte des intérêts des différents groupes qui composent la société.

Et maintenant

La masse, un symbole du pouvoir

À la première séance du premier Parlement du Bas-Canada, en décembre 1792, les députés peuvent admirer la masse que le sculpteur François Baillairgé vient de livrer. Conformément à la tradition parlementaire britannique, une séance de l'Assemblée législative ne peut avoir lieu sans la présence de cette masse. Elle symbolise l'autorité de la Chambre et indique que le roi ou la reine autorise les députés élus par la population à se réunir et à décider des lois qui gouvernent le pays. Encore aujourd'hui, tant à la Chambre des communes à Ottawa qu'à l'Assemblée législative des provinces et des territoires, les séances commencent avec l'entrée en Chambre du président et de la masse portée par le sergent d'armes, qui la dépose au centre de la Chambre et l'y reprend une fois la séance levée.

La masse de la Chambre des communes à Ottawa

38 Les espoirs d'un artisan

Le 1er janvier 1792, le sculpteur François Baillairgé, de Québec, écrit dans son journal personnel :

«Le nouveau bill de Québec [l'Acte constitutionnel] ou plutôt l'amendement de l'ancien est mis en force […]. Il nous donne une chambre d'assemblée [Assemblée législative] et divise la province en deux gouvernements, celui du Haut- et du Bas-Canada […]. Et 1792 est la première année libre du pays. »

Journal de François Baillairgé, 1er janvier 1792.

● En quoi 1792 est-elle la première «année libre» du Bas-Canada pour un artisan ?

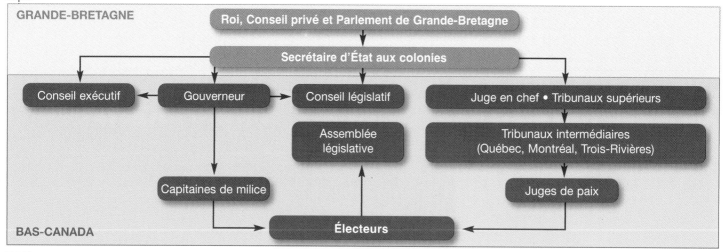

Indique un rapport d'autorité.

Trois facteurs viennent cependant limiter l'influence de la population sur les politiques de l'État. Premièrement, le droit de vote est refusé aux plus pauvres de la colonie (soldats, domestiques, journaliers) de même qu'aux femmes mariées, soit la plupart des femmes. Deuxièmement, comme les députés ne reçoivent aucun salaire, seules les personnes bien nanties peuvent occuper cette fonction. Dans les faits, les élus sont pour la plupart issus de la bourgeoisie: marchands, avocats, notaires, médecins. Pour cette raison, les décisions de l'Assemblée législative reflètent souvent leurs intérêts plutôt que ceux des paysans et des artisans qui ont voté pour eux.

40 Une première publicité électorale

En 1792, lors des premières élections à l'Assemblée législative du Bas-Canada, certains candidats, tel le notaire Pierre-Louis Panet, annoncent leur candidature dans le journal.

> *Aux ELECTEURS du Comté de QUEBEC.*
>
> Amis et Compatriotes,
>
> C'EST avec confiance que j'invoque vos suffrages, afin d'être choisi un de vos Représentans dans l'assemblée prochaine.
>
> Né au sein de la Province, ayant quelque propriété en terres et biensfonds, mes intérêts font les votres. Ne craignez point que je trahisse votre confiance et le dépôt dont vous m'aurez chargé.
>
> Le bienêtre de ma patrie, le bonheur de mes concitoyens, Tels seront toujours les objets qui dirigeront mes vœux et mes efforts.
>
> Je suis Sincérement Votre zélé Compatriote, PIERRE L. PANET.
>
> Québec, 16 Mai, 1792.

La Gazette de Québec, mai 1792.

● Quels arguments le notaire Panet donne-t-il à l'appui de sa candidature?

Le troisième facteur limitant l'influence du peuple est la Constitution elle-même. Suivant l'Acte constitutionnel, le pouvoir législatif est réparti entre trois institutions: le gouverneur, l'Assemblée législative (ou Chambre d'assemblée) et le Conseil législatif. L'approbation des trois instances est nécessaire pour qu'une loi soit adoptée. Or, les membres du Conseil législatif sont nommés par le roi, sur recommandation du gouverneur. La plupart d'entre eux sont des hauts fonctionnaires du gouvernement et des nobles canadiens, qui appuient généralement le gouverneur. Avec ce dernier, ils ont le pouvoir de s'opposer aux demandes de la majorité de la population, telles qu'exprimées par les députés de l'Assemblée législative. De plus, l'Assemblée législative n'a aucun contrôle sur le pouvoir exécutif. Ce pouvoir appartient en totalité au gouverneur et au Conseil exécutif, formé principalement de hauts fonctionnaires nommés par le roi.

En somme, ce sont les personnes nommées par la métropole qui contrôlent encore dans une large mesure l'État du Bas-Canada, malgré la présence de l'Assemblée législative. Les objectifs et les décisions de l'État reflètent cette réalité. La situation est la même dans le Haut-Canada.

Les objectifs et l'action de l'État

L'État colonial du Bas-Canada, gouverné en bonne partie par la métropole, demeure très préoccupé par les questions militaires et le maintien de l'ordre intérieur.

À cette époque, la Grande-Bretagne mène une guerre contre la France révolutionnaire (1793-1802), puis contre la France de l'empereur Napoléon (1803-1815). Les représentants de la métropole à Québec craignent que la France profite de cette guerre pour tenter de reprendre son ancienne colonie. La Grande-Bretagne et ses colonies doivent aussi se défendre contre les États-Unis, qui leur ont déclaré la guerre. En effet, les États-Unis protestent contre le blocus maritime que la Grande-Bretagne leur impose dans l'Atlantique. Ce conflit, appelé « guerre de 1812 », donne lieu à des combats dans les deux Canadas et dure jusqu'en 1815.

Lorsqu'il ne fait pas la guerre, le gouvernement colonial la prépare. Il construit des fortifications et des routes, surveille les espions français et américains, crée des régiments coloniaux (le *Royal Canadian Volunteers*, les Voltigeurs canadiens) et réorganise la milice. Dans ce contexte de guerre, l'État se montre peu respectueux des droits individuels. Il fait adopter le *Alien Act*, par lequel les étrangers considérés comme suspects peuvent être déportés sans procès. L'*habeas corpus* est suspendu presque sans interruption entre 1793 et 1811. Il le sera encore au moment des rébellions de 1837-1838.

Les objectifs poursuivis par l'État du Bas-Canada sont aussi influencés par l'Assemblée législative. Les bourgeois canadiens et britanniques qui siègent comme députés s'entendent pour agir dans l'intérêt du commerce et de l'industrie. En utilisant le pouvoir de taxation de l'Assemblée législative, ils financent la construction de canaux et de ponts. Par des lois, ils soutiennent aussi les patrons de la petite industrie et du commerce (scieries, chantiers de construction navale, ateliers d'artisans, marchands de fourrures) en punissant sévèrement les travailleurs qui ne respectent pas leur contrat d'engagement. Plusieurs députés sont propriétaires d'esclaves ; en 1793, une majorité d'entre eux rejettent la proposition du député Pierre-Louis Panet d'abolir l'esclavage dans la colonie. Enfin, malgré leurs profonds désaccords sur d'autres questions, les bourgeois qui siègent à l'Assemblée s'entendent en **mars 1834** pour retirer le droit de vote aux femmes qui le possédaient. Cependant, cette loi n'entrera pas en vigueur.

PISTES d'interprétation CD 2

1. Quelle transformation la dynamique de pouvoir dans la colonie connaît-elle en 1791 ?
2. Quels facteurs limitent l'influence du peuple sur les actions de l'État colonial ?
3. Quelles actions de l'État colonial témoignent de l'influence de la métropole ?
4. Quelles actions de l'État colonial témoignent de l'influence de la bourgeoise coloniale ?

41 Le *Alien Act* de 1794

Le *Alien Act* oblige les visiteurs étrangers à se déclarer aux autorités, surtout s'ils ont séjourné en France. Mais la loi impose aussi des restrictions sévères aux habitants de la colonie :

« Article 31 – Toutes personnes qui tiendront des discours séditieux, useront de paroles traîtresses, répandront malicieusement de fausses nouvelles, publieront ou distribueront des libelles ou papiers séditieux, écrits ou imprimés, tendant à exciter le mécontentement dans les esprits ou à diminuer l'affection des sujets de Sa Majesté ou à troubler la paix et le bonheur dont jouit cette province sous le gouvernement de Sa Majesté, pourront être légalement prises par n'importe quel capitaine de milice, shériff, connétable ou officier de la paix […] et pourront être mises dans la prison ordinaire du district où l'offense aura été commise. […]

Article 32 – Sur une seconde condamnation de semblable offense, la cour pourra condamner la personne trouvée ainsi coupable à être transportée hors de la province […].

Article 33 – Une personne qui, sous sentence de transportation […] reviendra dans cette province […] sans en avoir préalablement obtenu permission de Sa Majesté […] sera jugée coupable de félonie et souffrira la mort comme criminel […]. »

Journal de l'Assemblée législative du Bas-Canada, 1794.

- D'après le texte de cette loi, que craignent les autorités du Bas-Canada ?
- À quelles peines s'exposent les contrevenants ?
- Selon vous, quels droits et libertés sont brimés par le *Alien Act* ?

Depuis sa première séance en 1792 jusqu'à la veille des rébellions, l'Assemblée législative du Bas-Canada siège sans même avoir sa propre salle de réunion. Elle se réunit dans l'ancienne chapelle du palais de l'évêque catholique de Québec. Au cours de cette période, le nombre de députés passe de 50 à 90.

James Smillie, sans titre, 1828.

Réformiste Qui prône une idéologie libérale visant la transformation des institutions politiques en place.

Un conflit politique entre deux camps

Les bourgeois britanniques et canadiens qui ont uni leurs voix pour réclamer ensemble une Assemblée législative vont se diviser en deux camps après 1791. D'un côté comme de l'autre, les partisans vont entraîner la population avec eux dans un conflit politique de plus en plus profond.

Les deux camps politiques

Au Bas-Canada, l'Assemblée législative est insatisfaite des pouvoirs qu'elle détient. Les élus peuvent difficilement influencer les politiques de l'État parce que le gouverneur contrôle le pouvoir exécutif et le Conseil législatif. La situation est la même dans les autres colonies britanniques d'Amérique du Nord, par exemple en Nouvelle-Écosse et au Haut-Canada.

Au Bas-Canada cependant, le problème est plus complexe à cause de la composition de la population. Les Canadiens, qui représentent 90 % des habitants, sont constamment majoritaires parmi les élus de l'Assemblée législative. Afin de conserver son emprise sur l'État colonial, la Grande-Bretagne juge nécessaire de nommer une majorité de Britanniques aux Conseils exécutif et législatif. Par conséquent, lorsque l'Assemblée entre en conflit avec les autres institutions de l'État, des colons canadiens se trouvent souvent à s'opposer à des colons britanniques. Le conflit en vient donc à prendre une dimension nationale supplémentaire.

Les électeurs canadiens appuient principalement une tendance politique **réformiste**, le Parti canadien. Les députés de ce parti dominent l'Assemblée législative. Conduits par Pierre Bédard, puis par Louis-Joseph Papineau, ils luttent pour un plus grand pouvoir de l'Assemblée au sein de l'État, tout en restant loyaux envers la Grande-Bretagne. Quelques députés britanniques réformistes les appuient, comme l'imprimeur John Neilson et le médecin Robert Nelson. En **1826**, le Parti canadien change de nom pour devenir le Parti patriote. Par la suite, ses revendications deviennent plus radicales.

Portrait

Louis-Joseph Papineau (1786-1871)

Avocat et seigneur, Papineau est élu député pour la première fois en 1809, et président de l'Assemblée législative en 1815. Il occupe ces deux fonctions jusqu'aux rébellions de 1837. Sa carrière est marquée par son combat pour démocratiser les institutions du Bas-Canada. Il est l'homme le plus influent et le plus populaire du Bas-Canada, et c'est lorsque sa tête est mise à prix en 1837 que la rébellion éclate.

« Tant qu'il n'y a pas une représentation nationale, qui puisse remédier à des abus dans les institutions provinciales, civiles ou ecclésiastiques, c'est donner des arguments au Gouvernement de l'étranger, pour qu'il détruise brusquement des établissements qui, contenus dans de justes bornes, seront protecteurs des intérêts canadiens, qui abattus par le fanatisme protestant ou philosophique, ne le seront pas au profit du peuple, mais à celui du pouvoir. »

Lettre de Papineau à sa femme, 29 avril 1839.

- Selon vous, quels sont les abus auxquels Papineau fait référence?
- Pourquoi Papineau défend-il une représentation nationale?

Robert Auchmuty Sproule, *L'honorable Louis-Joseph Papineau*, 1832.

De leur côté, la plupart des colons britanniques du Bas-Canada appuient une tendance politique conservatrice qui s'oppose au Parti canadien et qui soutient le gouverneur : le *British Party*. Leur choix politique s'explique par leur situation très minoritaire depuis la création du Haut-Canada, et par leur crainte que les Canadiens appuient la France dans sa guerre contre la Grande-Bretagne. Les membres du *British Party*, tels James McGill et John Richardson, bénéficient grandement du **patronage** de l'État colonial : contrats, monopoles, postes de hauts fonctionnaires, etc. Pour ces raisons, ils se rallient au pouvoir impérial britannique.

Patronage Anglicisme utilisé traditionnellement au Québec pour désigner le favoritisme, c'est-à-dire la distribution de biens publics (emplois dans l'administration, subventions) par une personne au pouvoir, en échange d'un appui politique.

Le *British Party* est minoritaire à l'Assemblée législative, mais il domine les Conseils exécutif et législatif. Il est appuyé par de rares députés canadiens, comme le juge Pierre-Amable De Bonne. Quelques autres Canadiens favorables au gouverneur sont nommés aux Conseils exécutif et législatif. À la suite de la radicalisation du Parti patriote, le *British Party* rallie aussi le clergé catholique et la plupart des nobles canadiens.

43 **Les deux camps politiques du Bas-Canada**

	Château Saint-Louis	Conseils législatif et exécutif	Assemblée législative
Parti canadien/patriote			• Députés canadiens libéraux • Quelques députés britanniques libéraux
British Party	Le gouverneur	Britanniques et Canadiens (nommés la « clique du Château »)	• Députés britanniques conservateurs • Quelques députés canadiens conservateurs

À travers le temps

Le fort et le château Saint-Louis, lieu de pouvoir

Construit en 1620 par Champlain, sur la falaise de Québec, le fort Saint-Louis est solidifié en 1636 par le gouverneur de Montmagny, qui fait construire dans son enceinte un château, en 1648. Le château Saint-Louis devient alors la résidence officielle des gouverneurs de la colonie. À partir de 1692, le gouverneur Frontenac effectue d'importants travaux sur le fort et fait agrandir le château. Après les bombardements de 1759, le fort et le château tombent en ruine. Les gouverneurs britanniques ne redonnent pas au fort sa valeur défensive, mais le château est remis en état, jusqu'à ce qu'il soit détruit par le feu en 1834. Le château Frontenac et la terrasse Dufferin seront construits en 1892 sur l'emplacement du fort et du château Saint-Louis. Des fouilles archéologiques effectuées en 2005 et 2006 sous la terrasse Dufferin ont permis de mettre au jour d'importants vestiges du fort et du château.

Sous le régime britannique, le château Saint-Louis demeure un lieu de pouvoir, non seulement parce qu'il est le siège du pouvoir exécutif, mais aussi parce que la haute société coloniale s'y retrouve lors des somptueuses réceptions et des bals offerts par les gouverneurs. C'est pourquoi les adversaires politiques du gouvernement (comme le Parti patriote) en viennent à surnommer « clique du Château » le groupe d'aristocrates et de gens d'affaires conservateurs que le gouverneur nomme aux Conseils législatif et exécutif du Bas-Canada.

Le château Saint-Louis, en 1778
James Hunter, *La Basse-ville de Québec* [détail], 1778.

Un bal offert par le gouverneur, en 1801
George Heriot, *Danse au château Saint-Louis*, 1801.

Gouvernement responsable
Gouvernement où les membres du Conseil exécutif sont choisis parmi les membres du parti majoritaire à l'Assemblée législative.

Responsabilité ministérielle
Dans un gouvernement responsable, principe selon lequel l'Assemblée législative approuve le choix des membres du Conseil exécutif, qui sont tenus de démissionner s'ils perdent l'appui de l'Assemblée.

44 La déclaration d'Indépendance des États-Unis
Le Parti patriote souhaite que le Bas-Canada, comme les États-Unis, puisse devenir une société capable d'organiser elle-même sa politique et son économie.

Les revendications du Parti canadien

Les députés du Parti canadien, majoritaires à l'Assemblée législative, souhaitent orienter l'action de l'État colonial suivant leurs valeurs et leurs intérêts. Ils n'ont cependant que très peu d'influence sur le pouvoir exécutif. De plus, leur pouvoir de faire des lois est contrecarré par le Conseil législatif, dominé par le *British Party*. C'est pourquoi le Parti canadien se met à revendiquer des changements dans le fonctionnement des institutions politiques, dont l'obtention d'un **gouvernement responsable**. Il s'inspire pour cela des idées libérales et des luttes menées par les assemblées des autres colonies britanniques.

La principale revendication du Parti canadien vise la gestion du budget de l'État par les élus. L'Assemblée législative dispose d'un pouvoir de taxation qui lui permet d'amasser des sommes appelées « subsides ». Certaines de ces sommes sont cédées au gouverneur pour défrayer les dépenses de l'État. Le Parti canadien demande que l'Assemblée puisse déterminer de quelle façon le gouverneur va dépenser ces subsides. En particulier, le Parti canadien veut un droit de regard sur la liste civile, c'est-à-dire le choix des fonctionnaires et des pensionnés de l'État. Il espère ainsi limiter le patronage du gouverneur, ou du moins en faire profiter davantage les Canadiens.

À partir de la **fin des années 1820**, à la suite de plusieurs échecs, le Parti canadien (devenu le Parti patriote) formule des revendications plus radicales. Il demande que les membres du Conseil législatif soient élus par la population. Il réclame aussi la **responsabilité ministérielle**.

Le Parti patriote dénonce également le pouvoir de l'Église catholique sur l'éducation, les abus des seigneurs face aux censitaires, et les grands monopoles économiques (terres, finances). Il laisse planer la menace de l'indépendance du Bas-Canada, affirmant que celui-ci pourrait bientôt rejoindre les autres ex-colonies du continent américain.

En **février 1834**, le Parti patriote résume ses revendications dans les 92 Résolutions, qui sont adoptées par l'Assemblée législative. Une partie des membres du Parti, plus modérés, refusent toutefois de les approuver.

John Trumbull, *Declaration of Independence*, 1817.

Lieu de *mémoire*

La Loi de pleine émancipation des Juifs

En 1832, le Parti patriote propose à l'Assemblée législative la Loi de pleine émancipation des Juifs. Le Bas-Canada devient ainsi le premier territoire de l'Empire britannique à permettre aux Juifs d'occuper la fonction de député ou toute autre charge publique. Inspiré par le républicanisme, qui l'amène à reconnaître l'égalité politique entre tous les hommes, le Parti patriote n'est donc plus le Parti canadien. En effet, en 1809, ce dernier avait refusé à Ezekiel Hart, le premier Juif à se faire élire au Bas-Canada, le droit de siéger à l'Assemblée.

PISTES d'interprétation CD 2

1. Quels sont les deux camps politiques au Bas-Canada ? Qui en fait partie ?
2. Qu'est-ce qui distingue chaque camp par rapport à l'influence qu'il exerce dans l'État colonial ?
3. Quelle est la principale revendication du Parti canadien ?
4. Quelles revendications plus radicales le Parti patriote formule-t-il à partir de la fin des années 1820 ?

Les ressources et les stratégies du *British Party*

Le *British Party* est très minoritaire au Bas-Canada, mais il dispose de ressources importantes pour contrer le Parti canadien et promouvoir ses propres intérêts. Il contrôle la plupart des institutions politiques ainsi que plusieurs journaux conservateurs, comme le *Quebec Mercury* et le *Courrier de Québec*. Il peut aussi compter sur le soutien public de l'Église catholique.

Le gouverneur et le Conseil législatif ont le pouvoir de bloquer les projets de loi adoptés par l'Assemblée législative. À tout moment, le gouverneur peut aussi dissoudre l'Assemblée et déclencher des élections, ou encore suspendre l'Assemblée pour un temps. Le gouverneur joue aussi un rôle décisif dans la nomination des membres des deux Conseils (législatif et exécutif), des juges et des fonctionnaires (liste civile). Ces personnes lui sont donc le plus souvent favorables.

Le *British Party* cherche aussi à accroître son influence au sein même de l'Assemblée législative. Le gouverneur encourage des juges et des fonctionnaires à s'y faire élire. Certains gouverneurs font personnellement campagne pour appuyer des candidats du *British Party*. Enfin, à plusieurs reprises, des membres du *British Party* proposent de réserver exclusivement aux Britanniques certains sièges à l'Assemblée, ou encore de noyer la population canadienne dans une mer anglophone, par l'immigration ou par l'union des deux Canadas. Ces projets n'ont toutefois pas de suite.

James Craig est l'un des gouverneurs qui emploie les tactiques les plus musclées à l'égard du Parti canadien. En **1809-1810**, il dissout deux fois l'Assemblée, destitue des fonctionnaires favorables au parti, supprime le journal *Le Canadien* et jette en prison ses rédacteurs, dont certains sont députés. D'autres gouverneurs après lui poursuivent des journalistes ou les font emprisonner.

Gerritt Schipper, *Portrait of John Richardson*, 1808-1809.

Portrait

John Richardson (1754-1831)

L'Écossais John Richardson est l'une des deux figures dominantes du *British Party* au Bas-Canada (l'autre étant James McGill). Marchand de fourrures établi à Montréal dans les années 1780, il participe à la fondation de la Banque de Montréal en 1817 et à la construction du canal de Lachine. Il défend les intérêts des grands marchands auprès de l'État, par exemple en réclamant des mesures contre la concurrence américaine. D'abord député (1792-1796), il entre dans la « clique du Château » lorsqu'il est nommé au Conseil exécutif, en 1804, et siège en même temps au Conseil législatif à partir de 1816.

Richardson a milité pour l'obtention d'une Assemblée législative avant 1791, mais il souhaite par la suite l'union du Haut-Canada et du Bas-Canada et l'assimilation des Canadiens. À partir de 1793, il est convaincu que la France prépare une invasion du Canada. Il devient responsable du contre-espionnage dans la colonie et favorise des lois qui restreignent les libertés individuelles, comme le *Alien Act* de 1794. Il s'oppose en outre à l'accroissement des pouvoirs de l'Assemblée législative, dominée par le Parti canadien.

Les ressources et les stratégies du Parti canadien

Les mesures prises par le *British Party* n'empêchent pas le Parti canadien de faire élire de nombreux députés et de dominer l'Assemblée tout au long de la période du Bas-Canada. En fait, la seule véritable ressource du Parti canadien réside dans l'appui des électeurs, qui lui assurent le contrôle de l'Assemblée législative. Pour cette raison, le parti consacre beaucoup d'énergie à conserver la majorité des sièges de députés. Il fait campagne contre les candidats du *British Party* lors des élections. Il cherche aussi à enlever aux fonctionnaires le droit de se présenter aux élections, parce qu'ils sont salariés de l'État – et donc exposés aux pressions du gouverneur. Le Parti canadien remporte dans ce domaine une victoire importante : en **1811**, l'élection des juges à l'Assemblée législative est déclarée illégale.

Au sein de l'Assemblée législative, les députés du Parti canadien ont le pouvoir de bloquer les projets de loi souhaités par le *British Party*. Ainsi, ils empêchent fréquemment le vote des subsides, ce qui force le gouvernement à faire des compromis ou à effectuer des emprunts pour équilibrer le budget de l'État. La situation se dégradant progressivement, l'État du Bas-Canada finit par ne plus être en mesure de fonctionner normalement.

Au fil des ans, le Parti canadien a plus souvent recours à une autre stratégie : mobiliser la population en dehors des élections pour faire pression sur le gouverneur et sur la métropole. La création du journal *Le Canadien*, en **1806**, permet de diffuser les idées du parti et les débats de l'Assemblée législative dans toute la colonie. Elle est suivie de nombreuses autres publications réformistes, tant en français (par exemple, *La Minerve*) qu'en anglais (*Vindicator, Township Reformer*). Le Parti canadien fait aussi circuler des pétitions. En **1822**, il recueille 60 000 signatures contre un projet de fusion des deux Canadas. Six ans plus tard, il envoie à Londres une liste de 87 000 noms de colons qui protestent contre les méthodes « despotiques » du gouverneur Dalhousie.

Joseph-Charles Franchère, *Banquet de fondation de la Société Saint-Jean-Baptiste de Montréal en 1834*, 1909.

Lieu de *mémoire*

La première fête de la Saint-Jean-Baptiste, en 1834

Les Irlandais ont saint Patrick ; les Anglais, saint George ; les Écossais, saint Andrew. En 1834, année de l'adoption des 92 Résolutions, le peuple canadien n'a pas encore de saint patron. Le journaliste Ludger Duvernay décide de lui en trouver un. Le 24 juin, jour de la Saint-Jean-Baptiste, il organise un banquet dans le jardin d'un Écossais patriote de Montréal, John McDonnell. C'est une petite fête très politique (et donc exclusivement masculine), à laquelle assistent plusieurs personnalités patriotes francophones et anglophones. On y boit à la santé de Papineau, des réformistes du Haut-Canada, des libéraux anglais et irlandais, et des États-Unis. On décide de faire de ce jour la fête nationale. L'idée a du succès et mobilise les sympathisants patriotes de la colonie, qui organisent des fêtes semblables dans leurs villages à partir de l'année suivante. Ils boivent à Papineau, à l'Assemblée et « au peuple, source de tout pouvoir légitime ».

PISTES d'interprétation CD 2

1. De quelle façon le *British Party* défend-il ses intérêts ?
2. De quelle façon le Parti canadien défend-il ses intérêts ?

Question bilan

3. Quelle est la dynamique entre le pouvoir et les groupes qui cherchent à exercer une influence entre 1791 et 1837 ?

Rébellions et répression, de 1837 à 1840

À la fin des années 1830, les clans politiques qui s'opposent au Bas-Canada adoptent de nouvelles stratégies qui les conduisent à l'affrontement armé. Les ressources du *British Party* sont de beaucoup supérieures à celles des Patriotes. Après avoir brièvement perdu le contrôle de la situation, l'État réaffirme avec force son pouvoir sur la colonie.

Une situation révolutionnaire

En **mars 1837**, la métropole fait connaître sa réponse aux 92 Résolutions des Patriotes bas-canadiens. Par les 10 résolutions Russell, le gouvernement britannique rejette la requête visant un Conseil législatif élu et un gouvernement responsable. Londres autorise même le gouverneur à puiser dans les fonds publics, sans l'accord de l'Assemblée, pour payer les dettes de la colonie. Loin d'accroître le pouvoir des élus, la métropole diminue les pouvoirs de l'Assemblée.

À la suite de cette réponse négative, le Parti patriote modifie sa stratégie. Il abandonne l'action politique au sein de l'Assemblée législative et il organise de grands rassemblements populaires afin de montrer à Londres que la population appuie ses revendications. Au cours de **l'été et de l'automne 1837**, des assemblées populaires se tiennent dans de nombreuses localités, notamment dans les campagnes autour de Montréal. Autour d'une tribune érigée dans un champ, les colons se réunissent pour écouter les discours des leaders patriotes, puis ils votent des résolutions pour protester contre la politique de Londres et pour boycotter les produits importés, afin de causer du tort au trésor britannique. Le but de cette stratégie de mobilisation massive n'est pas de prendre le pouvoir ou de faire la révolution, mais d'accentuer la pression sur la métropole.

45 L'assemblée des Six Comtés

Le 23 octobre 1837, des milliers de partisans patriotes s'assemblent illégalement à Saint-Charles, sur la rivière Richelieu. Ils proviennent des six comtés électoraux de la région : Saint-Hyacinthe, Rouville, Chambly, Verchères, Richelieu et L'Acadie. Pendant deux heures et demie, Louis-Joseph Papineau s'adresse à la foule, la plus grande à s'être déplacée pendant l'automne. Les participants votent des résolutions et érigent un « poteau de la liberté ». Le drapeau patriote vert, blanc et rouge flotte au-dessus des têtes.

Charles Alexander Smith, *Assemblée des Six Comtés*, 1890.

● Quel(s) groupe(s) d'influence cette œuvre représente-t-elle ?

● Quelles raisons amènent le Parti patriote à organiser de grands rassemblements populaires ?

Pourtant, un processus révolutionnaire s'enclenche. Dès le mois de juin, les rassemblements populaires sont interdits par le gouverneur et dénoncés par l'évêque catholique, Mgr Lartigue. Comme ces mesures sont sans effet, le gouverneur destitue les représentants de l'État (capitaines de milice, juges de paix) qui participent aux rassemblements. La population réagit en réélisant les fonctionnaires destitués, et en forçant ceux qui sont restés loyaux au gouvernement à démissionner. Les leaders du Parti patriote ne contrôlent pas toujours ces actions. Cette situation est révolutionnaire, et l'État colonial décide de la réprimer.

La répression du mouvement patriote

Loi martiale Loi qui autorise le recours à la force armée et suspend les libertés pour résoudre une situation de crise à l'intérieur d'un pays.

À l'**automne 1837**, l'État colonial veut reprendre le contrôle du Bas-Canada et mettre fin au blocage des institutions politiques. Pour cela, il doit affaiblir ou détruire le mouvement patriote.

L'interdiction des assemblées populaires et la destitution des fonctionnaires déloyaux n'ont pas donné de résultats. Le gouverneur décide donc de s'attaquer aux chefs patriotes, espérant ainsi désorganiser leur mouvement. Le **16 novembre**, le gouvernement du Bas-Canada lance des mandats d'arrestation contre 26 leaders et activistes patriotes. La liste comprend huit membres des Fils de la liberté, huit députés (dont Papineau et le journaliste Edmund Bailey O'Callaghan) et des bourgeois influents, comme Ludger Duvernay et Wolfred Nelson.

Plusieurs chefs patriotes parviennent à quitter Montréal et se réfugient à la campagne. Là, les habitants dressent des camps militaires pour empêcher leur arrestation, malgré le manque d'armes et d'entraînement. Face à cette rébellion, l'État proclame la **loi martiale** et emploie la force militaire pour désarmer et emprisonner 500 combattants patriotes. L'État fait appel également à des civils, les Volontaires, qui incendient et pillent les localités rebelles. Les mêmes mesures sont appliquées en **1838**, lorsque des Patriotes proclament l'indépendance du Bas-Canada (février) et organisent le soulèvement révolutionnaire de milliers de Patriotes sous le nom de «Frères Chasseurs» (novembre). Les rébellions des Patriotes sont ainsi réprimées par la force.

L'État colonial applique ensuite des mesures de répression judiciaire. En **1839**, 12 Patriotes sont pendus à Montréal et 130 sont déportés dans la colonie pénitentiaire de Tasmanie, en Australie. Les chefs patriotes qui ont échappé à la répression s'exilent eux-mêmes aux États-Unis ou en France, comme Papineau. Au Haut-Canada, où des réformistes ont aussi tenté de renverser le gouvernement, une vingtaine de rebelles sont pendus, et une centaine sont déportés.

Henri Julien, *La bagarre du 6 novembre: les membres du* Doric Club *descendent la rue Saint-Jacques*, paru dans l'*Almanach du peuple* en 1907.

46 Le *Doric Club*

En réaction à la radicalisation du mouvement patriote et aux tentatives de conciliation du gouverneur Gosford, le *British Party* se radicalise lui aussi. Au printemps 1836, de jeunes anglophones de Montréal fondent le *Doric Club*, un groupe paramilitaire hostile aux idées du Parti patriote et aux Canadiens en général. Le *Doric Club* organise des exercices militaires dans les rues de Montréal. Le 6 novembre 1837, il s'en prend physiquement aux Fils de la liberté, qui viennent eux aussi de commencer l'entraînement militaire. Peu après, les membres du *Doric Club* s'intègrent aux régiments de Volontaires qui appuient l'armée britannique pour réprimer la rébellion.

Le testament politique de Chevalier de Lorimier

La veille de sa pendaison pour haute trahison le 15 février 1839, le notaire Thomas-Chevalier de Lorimier, 34 ans, ancien Fils de la liberté et officier dans l'armée patriote, écrit une lettre à ses concitoyens.

« À la veille de rendre mon esprit à son créateur, je désire faire connaître ce que je ressens et ce que je pense. [...] On sait que le mort ne parle plus, et la même raison d'État qui me fait expier sur l'échafaud ma conduite politique pourrait bien forger des contes à mon sujet. [...] Je meurs sans remords. Je ne désirais que le bien de mon pays dans l'insurrection et l'indépendance. [...]

Quant à vous mes compatriotes ! Puisse mon exécution et celle de mes compagnons d'échafaud vous être utiles. Puissent-elles vous démontrer ce que vous devez attendre du gouvernement anglais. Je n'ai plus que quelques heures à vivre, mais j'ai voulu partager ce temps précieux entre mes devoirs religieux et ceux à mes compatriotes. Pour eux, je meurs sur le gibet de la mort infâme du meurtrier, pour eux je me sépare de mes jeunes enfants, de mon épouse [...] et pour eux je meurs en m'écriant : Vive la Liberté, vive l'indépendance. »

Chevalier de Lorimier, *Lettres d'un patriote condamné à mort*, 14 février 1839.

Thomas-Chevalier de Lorimier

● Pour quelles causes De Lorimier affirme-t-il avoir combattu ?

● Quelle raison le pousse à écrire cette lettre ?

La métropole met également en place une série de mesures constitutionnelles pour réprimer le mouvement patriote. En **février 1838**, la métropole suspend la Constitution du Bas-Canada. Elle nomme un Conseil spécial pour aider le gouverneur à faire des lois, sans représentation du peuple. Elle remplace le gouverneur Gosford par Lord Durham, à qui elle demande de trouver une solution à la crise dans les deux Canadas. À la suite du rapport de Lord Durham, Londres décide en **1840** d'unir le Haut-Canada et le Bas-Canada, de manière que les Canadiens et les réformistes deviennent une minorité dans un Canada-Uni de langue anglaise. Finalement, le gouvernement colonial crée aussi une police permanente – la première du genre dans la colonie – pour surveiller les villes et les campagnes.

47 Le rapport Durham

Dans son rapport, Lord Durham recommande, entre autres, que le gouvernement colonial soit responsable. Londres ne donne pas suite à cette recommandation.

« L'hostilité des races ne suffit pas pour faire connaître les causes de si grands maux [les rébellions] [...] Le Bas-Canada ou même les deux Canadas ne sont pas les seules de nos colonies où soit engagée la lutte entre le pouvoir exécutif et les corps populaires [les Assemblées]. [...] Ce n'est que tout récemment qu'on paraît avoir calmé les mécontentements les plus sérieux dans le Nouveau-Brunswick et l'île du Prince-Édouard. Le gouvernement est en minorité dans l'assemblée de la Nouvelle-Écosse, et les dissensions ne sont pas moins violentes à Terre-Neuve que dans les Canadas. L'état naturel dans toutes ces colonies est celui de collision [affrontement] entre le pouvoir exécutif et les représentants [élus]. »

Rapport sur les affaires de l'Amérique du Nord britannique, 1839.

● Selon Durham, quelles sont les causes des rébellions ?

PISTES
d'interprétation CD 2

1. Quels signes indiquent que l'État colonial perd le contrôle de la situation en 1837 ?

2. Comment le Parti patriote exerce-t-il une influence politique en 1837 ?

3. Quels moyens l'État emploie-t-il pour reprendre le contrôle du Bas-Canada ?

4. De quelle manière les Patriotes réagissent-ils aux mesures de répression de l'État ?

Question bilan

5. Quelle est la dynamique entre le pouvoir et les groupes qui cherchent à exercer une influence entre 1837 et 1840 ?

Le Canada-Uni, un État démocratique et bourgeois, de 1840 à 1867

L'Acte d'Union de 1840 réunit en une seule colonie les deux Canadas, où l'armée britannique vient de réprimer les rébellions. La métropole veut ainsi reprendre la situation bien en main. Mais les bourgeoisies canadienne-française et canadienne-anglaise poursuivent leur lutte en faveur du gouvernement responsable et obtiennent gain de cause. Après avoir pris le contrôle de l'État, elles le mettent au service de leurs intérêts économiques.

48 Le Canada-Uni, de 1840 à 1867

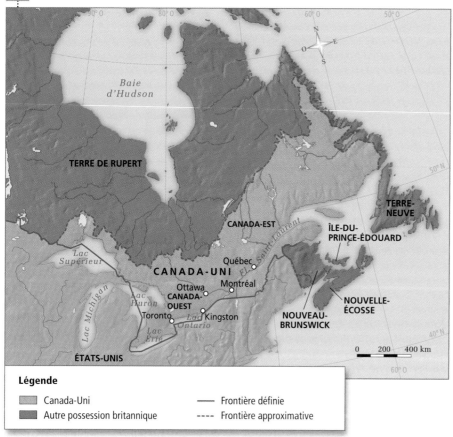

Légende

▢ Canada-Uni ── Frontière définie
▢ Autre possession britannique ---- Frontière approximative

La quête du gouvernement responsable

La nouvelle Constitution comporte deux aspects : l'union des colonies et le maintien d'un régime politique non démocratique.

Les objectifs de l'union

L'union favorise les intérêts de la métropole et des colons canadiens-anglais. Elle place en effet les Canadiens français en situation minoritaire (environ 45 % de la population du Canada-Uni), si bien que leurs élus ne peuvent plus gêner le fonctionnement de l'État. Et comme l'unique langue officielle de la nouvelle colonie est l'anglais, cela favorise aussi leur assimilation.

49 La population du Canada-Est et du Canada-Ouest, en 1840

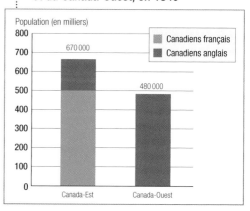

D'après *Recensements du Bas-Canada et du Haut-Canada*, Statistique Canada.

50 Une capitale ambulante

En un quart de siècle, l'Assemblée législative du Canada-Uni vote plus de 200 fois sur le choix d'emplacement de la capitale coloniale. Celle-ci déménage à six reprises, entre cinq villes : Kingston, Montréal, Toronto, Québec et Ottawa.

Andrew Morris, *Sir Charles Metcalfe à l'ouverture du Parlement à Montréal*, 1845.

Les habitants du Canada-Ouest sont particulièrement avantagés par l'union. Elle leur permet de faire reposer le fardeau de leur importante dette publique sur les épaules de la colonie tout entière. De plus, ils élisent le même nombre de députés que le Canada-Est, même si leur population est de beaucoup inférieure (480 000 contre 670 000).

Seuls les Canadiens français du Canada-Est ne retirent aucun avantage de l'union. Leur influence politique s'en trouve diminuée de beaucoup. Aucun député canadien-français n'est nommé au Conseil exécutif de la colonie lors de son inauguration, en 1841.

Une Assemblée législative toujours impuissante

Le régime politique établi par l'Acte d'Union est semblable à celui qui existait avant les rébellions dans le Haut-Canada et le Bas-Canada. La nouvelle province du Canada continue d'être gouvernée par des personnes nommées par la métropole. En dépit des recommandations du rapport Durham, les élus de l'Assemblée législative n'ont pas d'influence sur la composition et les décisions du Conseil exécutif.

Cette situation permet à la métropole de garder sa mainmise sur la colonie. Elle plaît aussi aux députés *tory* (conservateurs) anglophones de Montréal et de Toronto. Ceux-ci veulent en effet le maintien du régime existant, dans lequel des personnes nommées octroient des faveurs à des privilégiés.

Mais un grand nombre de députés souhaitent amener l'État à tenir compte davantage de leurs intérêts. Leur priorité demeure donc l'obtention de la responsabilité ministérielle. Cet objectif nécessite une collaboration entre députés canadiens-français et canadiens-anglais. Certains députés canadiens-français comprennent qu'ils peuvent obtenir des avantages en échange de leur soutien aux députés réformistes du Canada-Ouest.

51 Le pouvoir d'État au Canada-Uni, de 1840 à 1867

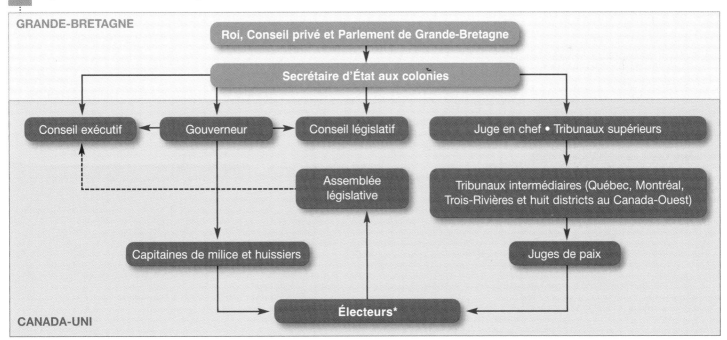

→ Indique un rapport d'autorité.

--→ Après l'obtention du gouvernement responsable de 1848.

* Ils élisent aussi les gouvernements municipaux.

L'alliance réformiste

Dans l'Assemblée législative du Canada-Uni, la députation du Canada-Est comprend de nombreux Patriotes ayant échappé à l'exil. Plusieurs maintiennent leur radicalisme républicain et refusent de collaborer avec les députés du Canada-Ouest. Mais d'autres anciens Patriotes, comme l'avocat Louis-Hippolyte Lafontaine, sont des réformistes qui favorisent aussi le développement industriel capitaliste. Leurs idées se rapprochent de celles des réformistes du Canada-Ouest, dirigés par l'avocat torontois Robert Baldwin.

En **1842**, les groupes parlementaires de Lafontaine et de Baldwin décident de former une alliance réformiste. En unissant leurs forces, ils espèrent constituer la majorité à l'Assemblée et revendiquer plus efficacement la responsabilité ministérielle. Les réformistes canadiens-français promettent de soutenir leurs collègues canadiens-anglais dans leur proposition de lois portant sur l'économie. En échange, les réformistes du Canada-Ouest s'engagent à reconnaître le français comme deuxième langue officielle du Parlement, et à faire amnistier les rebelles de 1837-1838. Le Parti réformiste remporte peu de succès aux élections de 1844, mais il obtient la majorité des députés élus aux élections de **1848**.

52 **L'incendie du Parlement de Montréal, en 1849**

Pour les *tories*, la responsabilité ministérielle procure trop d'influence au peuple, notamment aux Canadiens français. Lorsque le gouverneur Elgin approuve un projet de loi du Parlement du Canada-Uni qui indemnise ceux qui ont subi des pertes matérielles lors de la répression des rébellions de 1837-1838 au Bas-Canada, les *tories* manifestent violemment à Montréal. L'incendie du parlement n'est qu'un des nombreux incendies qu'ils déclenchent durant l'été 1849 en guise de protestation.

E. Hides, *Destruction de l'édifice du Parlement, Montréal, le 25 avril 1849*, vers 1849.

PISTES d'interprétation **CD 2**

1. Quel intérêt l'union de 1840 sert-elle?

2. Pourquoi les députés réformistes réclament-ils la responsabilité ministérielle?

3. À la suite de quel événement le Canada-Uni obtient-il le gouvernement responsable?

L'obtention du gouvernement responsable

En **1846**, les *whigs* (libéraux) prennent le pouvoir en Grande-Bretagne et appliquent le libre-échangisme. Désormais, la métropole comme les colonies devront affronter directement la concurrence économique mondiale.

En retirant sa protection économique, la métropole doit permettre aux colonies de déterminer elles-mêmes leur politique intérieure. Londres accorde donc au Canada le gouvernement responsable. En **1848**, à la suite des élections remportées par le Parti réformiste, le gouverneur Elgin demande à Baldwin et Lafontaine de former le Conseil exécutif pour gouverner la colonie.

Le gouverneur conserve le droit d'annuler les lois de l'Assemblée, mais dans l'ensemble, la métropole n'intervient plus dans les affaires coloniales internes. L'État du Canada-Uni devient officiellement bilingue et est gouverné par les élus du peuple.

Un État au service de la bourgeoisie

Après l'obtention de la responsabilité ministérielle, l'État au Canada-Uni est dominé par les bourgeoisies francophone et anglophone, qui l'utilisent pour promouvoir leurs intérêts. Les objectifs de l'État changent : il se désintéresse des questions militaires pour se concentrer sur le développement économique.

Dans le système capitaliste, les entrepreneurs privés sont censés assurer le développement économique. Mais ils demandent souvent à l'État de les appuyer en mettant en place des infrastructures : voies de communication, lois favorables à la propriété privée et à la circulation des biens et des personnes, éducation de la population. Ces infrastructures sont payées par l'État, c'est-à-dire par l'ensemble de la population coloniale.

Les bourgeois réformistes qui siègent à l'Assemblée du Canada-Uni – et qui dominent le Conseil exécutif à partir de 1848 – répondent favorablement aux demandes des entrepreneurs capitalistes. Ils croient que c'est là le meilleur moyen d'assurer la prospérité générale de la colonie. Ils servent aussi leurs intérêts particuliers, puisque plusieurs sont eux-mêmes entrepreneurs.

Les voies de communication

Dans les **années 1840**, l'État du Canada-Uni dépense des millions de dollars pour la construction de canaux qui profitent aux marchands qui font transporter leurs cargaisons dans la vallée du Saint-Laurent et les Grands Lacs.

Dans les **années 1850**, des entrepreneurs se lancent dans la construction de chemins de fer, dont le réseau du Grand Tronc. L'État investit dans ce domaine encore davantage de fonds publics que pour les canaux, et il accepte fréquemment d'éponger les dettes des compagnies de chemin de fer qui font faillite. D'ailleurs, plusieurs membres du gouvernement (Conseil exécutif) sont aussi directeurs de compagnies de chemin de fer.

Enfin, pour tenter de ralentir l'exode des Canadiens français vers les États-Unis, l'État ouvre des routes vers de nouvelles zones de colonisation (Saguenay, Mauricie, Outaouais). Chemin faisant, il négocie avec des peuples autochtones dans le but de réduire les territoires qu'ils occupent.

La législation favorable au capitalisme

En plus de subventionner directement les moyens de transport et de communication, l'État du Canada-Uni fait adopter des lois qui favorisent le commerce et la libre-entreprise.

En **1853**, dans le but de remplacer les diverses devises qui circulent dans la colonie (livre anglaise, dollar américain), la colonie crée sa propre monnaie : le dollar canadien.

En **1854**, le Parlement du Canada abolit le régime seigneurial au Canada-Est. Cette mesure vise à faciliter l'achat et la vente de terres et la libre entreprise, en supprimant les privilèges des seigneurs et des censitaires. Toutefois, comme de nombreux bourgeois (en majorité canadiens-anglais) sont propriétaires de seigneuries, le Parlement accorde aux seigneurs 3,5 millions de dollars en indemnités.

53 **La Banque de Montréal, vers 1860**

Un groupe de marchands britanniques, dont John Richardson qui siège au Conseil exécutif, fonde en 1817 la première banque de la colonie : la Banque de Montréal. Celle-ci fournira également des fonds pour la construction des canaux et des chemins de fer.

L'État se charge aussi d'ouvrir des marchés d'exportation aux entrepreneurs coloniaux. Depuis l'abandon des mesures protectionnistes par la Grande-Bretagne, entre 1846 et 1851, le bois, le blé et les autres produits d'exportation canadiens ne sont plus privilégiés sur les marchés britanniques. En **1854**, les deux États voisins signent un Traité de réciprocité, qui ouvre pour 10 ans le marché américain aux produits canadiens.

L'éducation et l'encadrement social

Afin de servir ses intérêts, la classe dirigeante du Canada-Uni, composée essentiellement de bourgeois, ressent le besoin d'éduquer et d'encadrer la population.

Les nouvelles industries attirent dans les villes des masses de campagnards et d'immigrants, et la bourgeoisie croit que l'école peut les former et leur apprendre à réprimer leurs comportements violents. Au cours des années 1840 et 1850, l'État du Canada-Uni met donc en place un système d'enseignement primaire et secondaire, et de nouvelles taxes pour le financer.

Enfin, la bourgeoisie coloniale intervient pour limiter le pouvoir de deux groupes qu'elle juge inaptes à prendre part à la vie politique. En **1849**, le Parlement du Canada-Uni supprime le droit de vote des femmes et celui des Autochtones. Ce dernier groupe est moins utile à un État préoccupé davantage par le développement économique que par les affaires militaires. Par conséquent, le Canada-Uni réserve certains territoires pour les Autochtones, mais une loi adoptée en **1857** vise à en assimiler le plus grand nombre possible.

Le nouveau pouvoir de l'Église catholique

L'État du Canada-Uni confie une part importante de l'encadrement social aux différentes Églises chrétiennes. Au Canada-Est, l'Église catholique joue un rôle prépondérant dans l'éducation et les soins aux malades, en français et, de plus en plus, en anglais. Pour ce faire, l'Église est autorisée à inviter des ordres religieux de l'étranger ou à en créer de nouveaux.

55 Une procession de la fête-Dieu à Montréal, en 1840

Philip John Bainbrigge, *La place d'Armes et la cathédrale pendant le défilé de la fête-Dieu, Montréal*, 1840.

Le nouvel évêque de Montréal, Mᵍʳ Ignace Bourget, augmente considérablement le personnel religieux et fait construire les bâtiments pour les abriter. Une grande partie de la vie sociale est encadrée par la religion et par les mots d'ordre de l'Église, par exemple contre l'abus d'alcool. Un phénomène similaire se produit chez les protestants partout au Canada-Uni.

L'Église catholique critique toutefois le libéralisme économique et politique, et elle prétend jouer un rôle important dans la vie politique. Elle est violemment dénoncée par le Parti rouge, dont les leaders, Antoine-Aimé Dorion et Louis-Joseph Papineau, poursuivent le combat républicain et anticlérical de l'ancien Parti patriote.

PISTES d'interprétation CD 2

1. Quel groupe social exerce une grande influence sur l'État du Canada-Uni?
2. Dans quels domaines l'État agit-il?
3. Quels groupes perdent leurs droits politiques?
4. Quel rôle l'Église joue-t-elle dans la colonie?

Le projet de confédération

Au cours des années 1860, des politiciens du Canada-Uni voient l'union de toutes les colonies britanniques d'Amérique du Nord comme une solution aux tensions politiques qui existent depuis plusieurs années et à la diminution des échanges commerciaux.

Les partisans et les adversaires du projet de confédération

Les *Clear Grits* (libéraux) de George Brown sont parmi les défenseurs du projet de **confédération** des colonies britanniques d'Amérique du Nord. Majoritaires au Canada-Ouest, ils ne réussissent pas à former avec le Parti rouge du Canada-Est une coalition capable de prendre le pouvoir au Canada-Uni. En **1864**, les *Clear Grits* parviennent à convaincre les conservateurs John A. Macdonald et George-Étienne Cartier de former un gouvernement de coalition, surnommé la Grande Coalition, dans le but de mettre fin à l'instabilité ministérielle et de faire avancer le projet de confédération. Les membres de la Grande Coalition croient qu'une confédération favoriserait la mise en place de nouveaux partenariats commerciaux entre les colonies britanniques d'Amérique du Nord, surtout après la fin du traité de réciprocité avec les États-Unis, en **1866**.

Au Canada-Est, l'Église appuie publiquement le projet de confédération. Elle pense que ses privilèges seront mieux protégés dans une province majoritairement catholique plutôt que dans l'actuel Canada-Uni.

La métropole, quant à elle, appuie les partisans de la confédération. Du point de vue de Londres, les colonies, devenues coûteuses, doivent se prendre en charge.

Les adversaires du projet de confédération se trouvent au sein du Parti rouge, au Canada-Est et dans les autres colonies britanniques. Les Rouges d'Antoine-Aimé Dorion craignent que le pouvoir du fédéral s'exerce au détriment des provinces, et que les Canadiens français perdent leur poids politique. Quant aux électeurs de Terre-Neuve et de l'Île-du-Prince-Édouard, ils envisagent une confédération des colonies maritimes uniquement.

Confédération Association de plusieurs États qui délèguent certains de leurs pouvoirs à un gouvernement central tout en conservant leur autorité politique.

Fédération Union de plusieurs colonies sous la gouverne d'un seul État central fort, qui détient plus de pouvoirs que les gouvernements provinciaux.

La fédération

Entre 1864 et 1866, à l'occasion d'élections législatives et de votes dans les parlements coloniaux, le projet de confédération reçoit un appui majoritaire au Canada-Uni, au Nouveau-Brunswick et en Nouvelle-Écosse. Au cours de la même période, des délégués coloniaux négocient lors de trois conférences (Charlottetown, Québec et Londres) les conditions de l'union. Même si on a appelé « Confédération » ce processus d'union, le partage des pouvoirs qui est alors établi entre les deux paliers de gouvernement met en place, dans les faits, une **fédération**.

56 La Conférence de Londres

C'est au cours de la Conférence de Londres, en décembre 1866, que le texte de l'Acte de l'Amérique du Nord britannique (AANB) est rédigé. L'AANB est adopté par le Parlement de Londres le 29 mars 1867 et entre en vigueur le 1er juillet suivant.

John David Kelly, *Pères de la Confédération à la Conférence de Londres*, vers 1889.

PISTES d'interprétation **CD 2**

1. Qui sont les principaux partisans et adversaires du projet de confédération et quels sont leurs intérêts ?

2. Pourquoi considère-t-on que l'union négociée entre 1864 et 1866 constitue une fédération ?

Question bilan

3. Quelle est la dynamique entre le pouvoir et les groupes qui cherchent à exercer une influence dans la colonie entre 1840 et 1867 ?

Le pouvoir durant la période contemporaine

— Depuis 1867 —

Après la création du Dominion du Canada en 1867, les rapports entre le pouvoir et les groupes qui cherchent à exercer leur influence se modifient progressivement, mais de façon fondamentale. Ainsi, la question du partage des compétences entre le fédéral et les provinces fait l'objet de négociations incessantes. Cette question favorise le retour de mouvements nationalistes à partir des années 1960 et conduit à des référendums sur la souveraineté du Québec et à des débats constitutionnels dans les années 1980 et 1990.

Avec l'industrialisation, le pouvoir des groupes de financiers et d'industriels s'accroît. Par ailleurs, certains groupes, dont les Autochtones, les syndicats et les femmes, mènent des luttes afin que leurs droits soient reconnus. Les pressions que ces différents groupes d'influence exercent sur l'État amènent ce dernier à intervenir davantage en faveur de l'ensemble des citoyens. Dans les années 1960, une dynamique de pouvoir se crée entre un État providence et des groupes qui revendiquent plus de droits. La démocratisation de la société et l'adoption de la Charte québécoise des droits et libertés, en 1975, permettent entre autres aux féministes, aux groupes linguistiques et aux Autochtones d'exprimer leurs revendications de manière plus ouverte et organisée.

Depuis les années 1990, différents groupes appartenant notamment à des mouvements environnementaux ou de justice sociale tentent d'influencer l'État dans un contexte de mondialisation.

Quelle est la dynamique entre le pouvoir et les groupes qui cherchent à exercer une influence durant la période contemporaine ? **CD 2**

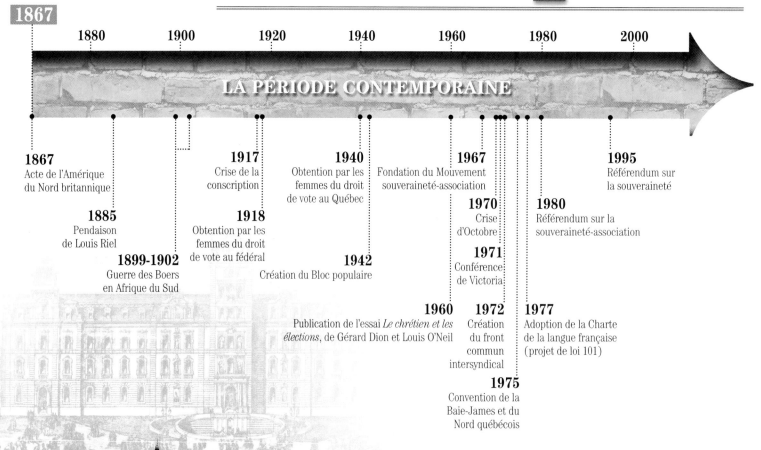

1867

1880 **1900** **1920** **1940** **1960** **1980** **2000**

LA PÉRIODE CONTEMPORAINE

1867
Acte de l'Amérique du Nord britannique

1885
Pendaison de Louis Riel

1899-1902
Guerre des Boers en Afrique du Sud

1917
Crise de la conscription

1918
Obtention par les femmes du droit de vote au fédéral

1940
Obtention par les femmes du droit de vote au Québec

1942
Création du Bloc populaire

1960
Publication de l'essai *Le chrétien et les élections*, de Gérard Dion et Louis O'Neil

1967
Fondation du Mouvement souveraineté-association

1970
Crise d'Octobre

1971
Conférence de Victoria

1972
Création du front commun intersyndical

1975
Convention de la Baie-James et du Nord québécois

1977
Adoption de la Charte de la langue française (projet de loi 101)

1980
Référendum sur la souveraineté-association

1995
Référendum sur la souveraineté

Croissance et revendications, de 1867 à 1929

En **1867**, au moment de la signature de l'Acte de l'Amérique du Nord britannique, les compétences se trouvent partagées entre deux paliers de gouvernement : le fédéral et le provincial. Par ailleurs, l'État, dans son désir d'occuper davantage de territoire, continue de modifier sa politique à l'endroit des Amérindiens. De plus, même s'il appuie les capitalistes financiers et industriels, l'État doit désormais tenir compte des revendications des ouvriers, qui s'organisent en syndicats, et des groupes de femmes.

Les relations fédérales-provinciales

Les Canadiens sont représentés aux deux paliers de gouvernement. En principe, chaque palier respecte les limites de ses champs de compétence, mais dans les faits, des tensions s'installent entre l'État fédéral et les provinces. Les principales causes de dissension ont trait à la répartition des compétences de même qu'au partage des **revenus fiscaux**. En effet, pour répondre aux demandes de leurs électeurs et ainsi améliorer leurs chances de se faire réélire, les politiciens se disputent ces revenus. De 1867 à 1929, les provinces remportent certaines victoires. Le Québec revendique pour sa part une plus grande autonomie à l'intérieur du Canada.

Revenu fiscal Revenu de l'État obtenu par la perception d'impôts, de taxes et de droits de douane.

Une fédération plus décentralisée

Telle que définie dans la Constitution de 1867, la fédération canadienne accorde la primauté à l'État fédéral. Ainsi, en plus de disposer d'importants champs de compétence (commerce, défense et diplomatie, monnaie et banques, etc.) et du droit de percevoir différentes formes de taxes, le gouvernement fédéral peut :

- promulguer des lois dans tout domaine non prévu par la Constitution (c'est ce qu'on appelle les « pouvoirs résiduaires ») ;

- en cas d'urgence, adopter des lois dans les champs de compétence provinciaux ;

- désavouer toute loi provinciale qu'il juge contraire à l'intérêt national (c'est ce qu'on appelle le « pouvoir de désaveu »).

CONCEPTS

Droits, État, influence, intérêt

57 Le pouvoir d'État dans la fédération canadienne, depuis 1867

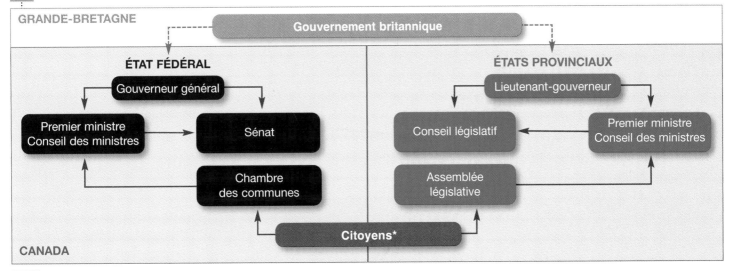

→ Indique un rapport d'autorité.

⇢ Indique que l'influence de la métropole diminue.

* Ils élisent aussi les gouvernements municipaux.

Au cours des 30 premières années de la fédération canadienne, une série de jugements accordent certains revenus fiscaux aux provinces. Ils restreignent aussi le droit de désaveu et les empiètements du fédéral dans les champs de compétence des provinces. La fédération canadienne devient plus décentralisée. Les provinces sont considérées comme des États souverains dans leurs champs de compétence (éducation, santé, routes, ressources naturelles, etc.) et le fédéral ne peut intervenir qu'en cas de crise.

58 Une manifestation de soutien à Louis Riel

Le 22 novembre 1885, environ 50 000 personnes se rassemblent au Champ-de-Mars, à Montréal, pour protester contre la pendaison de Louis Riel.

Anonyme, *Grande assemblée sur le Champ-de-Mars*, 22 novembre 1885.

● Pourquoi des francophones du Québec protestent-ils contre la pendaison de Louis Riel ?

Le nationalisme canadien-français et l'autonomie provinciale

Au début de la fédération, une série d'événements vont perturber les relations entre le gouvernement fédéral et la province de Québec, en particulier :

- la suppression, en **1871**, du droit à des écoles séparées pour les catholiques du Nouveau-Brunswick ;

- la pendaison, en **1885**, du leader métis Louis Riel au Manitoba, que plusieurs Canadiens français interprètent comme un geste antifrancophone et anticatholique ;

- l'abolition du droit à des écoles séparées pour les franco-catholiques du Manitoba, en **1890**.

Ces événements font naître un fort sentiment nationaliste chez les francophones du Québec qui s'identifient aux autres francophones catholiques du pays. Une partie de la population considère que le gouvernement fédéral ne protège pas les droits des minorités franco-catholiques qui vivent en dehors du Québec. Cette situation va inciter les francophones du Québec à revendiquer une plus grande autonomie pour la province, et cela afin de garantir leurs droits.

En **1887**, le libéral Honoré Mercier devient premier ministre du Québec. Son gouvernement organise, à Québec, la première conférence interprovinciale. Cinq provinces demandent au fédéral de respecter leurs champs de compétence et de leur remettre une plus grande part des revenus fiscaux. Des conférences fédérales-provinciales ont lieu régulièrement par la suite. À la fin du XIXe siècle, la province de Québec revendique son autonomie au sein de la fédération.

L'hôtel du Parlement, en 1880.

Lieu de *mémoire*

L'hôtel du Parlement

L'hôtel du Parlement accueille l'Assemblée nationale du Québec où siègent les députés de la province. Entreprise en 1877, sa construction se termine en 1886. Les sculptures de bronze qui ornent sa façade représentent des personnages qui ont marqué l'histoire du Québec, parmi lesquels Champlain, Cartier, Wolfe et Montcalm. La fontaine située devant l'entrée principale rend hommage aux Autochtones. Officialisée en 1939, la devise de la province apparaît au-dessus de la porte centrale : *Je me souviens*. Les autres bâtiments qui se sont ajoutés au fil du temps forment aujourd'hui le complexe du Parlement, qui abrite le Cabinet du premier ministre, la Salle du Conseil des ministres et les bureaux de certains ministères.

La Première Guerre mondiale

La participation du Canada à la Première Guerre mondiale a aussi des conséquences importantes sur les relations entre le fédéral et les provinces. En effet, invoquant l'urgence de la situation, le fédéral décrète, en **1914**, la Loi sur les mesures de guerre, ce qui a pour effet de centraliser les pouvoirs à Ottawa. Il adopte également plusieurs mesures qui vont entraîner une réduction des revenus fiscaux des provinces : l'Ontario et le Québec, entre autres, protestent. La situation revient à la normale après la guerre, soit en **1918**, mais les impôts créés par Ottawa pour financer la guerre sont maintenus.

En outre, à la suite de la crise de la **conscription** de **1917**, les relations entre les Canadiens français et les Canadiens anglais se détériorent. Déjà, à l'époque de la guerre des Boers (de 1899 à 1902), les nationalistes canadiens-français, comme Henri Bourassa, avaient critiqué la participation du Canada aux guerres du Royaume-Uni. Lors de la Première Guerre, les députés canadiens-français, tant à Ottawa qu'à Québec, se retrouvent donc isolés, conséquence de leur rejet de la conscription. Des émeutes éclatent à Québec en **1918** et sont réprimées par l'armée. La moitié des 40 000 conscrits canadiens-français refusent de se présenter sous les drapeaux.

Aux yeux des nationalistes, ces événements confirment la faiblesse du pouvoir politique de la minorité canadienne-française au sein de la fédération. Ils revendiquent plus d'autonomie provinciale.

Conscription Mesure prise par le gouvernement pour obliger les civils à s'enrôler dans les forces armées.

Lieu de *mémoire*

Le Devoir

Henri Bourassa, petit-fils de Louis-Joseph Papineau et député indépendant sur la scène fédérale, fonde, en 1910, le journal *Le Devoir*. Bourassa veut en faire le journal des Canadiens français. Catholique et anti-impérialiste, le journal milite pour l'obtention de droits égaux pour les Canadiens français. *Le Devoir* est un journal d'opinion indépendant souvent opposé au gouvernement. Il se prononce notamment contre la conscription de 1917 et celle de 1942.

À la une du premier numéro du journal *Le Devoir*, Bourassa énonce les principes du nouveau journal d'opinion.

« […] comme les principes et les idées s'incarnent dans les hommes et se manifestent dans les faits, nous prendrons les hommes et les faits corps à corps et nous les jugerons à la lumière de nos principes. […] Depuis 10 ans, des questions vitales se sont imposées à l'étude de nos parlementaires fédéraux : la guerre d'Afrique et l'impérialisme, la constitution des nouvelles provinces et le droit des minorités, […]. Par une sorte de conspiration, les deux groupes parlementaires se sont entendus pour donner à chacun de ces problèmes, une solution où le droit, la justice, l'intérêt national ont été sacrifiés à l'opportunisme, aux intrigues de partis ou, pis encore, à la cupidité des intérêts individuels. […] Pour assurer le triomphe des idées sur les appétits, du bien public sur l'esprit de parti, il n'y a qu'un moyen : réveiller dans le peuple, et surtout dans les classes dirigeantes, le sentiment du devoir public […]. »

Henri Bourassa, *Le devoir*, 10 janvier 1910.

- Selon Henri Bourassa, quel est le rôle d'un journal d'opinion ?

PISTES d'interprétation CD 2

1. Quelle est la dynamique du pouvoir au Canada après 1867 ?
2. Quels pouvoirs les provinces obtiennent-elles après 1867 ?
3. Qu'est-ce qui incite les nationalistes canadiens-français à revendiquer des droits ?
4. Quelles sont les conséquences de la Première Guerre mondiale sur les relations entre le fédéral et les provinces ? Entre les Canadiens français et les Canadiens anglais ?

L'expansion territoriale et la marginalisation des Amérindiens

En **1869**, le gouvernement fédéral achète la Terre de Rupert, cet immense territoire qui est la propriété de la Compagnie de la Baie d'Hudson. Il veut à la fois empêcher les États-Unis de s'en emparer et l'occuper en offrant des terres agricoles aux Canadiens et aux immigrants. L'État fédéral nomme un gouverneur et entreprend de découper le territoire en cantons avec comme objectif de le distribuer à des colons blancs, et ce, sans consulter les Amérindiens qui y sont installés depuis des siècles.

Le soulèvement métis et la création du Manitoba

La décision de l'État fédéral de découper le territoire est perçue comme une menace par les 12 000 Métis qui habitent les abords de la rivière Rouge. Ceux-ci craignent en effet que des Canadiens s'établissent sur les terres qu'ils exploitent déjà. À l'automne **1869**, des Métis mettent sur pied un comité national animé par un des leurs, Louis Riel. Le Comité national interrompt le travail des arpenteurs du gouvernement et s'empare de Fort Garry (aujourd'hui Winnipeg). Puis, il organise des élections et crée un gouvernement provisoire afin de négocier l'entrée du territoire en tant que province.

Au début de **1870**, Ottawa accepte la Liste de droits du gouvernement métis et fait adopter la Loi du Manitoba. Cette loi crée une province bilingue, dotée d'un gouvernement démocratique, d'écoles catholiques et protestantes séparées et de députés au Parlement canadien. Toutefois, le gouvernement fédéral se réserve le contrôle des terres vacantes. Finalement, il envoie un millier d'hommes armés pour occuper le territoire et capturer Riel, qui s'enfuit.

59 Le gouvernement provisoire et la Liste des droits

Les conseillers du gouvernement provisoire de la nation métisse, en 1870. Louis Riel, assis, est au centre de la photographie.

C'est sur la base d'une liste de droits que le gouvernement provisoire de Louis Riel négocie avec Ottawa l'entrée du territoire comme province.

« 1. Que le Territoire du Nord-Ouest entre dans la confédération de la Puissance du Canada comme province avec tous les privilèges communs aux différentes provinces de la Puissance. […]

3. Que toutes les propriétés, tous les droits et privilèges, possédés par nous, jusqu'à ce jour, soient respectés, et que la reconnaissance et l'arrangement des coutumes, usages et privilèges soient laissés à la décision de la législature locale, seulement. […]

7. Que les écoles soient séparées et que les argents pour les écoles soient divisés entre les différentes dénominations religieuses au prorata de leur population respective d'après le système de la province de Québec. […]

16. Que les langues française et anglaise soient communes dans la législature et les cours et que tous les documents publics, soient publiés dans les deux langues. »

Louis Riel, Liste de droits, 1869.

● Quels droits le gouvernement provisoire de Louis Riel revendique-t-il ?

● Quelle dynamique de pouvoir le gouvernement provisoire veut-il établir avec le gouvernement fédéral ?

Dans les années qui suivent, des colons canadiens-anglais prennent le contrôle du gouvernement manitobain, occupent les terres des Métis et abolissent plusieurs droits des catholiques francophones. De nombreux Métis partent s'établir ailleurs dans les territoires de l'Ouest.

Les traités de l'Ouest et les réserves

Pour éviter que les peuples amérindiens de l'Ouest imitent la résistance des Métis, le gouvernement fédéral amène les Amérindiens à abandonner leurs terres. De **1871 à 1921**, le Canada acquiert, par une série de traités numérotés, les immenses territoires situés entre l'Ontario et les montagnes Rocheuses. En échange, Ottawa instaure des réserves sur ces territoires. Il s'agit de petites terres, propriétés du fédéral, dont l'usage est réservé aux Amérindiens. Certains traités prévoient une aide d'Ottawa en cas de famine.

60 **Deux commissaires en tournée, en 1906, avec un groupe d'hommes**

La signature des traités se fait rapidement. Les Amérindiens ont peu d'influence dans les négociations. De plus, les commissaires canadiens expliquent mal le contenu des traités, notamment le fait qu'en vertu de ces traités les Amérindiens cèdent la propriété des territoires. La notion de propriété est étrangère à leur culture, leur principale préoccupation étant la préservation de leur mode de vie.

En créant les réserves, l'État canadien écarte les Amérindiens de l'Ouest, ce qui lui permet d'ouvrir les territoires à la colonisation blanche. Il désire aussi prévenir d'éventuels conflits entre les Blancs et les Amérindiens en déterminant des frontières aux réserves. Finalement, il place sous son contrôle les Amérindiens et leurs ressources (par exemple, les terres de la réserve) et se trouve ainsi en position d'influencer l'évolution des Amérindiens.

Au Québec, les Amérindiens ne sont pas invités à signer des traités pour céder leurs territoires. Les réserves amérindiennes qui ont été créées dans les années 1850 continuent d'exister. D'autres sont créées après la Confédération.

De nouvelles provinces, de nouveaux soulèvements

L'entrée de la Colombie-Britannique dans la Confédération en **1871** affecte les Amérindiens des Prairies. En effet, la construction du chemin de fer du Canadien Pacifique, exigée par la Colombie-Britannique, accélère la colonisation. L'arrivée de milliers de Blancs crée des tensions avec les Amérindiens et contribue à la surchasse du bison, qui disparaît vers 1880. Les Amérindiens de l'Ouest perdent ainsi la base de leur alimentation. En **1885**, le chef cri Gros Ours organise un rassemblement pacifique pour réclamer la révision des traités : il réclame plus de territoire et d'autonomie pour les réserves.

Portrait

Mistahi Maskwa, dit Gros Ours
(vers 1825-1888)

Chef des Cris des Plaines, Gros Ours est le dernier des grands chefs à tenter d'unifier les peuples amérindiens pour lutter contre l'envahissement des Blancs. De 1876 à 1882, il refuse de signer le traité n° 6 relatif aux droits sur des terres qui confinerait les membres de son peuple à une réserve. Cependant, en 1882, la famine provoquée par la disparition du bison le force à signer le traité. Dès 1884, constatant l'extrême pauvreté de son peuple, il demande aux chefs cris de s'unir pour revendiquer une plus grande réserve. Plus de 2000 Amérindiens se rassemblent alors. L'arrivée des policiers canadiens provoque une altercation que les chefs amérindiens réussissent à apaiser. Malgré tout, neuf personnes sont tuées. Gros Ours se rend à la police en 1885. Accusé de complot contre l'État, il est emprisonné jusqu'en mars 1887 et meurt en janvier 1888.

61 Une lettre de menace

Dans sa lettre au chef Gros Ours, le major général Frédérick Middleton déclare que si le chef ne se rend pas, son peuple et lui seront pourchassés et anéantis ou encore chassés dans les bois où ils mourront de faim.

Camp North of Indian Camp
Rifle-pits

June 2nd 1885.

Big Bear:
I have utterly defeated Riel, at Batoche with great loss and have made Prisoners of Riel, Poundmaker, and his principal chiefs, also the two murderers of Payne, and Dumont, and I expect that you will come in with all your prisoners, your principal chiefs, and give up the men who have committed murders at Frog lake. And I am glad to hear that you have treated them fairly well. If you do not, I shall pursue & destroy you, and your band, or drive you into the woods to starve.

Fred. Middleton
M. general

Toujours en 1885, un second soulèvement éclate. Les Métis constatent que le Canada ne reconnaît pas leur droit de propriété sur les terres qu'ils exploitent. En **1884**, Louis Riel revient d'exil et fait parvenir à Ottawa une nouvelle Liste de droits. Il réclame la création d'une province et d'une Assemblée, la représentation au Parlement d'Ottawa et le respect des droits des Amérindiens. Au printemps **1885**, Riel crée un gouvernement provisoire et incite les Métis à prendre les armes. L'État fédéral procède rapidement à la répression des mouvements cri et métis. Louis Riel est pendu pour haute trahison. Gros Ours et d'autres chefs amérindiens sont emprisonnés.

La colonisation des territoires de l'Ouest se poursuit. En **1905**, deux nouvelles provinces, la Saskatchewan et l'Alberta, font leur entrée dans la fédération canadienne.

La Loi sur les Indiens et la politique d'assimilation

En plus de s'approprier les terres qu'occupent des nations amérindiennes, l'État canadien vise leur assimilation. Il veut amener les Amérindiens à abandonner leurs langues, leurs cultures et leurs activités économiques traditionnelles et à s'intégrer à la société canadienne. C'est dans ce but que le Parlement canadien adopte, en **1876**, la Loi sur les Indiens, par laquelle ces derniers sont désormais considérés comme des personnes mineures. Dès lors, les Amérindiens ne peuvent plus exercer d'influence sur le pouvoir.

PISTES d'interprétation CD 2

1. Qu'est-ce qui pousse le gouvernement fédéral à s'emparer des terres de l'Ouest?
2. Pourquoi et comment les Métis revendiquent-ils des droits?
3. Pourquoi le gouvernement canadien fait-il signer des traités aux Amérindiens de l'Ouest?
4. Les Métis et les Amérindiens de l'Ouest ont-ils une influence sur le pouvoir après 1885?

Les milieux financier et industriel, les syndicats et l'État

Après la Confédération, le Canada continue de s'industrialiser et de s'urbaniser. L'État appuie les capitalistes industriels. De son côté, la classe ouvrière, de plus en plus nombreuse, cherche à accroître son influence afin d'améliorer ses conditions de vie et de travail.

Les industriels et l'État

Pour la plupart des politiciens fédéraux et provinciaux, l'industrialisation est le meilleur moyen d'augmenter la richesse du pays. Plusieurs sont d'ailleurs actionnaires ou administrateurs de grandes entreprises. Le développement économique est laissé aux mains des entrepreneurs, mais l'État adopte des politiques qui soutiennent les initiatives de ces derniers. Ces politiques prennent la forme de subventions, de lois et de dépenses d'infrastructures. Par exemple, la Politique nationale, adoptée en **1879**, vient en aide aux industriels. D'une part, les tarifs douaniers les protègent contre la concurrence étrangère et, d'autre part, la colonisation des Prairies crée un marché pour les produits manufacturés en Ontario et au Québec.

Les mouvements syndicaux et l'État

Devant le pouvoir d'influence des capitalistes industriels, les ouvriers ont peu de moyens, au départ, pour améliorer leurs mauvaises conditions de vie et de travail. Les revendications des ouvriers visent les salaires, la durée de la semaine de travail, la sécurité en usine, le travail des enfants et la protection contre le chômage. La principale ressource des ouvriers désireux de promouvoir leurs intérêts réside dans leur nombre grandissant et dans leur importance pour le fonctionnement des entreprises. Leur stratégie consiste donc à se regrouper en syndicats pour faire pression, au besoin par la grève, sur les patrons et sur l'État.

De 1867 à 1930, les syndicats se multiplient au Canada et conquièrent un certain pouvoir au sein de la société. À partir de **1881**, les Chevaliers du travail, principale organisation syndicale des États-Unis, s'établissent au Canada. Ils regroupent 40 syndicats au Québec en 1900, mais ils sont bientôt dépassés par une autre organisation américaine, la Fédération américaine du travail, qui rassemble des syndicats de métiers. En **1921**, l'Église catholique, d'abord opposée au syndicalisme, met sur pied la Confédération des travailleurs catholiques du Canada (CTCC). Celle-ci est surtout active au Québec, à l'extérieur de Montréal. Jusqu'en **1930**, les syndicats ne regroupent toutefois qu'une minorité de travailleurs.

Les capitalistes industriels tentent d'empêcher la création et l'action des syndicats. Ils refusent de discuter avec eux, congédient leurs ouvriers syndicalistes ou grévistes et font intervenir la police en cas de grève.

62 Une histoire de corruption

En échange de politiques qui les favorisent, les industriels offrent souvent de l'argent aux hommes d'État. Ainsi, en 1873, le président du Canadian Pacific Railway (CPR) aurait remis 300 000 $ à John A. Macdonald et à George-Étienne Cartier. Il voulait ainsi que le gouvernement appuie le CPR au détriment de ses concurrents dans la construction du chemin de fer reliant la Colombie-Britannique au reste du Canada. À la suite de ce scandale, le gouvernement conservateur perd le pouvoir. Dix ans plus tard, Macdonald va tenter de minimiser le scandale du CPR dans l'opinion publique.

John Wilson Bengough, *Tentative de contrebande*, 1886.

63 La grève des allumettières

Le congrès de fondation de la CTCC se déroule à Hull, en 1921. Deux ans plus tard, la ville est aux prises avec un conflit de travail important lorsque la compagnie Eddy refuse à ses employées (plusieurs centaines de femmes) de se syndiquer.

64 La grève

Le recours à la grève permet aux syndicats d'exercer une influence sur le pouvoir de l'État et des entrepreneurs afin d'améliorer les conditions de travail des ouvriers.

«Nous des syndicats catholiques n'aimons pas les grèves, ne les désirons aucunement, n'y avons recours que dans certaines conditions que voici:

1. Tous les autres moyens de redresser les griefs doivent avoir été épuisés sans résultats satisfaisants.
2. Il faut que la cause soit juste.
3. Il faut que le succès soit moralement assuré.
4. Et qu'elle soit votée par les deux tiers des ouvriers intéressés.

Mais acculés à la nécessité, nous avons le droit d'y recourir, s'il y a de la "casse" ensuite les responsables sont ceux qui commencent par nier les droits des ouvriers.»

Un syndiqué catholique, «Les grèves», *La vie syndicale*, mai 1937.

● Qu'est-ce qui peut pousser des ouvriers à déclencher la grève?

La législation ouvrière

En plus de faire pression sur les patrons, les syndicats demandent à l'État d'intervenir en faveur des ouvriers. Cette seconde stratégie va amener des progrès réels, quoique lents. En effet, même si les gouvernants sont favorables aux capitalistes industriels, ils ne peuvent pas ignorer le poids électoral des ouvriers. Souhaitant empêcher la progression des partis ouvriers, ils finissent par accepter de réglementer le travail.

Les mesures adoptées profitent à tous les ouvriers, qu'ils soient syndiqués ou non. Cependant, elles ne sont pas toujours appliquées, sans compter que leur portée est limitée comparativement aux mesures mises en place dans d'autres pays industriels où le salaire minimum et l'assurance-chômage existent déjà. De plus, les gouvernements interviennent directement dans les conflits de travail et répriment les mouvements de grève par la force. Les conditions de vie des ouvriers demeurent donc précaires.

65 Quelques mesures de réglementation du travail ouvrier

Année	Palier de gouvernement	Mesure
1872	Fédéral	Loi légalisant les syndicats
1886	Fédéral	Commission d'enquête sur le capital et le travail
1885	Provincial	Loi sur les manufactures qui, entre autres, limite les heures de travail et fixe l'âge de travail des enfants
1909	Provincial	Loi sur les accidents du travail
1910	Provincial	Création des bureaux de placement pour les chômeurs

PISTES d'interprétation CD 2

1. Quelle est la position de l'État en matière de développement économique?
2. Quelles sont les ressources des capitalistes industriels pour influencer l'État?
3. Comment les ouvriers peuvent-ils influencer l'État?
4. Qu'est-ce qui amène l'État à réglementer le travail des ouvriers?

Les revendications des femmes et l'État

À partir de la fin du XIXe siècle, des Canadiennes revendiquent publiquement certains changements auprès de l'État.

La première vague féministe

Les premières féministes canadiennes revendiquent l'amélioration du statut des femmes par différents moyens : pétitions, conférences, articles, manifestations et création d'associations. C'est en **1907** que les Canadiennes françaises s'organisent véritablement, avec la création de la Fédération nationale Saint-Jean-Baptiste. Certaines réclament le droit de vote, mais la plupart veulent surtout améliorer les conditions dans lesquelles elles remplissent leurs rôles d'épouse et de mère. Les organisations féminines se heurtent à une forte opposition, formée de la classe politique et intellectuelle, du clergé et des femmes traditionalistes.

L'obtention du suffrage féminin

Les Canadiennes commencent à obtenir le droit de vote lors de la Première Guerre mondiale. En effet, dans son effort de guerre, l'État a besoin des femmes pour remplacer les hommes partis au combat. Il devient alors plus difficile d'interdire aux femmes de voter en prétextant que leur rôle est purement domestique.

En **1917**, le premier ministre du Canada Robert Borden utilise la cause des suffragettes pour accroître la popularité de son gouvernement, qui vient d'imposer la conscription. Il accorde le droit de vote aux femmes qui ont un parent proche à la guerre. Celles-ci, favorables à l'envoi de renforts en Europe, votent pour Borden, qui remporte les élections fédérales de 1917. En **1918**, le Parlement accorde finalement le droit de vote à toutes les femmes.

Au Québec, les organisations féminines font face à l'opposition des dirigeants politiques et catholiques. Elles continuent toutefois d'exercer des pressions en vue de faire adopter un projet de loi sur le suffrage féminin dans la province. D'une année à l'autre, le projet de loi est rejeté, jusqu'en **1940**, date où les femmes obtiennent le droit de vote au provincial.

---

66 | Le vote féminin

La féministe Marie Lacoste-Gérin-Lajoie publie de nombreux textes sur le droit de vote des femmes dans *La bonne parole*, la revue de la Fédération nationale Saint-Jean-Baptiste.

« La femme croirait-elle par hasard qu'elle peut défendre ses intérêts, collaborer aux graves problèmes dont la solution lui échoit, en vivant dans l'isolement et sans user de la plénitude de ses moyens d'action […]. Qu'on ne se méprenne pas sur le sens du suffrage féminin, c'est la levée en masse des femmes, leur mobilisation en vue du service de la patrie. »

Marie Gérin-Lajoie, « Le suffrage féminin », *La bonne parole*, vol. 10, 1922.

- Selon vous, à qui Marie Gérin-Lajoie s'adresse-t-elle ?
- Selon cet article, pourquoi les femmes doivent-elles obtenir des droits politiques ?

PISTES d'interprétation   CD 2

1. Quels moyens les féministes utilisent-elles afin d'obtenir des droits pour les femmes ?
2. Quels droits les féministes revendiquent-elles ?

Question bilan

3. Quelle est la dynamique entre le pouvoir et les groupes qui cherchent à exercer une influence entre 1867 et 1929 ?

Portrait
Éva Circé-Côté
(1871-1949)

Journaliste et bibliothécaire, Éva Circé-Côté dénonce l'impérialisme, le pouvoir religieux, la corruption politique, les conditions de travail des femmes et les injustices sociales. Selon elle, l'émancipation des femmes et de la classe ouvrière doit passer par une éducation gratuite et obligatoire. C'est dans ce but qu'elle fonde, en 1903, la première bibliothèque publique de Montréal. Elle publie plus de 50 articles par année dans le journal *Le Monde ouvrier*, de 1916 à 1938. Dès 1917, elle demande l'égalité salariale entre les hommes et les femmes. Elle défend le droit au travail des ouvrières pendant la Grande Crise. Elle demande aussi une réforme du Code civil et l'intervention de l'État pour faire respecter le salaire minimum et les normes du travail.

67 | L'obtention du droit de vote des femmes au Canada

Année	Province
1916	Manitoba Saskatchewan Alberta
1917	Colombie-Britannique
1918	Canada (fédéral) Nouvelle-Écosse
1919	Nouveau-Brunswick
1925	Terre-Neuve
1940	Québec

De la Grande Crise à la fin du duplessisme, de 1930 à 1960

La Grande Crise et la Seconde Guerre mondiale amènent des changements progressifs dans le rôle de l'État et dans les relations entre Ottawa et les provinces. Au Québec, l'Union nationale, dirigée par Duplessis et appuyée par l'Église catholique, détient le pouvoir de 1936 à 1939, puis de 1944 à 1959. Les groupes syndicaux de même que ceux formés par des intellectuels tentent d'exercer une influence dans la société québécoise afin de provoquer des changements.

Les relations fédérales-provinciales

Les conséquences de la Grande Crise

Au pays, dans les années 1930, les milliers de pauvres et de chômeurs victimes de la Grande Crise obtiennent une aide modeste des municipalités et des gouvernements fédéral et provinciaux. Pour obtenir le vote des démunis, les politiciens proposent des mesures d'aide, comme l'embauche de chômeurs pour des projets de travaux publics et le versement de « secours directs ». Au Québec, le gouvernement subventionne la colonisation de nouvelles régions agricoles et adopte, en 1937, la Loi des salaires raisonnables. Par ailleurs, de nouveaux partis politiques fédéraux et provinciaux font leur apparition. Bien que leurs orientations soient différentes, ces partis, qui mettent de l'avant des idées nouvelles, critiquent le système capitaliste et prônent une plus grande intervention de l'État dans l'économie. Toutefois, ces nouvelles organisations politiques ne parviennent pas à prendre le pouvoir, notamment parce que les partis traditionnels reprennent à leur compte certaines de leurs idées modérées. C'est ainsi que les gouvernements fédéral et provinciaux commencent à intervenir dans les affaires sociales et économiques.

La Seconde Guerre mondiale et ses conséquences

La Seconde Guerre mondiale entraîne des changements importants dans les relations fédérales-provinciales. Pour atteindre ses objectifs d'effort de guerre, l'État canadien intervient davantage dans l'économie et dans les affaires sociales, empiétant par le fait même de plus en plus sur les champs de compétence des provinces. Ottawa accapare les revenus fiscaux des provinces, puis crée un programme d'assurance-chômage en **1940**, et d'allocations familiales en **1944**, entre autres. Les protestations de certaines provinces, comme le Québec, sont atténuées par le contexte de guerre. De plus, la population est favorable à ces mesures.

La question de la conscription fait naître de nouvelles tensions dans les relations entre Ottawa et Québec. Aux élections fédérales de 1940, Mackenzie King est à la tête du Parti libéral. Il promet qu'il n'imposera pas la conscription pour le service militaire outre-mer et remporte 63 % des voix dans la province.

Toutefois, en **1942**, l'opinion publique au Canada anglais exige la conscription. Mackenzie King consulte alors la population en lui soumettant la question suivante : « Consentez-vous à libérer le gouvernement de toute obligation résultant d'engagements antérieurs restreignant les méthodes de mobilisation pour le service militaire ? » Le recours à la conscription est approuvé par 65 % des électeurs, mais 71 % des Québécois s'y opposent. Pour protester contre le choix imposé par la majorité anglophone, des députés libéraux québécois démissionnent et forment le Bloc populaire au Parlement.

68 Une assemblée du Bloc populaire, en juillet 1944

Le Bloc populaire prône l'indépendance du Canada face à la Grande-Bretagne et l'autonomie provinciale. En 1944, il compte cinq députés fédéraux. Le parti sera actif jusqu'en 1949.

King retarde le recours à la conscription, qui est finalement votée en novembre 1944. Environ 16 000 Canadiens sont enrôlés de force, mais seulement 2500 d'entre eux vont combattre. Aux élections de 1945, King recueille 51 % des voix, ce qui lui permet de conserver le pouvoir à Ottawa. Le Bloc populaire obtient 13 % des voix au Québec.

69 Une allocution radiophonique de Mackenzie King le jour de la victoire alliée en Europe, le 8 mai 1945

Premier ministre du Canada (1921-1930 et 1935-1948), le libéral Mackenzie King est aux commandes de l'État pendant la Seconde Guerre mondiale. Une partie importante de ses appuis se trouvent au Québec.

curiosité

Les premiers nouveaux citoyens canadiens

En vertu de la Loi sur la citoyenneté, adoptée en 1946, dix Européens, un Arménien et un Palestinen deviennent citoyens canadiens lors de la première cérémonie de citoyenneté. Par cette loi, les habitants du Canada sont dorénavant citoyens canadiens et non plus simplement sujets britanniques.

La première cérémonie de citoyenneté canadienne, le 3 janvier 1947

Après la guerre, Ottawa demande aux provinces de lui laisser les pouvoirs et les revenus fiscaux cédés pendant la guerre. Devant leur refus, notamment celui du Québec, Ottawa doit négocier de nouvelles ententes qui lui permettent d'intervenir dans les champs de compétence des provinces, comme la santé, l'éducation et l'aide sociale.

Au cours des **années 1940 et 1950**, Ottawa distribue d'importantes sommes aux provinces. Au Québec, le gouvernement Duplessis refuse toutefois la plupart de ces subventions. En **1957**, Ottawa crée aussi un programme de péréquation, qui redistribue la richesse entre les provinces afin de leur permettre d'offrir des services sociaux comparables.

70 Les dépenses des trois paliers de gouvernement dans l'après-guerre

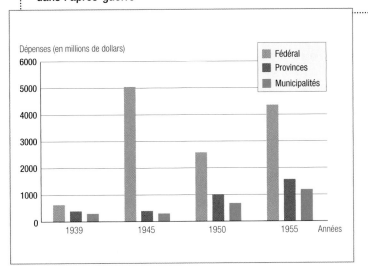

Dépenses (en millions de dollars)

■ Fédéral
■ Provinces
■ Municipalités

D'après STATISTIQUES HISTORIQUES DU CANADA [en ligne], réf. du 3 novembre 2008.

Pourquoi les dépenses du fédéral augmentent-elles subitement entre 1939 et 1955?

Péréquation Programme de compensation financière destiné à réduire les inégalités entre les provinces canadiennes.

PISTES d'interprétation CD 2

1. Quel changement la Grande Crise et la Seconde Guerre mondiale amènent-elles dans le rôle de l'État?

2. Quelle influence le Bloc populaire cherche-t-il à exercer sur le gouvernement King?

3. Comment l'État fédéral intervient-il dans les affaires économiques et sociales après la guerre?

4. Quelle est la réaction du Québec?

Les années Duplessis au Québec (1936-1939, 1944-1959)

À Ottawa et dans certaines provinces, l'État intervient de plus en plus dans l'économie et les affaires sociales. Pour sa part, l'État québécois, après avoir adopté certaines réformes sous le gouvernement libéral d'Adélard Godbout, redevient peu interventionniste lorsque Maurice Duplessis reprend le pouvoir.

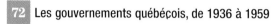

72 Les gouvernements québécois, de 1936 à 1959

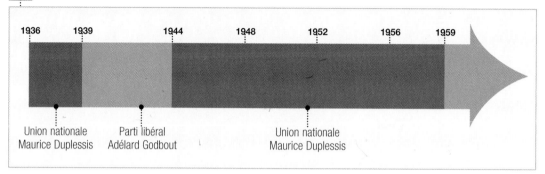

1936   1939   1944   1948   1952   1956   1959

Union nationale   Parti libéral   Union nationale
Maurice Duplessis   Adélard Godbout   Maurice Duplessis

Le gouvernement de l'Union nationale

Succédant à un premier mandat de Maurice Duplessis, le gouvernement Godbout enclenche des réformes : droit de vote des Québécoises, école obligatoire jusqu'à l'âge de 14 ans et gratuité scolaire au primaire, nationalisation de l'électricité à Montréal, création de la Commission hydroélectrique du Québec (qui deviendra Hydro-Québec). En **1944**, l'Union nationale de Duplessis remporte la première de quatre élections successives qui lui redonnent le pouvoir jusqu'en 1959.

La pensée politique de Duplessis se fonde sur le libéralisme et sur un nationalisme canadien-français qui mise sur le catholicisme, l'agriculture et l'autonomie provinciale.

Ce gouvernement donne à l'État un rôle socioéconomique limité. Il finance des infrastructures et attire des investissements privés (surtout américains), notamment dans le secteur des ressources naturelles. Il encourage directement un seul secteur économique : l'agriculture.

L'influence de l'Église catholique au Québec

En ce qui concerne l'éducation, la santé et les œuvres de charité, l'État laisse beaucoup de place aux Églises catholique et protestante. En échange, l'Union nationale obtient l'appui d'une partie du clergé. Avec ses dizaines de milliers de prêtres, de religieux et de collaborateurs laïques, l'Église exerce une influence importante dans la société québécoise. En 1950, la province compte 1 prêtre pour 500 catholiques, et 1 religieux pour 90 fidèles.

Le gouvernement de l'Union nationale se présente comme le défenseur de l'Église catholique. Il intervient pour préserver le caractère catholique du Québec, par exemple en faisant arrêter des témoins de Jéhovah qui tentent de recruter des adeptes.

73 Frank Roncarelli et les témoins de Jéhovah

Le restaurateur montréalais Frank Roncarelli fait libérer, en versant une caution, quelque 400 témoins de Jéhovah arrêtés entre 1944 et 1946. Maurice Duplessis réplique en faisant retirer à Roncarelli son permis de vente d'alcool. Roncarelli porte plainte contre le premier ministre, qui est reconnu coupable par la Cour suprême d'avoir outrepassé ses pouvoirs officiels.

La contestation du duplessisme

Malgré ses succès électoraux, le gouvernement de Maurice Duplessis est de plus en plus critiqué dans les années 1950.

Plusieurs groupes s'opposent au gouvernement Duplessis. Ainsi, à l'opposé des évêques conservateurs qui soutiennent Duplessis, plusieurs prêtres et de nombreux intellectuels laïcs jugent que le Québec est en retard par rapport au reste du Canada et de l'Occident, où l'État intervient dans les affaires sociales tout en respectant davantage les libertés individuelles. Ces intellectuels sont actifs dans les universités, les médias tels la revue *Cité libre* (Pierre Elliott Trudeau, Gérard Pelletier) et le quotidien *Le Devoir* (André Laurendeau). Les syndicats cherchent également à exercer leur influence sur l'État. Leur nombre augmente avec la croissance économique, et ce, malgré les mesures répressives du gouvernement, qui cherche à entraver leur action. Les syndicats catholiques affiliés à la Confédération des travailleurs catholiques du Canada (CTCC) abandonnent leur approche modérée et se radicalisent, notamment à l'occasion de la dure grève de l'amiante, à Asbestos et Thetford Mines, en **1949**.

Cependant, malgré leur importance croissante, les groupes de contestation ne parviennent pas à faire infléchir la politique du gouvernement Duplessis.

Lieu de *mémoire*

La loi du cadenas, en 1937

En 1936, le Parlement canadien supprime l'article 98 du Code criminel, qui interdisait les associations révolutionnaires. Jugeant que le pays n'est plus protégé contre les communistes, le premier ministre Duplessis fait adopter par l'Assemblée législative du Québec la Loi protégeant la province contre la propagande communiste, surnommée «loi du cadenas». Cette loi permet également au gouvernement Duplessis de contrer les activités croissantes des syndicats pendant les années 1950.

Des femmes manifestent contre la loi du cadenas, à Montréal, en janvier 1939.

«Article 3 – Il est illégal pour toute personne qui possède ou occupe une maison dans la province de l'utiliser ou de permettre à une personne d'en faire usage pour propager le communisme ou le bolchevisme* par quelque moyen que ce soit.

Article 12 – Il est illégal d'imprimer, de publier de quelque façon que ce soit ou de distribuer dans la province un journal, une revue, un pamphlet, une circulaire, un document ou un écrit quelconque propageant ou tendant à propager le communisme ou le bolchevisme.

Article 13 – Quiconque commet une infraction à l'article 12 ou y participe est passible d'un emprisonnement d'au moins trois mois et d'au plus douze mois [...].»

* Bolchevisme: communisme tel que véhiculé par le parti alors au pouvoir en Union soviétique.
Loi protégeant la province contre la propagande communiste, 1937.

- Selon vous, quels droits sont restreints ou violés par la loi du cadenas?
- Quelles sont les conséquences de cette loi pour les groupes qui cherchent à exercer une influence sur le pouvoir?

Portrait

Frank Scott (1899-1985)

L'intellectuel Frank Scott est l'une des figures marquantes de l'opposition au duplessisme dans les années 1950. Né à Québec dans une famille anglicane, il s'établit à Montréal, où il pratique le droit et fait de la politique. Plus proche des Canadiens français qu'aucun autre intellectuel anglophone de son époque (il s'oppose à la conscription en 1942), il rejette cependant le nationalisme traditionaliste de Duplessis et mène plusieurs combats pour la liberté dans la presse et devant les tribunaux. Ses démarches judiciaires amènent notamment la Cour suprême, en 1957, à déclarer la loi du cadenas inconstitutionnelle.

Lieu de *mémoire*

La grève de l'amiante

Le 13 février 1949, les mineurs d'Asbestos et de Thetford Mines déclenchent une grève. Les demandes formulées par les 5000 travailleurs affiliés à la CTCC visent une augmentation de 15 cents l'heure et la participation du syndicat dans la gestion de l'entreprise.

Les négociations avec la partie patronale débutent en décembre 1948, mais les mineurs décident de déclencher illégalement la grève après l'échec des pourparlers. La tension monte et les employeurs font appel à la force policière, ce qui donne lieu à des actes de violence et à une brutale répression. Le conflit fait naître un élan de générosité parmi la population. Des collectes sont organisées par les syndiqués et les églises, ce qui place le clergé dans une position délicate face au gouvernement Duplessis. Pour avoir soutenu les grévistes, Mgr Joseph Charbonneau, archevêque de Montréal, est contraint de démissionner. La grève, qui prend fin en juillet 1949, ne permet pas aux travailleurs de faire des gains importants.

En signe d'appui à la grève, des syndiqués de partout au Québec se mobilisent pour venir en aide aux familles des grévistes qui se retrouvent rapidement dans le besoin.

---

74 *Le chrétien et les élections*

Dans les années 1950, au sein même de l'Église, des groupes s'opposent au gouvernement Duplessis. En 1956, deux prêtres, les professeurs Gérard Dion et Louis O'Neil, dénoncent la corruption et la connivence entre le gouvernement et l'Église catholique lors des plus récentes élections provinciales. Plusieurs autres prêtres commencent à critiquer ouvertement la société québécoise et le gouvernement en place.

« Il ne suffit pas qu'un député ait obtenu pour un électeur quelque faveur ou qu'il ait contribué à l'obtention d'un octroi en faveur d'une institution ou d'une municipalité. Il faut aussi se demander : "A-t-il obtenu cet avantage dans les meilleures conditions possibles, compte tenu du bien commun ?" Et au sujet des gouvernants en général, il est encore d'autres questions qu'il convient de poser : "Sont-ils consciencieux ?" "Sont-ils compétents ?" "De quelle façon gèrent-ils les fonds publics ?" "Leur présence au pouvoir est-elle utile ou nuisible au bien commun ?" Se posant de telles questions, on peut fort bien en arriver à juger qu'il est préférable de voter contre tel député pourtant généreux en faveurs et en cadeaux mais inefficace ou mauvais administrateur des fonds publics. [...] Cela à la condition de concevoir l'administration comme autre chose qu'une distribution de bonbons à la crème faite au profit d'enfants bien sages. La vertu qui doit ici guider l'appréciation des électeurs ce n'est donc pas premièrement la reconnaissance mais [...] la justice sociale. »

Abbés Gérard Dion et Louis O'Neil, *Le chrétien et les élections*, Montréal, Les Éditions de l'Homme, 1960, p. 25-26.

- Sur qui les abbés Dion et O'Neil tentent-ils d'exercer une influence ?
- Quels sont leurs arguments ?

PISTES d'interprétation **CD 2**

1. Comment s'exerce le pouvoir de l'Église dans le Québec d'après-guerre ?

2. Qui appuie le gouvernement ? Qui conteste son pouvoir ?

3. Quels sont les intérêts des groupes qui contestent le pouvoir ?

Questions bilan

4. Quelle est la dynamique entre le fédéral et le Québec, de la Grande Crise à 1960 ?

5. Quelle est la dynamique entre le gouvernement de Duplessis et les groupes qui veulent influencer le pouvoir ?

Le rôle de l'État, de 1960 à nos jours

Dans les années 1960, le Québec entre dans une période de grandes transformations. Le rôle de l'État change. Une dynamique de pouvoir se crée entre un État providence et des groupes qui revendiquent plus de droits. La province voit également resurgir des mouvements nationalistes qui s'affirment de plus en plus et qui conduisent, en 1980 et 1995, à des référendums sur la souveraineté.

75 Les gouvernements québécois de la Révolution tranquille

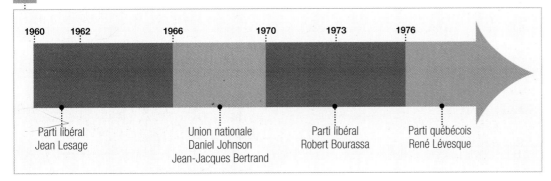

| 1960 | 1962 | 1966 | 1970 | 1973 | 1976 |

Parti libéral
Jean Lesage

Union nationale
Daniel Johnson
Jean-Jacques Bertrand

Parti libéral
Robert Bourassa

Parti québécois
René Lévesque

Une Révolution tranquille au Québec

Les changements qui surviennent à partir des années 1960 transforment les rapports de pouvoir au sein de la société québécoise. La Révolution tranquille est portée par l'affirmation culturelle et politique des Québécois et la volonté de donner à l'État un rôle interventionniste plus grand.

La transformation du rôle de l'État entraîne la création de nombreux ministères et institutions, et le recrutement d'un important contingent d'employés de la fonction publique. L'État devient un employeur majeur. Il finance ses interventions par des emprunts et par l'augmentation des impôts.

76 La construction du siège social d'Hydro-Québec, en 1962

En 1962, René Lévesque, alors ministre libéral des Richesses naturelles, propose la nationalisation de l'ensemble des entreprises d'hydroélectricité du Québec. Désormais, la société d'État Hydro-Québec assume l'entière responsabilité du réseau hydroélectrique de la province.

77 Les nouveaux rôles de l'État québécois

À partir de 1960, l'État québécois intervient davantage dans de nombreux domaines, et ce, quel que soit le parti au pouvoir.

Domaine	Interventions de l'État
Éducation	L'école devient obligatoire jusqu'à l'âge de 15 ans et gratuite du primaire jusqu'à la fin du collège. Avec la création du ministère de l'Éducation en 1964, l'État prend les commandes du système d'éducation.
Économie	L'État réglemente les activités économiques, subventionne davantage les entreprises et devient entrepreneur.
Affaires sociales	L'État remplace définitivement l'Église dans le réseau de la santé et institue la gratuité des soins hospitaliers (1961), puis de tous les soins médicaux avec l'assurance-maladie (1970). Il crée également d'autres programmes : aide sociale, assurance-automobile, etc.
Culture	L'État met en place des institutions, dont le ministère de la Culture (1961), afin de promouvoir et de protéger la culture.
Affaires étrangères	L'État inaugure la Délégation générale du Québec à Paris (1961). Malgré l'opposition d'Ottawa, le Québec affirme ainsi qu'une province est responsable des aspects internationaux de ses compétences intérieures.

L'Église catholique perd graduellement de son influence dans la société québécoise. Des salariés de l'État remplacent peu à peu le clergé dans les écoles et les hôpitaux. Plusieurs organisations qui se définissaient auparavant comme catholiques se laïcisent. Par exemple, la Confédération des travailleurs catholiques du Canada (CTCC) prend dès 1960 le nom de Confédération des syndicats nationaux (CSN). Le leadership moral et intellectuel de la société québécoise est de plus en plus partagé entre plusieurs groupes, dont des gestionnaires, des chefs politiques et syndicaux, des artistes, etc.

De façon générale, la Révolution tranquille favorise l'ascension sociale des Québécois francophones. La bourgeoisie d'affaires francophone, en association avec une partie de la bourgeoisie anglophone, crée le Conseil du patronat en **1969**, dans le but de promouvoir ses intérêts auprès des gouvernements.

78 Des grévistes membres du front commun, en 1972

En 1972, 1976 et 1979, les principales centrales syndicales (CSN, FTQ et CEQ) organisent un front commun pour négocier des ententes collectives. Des grèves s'ensuivent.

À travers le temps

L'influence des médias

Les médias jouent un rôle important dans la vie politique depuis la création du premier journal de la colonie, en 1764. Ils permettent aux différents groupes de faire connaître leurs revendications et de joindre les gens qui partagent les mêmes intérêts qu'eux. L'avènement de la radio, dans les années 1920, et de la télévision, en 1952, va permettre aux médias d'atteindre sous une nouvelle forme une bonne partie de la population et de s'intéresser autant aux actions des politiciens qu'à celles des groupes d'influence. À partir du début des années 1960, l'influence des médias sur le pouvoir politique prend une importance nouvelle lorsqu'ont lieu les premiers débats politiques télévisés. Dans les années 1990, l'information diffusée en continu sur les ondes télévisées ou sur Internet amène les politiciens et les groupes qui veulent influencer le pouvoir à soigner leur discours et leur image, qui sont scrutés à la loupe.

Jean Lesage, Raymond Charette (le modérateur) et Daniel Johnson, lors du premier débat des chefs télédiffusé au Québec, en 1962

La salle des nouvelles d'un réseau d'information en continu, aujourd'hui

PISTES
d'interprétation CD 2

1. Quels sont les changements apportés au rôle de l'État pendant la Révolution tranquille?

2. L'Église continue-t-elle à exercer une grande influence sur le pouvoir? Expliquez votre réponse.

3. Quels groupes cherchent à influencer l'État? Quels sont leurs intérêts?

Dans les années 1960 et 1970, les syndicats exercent une influence croissante dans la société et sur l'État. Leurs effectifs augmentent grâce au recrutement dans les secteurs publics et parapublics. Près de 38 % des salariés au Québec sont syndiqués en 1971 (comparativement à environ 25 % en 1961), ce qui confère aux syndicats le pouvoir d'orienter les politiques gouvernementales et d'obtenir de meilleures conventions collectives.

Au cours des années 1970, les syndicats se radicalisent, ce qui donne lieu à plusieurs affrontements avec le gouvernement. En riposte aux grèves déclenchées au moment des négociations avec le front commun des principales centrales syndicales, le gouvernement impose des injonctions et des lois spéciales. Les chefs des trois grandes centrales sont d'ailleurs emprisonnés en 1972 pour avoir incité leurs membres à braver les injonctions ainsi que la suspension du droit de grève. Malgré ces événements, des gains importants sont réalisés sur les plans des salaires, de la sécurité d'emploi et des congés de maternité. Vers la fin de la décennie, il devient plus difficile d'unifier les syndiqués. Les nombreuses grèves qui perturbent les services publics en viennent à ternir l'image des syndicats dans la population.

Revendications et conflits avec l'État

À partir de la fin des années 1960, plusieurs groupes sociaux revendiquent des droits et des avantages qui vont au-delà de ce que l'État est prêt à leur concéder. La démocratisation de la société et l'adoption de la Charte québécoise des droits et libertés de la personne, en 1975, permettent aussi d'exprimer ces revendications de manière plus ouverte et organisée. Une opposition forte apparaît donc entre l'État et certains groupes.

Les mouvements féministes et l'État

Au début de la Révolution tranquille, les militantes pour l'égalité entre les femmes et les hommes obtiennent certains gains. Ainsi, en **1964**, la Loi sur la capacité juridique de la femme mariée vient modifier le Code civil du Québec et accorde aux femmes le droit d'accomplir des actes légaux sans l'autorisation de leur mari.

Ce début de changement encourage les militantes à poursuivre leur lutte. Fondée en **1966**, la Fédération des femmes du Québec (FFQ) est réformiste. Par ses interventions, elle veut amener l'État à agir en faveur des femmes, notamment des travailleuses : élimination de la discrimination au travail, congé de maternité, création de garderies, etc. La FFQ crée aussi des alliances avec les grands syndicats, qui reprennent certaines revendications pour leur donner plus de force.

Les féministes « radicales » se rassemblent quant à elles dans de petites organisations moins durables, comme le Front de libération des femmes du Québec (**1969-1971**). Leurs revendications visent à donner du pouvoir aux femmes, notamment en leur permettant de disposer de leur corps : protection contre la violence et le viol, droit à la contraception et à l'avortement, liberté sexuelle. Les groupes radicaux ne cherchent pas seulement à influencer l'État : par leurs publications, leurs spectacles et leurs gestes d'éclat non violents, ils veulent provoquer un changement dans les mentalités.

79 **La Charte québécoise des droits et libertés de la personne**

En 1975, le gouvernement du Québec adopte une charte des droits et libertés à l'Assemblée nationale.

« Parmi les raisons qui rendent nécessaire l'adoption d'une Charte, il y a la complexité croissante des relations dans lesquelles sont impliqués les individus, l'intervention accrue de l'État dans la vie quotidienne des citoyens, la multiplication des lois et des situations où les droits et libertés de chacun risquent d'entrer en conflit, l'utilisation accrue de l'ordinateur et ses effets sur la vie privée, le développement du caractère cosmopolite de nos centres urbains. »

Communiqué de presse du gouvernement du Québec, 29 octobre 1974.

Pourquoi l'État adopte-t-il une charte des droits et libertés ?

80 **Florence Bird, commissaire au Conseil du statut de la femme, à Ottawa, en 1967**

Lors du congrès de fondation de la Fédération des femmes du Québec, en avril 1966, les déléguées réclament la tenue d'une commission d'enquête sur les conditions de travail des femmes. En 1967, le gouvernement fédéral met sur pied la Commission royale d'enquête sur la situation de la femme, présidée par la journaliste Florence Bird.

Portrait

Simonne Monet-Chartrand (1919-1993)

Issue d'un milieu aisé, Simonne Monet-Chartrand milite pour les droits des femmes et l'action syndicale. En 1942, elle épouse le syndicaliste Michel Chartrand. Lors de grèves, elle met sur pied des comités de secours et d'entraide pour les familles. Elle crée également les Unions de familles, où les parents discutent de problèmes tels que la pauvreté et la régulation des naissances. Né sur la Rive-Sud de Montréal, ce mouvement s'implante graduellement dans toute la province et développe un service de gardiennage. En 1966, Simonne Monet-Chartrand participe à la fondation de la Fédération des femmes du Québec (FFQ). Puis, en 1975, elle est nommée directrice générale adjointe de la Ligue des droits de l'homme, qui devient en 1978 la Ligue des droits et libertés.

À la suite de la publication en **1970** du rapport de la Commission Bird sur la situation de la femme au Canada, le Québec instaure le Conseil du statut de la femme en **1973**, puis le ministère de la Condition féminine en **1979**. Ces organismes permettent aux idées féministes de s'exprimer sans obliger l'État à agir dans l'immédiat. Ces idées produisent toutefois des changements. Ainsi, l'État québécois adopte notamment en **1996** la Loi sur l'équité salariale, qui vise à corriger les injustices au sein des organismes publics et des entreprises. Il crée également un réseau public de garderies très accessible en **1997**.

La condition des femmes évolue également grâce aux tribunaux. Par exemple, à la suite du combat mené par des femmes et par le Dr Henry Morgentaler, la Cour suprême du Canada décriminalise l'avortement en **1988**. La percée massive des femmes dans tous les milieux du savoir et du travail est un autre aboutissement de leurs combats individuels.

81 *La vie en rose*

Magazine féministe dirigé par un collectif de femmes, *La vie en rose* est publié de 1980 à 1987. La revue, dont le succès est plus intellectuel que populaire, doit mettre fin à ses activités en raison principalement de difficultés financières chroniques.

« En 1979, quand nous nous sommes réunies pour concocter un projet de revue féministe d'information, ce n'était pas en tant que journalistes, mais comme militantes. La plupart d'entre nous […] avions travaillé quotidiennement au Comité de lutte pour l'avortement libre et gratuit, à Montréal. Comme plusieurs autres militantes, nous avions fait de la référence, animé des soirées d'information et assisté à des avortements. […] Chaque année, des milliers de Québécoises payaient de leur santé, de leur vie et de leur poche des avortements qu'elles obtenaient tant bien que mal. Il fallait vite les référer à des endroits sûrs, rendre publique la situation déplorable de l'avortement, et exiger du gouvernement qu'il prenne ses responsabilités. […] quelles que soient ses raisons, il demeure vrai que toute femme qui décide d'avorter décide de se choisir elle-même et de sacrifier l'autre. Pour nous, dressées au sacrifice personnel, c'est une rupture fondamentale avec tout ce qui nous a été inculqué. Nous prenons le droit de le faire. Nous appuyons toute femme qui a besoin d'être appuyée. »

La vie en rose, mars-avril-mai 1982, p. 4-5.

- À quel groupe les auteures appartiennent-elles ?
- Quelles sont leurs revendications ?
- Quels moyens emploient-elles pour revendiquer ?

82 Une manifestation pour le droit à l'avortement, en 1989

Progressivement, les féministes radicales influencent les organisations réformistes. Ainsi, à partir des années 1980, tout le mouvement féministe réclame le droit à l'avortement.

Les revendications des groupes linguistiques

Dans les années 1960, les questions linguistiques commencent à occuper une place centrale dans la vie politique québécoise et canadienne. Des crises éclatent périodiquement. L'État provincial et l'État fédéral sont amenés à intervenir par des lois.

Vers 1960, le revenu annuel moyen des Québécois francophones n'équivaut qu'à environ 65 % de celui des Québécois anglophones. La Révolution tranquille vise entre autres à corriger ce déséquilibre. Mais la situation ne s'améliore pas du jour au lendemain. En outre, à la même époque, certains s'inquiètent du fait que la plupart des immigrants allophones adoptent la langue anglaise. Le désavantage économique associé au fait de parler français et la crainte de voir le Québec s'angliciser alimentent le nationalisme et l'indépendantisme québécois.

Les lois linguistiques fédérales consistent à renforcer le caractère bilingue du pays. La Loi sur les langues officielles, adoptée en **1969** par le gouvernement libéral de Pierre Elliott Trudeau, vise à rendre la fonction publique fédérale bilingue.

83 Une crise linguistique

En 1969, à Saint-Léonard, un quartier de Montréal où vit une majorité d'Italo-Québécois, l'imposition de classes unilingues francophones par des commissaires d'école provoque une crise : s'affrontent alors des partisans des écoles bilingues, à prédominance anglophone, et des partisans des écoles francophones.

Au Québec, une succession de lois linguistiques affirment de plus en plus ouvertement la volonté de faire du français la langue commune dans la province. En **1974**, l'adoption du projet de loi 22 par le gouvernement de Robert Bourassa fait du français la langue officielle du Québec. La Charte de la langue française, votée par le gouvernement de René Lévesque en **1977**, va plus loin : elle oblige les enfants d'immigrants à fréquenter l'école française, elle force les grandes entreprises à se franciser et elle impose le français dans l'affichage public. Chaque loi linguistique soulève de vives controverses dans la société, et de grandes coalitions manifestent pour demander soit l'assouplissement soit le renforcement de la loi.

85 Les principales lois linguistiques québécoises

Année	Parti au pouvoir	Loi
1969	Union nationale	Loi pour promouvoir la langue française (projet de loi 63)
1974	Parti libéral	Loi sur la langue officielle (projet de loi 22)
1977	Parti québécois	Charte de la langue française (projet de loi 101)

La Charte de la langue française incite la communauté anglophone à se redéfinir. Alors que certains anglophones décident de quitter le Québec, ceux qui restent apprennent à s'organiser pour revendiquer des droits. Le groupe de pression Alliance-Québec, fondé en 1982, se base sur les chartes canadienne et québécoise des droits et libertés pour contester la légalité de certains articles de la Charte de la langue française. Les tribunaux lui donnent raison à plusieurs reprises, et la Charte doit être assouplie. Toutefois, peu à peu, les Anglo-Québécois acceptent les nouvelles règles du jeu linguistique. Ils sont d'ailleurs beaucoup plus nombreux qu'auparavant à connaître la langue française, tout en continuant de vivre en anglais au Québec.

84 *Nègres blancs d'Amérique*

En 1968, Pierre Vallières exprime dans un essai sa perception des conditions socioéconomiques des Québécois francophones et du déséquilibre de pouvoir dont ils seraient victimes.

« La lutte de libération entreprise par les Noirs américains n'en suscite pas moins un intérêt croissant parmi la population canadienne-française, car les travailleurs du Québec ont conscience de leur condition de nègres, d'exploités, de citoyens de seconde classe. Ne sont-ils pas, depuis l'établissement de la Nouvelle-France, au XVIIe siècle, les valets des impérialistes, les "nègres blancs d'Amérique" ? »

Pierre Vallières, *Nègres blancs d'Amérique*, 1968.

- Selon vous, quel groupe social l'auteur associe-t-il aux impérialistes dans les années 1960 ?
- Que dénonce l'auteur dans son essai ?

PISTES
d'interprétation CD 2

1. Quelles sont les revendications des féministes réformistes et radicales ?
2. De quelle façon l'État réagit-il aux revendications féministes ?
3. Pourquoi les questions linguistiques prennent-elles de l'importance après 1960 ?
4. Comment l'État réagit-il aux conflits linguistiques ?

Les revendications autochtones et l'État

L'action politique des populations autochtones du Québec et du Canada connaît aussi un nouvel essor à partir des années 1960 et 1970. Les Autochtones réagissent ainsi à l'exploitation industrielle des ressources sur leurs terres ancestrales et aux tentatives du gouvernement de les assimiler.

Les Autochtones du Canada possèdent au départ peu de pouvoir face à l'État. En effet, jusqu'en **1951**, la Loi sur les Indiens leur interdit de s'engager dans des activités politiques. En outre, même s'ils obtiennent le droit de vote dans les années 1960, leur faible nombre (environ un million de personnes) nuit à leurs chances de voir augmenter leur poids politique. Il y a aussi le fait que les Autochtones vivent une situation économique difficile qui entrave, entre autres, leur possibilité d'organisation. Enfin, ils se trouvent divisés par la barrière des langues (il existe plus d'une cinquantaine de langues autochtones) et parfois par des conflits historiques entre nations.

En **1969**, le gouvernement fédéral de Pierre Elliott Trudeau propose une nouvelle «politique indienne». Son objectif est d'abolir la Loi sur les Indiens, de supprimer les réserves et de faire des Autochtones des citoyens canadiens, sans statut spécial. Ce projet est rejeté de façon unanime par les Autochtones. La Fraternité nationale des Indiens s'organise pour contrecarrer ce projet qui, selon elle, mène tout droit à l'assimilation. Elle revendique l'autonomie gouvernementale pour les Autochtones qui vivent dans les réserves. Le gouvernement fédéral finit par abandonner son projet de politique en 1973.

En **1982**, les Autochtones obtiennent une victoire importante lorsque la Constitution canadienne confirme leurs droits ancestraux ou issus de traités signés depuis l'époque coloniale. Les Autochtones peuvent donc faire valoir leurs revendications territoriales devant les tribunaux.

Certaines nations autochtones du Québec occupent des zones riches en mines ou en ressources forestières ou hydrauliques. Elles peuvent donc obtenir des avantages lorsqu'elles accordent à d'autres le droit de les exploiter. Ainsi, en **1975**, les Cris et les Inuits du Québec signent avec Québec et Ottawa la Convention de la Baie-James et du Nord québécois, qui autorise Hydro-Québec à construire des barrages sur leurs territoires en échange de compensations financières et de certains droits.

Enfin, les Autochtones s'appuient de plus en plus sur une opinion publique internationale qui leur est favorable. Ainsi, lors de la crise d'Oka de **1990**, les Mohawks de la région de Montréal ont pu bloquer un projet de développement qui empiétait sur leurs revendications territoriales. Ils ont tenu tête à l'armée canadienne, ce qui a attiré l'attention des médias du monde entier. Les Autochtones ont parfois recours à des coups d'éclat pour compenser leur faible influence face à l'État.

86 La signature de la Paix des Braves, en 2002

La Paix des Braves de 2002 associe les Cris au développement économique de leur région et leur assure un revenu important pour 50 ans, en contrepartie du droit pour Hydro-Québec de construire de nouveaux barrages sur la rivière Rupert.

PISTES d'interprétation CD 2

1. Quels facteurs nuisent à l'influence des Autochtones face à l'État ?
2. Quels moyens d'influence les Autochtones possèdent-ils ?
3. Peut-on dire que les Autochtones exercent une influence sur le pouvoir ? Expliquez votre réponse.

La place du Québec dans le Canada

Depuis les années 1960, l'État québécois tente d'obtenir davantage de pouvoirs pour permettre aux Québécois de s'affirmer comme société distincte. Les Québécois cherchent entre autres à faire reconnaître leur identité et revendiquent un statut particulier. Deux voies sont alors explorées : d'un côté, celle de la souveraineté et de l'indépendance du Québec, et de l'autre, celle de la réforme constitutionnelle.

Les mouvements nationalistes et l'État

À partir des années 1960, la tangente nationaliste du gouvernement du Québec se transforme. Le gouvernement ne défend plus seulement l'autonomie provinciale, mais aussi la reconnaissance d'une identité propre et d'un statut particulier. Au cours des **années 1960 et 1970**, de plus en plus de citoyens, de groupes et de partis politiques proposent la souveraineté politique du Québec. Ils estiment que certains problèmes, tels le sous-développement économique des francophones et la menace qui pèse sur la langue française, pourraient être réglés dans un Québec indépendant.

Des mouvements politiques représentent les différentes tendances nationalistes. En **1963**, le Rassemblement pour l'indépendance nationale (RIN) devient le premier parti indépendantiste. Pour le RIN, le français est le facteur rassembleur des Québécois. Sous la conduite de Pierre Bourgault, le RIN récolte 5,6 % des voix aux élections de 1966. Puis, en 1967, René Lévesque quitte le Parti libéral du Québec et fonde le Mouvement souveraineté-association (MSA). Celui-ci milite pour la souveraineté du Québec et le maintien d'une union économique avec le reste du Canada. Le MSA obtient notamment l'appui des membres du RIN. La fusion du MSA, du RIN et du Ralliement national (RN), un autre mouvement nationaliste, est à l'origine de la fondation du Parti québécois (PQ), en 1968. Le PQ prendra le pouvoir en **1976**, sous la gouverne de René Lévesque.

Au cours des années 1970, certains indépendantistes considèrent que seules des mesures radicales peuvent mener à la souveraineté du Québec. C'est le cas des membres du Front de libération du Québec (FLQ). Ce groupe, fondé en **1963**, entreprend des actions terroristes. Au début des années 1970, les agissements du FLQ aboutissent à la crise d'Octobre, au cours de laquelle deux hommes sont enlevés, dont le ministre Pierre Laporte, qui est retrouvé mort quelques jours après son enlèvement. Afin de régler la crise, le premier ministre du Québec, Robert Bourassa, demande l'aide d'Ottawa. Pierre Elliott Trudeau fait alors intervenir l'armée et invoque la Loi sur les mesures de guerre. Cette loi permet au gouvernement fédéral de suspendre les libertés individuelles des citoyens et de procéder à des arrestations et à des détentions sans mise en accusation. Plus de 450 personnes sont alors arrêtées et détenues. Les nationalistes québécois et les défenseurs des libertés civiles à travers le pays condamnent ces mesures qu'ils jugent excessives.

87 **L'adoption de l'unifolié, en 1964**

En 1964, le drapeau unifolié canadien remplace officiellement l'*Union Jack* et le *Red Ensign*, marqués de la croix britannique. Lors de la cérémonie qui accompagne la première levée du drapeau canadien sur la Colline du Parlement à Ottawa, plusieurs voient dans l'unifolié la volonté d'affirmation de l'identité canadienne par rapport à l'Empire britannique.

● Selon vous, pourquoi le drapeau est-il un élément important dans l'affirmation de l'identité d'un pays ?

Les Ordres

Les événements de la crise d'Octobre inspirent au cinéaste Michel Brault le film *Les Ordres*. Le film est basé sur les témoignages d'une cinquantaine de personnes qui sont emprisonnées en octobre 1970, en vertu de la Loi sur les mesures de guerre. Le cinéaste s'intéresse principalement aux événements reliés à la suspension des libertés individuelles pendant la crise. Présenté en 1974, le film de Michel Brault obtient une reconnaissance internationale lorsqu'il remporte le prix de la mise en scène au Festival de Cannes, en 1975.

À la fin des **années 1970** et au début des **années 1980**, le gouvernement péquiste se fait le porte-parole des idées nationalistes et souverainistes. Les revendications des mouvements nationalistes aboutissent à la tenue, en **1980**, d'un référendum sur la souveraineté-association. Le Québec veut alors négocier une entente qui lui permettrait d'être souverain sur le plan politique tout en maintenant des liens économiques avec le reste du Canada. Le référendum de **1980** divise la population du Québec. Plus de 85,6 % des électeurs se prévalent de leur droit de vote. Certains groupes, dont des anglophones et des allophones (qui représentent alors entre 18 % et 20 % de l'électorat québécois), craignent que leur identité ne soit pas reconnue dans un Québec souverain. Finalement, le Non l'emporte avec 59,56 % des voix, contre 40,46 % pour le Oui. Par ailleurs, près de 50 % de la population francophone se prononce pour le Oui.

Les débats constitutionnels

La victoire du Non au référendum de 1980 relance les pourparlers constitutionnels amorcés au cours des **années 1960 et 1970**. Certains nationalistes modérés, qui prônent l'augmentation des pouvoirs du Québec au sein d'une fédération canadienne décentralisée, proposent alors des modifications à la Constitution canadienne afin de reconnaître un statut distinct au Québec.

Une série de conférences constitutionnelles débute en février 1968. Les premiers ministres y étudient comment la Constitution, qui est conservée à Londres, pourrait mieux refléter la réalité canadienne. Lors de ces conférences, deux avenues s'offrent au Québec: proposer de changer la Constitution afin que le Québec obtienne plus de pouvoirs, c'est ce qu'on appelle le « fédéralisme asymétrique », ou négocier un transfert de pouvoirs pour toutes les provinces, c'est ce qu'on nomme la « décentralisation ».

88 **Deux camps s'affrontent**

Au cours de la campagne référendaire de 1980, la société est divisée entre ceux qui autorisent le gouvernement du Québec à négocier la souveraineté avec le fédéral (le camp du Oui) et ceux qui lui refusent cette autorisation (le camp du Non).

Selon vous, pourquoi le référendum suscite-t-il autant d'intérêt parmi la population québécoise?

Déjà, dans les années 1960, les Québécois réclament une plus grande reconnaissance de leur langue et de leur culture. En février 1969, lors d'une conférence constitutionnelle, le premier ministre du Québec Jean-Jacques Bertrand propose de modifier la Constitution afin que soit reconnu un statut particulier pour le Québec, un statut lié entre autres à l'usage du français.

« L'important pour les Canadiens français du Québec, ce n'est pas de pouvoir individuellement parler leur langue même dans les régions du pays où elle a très peu de chances d'être comprise ; c'est de pouvoir collectivement vivre en français, travailler en français, se construire une société qui leur ressemble… S'il y a crise au Canada, ce n'est pas parce qu'il s'y trouve des individus qui parlent des langues différentes, c'est parce qu'il s'y trouve deux collectivités, deux peuples, deux nations dont il faut harmoniser les rapports. »

Tiré de Jean-Louis Roy, *Le choix d'un pays. Le débat constitutionnel Québec-Canada*, Montréal, Leméac, 1978.

• Selon vous, pourquoi Jean-Jacques Bertrand distingue-t-il parler français et vivre en français ?

• Quels intérêts Jean-Jacques Bertrand désire-t-il protéger : les intérêts individuels des francophones ou l'intérêt collectif de la communauté du Québec ?

En **1971**, lors de la conférence de Victoria, les premiers ministres des provinces se réunissent afin d'adopter une formule de modifications de la Constitution. Le Québec, avec Robert Bourassa à sa tête, remet alors en question le principe de la primauté du fédéral. Après quelques jours de négociations, les premiers ministres se mettent d'accord pour enchâsser dans la Constitution des dispositions sur les droits politiques fondamentaux et certains droits linguistiques. Le gouvernement fédéral soumet ensuite une proposition qui doit être acceptée par l'ensemble des provinces. La formule proposée par le premier ministre du Canada Pierre Elliott Trudeau restreint le pouvoir du fédéral en ce qui regarde la nomination des juges et son pouvoir de désaveu. La formule offre aussi au Québec, à l'Ontario et aux provinces atlantiques un droit de veto en ce qui a trait aux changements constitutionnels.

Québec refuse toutefois cette proposition puisqu'elle ne reconnaît pas la primauté du Québec dans un champ de compétence provinciale, les affaires sociales. La conférence de Victoria aboutit donc à une impasse et contribue à l'isolement du Québec sur la question constitutionnelle, car les gouvernements des autres provinces refusent de reconnaître un statut particulier au Québec.

90 La conférence de Victoria, en 1971

Malgré l'échec de Victoria, le gouvernement fédéral est décidé à rapatrier la Constitution canadienne, avec ou sans l'accord des provinces. Après plusieurs rondes de négociations, les provinces ne réussissent toujours pas à s'entendre sur les amendements à apporter. En 1982, le gouvernement fédéral procède donc au rapatriement unilatéral de la Constitution.

• Quel est le principal objectif de la conférence de Victoria ?

Les négociations constitutionnelles et le Québec

Date	Événement	Résultat
1971	Conférence de Victoria	Le Québec rejette l'entente proposée.
1980	Référendum sur la souveraineté-association	Les Québécois rejettent la souveraineté-association. Ce rejet relance les négociations constitutionnelles.
1980-1982	Négociations constitutionnelles sur le rapatriement de la Constitution canadienne	Rapatriement unilatéral de la Constitution sans l'accord des provinces. Le Québec ne signe pas la Constitution.
1987	Accord du lac Meech	Le Manitoba et Terre-Neuve refusent de ratifier l'Accord qui aurait permis de réintégrer le Québec dans la Constitution.
1992	Accord de Charlottetown	Les provinces acceptent les offres faites par le fédéral au Québec pour qu'il réintègre la Constitution, mais la population canadienne rejette l'accord lors d'un référendum.
1995	Référendum sur la souveraineté	Les Québécois rejettent l'indépendance.

● Au terme de toutes ces négociations constitutionnelles, quel est le statut du Québec au sein du Canada ?

Trois raisons expliquent l'échec des différentes rencontres constitutionnelles :

- le refus du Canada anglais de reconnaître un statut particulier au Québec ;
- l'ambivalence des francophones du Québec face à l'indépendance, ce qui affaiblit leur position dans les négociations ;
- les débats constitutionnels qui mobilisent de plus en plus de groupes qui veulent promouvoir leurs intérêts et leurs revendications.

La lenteur du processus de négociation, les échecs répétés et la décision du fédéral de rapatrier unilatéralement la Constitution contribuent à grossir les rangs des indépendantistes au Québec. Lors du retour au pouvoir du PQ en 1994, le premier ministre Jacques Parizeau organise un nouveau référendum sur la souveraineté. En **1995**, le vote est encore une fois serré puisque 50,6 % des Québécois se prononcent contre l'indépendance de la province et son maintien dans la Confédération. Cette fois, les francophones du Québec votent majoritairement en faveur de l'indépendance. Le statut du Québec au sein de la Confédération et dans le Canada demeurent des enjeux importants.

92 Le référendum de 1995

Le premier ministre du Québec, Jacques Parizeau, prend la parole lors de la campagne référendaire de 1995.

PISTES d'interprétation CD 2

1. Quels sont les principaux mouvements nationalistes au Québec de 1960 à 1980 ? Quelles sont leurs revendications ?

2. Quelle est l'influence des groupes nationalistes sur l'État ?

3. Quelles sont les revendications du Québec de 1960 à 1990 ? Pourquoi défend-il ces intérêts ?

4. Quels groupes cherchent à exercer une influence sur le pouvoir lors des négociations constitutionnelles ?

Les mouvements environnementaux et l'État

Les premiers mouvements environnementaux font leur apparition dans la seconde moitié du XIXe siècle. Ils concentrent leur action sur la préservation de la nature. Dans les années 1970, de nouveaux groupes s'organisent. Ces derniers se veulent plus militants, comme la Société pour vaincre la pollution (SVP) ou les AmiEs de la Terre. Ces mouvements dénoncent non seulement la pollution et la destruction des habitats naturels, mais aussi la société de consommation, qui entraîne beaucoup de gaspillage.

93 Frédéric Back (1924-)

Frédéric Back réalise de nombreux films d'animation, dont certains abordent le thème de l'écologie, comme *L'homme qui plantait des arbres* (1987) pour lequel il reçoit un Oscar la même année et *Le fleuve aux grandes eaux* (1993). En plus de concevoir des films qui sensibilisent le grand public à la cause environnementale, il milite dans un des premiers groupes écologistes modernes, la Société pour vaincre la pollution.

L'influence des mouvements écologistes se fait rapidement sentir sur le gouvernement du Québec, qui fait adopter la Loi sur la qualité de l'environnement en **1972**. Ces mouvements amènent aussi le gouvernement à abandonner le projet d'Hydro-Québec de construire des centrales nucléaires. Par contre, ils ne réussissent pas à empêcher le Québec de lancer, en 1970, un programme de construction de centrales hydroélectriques.

Au début des années **1980**, de nouveaux enjeux mobilisent les groupes écologistes, comme celui des pluies acides. Pour s'y attaquer, l'Association québécoise de lutte contre les pluies acides (AQLPA) est créée en 1982. Ses pressions médiatiques contribuent à la signature entre le Canada et les États-Unis, en 1991, d'un accord visant la réduction des émissions polluantes qui sont responsables des pluies acides.

Dans les années 1990, le réchauffement climatique est au centre des préoccupations. L'adoption, en **1997**, du **Protocole de Kyoto** qui vise à réduire les émissions de gaz à effet de serre (GES) est un pas important pour protéger la planète. Les pressions sont nombreuses pour que les gouvernements aillent au-delà des engagements politiques et adoptent des plans concrets de réduction des GES. Pour mener cette lutte, l'AQLPA change de nom et devient l'Association québécoise de lutte contre la pollution atmosphérique.

D'autres groupes ont un impact notable dans les médias, comme le bureau québécois de Greenpeace et la coalition QuébecKyoto. Celle-ci est fondée en 2004 avec comme objectif de lutter contre le projet de construction de la centrale thermique du Suroît, qui aurait entraîné une augmentation des émissions de gaz à effet de serre. Les actions de la coalition (dénonciations dans les médias, manifestations, etc.) poussent le gouvernement à abandonner le projet.

Protocole de Kyoto
Traité international par lequel 38 pays industrialisés s'engagent à abaisser collectivement, d'ici 2012, leurs émissions de gaz à effet de serre de 5,2 % par rapport au taux de 1990.

94 Un mouvement mondial

En décembre 2005, des milliers de personnes manifestent en Allemagne, en France, en Grande-Bretagne, en Australie, au Japon, au Brésil, aux États-Unis et au Canada pour exiger des actions contre les changements climatiques. Les problèmes environnementaux ont des conséquences mondiales, ce qui amène les mouvements écologistes à coordonner certaines de leurs actions à l'échelle internationale. À Montréal, des milliers de personnes envahissent les rues du centre-ville le 3 décembre.

95 La défense des espaces naturels

Lorsque le gouvernement du Québec annonce, en 2006, son intention de privatiser une partie des terrains du Parc national du Mont-Orford, la mobilisation est immédiate. L'opposition s'organise sous la bannière de la Coalition SOS Parc Orford. Elle use de son influence en organisant des manifestations et des dénonciations dans les médias. Le gouvernement abandonne son projet en 2007.

Signe de l'influence grandissante des mouvements écologistes, l'État québécois consulte ces derniers de plus en plus avant d'annoncer de nouvelles politiques. Ainsi, le plan d'action sur les changements climatiques lancé en 2006 par le gouvernement du Québec se rapproche des positions écologistes : il prévoit entre autres le financement de projets liés à la protection de l'environnement.

Au cours des dernières décennies, les groupes environnementaux usent de leur influence et réussissent à faire de l'écologie un des principaux enjeux politiques au Québec, notamment grâce aux médias, qui rapportent leurs actions, publient leurs lettres ouvertes, etc. Plusieurs médias ont aujourd'hui des journalistes spécialisés en environnement, et même des chroniqueurs qui sont des militants écologistes reconnus.

96 Équiterre : transformer le quotidien

Les mouvements environnementaux tentent avant tout d'influencer le pouvoir politique, mais une partie d'entre eux essaient également d'influencer la société en général en présentant des solutions plus respectueuses de l'environnement. C'est le cas de l'organisme Équiterre, qui fait notamment la promotion de l'agriculture biologique auprès du grand public.

Portrait

Steven Guilbeault (1970-)

Steven Guilbeault participe à la fondation de l'organisme Équiterre, en 1993, où il est responsable du dossier des changements climatiques. En 1997, il se joint à Greenpeace, dont il devient le porte-parole pour le Québec. Très apprécié pour ses interventions, il fait de nombreuses apparitions dans les médias à partir du milieu des années 1990 et devient bientôt la figure la plus connue des mouvements environnementaux. Écologiste convaincu, Steven Guilbeault sait capter l'attention des politiciens. En 2007, Steven Guilbeault retourne œuvrer chez Équiterre.

Les mouvements de justice sociale et l'État

Différents mouvements qui luttent pour la justice sociale voient le jour pendant la Révolution tranquille. Ils défendent les intérêts et les droits des gens démunis et cherchent à influencer les politiques gouvernementales. Le logement social, la lutte contre la pauvreté et l'exclusion, la santé mentale, la lutte contre la discrimination raciale, par exemple, font partie des causes qu'ils défendent.

Ces groupes sont très présents au cours des années 1980 et 1990, en raison de la remise en question de l'État providence. Certains de ces organismes dénoncent les réductions de dépenses dans les programmes sociaux et organisent des manifestations. Étant donné les déficits budgétaires des gouvernements, ils ont peu d'influence sur le pouvoir jusqu'à la fin des années 1990. Toutefois, en 2002, une de leurs luttes porte fruit puisque l'Assemblée nationale adopte la Loi visant à lutter contre la pauvreté et l'exclusion sociale.

Par ailleurs, des associations étudiantes, comme la Fédération étudiante universitaire du Québec et l'Association pour une solidarité syndicale étudiante, réussissent à maintenir le gel des droits de scolarité pendant une partie des années 1990 et 2000 en organisant, entre autres, des manifestations.

97 **La lutte contre la pauvreté**

Vivian Labrie combat la pauvreté sans relâche pendant son passage au Collectif pour un Québec sans pauvreté, de 1998 à 2006. Pour convaincre le gouvernement du Québec d'adopter une loi visant à contrer ce fléau, le Collectif présente notamment une pétition de plus de 215 000 signatures.

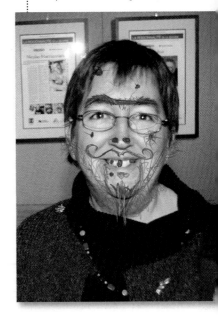

98 **Une loi pour contrer les inégalités**

La Loi visant à lutter contre la pauvreté et l'exclusion sociale est adoptée à l'unanimité le 26 décembre 2002. Par cette loi, le gouvernement du Québec reconnaît que la pauvreté menace les droits et les libertés des individus.

«[…] CONSIDÉRANT que la pauvreté et l'exclusion sociale peuvent constituer des contraintes pour la protection et le respect de cette dignité humaine ;

CONSIDÉRANT que les effets de la pauvreté et de l'exclusion sociale freinent le développement économique et social de la société québécoise dans son ensemble et menacent sa cohésion et son équilibre ; […]

1. La présente loi vise à guider le gouvernement et l'ensemble de la société québécoise vers la planification et la réalisation d'actions pour combattre la pauvreté, en prévenir les causes, en atténuer les effets sur les individus et les familles, contrer l'exclusion sociale et tendre vers un Québec sans pauvreté.
[…]

4. La stratégie nationale vise à amener progressivement le Québec d'ici 2013 au nombre des nations industrialisées comptant le moins de personnes pauvres, selon des méthodes reconnues pour faire des comparaisons internationales. »

QUÉBEC, *Loi visant à lutter contre la pauvreté et l'exclusion sociale* [en ligne], 2002, réf. du 6 novembre 2008.

Qu'est-ce qui incite le gouvernement du Québec à adopter cette loi ?

PISTES d'interprétation CD 2

1. Quelle influence les groupes environnementaux ont-ils sur le pouvoir politique depuis les années 1970 ?

2. Quel est le rôle des médias dans leurs revendications ?

3. Les mouvements de justice sociale exercent-ils une influence sur le pouvoir ? Expliquez votre réponse.

Questions bilan

4. Quelle est la dynamique de pouvoir entre le gouvernement fédéral et le gouvernement du Québec ?

5. Quelle est la dynamique entre le pouvoir et les groupes qui cherchent à exercer leur influence à partir des années 1960 ?

DÉCODER...

le pouvoir et les pouvoirs au Québec, du XVIIᵉ au XXIᵉ siècle

Boîte à outils

Interprétez chacun des documents en vous basant sur la méthode appropriée proposée dans la section Boîte à outils, à la page 235 du manuel.

Depuis l'établissement des premiers colons français en Nouvelle-France, le Québec a connu plusieurs formes d'organisation politique. De l'absolutisme royal au parlementarisme, la dynamique entre les détenteurs du pouvoir et les différents groupes qui cherchent à les influencer a toujours constitué un enjeu important pour la société québécoise. L'influence de ces groupes exige que l'État tienne compte de leurs demandes dans l'exercice du pouvoir.

L'analyse et l'interprétation de plusieurs types de documents vous permettront de mieux comprendre la dynamique entre les groupes d'influence et le pouvoir au Québec. Pour ce faire, suivez les étapes ci-dessous :

1. Répondez aux questions en lien avec chacun des documents ;

2. Déterminez l'époque à laquelle se rattache chacun des documents ;

3. Relevez, pour chacun des documents, les informations qui vous permettent de constater la dynamique entre le pouvoir des groupes d'influence et le pouvoir de l'État au Québec.

99 Le roi Louis XIV

Hyacinthe Rigaud, *Louis XIV dans son costume royal*, 1701.

- Quels pouvoirs le roi de France détient-il en Nouvelle-France ?

- Qui sont les représentants du roi dans la colonie et quels sont leurs rôles ?

- Quels sont les moyens qu'utilise le roi pour imposer son autorité dans la colonie ?

- Y a-t-il des groupes qui cherchent à exercer une influence sur le pouvoir ? Expliquez votre réponse.

100 Québec en été, Montréal en hiver

« Il est d'usage et de nécessité que le [gouverneur] général de la colonie monte à Montréal dans le courant de janvier et ne s'en revienne à Québec que dans le mois d'août. Entre autres affaires qui l'y attirent, les principales sont :

– Pour nommer et faire choix des officiers capables de commander dans les postes du roy établis dans les pays d'en haut. […]

– Pour délivrer des congés, à ceux des commerçants qui s'y présentent, d'y passer pour y faire la traite. […]

– Pour recevoir les députés des nations sauvages [amérindiennes] qui y viennent tous les ans apporter des présents, en recevoir de la part du Roy, faire des représentations pour ou contre nos possessions parmi elles, et donner des colliers [wampums] pour la sûreté des engagements qu'ils prennent avec nous. »

Louis Franquet, *Voyages et mémoires sur le Canada*, 1753.

- Selon ce texte, quels sont les différents rôles du gouverneur dans la colonie ?

- Quelle influence les officiers et la noblesse exercent-ils dans la colonie ?

- Quelle est la dynamique de pouvoir entre les nobles et le roi ?

- Dans quel intérêt les Français s'allient-ils avec les Amérindiens ?

- Dans quel intérêt les Amérindiens s'allient-ils avec les Français ?

- Quelle est la dynamique de pouvoir entre les Amérindiens et les autorités coloniales ?

101 Un extrait de l'Acte de Québec

« ARTICLE V

[…] pour la plus entière sûreté et tranquillité des esprits des habitants de ladite province, il est par ces présentes Déclaré, que les sujets de sa Majesté professant la Religion de l'Église de Rome dans ladite province de Québec peuvent avoir, conserver et jouir du libre exercice de la Religion de l'Église de Rome, soumise à la Suprématie du Roi, […] et que le Clergé de ladite Église peut tenir, recevoir et jouir de ses dus et droits accoutumés, eu égard seulement aux personnes qui professeront ladite Religion. »

Acte de Québec, art. 5, 1774.

- Selon cet extrait, quel droit les habitants de la province obtiennent-ils en vertu de l'Acte de Québec ?
- Pourquoi les autorités coloniales accordent-elles ce droit aux habitants du Québec ?
- Sous le régime britannique, quel pouvoir les autorités coloniales détiennent-elles sur l'Église catholique ?
- Sous le régime britannique, quelle est l'influence de l'Église catholique sur la population de la colonie ?
- Quelle est la réaction des colons britanniques devant cette décision ?
- Quelle est la dynamique entre le pouvoir britannique et l'Église catholique dans la colonie ?

103 La bataille de Saint-Eustache

Lord Charles Beauclerk, *Vue avant de l'église Saint-Eustache et dispersion des insurgés*, 1840.

- Quel groupe est en conflit avec les autorités britanniques ?
- Quelles sont les revendications de ce groupe ? Quels groupes n'appuient pas leurs revendications ?
- Quels sont les moyens d'action mis en œuvre par le groupe en conflit pour exercer son influence sur le pouvoir ?
- Quelle est la réaction des autorités britanniques ?
- Quelle est la dynamique entre le groupe en conflit et le pouvoir des autorités coloniales ?

102 Les règlements de l'Assemblée législative du Bas-Canada

- Pourquoi les règlements de l'Assemblée législative sont-ils rédigés en anglais ?
- Qui a revendiqué une Assemblée dans la colonie et pour quelles raisons ?
- L'Assemblée législative détient-elle tous les pouvoirs au Bas-Canada ?
- À la date de rédaction du document, l'Assemblée est-elle représentative de l'ensemble de la population ? Expliquez votre réponse.
- Sous le régime britannique, quelle est la dynamique de pouvoir entre la Chambre d'assemblée et le gouverneur ?

104 Des ouvrières durant la Première Guerre mondiale

Une cafétéria dans une usine de munitions à Verdun, vers 1916.

● Quels droits les ouvriers revendiquent-ils ? Quels moyens emploient-ils pour appuyer leurs revendications ?

● Quelles sont les revendications des femmes au cours du XXᵉ siècle ?

● Quelle influence les grands industriels exercent-ils sur le pouvoir ?

● Quelle est la dynamique entre les mouvements ouvriers et le pouvoir de l'État ? Entre les grands industriels et le pouvoir ?

105 L'inauguration du pont de l'Île-aux-Tourtes par le premier ministre Jean Lesage, en 1965

● Dans quels domaines l'État intervient-il pendant la Révolution tranquille ?

● L'interventionnisme de l'État, notamment en matière de programmes sociaux, donne-t-il plus de pouvoir à l'État ? Expliquez votre réponse.

● Dans le cadre de cette période de changements, quels groupes sociaux revendiquent plus de droits ?

● Quelle est la dynamique entre les groupes d'influence et le pouvoir de l'État pendant la Révolution tranquille ?

❧ Pour mieux comprendre CD 2

1. L'interprétation de ces documents vous a permis de mieux comprendre la dynamique entre le pouvoir et les groupes qui cherchent à exercer une influence au Québec à différentes époques. Afin d'approfondir cette question :

a) Pour chaque période historique, repérez, dans le manuel, d'autres documents qui vous permettent de mieux comprendre la dynamique entre le pouvoir et les groupes qui cherchent à exercer une influence au Québec.

b) Pour chaque document trouvé, utilisez l'outil approprié en vous référant, au besoin, à la Boîte à outils.

2. Répondez en quelques lignes à la question suivante :

> *Quelle est la dynamique entre le pouvoir et les groupes qui cherchent à exercer une influence au Québec depuis le XVIIᵉ siècle ?*

2 AILLEURS, LE POUVOIR

— Aujourd'hui —

Depuis l'époque de la Nouvelle-France jusqu'à nos jours, une dynamique s'est développée entre le pouvoir de l'État et certains groupes qui cherchent à influencer ce pouvoir.

Ailleurs, dans le régime non démocratique de la Birmanie, une dynamique s'est aussi développée entre le pouvoir en place et certains groupes qui cherchent à exercer une influence. Quelles sont les différences entre le Québec d'aujourd'hui et la Birmanie sur le plan de la dynamique entre le pouvoir et les pouvoirs ?

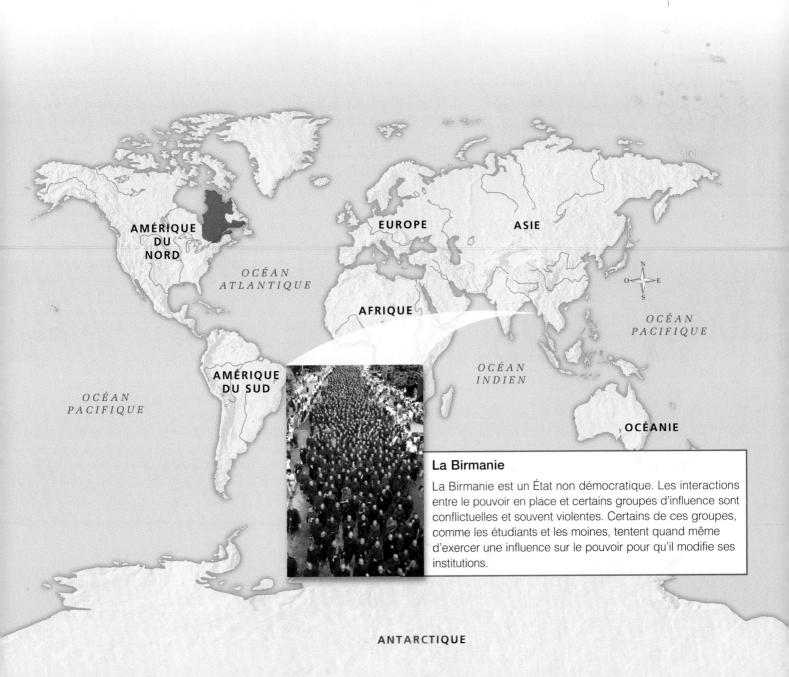

La Birmanie

La Birmanie est un État non démocratique. Les interactions entre le pouvoir en place et certains groupes d'influence sont conflictuelles et souvent violentes. Certains de ces groupes, comme les étudiants et les moines, tentent quand même d'exercer une influence sur le pouvoir pour qu'il modifie ses institutions.

La Birmanie (Myanmar)

Dictature Régime politique dans lequel une personne, un parti ou un groupe s'attribue arbitrairement tous les pouvoirs. Dans une dictature, la critique publique n'est pas tolérée.

Junte Nom donné à un groupe de militaires qui dirige un pays à la suite d'un coup d'État.

CONCEPTS

État, institution

La Birmanie, située en Asie du Sud-Est, est un État pauvre et non démocratique. Depuis le coup d'État militaire de 1962, le gouvernement a limité les droits politiques et privé les Birmans de la liberté d'expression. Il existe tout de même des groupes d'influence qui dénoncent la dictature et qui réclament la création d'institutions démocratiques.

Quelle est la dynamique entre le pouvoir d'État et les groupes qui cherchent à exercer une influence en Birmanie ? **CD 2**

De colonie à dictature militaire

La Birmanie devient une colonie britannique au XIXe siècle. Lorsqu'elle accède à l'indépendance, en 1948, le gouvernement birman met en place des institutions démocratiques, mais celles-ci sont rapidement déstabilisées par plusieurs conflits : luttes de pouvoir au sein du gouvernement, insurrection menée par des minorités ethniques et guérilla communiste. En 1962, l'armée s'empare du pouvoir par un coup d'État.

À partir de ce moment, le pays est soumis à une **dictature** militaire répressive et la Birmanie se replie sur elle-même. Les militaires contrôlent – directement ou indirectement – les institutions politiques et économiques de la Birmanie.

De 1962 à 1974, le pouvoir est détenu directement par un Conseil révolutionnaire formé de militaires. Par la suite, de nouvelles institutions sont mises sur pied : un Parlement est élu aux quatre ans, et celui-ci nomme un Conseil d'État qui exerce le pouvoir exécutif. Ces élections ne sont toutefois pas démocratiques : un seul parti politique est autorisé, soit le Parti du programme socialiste birman, créé et dirigé par des officiers de l'armée. De plus, les militaires continuent d'occuper les postes politiques les plus importants (président, premier ministre, etc.).

À la suite d'un vaste mouvement de protestation qui secoue le pays en 1988, la **junte** crée le Conseil d'État pour la restauration de la loi et de l'ordre, un gouvernement intérimaire constitué de militaires. Ce dernier tient des élections libres en 1990, mais il ne reconnaît pas le résultat de ces élections qui sont remportées par le parti d'opposition. En 1997, la junte change le nom de ce conseil, qui devient le Conseil d'État pour la paix et le développement.

106 La Birmanie, un pays au confluent de grands empires

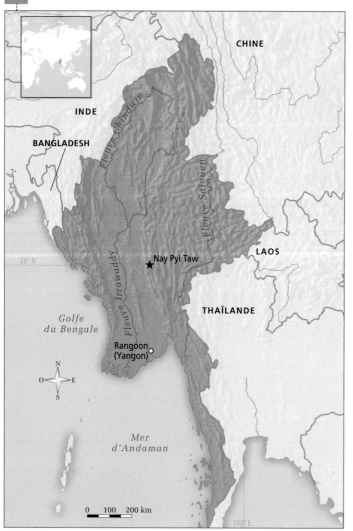

En 1989, le régime au pouvoir décide de donner à la Birmanie le nom de Myanmar. Il change également plusieurs autres noms de villes ou de repères géographiques. Ainsi, l'ancienne capitale Rangoon est renommée Yangon. Ce changement controversé ne sera pas reconnu par l'opposition politique ainsi que par certains pays, dont le Canada.

L'État et ses alliés

Le principal objectif de l'État birman consiste à écarter les menaces, qu'elles soient intérieures ou extérieures. La principale menace intérieure provient des minorités ethniques, qui ont souvent eu recours à la guérilla pour tenter d'obtenir plus d'autonomie, ainsi que de la population en général qui déteste ses dirigeants. Quant aux rapports du régime birman avec l'extérieur, sa crainte de voir des puissances étrangères s'ingérer dans la politique intérieure du pays et sa peur de perdre le pouvoir l'ont poussé à rejeter toute forme d'influence extérieure. Les contacts avec les étrangers sont par conséquent très limités: le pays bloque régulièrement l'accès à ses frontières aux journalistes étrangers et il est pratiquement impossible de séjourner en Birmanie pour de longues périodes.

Mais au-delà de cet objectif officiel, l'État birman sert aussi les intérêts financiers de ses dirigeants. Il semble en effet que la corruption soit très répandue et que les officiers de l'armée seraient très riches.

Afin de se maintenir au pouvoir, l'État dispose d'une armée imposante qui compte plus de 400 000 soldats, d'une police antiémeute et d'un service de renseignements. L'État n'hésite pas à recourir à la violence physique contre ses opposants: les emprisonnements sans procès, la torture, les exécutions et les violences sexuelles font partie du quotidien.

Le régime a aussi créé des organisations sociales qui lui permettent de surveiller et de contrôler la population. La plus importante est l'Association pour l'union, la solidarité et le développement, qui compterait des millions d'adhérents (certains enrôlés de force). Officiellement, ses membres sont des bénévoles qui participent à des projets communautaires, mais en réalité, ils sont là pour surveiller et dénoncer les opposants politiques, allant même parfois jusqu'à les brutaliser.

Le régime peut également compter sur ses ressources financières pour se maintenir en place. Ses revenus proviennent des taxes, mais aussi des redevances obtenues sur des projets d'exploitation de ressources naturelles par des entreprises étrangères. Ces projets sont parfois réalisés en partenariat avec des entreprises birmanes appartenant à l'État ou à l'armée. Dans les deux cas, ils sont des sources importantes de revenus pour l'État et l'armée.

Enfin, comme la Birmanie n'est pas une démocratie, la junte contrôle directement tous les médias, qui n'ont évidemment pas le droit de la critiquer.

Les appuis de l'État

Un petit nombre de groupes appuient le régime. L'armée est la principale alliée du régime: en fait, c'est elle qui contrôle le gouvernement. Pour les simples soldats, l'armée représente une des seules façons d'éviter la pauvreté dans un pays où les habitants vivent avec moins de un dollar par jour.

En dehors de l'armée, quelques hommes d'affaires et propriétaires terriens soutiennent la junte militaire, mais la plupart de ses autres appuis proviennent d'organisations créées par le régime.

À l'extérieur de la Birmanie, les principaux alliés de la junte sont des pays asiatiques, que ce soit par intérêt économique ou géostratégique. Les entreprises de pays tels la Chine, l'Inde et la Thaïlande s'intéressent aux abondantes ressources naturelles de la Birmanie. La Chine s'allie également à la Birmanie pour avoir un accès à l'océan Indien. L'Inde, quant à elle, essaie d'éviter que la Chine devienne trop influente dans la région.

Depuis 1997, la Birmanie fait partie d'une association de coopération économique, l'**ANASE**. Cette association est généralement solidaire du gouvernement birman. Selon leurs intérêts, les partenaires économiques asiatiques de la Birmanie soutiennent le régime de la junte militaire, alors que d'autres souhaitent qu'il tombe sans le dire officiellement.

CONCEPTS

État, influence, intérêt

107 **Le général Than Shwe, dirigeant de la Birmanie**

Né en 1933, Than Shwe commence sa carrière militaire à 20 ans. Il devient le numéro un du régime en 1992.

ANASE Association des nations de l'Asie du Sud-Est. Elle regroupe 10 pays: la Birmanie, le Brunei, le Cambodge, l'Indonésie, le Laos, la Malaisie, les Philippines, Singapour, la Thaïlande et le Viêtnam.

Une nouvelle capitale

Le plus grand secret entoure les décisions des dirigeants birmans. Ainsi, l'annonce de la construction d'une nouvelle capitale, en 2005, a surpris toute la population. En effet, en 2005-2006, l'État a fait construire la ville de Nay Pyi Taw («demeure des rois»), à 320 km au nord de Rangoon, l'ancienne capitale. Les motifs réels qui ont amené la junte à déplacer la capitale demeurent inconnus, et les spéculations vont bon train : crainte d'une invasion américaine? Suggestion des astrologues du Parti? Il s'agit peut-être tout simplement du désir des militaires de s'isoler du reste de la population pour mieux s'en protéger.

Nay Pyi Taw, la nouvelle capitale de la Birmanie, construite en 2005-2006 au milieu de nulle part.

CONCEPTS

Droits, État, influence, institution

Les opposants au pouvoir d'État

Il existe peu d'organisations capables de menacer directement le pouvoir militaire en Birmanie. Les habitants consacrent leurs énergies à survivre sur le plan économique, sans compter que l'absence de droits politiques décourage les initiatives de la société civile. Certains groupes tentent malgré tout d'exercer une influence sur l'État.

Les étudiants

La plupart du temps, les activistes étudiants sont discrets à cause de la répression gouvernementale : ils organisent des groupes de discussion et distribuent des tracts à l'occasion. Lorsque le mécontentement des citoyens est à son comble (par exemple, quand le gouvernement prend une décision impopulaire), ils en profitent pour passer à l'action directe et organisent des marches ou des grèves. Dans ces périodes d'effervescence, les étudiants participent à la mobilisation en dehors des campus et même en dehors des grandes villes.

Les activistes fonctionnent généralement en petites cellules afin d'éviter d'être infiltrés par des agents du gouvernement. Cette méthode est efficace, mais elle conduit à une certaine désorganisation et limite l'ampleur des mouvements de contestation. Par ailleurs, les périodes de contestation ouverte ne durent jamais longtemps. Plusieurs activistes étudiants se réfugient alors dans la clandestinité ou quittent le pays. Certains émigrés ont continué la lutte à l'échelle internationale avec succès : dans les années 1990, un ancien militant a créé aux États-Unis le Free Burma Coalition, qui a convaincu certaines grandes compagnies américaines de quitter la Birmanie. Le groupe a aussi contribué à la décision de certains gouvernements occidentaux d'imposer des sanctions économiques contre le régime birman.

108 Génération 8888

Encore aujourd'hui, les opposants s'inspirent des protestations de 1988, que ce soit à l'intérieur ou à l'extérieur du pays. Ici, des exilés birmans soulignent le 20ᵉ anniversaire du déclenchement de la grève générale (le 8 août 1988) devant l'ambassade birmane en Thaïlande.

Les partis politiques

Après les manifestations de 1988, la junte donne le droit aux Birmans de créer d'autres partis politiques et leur promet des élections libres. Le plus important parti d'opposition qui se forme alors est la Ligue nationale pour la démocratie (LND), dirigée par Aung San Suu Kyi. Ce parti rassemble surtout des intellectuels et d'anciens militaires déçus du régime.

Cependant, la leader de la LND, Aung San Suu Kyi, fait l'objet d'une **assignation à résidence** dès 1989. Puis, quelques semaines avant les élections de 1990, le gouvernement interdit les rassemblements politiques et toute forme de publicité électorale. Cela n'empêche pas la LND de remporter près de 60 % des votes et 80 % des sièges. La junte refuse cependant de reconnaître le résultat des élections. Après les élections de 1990, la LND est interdite comme parti politique.

Par la suite, de nombreux dirigeants de la Ligue sont emprisonnés. Sans leaders, sans ressources et sans capacité d'action, la LND, bien que les autorités lui aient permis d'exercer à nouveau ses activités en 2001, demeure affaiblie. Mais si le régime venait à relâcher son étau, la Ligue pourrait exercer à nouveau son influence politique dans le pays.

Assignation à résidence
Forme d'emprisonnement par laquelle une personne ne peut sortir de sa résidence.

Aung San Suu Kyi, surnommée la « dame de Rangoon ».

Karma Croyance religieuse selon laquelle les actions accomplies dans les vies antérieures déterminent la qualité de la vie présente.

Les moines et les nonnes bouddhistes

À l'exception de l'armée, l'institution birmane la mieux structurée est la *sangha*, ou communauté des moines et des nonnes bouddhistes. Ils sont plus de 400 000 au pays. Leurs ressources proviennent des dons des fidèles.

Les moines et les nonnes ont plusieurs stratégies de protestation. L'une d'elles consiste à refuser les offrandes des militaires et de leurs familles. Dans la culture bouddhique, ce geste a une grande portée symbolique. En agissant ainsi, les moines empêchent les militaires d'accomplir une bonne action. Par conséquent, ces derniers ne peuvent plus espérer améliorer leur **karma**.

Les moines participent également à des marches et à des manifestations, en plus de s'opposer au régime de façon indirecte. Certains monastères accueillent des dissidents, et des moines voyagent à l'extérieur du pays dans le but de conscientiser la communauté internationale à l'égard des abus commis par la junte militaire.

Les minorités ethniques et les guérillas

Le contrôle du territoire par l'État birman se heurte depuis toujours à l'opposition constituée par les minorités ethniques. Celles-ci se méfient du pouvoir central, dominé par l'ethnie majoritaire des Bamar. Dès l'indépendance, en 1948, des minorités lancent des insurrections armées. Pour se financer, certains de ces groupes se lancent dans le trafic de la drogue. Ce trafic devient extrêmement important avec les années : la Birmanie est aujourd'hui un des principaux pays producteurs de drogues au monde. La corruption qu'engendre ce trafic dans les zones productrices (surtout dans le nord-est du pays) implique les plus hauts échelons de la junte birmane.

À partir de la fin des années 1980, plusieurs groupes ethniques armés signent des accords de cessez-le-feu avec le gouvernement, mais d'autres continuent le combat. Même dans les zones officiellement pacifiées, les minorités ethniques se méfient du pouvoir central et le régime birman ne contrôle pas, dans les faits, de nombreuses zones frontalières qui restent extrêmement poreuses.

Lieu de *mémoire*

La « révolution safran », en 2007

En août 2007, le gouvernement birman décrète une augmentation brutale des prix des carburants. Des manifestations éclatent à Rangoon, la plus grande ville du pays. Elles sont menées par d'anciens leaders étudiants du mouvement de 1988, dont certains viennent à peine de sortir de prison – où ils sont immédiatement renvoyés. Quelques semaines plus tard, des moines et des nonnes bouddhistes prennent le relais. Ce soulèvement sera appelé « révolution safran » en raison de la couleur rouge orangé de leurs robes. Les moines et les nonnes organisent des manifestations partout dans le pays. Au début, ils ne font que réciter des prières, mais à mesure que le mouvement prend de l'ampleur, ils invitent la population à lutter pacifiquement contre la dictature et à exiger des droits politiques. À la fin du mois de septembre, la junte impose un couvre-feu. La police et l'armée ouvrent le feu sur les manifestants, faisant des dizaines, peut-être même des centaines de morts. Les policiers effectuent des rafles dans les monastères et emprisonnent des milliers de moines et d'opposants. L'opinion internationale est presque unanime à condamner ces événements : même les pays alliés de la Birmanie affichent leur inquiétude. Le régime refuse toutefois de se laisser influencer par ses détracteurs.

Une manifestation de moines à Rangoon, en septembre 2007.

● Par quel moyen les moines bouddhistes tentent-ils d'exercer une influence sur le pouvoir ?

109 L'économie de la drogue

Le monde extérieur

La Birmanie ne peut empêcher tout contact avec le monde extérieur, quoique l'influence de celui-ci sur le pouvoir en place demeure très limitée. De nombreuses organisations non gouvernementales critiquent sévèrement la Birmanie en raison de son manque de respect pour les droits humains. Ces attaques trouvent un écho auprès des gouvernements des pays occidentaux, qui condamnent le régime birman. Le Canada, pour sa part, impose des sanctions économiques contre la Birmanie depuis 1988. Ces mesures ont été renforcées en 2003 et à nouveau en 2007. Il est désormais pratiquement impossible pour les entreprises canadiennes de commercer avec la Birmanie. L'Union européenne et les États-Unis ont également imposé des sanctions économiques. Enfin, depuis les années 1990, l'Organisation des Nations Unies fait pression sur le régime afin qu'il améliore son bilan en matière de droits humains. Ces actions ont des effets limités sur la dictature. En effet, pour ce qui est des sanctions économiques, les entreprises occidentales qui quittent le pays sont remplacées par d'autres entreprises des pays voisins de la Birmanie.

Afin de se donner une certaine légitimité, la junte birmane a mis sur pied une Convention nationale, qui a proposé une nouvelle Constitution au printemps 2008. Le projet de constitution a été approuvé lors d'un référendum qui s'est déroulé quelques jours après le passage du cyclone Nargis et qui a été jugé non démocratique par les opposants du régime. La nouvelle Constitution prévoit des élections ouvertes en 2010, mais assure un rôle de premier plan aux militaires : le quart des sièges du futur Parlement leur sont réservés et le président devra être un militaire.

110 **Le cyclone Nargis, en mai 2008, et la junte birmane**

Au début de mai 2008, le cyclone Nargis frappe la Birmanie de plein fouet. Les dégâts sont considérables et les morts se comptent par dizaines de milliers. Pourtant, le régime refuse pendant de longues semaines d'ouvrir ses frontières à l'aide humanitaire internationale, craignant de voir des étrangers entrer en masse au pays.

111 **Aung San Suu Kyi s'exprime sur la peur**

« Ce n'est pas le pouvoir qui corrompt, mais la peur : la peur de perdre le pouvoir pour ceux qui l'exercent, et la peur des matraques pour ceux que le pouvoir opprime… Dans un système qui dénie l'existence des droits humains fondamentaux, la peur tend à faire partie de l'ordre des choses ; peur d'être emprisonné ou torturé, peur de la mort, peur de perdre ses amis, sa famille, ses biens ou ses moyens de subsistance, peur de la pauvreté, de l'isolement ou de l'échec. [...] Un peuple assujetti à une loi de fer et conditionné par la crainte a bien du mal à se libérer des souillures débilitantes de la peur. Mais aucune machinerie d'État, fût-elle la plus écrasante, ne peut empêcher le courage de resurgir encore et toujours, car la peur n'est pas l'état naturel de l'homme civilisé. »

Aung San Suu Kyi, *Se libérer de la peur*, Éditions des Femmes / Antoinette Fouquet, 1991.

● Pourquoi les citoyens peuvent-ils toujours avoir une certaine influence sur le pouvoir politique ?

PISTES de comparaison CD 2

1. Décrivez le pouvoir du gouvernement birman actuel.

2. a) Nommez des groupes qui cherchent à exercer une influence sur le pouvoir.

   b) Décrivez les moyens dont ils disposent pour tenter d'exercer cette influence.

3. Quelle est la dynamique entre le gouvernement birman et ces groupes ?

4. Vous faites partie d'une organisation de défense des droits humains à travers le monde. Vous devez présenter une conférence sur la situation politique en Birmanie. Comparez la dynamique entre le pouvoir et les pouvoirs dans la société birmane avec celle qui existe dans une société démocratique. Assurez-vous de faire des liens avec le Québec pour faire comprendre aux auditeurs que la Birmanie est un régime non démocratique.

AUJOURD'HUI : ENJEUX DE CITOYENNETÉ

L'intérêt collectif et les intérêts particuliers dans les choix de société

Au Québec, les choix de société ont toujours été influencés par l'intérêt collectif, d'une part, et par les intérêts particuliers, d'autre part. Il en allait ainsi sous le régime absolutiste français ainsi qu'à l'époque de l'instauration d'institutions démocratiques sous le régime britannique, et c'est encore le cas de nos jours. En tant qu'autorité légale, l'État a pour objectif principal de servir l'intérêt collectif. Par ailleurs, les revendications formulées par différents groupes communautaires sont souvent le reflet des intérêts particuliers de ces groupes, même si, bien sûr, elles peuvent également servir l'intérêt collectif. La prise en compte à la fois de l'intérêt collectif et des intérêts particuliers influence les décisions relatives aux différents enjeux de la société.

L'État et l'intérêt collectif

En tant que détenteur du pouvoir politique, l'État impose des lois et des règlements qui sont censés refléter la volonté générale, puisque le gouvernement est élu démocratiquement. Les élus sont en effet chargés de représenter l'intérêt de la collectivité. Dans cette optique, chaque décision politique devrait en principe viser le bien commun, au-delà des intérêts particuliers. Il arrive toutefois que la façon dont l'État gère les différentes situations – ou la façon dont il conçoit le bien commun – ne corresponde pas aux attentes de certains individus ou de certains groupes d'individus.

112 La perception de la population

La firme Léger Marketing a effectué une enquête qui révèle la perception de certains Québécois à l'égard de la politique.

« "Près de la moitié des personnes interrogées (47 %) croient que les politiciens défendent surtout leur intérêt personnel et plus du tiers (37 %) croient qu'ils défendent surtout l'intérêt des grandes entreprises. Seulement une personne sur dix (10 %) croit qu'ils défendent surtout l'intérêt des citoyens […]" s'exclame M. Gagné [politologue de l'Université de Sherbrooke]. […] Les résultats de notre coup de sonde indiquent que "les citoyens ne croient plus que le gouvernement, c'est eux, observe Diane Lamoureux, politologue à l'Université Laval. Dans les années 1960, des études démontraient que près des deux tiers des gens estimaient que les politiciens travaillaient dans l'intérêt collectif." ».

Antoine Robitaille, « Les baby-boomers décrocheurs », *Le Devoir* [en ligne], 19 septembre 2008, réf. du 10 octobre 2008.

- La population semble-t-elle faire confiance aux politiciens pour défendre ses intérêts ? Expliquez votre réponse.
- Selon vous, pourquoi les politiciens doivent-ils représenter l'intérêt collectif et non leurs intérêts particuliers ?

113 La santé, pour le bien de tous

Le gouvernement du Québec appuie et met en place des mesures dans le but d'inciter la population à cesser de fumer. En ce sens, le ministère de la Santé et des Services sociaux appuie la campagne *Défi J'arrête, j'y gagne !* organisée par le groupe ACTI-MENU. La santé de la collectivité est de la responsabilité de l'État, mais aussi d'organismes qui ont à cœur le bien-être des individus.

Défi J'arrête, j'y gagne !^MD
www.defitabac.ca

- Pourquoi l'État appuie-t-il une telle campagne ?

Des intérêts particuliers et divergents

Les lois qui régissent la société québécoise sont subordonnées à la Charte des droits et libertés de la personne. La Charte tend à assurer à tous les individus la protection de leurs droits et libertés. Elle démontre que l'État doit accorder autant d'importance à la culture, aux caractéristiques et aux attentes de chaque individu ou de chaque groupe au sein de la population, qu'à l'intérêt de la collectivité.

114 La protection des droits et libertés individuelles

La Charte des droits et libertés de la personne du Québec a été adoptée en 1975.

« Article 1 : Tout être humain a droit à la vie, ainsi qu'à la dignité, à l'intégrité et à la liberté de sa personne. […]

Article 3 : Toute personne est titulaire des libertés fondamentales telles la liberté de conscience, la liberté de religion, la liberté d'opinion, la liberté d'expression, la liberté de réunion pacifique et la liberté d'association. […]

Article 9.1 : Les libertés et droits fondamentaux s'exercent dans le respect des valeurs démocratiques, de l'ordre public et du bien-être général des citoyens du Québec. La loi peut, à cet égard, en fixer la portée et en aménager l'exercice. […]

Article 10 : Toute personne a droit à la reconnaissance et à l'exercice, en pleine égalité, des droits et libertés de la personne, sans distinction, exclusion ou préférence fondée sur la race, la couleur, le sexe, la grossesse, l'orientation sexuelle, l'état civil, l'âge sauf dans la mesure prévue par la loi, la religion, les convictions politiques, la langue, l'origine ethnique ou nationale, la condition sociale, le handicap ou l'utilisation d'un moyen pour pallier ce handicap.

Il y a discrimination lorsqu'une telle distinction, exclusion ou préférence a pour effet de détruire ou de compromettre ce droit. […] »

QUÉBEC, COMMISSION DES DROITS DE LA PERSONNE ET DES DROITS DE LA JEUNESSE, *La Charte des droits et libertés de la personne* [en ligne], réf. du 10 octobre 2008.

Le pouvoir des groupes de pression

La société québécoise est composée d'une diversité d'individus et de groupes qui ont des besoins particuliers et qui veulent que leurs intérêts soient pris en compte par l'État. Par exemple, les femmes, les Autochtones, les agriculteurs, les travailleurs autonomes, les handicapés et les minorités culturelles estiment parfois que l'État ne considère pas suffisamment leurs intérêts particuliers en tant que groupe. Ils tentent donc d'exercer leur pouvoir d'influence en formant des groupes de pression qui vont tenter d'inciter l'État à remédier à la situation.

● La fixation de quotas dans l'industrie agroalimentaire privilégie-t-elle l'intérêt collectif ou les intérêts particuliers ?

115 L'Office de la langue française du Québec

Afin de protéger l'intérêt collectif de la population et le caractère français de la société, l'État met à la disposition des Québécois des organismes chargés de veiller à défendre la place du français dans la province.

● Selon vous, la Charte des droits et libertés de la personne protège-t-elle les intérêts particuliers ou l'intérêt collectif de la population ?

116 Des intérêts agricoles ou collectifs ?

La fixation de quotas par l'État limite la production de lait et de volaille. S'il y a moins de produits sur le marché, les prix des produits augmentent en conséquence. Cette hausse des prix des produits agricoles semble aller à l'encontre de l'intérêt collectif de la communauté, qui paie son panier d'épicerie plus cher, mais elle semble répondre aux intérêts particuliers de certains producteurs agricoles, qui retirent un plus grand bénéfice de la vente de leurs produits.

Le Collège des médecins a la responsabilité de délivrer les permis d'exercer aux médecins qui viennent de l'étranger. Ces permis sont difficiles à obtenir. Le Collège des médecins a souvent été enjoint de faciliter le processus d'embauche des médecins étrangers afin de combler la pénurie de médecins au Québec.

« Les médecins diplômés hors du Canada et des États-Unis qui souhaitent pratiquer au Québec ne semblent pas l'avoir facile. Si tous ne finissent pas chauffeurs de taxi ou livreurs de pizza, ils doivent néanmoins franchir plusieurs étapes avant d'obtenir leurs permis d'exercice. [...] Selon ce qui est véhiculé dans les médias, la reconnaissance des compétences des médecins immigrants est pratiquement mission impossible. Les principaux intéressés se plaignent de la lourdeur du processus menant à l'obtention du permis d'exercice, ou encore de la fermeture du corps médical aux médecins étrangers. Les patients, eux, se désolent de ne pouvoir avoir accès à ces médecins alors qu'on ne voit pas la fin de la pénurie de main-d'œuvre dans le secteur médical. [...] Le Dr Lamontagne reconnaît [...] que les médecins diplômés hors du Canada et des États-Unis doivent répondre à des exigences particulières s'ils souhaitent pratiquer au Québec, ce qui peut en décourager quelques-uns. Ils doivent entre autres parler français et détenir un diplôme d'une école de médecine ou d'une université inscrite dans le Répertoire mondial des facultés de médecine de l'Organisation mondiale de la santé. Les standards médicaux québécois sont élevés, et le Collège des médecins ne délivrera pas de permis au rabais. [...] »

Marie Lambert-Chan, « Ils sont venus d'ailleurs », *Le Devoir* [en ligne], 5 janvier 2008, réf. du 10 octobre 2008.

- Est-il dans l'intérêt collectif de faciliter le processus d'embauche des médecins étrangers?
- Dans quel intérêt le Collège des médecins réglemente-t-il la pratique de la médecine au Québec: est-ce dans l'intérêt du groupe représenté par le Collège ou dans l'intérêt collectif?

Des organismes qui ont du pouvoir

Les groupes de pression ont le pouvoir d'influencer les décisions prises par l'État, que ce soit pour défendre l'intérêt public lorsqu'ils l'estiment lésé ou encore leurs intérêts privés, qu'ils veulent faire reconnaître et respecter. C'est ce qui incite des groupes ou des individus dont les intérêts sont similaires à se réunir au sein d'organismes. Ils peuvent ainsi mieux promouvoir leur point de vue et unir leurs efforts en vue de gagner l'appui de la majorité.

118 Opération Nez rouge

Opération Nez rouge, un organisme fondé par Jean-Marie De Koninck en 1984, s'est donné pour mission de promouvoir la sécurité routière en proposant une solution au problème de la conduite avec facultés affaiblies. Durant la période des fêtes, il offre un service de raccompagnement gratuit aux automobilistes qui ont consommé de l'alcool et qui ne sont pas en état de prendre le volant. Opération Nez rouge est un exemple d'organisme dont les préoccupations rejoignent celles de l'ensemble de la population.

- L'organisme Opération Nez rouge a-t-il été mis en place par le gouvernement?
- Opération Nez rouge agit-il dans l'intérêt de l'ensemble de la population? Expliquez votre réponse.

Le pouvoir de la majorité ou des minorités ?

Face à différents enjeux de société, des intérêts divergents s'opposent. Parfois, certains groupes craignent que le bien de la majorité, représenté par l'État, ne vienne contrecarrer leurs efforts pour faire reconnaître leurs intérêts particuliers. Pourtant, la notion de bien commun et d'intérêt collectif est profitable à tous, puisqu'elle garantit le respect de ces mêmes libertés individuelles par des lois votées par le gouvernement.

120 Une majorité qui craint les minorités

En 2007-2008, de nombreux débats sur les accommodements raisonnables au Québec ont donné lieu à des discussions sur le rôle de la majorité à l'égard des minorités. C'est sur ce thème que s'exprime l'historien Gérard Bouchard, coprésident de la commission Bouchard-Taylor sur les accommodements raisonnables.

« On vit tout le paradoxe d'une majorité qui craint ses minorités. Il faut changer ça, parce que ça n'a pas de fondement objectif […].

Il faut en arriver à un point où nous assumons notre rôle de majorité […] [et] être une majorité, ça s'accompagne de responsabilités, comme voir à ce que les droits des minorités soient respectés. »

Katia Gagnon, « Une majorité qui craint ses minorités », *La Presse* [en ligne], 15 août 2007, réf. du 10 octobre 2008.

- Pourquoi la majorité craindrait-elle les minorités ?
- Quelle est la responsabilité de la majorité, selon Gérard Bouchard ?
- Selon vous, les minorités peuvent-elles se passer de l'appui de la majorité pour faire valoir leurs intérêts particuliers ?

119 Pierre-Hugues Boisvenu

Après le décès de sa fille, assassinée par un récidiviste en juin 2002, monsieur Pierre-Hugues Boisvenu a fondé l'Association des familles de personnes assassinées ou disparues (AFPAD). Cette association accompagne et conseille les familles éprouvées par la perte d'un de leurs membres et défend les intérêts de ces dernières. Monsieur Boisvenu s'est vu décerner en 2005 le prix de la Justice du Québec pour sa promotion de la défense des droits et des intérêts des victimes secondaires et pour son engagement au service de la collectivité.

- M. Boisvenu agit-il dans son propre intérêt ? Expliquez votre réponse.
- M. Boisvenu est-il appuyé dans ses démarches ? Si oui, par qui ?
- Est-ce que l'intérêt de M. Boisvenu va dans le sens de l'intérêt collectif de la population du Québec ? Expliquez votre réponse.

Débats d'idées CD 3 TIC

1. La priorité devrait-elle être accordée à l'intérêt collectif ou à des intérêts particuliers ?
2. Comment faire pour concilier l'intérêt collectif imposé par l'État et les intérêts particuliers garantis par les lois ?
3. Les intérêts particuliers rejoignent-ils l'intérêt collectif ? Expliquez votre réponse.
4. L'intérêt collectif de la société québécoise est-il constitué par la somme des intérêts particuliers ? Expliquez votre réponse.

PISTES de réflexion citoyenne CD 3

1. Avez-vous l'impression que vos intérêts sont pris en compte par l'État ?
2. Avez-vous l'impression de prendre part à la définition commune de l'intérêt collectif de la société québécoise ?
3. Comment les groupes qui cherchent à défendre leurs intérêts particuliers peuvent-ils faire valoir leur point de vue ?
4. Selon vous, en défendant vos droits et libertés, accordez-vous la priorité à vos intérêts particuliers ou à l'intérêt collectif ? Expliquez votre réponse.

Faites appel au contenu du chapitre pour réaliser l'un des projets suivants.

Projet 1 CD 1 · CD 2 · CD 3   TIC

Le lobby du pouvoir !

Vous êtes le nouveau commissaire au lobbyisme du Québec. La Commission des finances publiques de l'Assemblée nationale vous demande de produire un rapport sur l'état du lobbyisme au Québec depuis l'application de la Loi sur la transparence et l'éthique en matière de lobbyisme, en 2002. Pour ce faire, vous devez comprendre la dynamique entre le pouvoir de l'État et les principaux groupes qui cherchent à exercer une influence sur le pouvoir au Québec.

Les étapes à suivre

1. Afin de bien exercer votre nouveau rôle de commissaire, renseignez-vous sur l'organisation politique de l'État et sur les différents pouvoirs qui existent dans la société québécoise et décrivez-les.

2. Renseignez-vous sur le rôle du commissaire au lobbyisme du Québec et sur la Loi sur la transparence et l'éthique en matière de lobbyisme.
   a) Précisez le rôle du commissaire au lobbyisme.
   b) Résumez en vos mots quels sont les objectifs de la Loi sur la transparence et l'éthique en matière de lobbyisme.

3. Dressez une liste de groupes de pression inscrits au registre des lobbyistes du Québec, en suivant les consignes ci-dessous :
   a) Trouvez au moins deux groupes de lobbyistes qui ont des revendications semblables à celles qui ont été évoquées par des groupes similaires dans le passé.
   b) Trouvez des groupes de lobbyistes originaires de votre région.
   c) Trouvez deux lobbyistes qui représentent des entreprises.
   d) Trouvez deux lobbyistes qui représentent des individus.

4. Faites une recherche afin de déterminer si ces groupes de lobbyistes ont toujours été présents et actifs au Québec.
   a) Trouvez, s'il y a lieu, l'équivalent de ces groupes de pression pour chacune des périodes historiques présentées dans le chapitre.
   b) Faites un lien, s'il y a lieu, entre leurs revendications dans le passé et leurs revendications actuelles.

5. Donnez deux exemples de groupes de lobbyistes qui ont vu l'État prendre en compte leurs intérêts particuliers. Les revendications de ces groupes allaient-elles à l'encontre de l'intérêt collectif ?

6. Rédigez quelques lignes sur la dynamique qui existe entre le pouvoir de l'État et les pouvoirs des groupes de pression ou des lobbyistes.

7. Rédigez votre rapport.

8. Présentez votre rapport.

Projet 2 `CD 1 · CD 2 · CD 3` `TIC`

Le pouvoir des idées

Le journal que vous avez l'habitude de lire a préparé un numéro spécial sur le pouvoir au Québec. Vous vous intéressez à la question et vous décidez de préparer une lettre d'opinion sur le sujet et de l'envoyer au journal pour faire valoir votre point de vue.

Les étapes à suivre

1. Afin de rédiger votre lettre, faites une recherche pour mieux comprendre les caractéristiques du pouvoir et des pouvoirs présents aujourd'hui dans la société québécoise.
   a) Puisque l'État exerce l'autorité dans la province, son pouvoir est-il dominant? Expliquez votre réponse.
   b) Qui sont ceux qui exercent des contre-pouvoirs?
   c) Quels sont les groupes capables d'influencer l'État?
   d) Tous les groupes sociaux ont-ils les moyens d'influencer l'État?
   e) Comment l'État réagit-il à ces pressions?

2. Recherchez également des informations sur l'exercice du pouvoir au Québec depuis la colonisation du territoire par la France.
   a) Comment s'est transformé le pouvoir de l'État à travers le temps?
   b) Comment s'est affirmé le pouvoir du peuple et des différents groupes sociaux à travers le temps?

3. a) Décrivez les pouvoirs dont disposent les citoyens du Québec aujourd'hui.
   b) De quels droits dispose chaque citoyen?
   c) Comment ces droits sont-ils protégés?

4. Donnez votre opinion sur la question suivante : Est-ce que les intérêts individuels l'emportent sur l'intérêt collectif de la société québécoise?

5. Faites un plan de rédaction.

6. Rédigez votre lettre.

7. Soumettez-la au journal.

SYNTHÈSE DU CHAPITRE

Le pouvoir sous le régime français (1608-1760)

Le pouvoir de l'État

- Le pouvoir en Nouvelle-France relève entièrement du roi de France, qui vise à accroître sa puissance par le commerce, la guerre et la diplomatie.

- Sous le régime royal, une nouvelle **institution**, le Conseil souverain, est dirigée par le gouverneur général et l'intendant, qui représentent le roi sur le **territoire** de la colonie et exercent les pouvoirs législatif, exécutif et judiciaire.

- Pour faire appliquer ses décisions et faire respecter son autorité, l'État recourt à trois principaux moyens de contrôle : l'armée, les châtiments exemplaires et les démonstrations publiques de sa puissance.

L'État et ses alliés

- Aux XVIIe et XVIIIe siècles, une alliance entre l'**État** et les Amérindiens sert les **intérêts** et les objectifs des deux partis, qui acceptent en retour de faire des compromis.

- L'État accorde de nombreux privilèges à l'Église, dont l'influence sur le peuple et sur les alliés amérindiens permet de maintenir l'ordre social.

La noblesse, les paysans et les artisans devant l'État

- Les nobles vouent au roi une fidélité absolue en échange de certains privilèges (postes d'officiers, de juges, etc.).

- Même s'ils constituent plus de 80 % de la population, les paysans et les artisans n'ont aucun **droit** politique et ne peuvent donc pas exercer une **influence** sur l'État colonial.

Le pouvoir sous le régime britannique (1760-1867)

Le gouverneur britannique et ses adversaires dans la province de Québec, de 1763 à 1791

- La Proclamation royale de 1763 instaure sur le **territoire** de la province de Québec un régime politique autoritaire soumis aux décisions de la métropole et de son gouverneur. Ce dernier est assisté d'un Conseil nommé par le roi d'Angleterre.

- Les colons disposent désormais de moyens pour tenter d'exercer une **influence** sur les autorités : les journaux, les pétitions et les associations.

- Comme sous le régime français, le nouvel **État** colonial peut compter sur l'appui de trois groupes sociaux importants : les Amérindiens, la noblesse canadienne et le clergé catholique.

- Plusieurs bourgeois canadiens s'unissent aux commerçants britanniques et revendiquent, malgré l'opposition de la noblesse canadienne et du clergé catholique, la création d'une nouvelle **institution** : une Assemblée législative élue.

- En 1791, par l'Acte constitutionnel, Londres crée le Bas-Canada et le Haut-Canada et leur accorde une Assemblée législative.

Le parlementarisme au Bas-Canada, de 1791 à 1840

- La présence d'une Assemblée législative permet aux différents groupes de la **société** de mieux défendre leurs **intérêts**.

- L'**influence** de la population sur les politiques de l'État est cependant limitée par trois facteurs : le **droit** de vote est refusé aux pauvres et aux femmes mariées ; les députés issus pour la plupart de la bourgeoisie voient à leurs propres **intérêts** ; le gouverneur et les membres des Conseils législatif et exécutif (nommés par le roi) peuvent s'opposer aux propositions de l'Assemblée législative.

- Le Parti canadien revendique de profonds changements dans le fonctionnement des **institutions** politiques, dont un plus grand pouvoir de l'Assemblée législative au sein de l'État.

- En 1826, le Parti canadien devient le Parti patriote, plus radical dans ses revendications.

- À la suite de la radicalisation du Parti patriote, le *English Party* (formé de colons britanniques qui appuient le gouverneur) rallie le clergé catholique et plusieurs nobles canadiens.

- En 1837 et 1838, devant le refus par la Grande-Bretagne d'accéder aux demandes du Parti patriote exprimées dans les 92 Résolutions, des rébellions ont lieu au Bas-Canada.

- Les rébellions sont réprimées par la force et, en 1839, plusieurs chefs patriotes sont pendus ou déportés.
- Pour faire suite au rapport de Lord Durham, Londres décide en 1840 d'unir le Haut-Canada et le Bas-Canada de manière que les Canadiens français soient minoritaires. La nouvelle colonie ainsi créée porte le nom de Canada-Uni.

Le Canada-Uni, un État démocratique et bourgeois, de 1840 à 1867

- Le régime politique établi par l'Acte d'Union est semblable à celui qui existait avant les rébellions : le Canada-Uni est gouverné par des personnes nommées par la métropole.
- En 1842, Louis-Hippolyte Lafontaine et Robert Baldwin forment une alliance réformiste afin de réclamer plus efficacement la responsabilité ministérielle.
- En 1848, Londres accorde au Canada-Uni un gouvernement responsable et le gouverneur Elgin demande à Lafontaine et à Baldwin de former le Conseil exécutif pour gouverner la colonie.
- L'État du Canada-Uni est dominé par les bourgeoisies francophone et anglophone, qui utilisent le pouvoir pour promouvoir leurs **intérêts** commerciaux.
- Les Églises chrétiennes se voient confier par l'État du Canada-Uni une part importante de l'éducation et de l'encadrement de la population.
- Face aux tensions politiques et à la diminution des échanges commerciaux, des politiciens proposent l'union des colonies britanniques d'Amérique du Nord : le Dominion du Canada est créé en 1867.

Le pouvoir durant la période contemporaine (depuis 1867)

Croissance et revendications, de 1867 à 1929

- Après la création de la fédération, des négociations ont lieu entre l'**État** fédéral et les provinces en ce qui concerne la répartition des compétences et le partage des revenus fiscaux.
- L'expansion du **territoire** du Canada vers l'Ouest entraîne, en 1869 et en 1885, le soulèvement des Métis, dirigés par Louis Riel.

- Par des traités numérotés, le Canada acquiert les terres de l'Ouest occupées par les Autochtones. Ces derniers se retrouvent dans des réserves et sont soumis à la Loi sur les Indiens, adoptée en 1876.
- Pendant que le Canada continue de s'industrialiser, les syndicats se multiplient pour défendre les **intérêts** des travailleurs.
- Au début du XXe siècle, les premiers mouvements féministes revendiquent des **droits** pour les femmes, dont le droit de vote qu'elles obtiennent en 1918 au fédéral et en 1940 au Québec.

De la Grande Crise à la fin du duplessisme, de 1930 à 1960

- À partir de la Grande Crise, l'État commence à intervenir dans les affaires sociales et économiques.
- Lors de la Seconde Guerre mondiale, l'État canadien empiète de plus en plus sur les champs de compétence des provinces et il impose la conscription, ce qui ravive les tensions dans les relations fédérales-provinciales.
- Dans les années 1950, des intellectuels, des artistes et des syndicalistes critiquent le gouvernement de Maurice Duplessis, dont les politiques limitent le rôle socioéconomique de l'État.

Le rôle de l'État, de 1960 à nos jours

- Au cours de la Révolution tranquille, l'État providence crée des ministères et des **institutions** qui favorisent la modernisation et la laïcisation de la **société** québécoise.
- Les syndicats, les mouvements féministes, les groupes linguistiques et les Autochtones revendiquent davantage de **droits**, notamment à la suite de l'adoption en 1975 de la Charte québécoise des droits et libertés de la personne.
- Un mouvement indépendantiste s'organise et propose deux référendums sur la souveraineté du Québec, en 1980 et en 1995. Parallèlement, des négociations constitutionnelles visent, entre autres, à définir le statut du Québec au sein du Canada.
- Depuis les années 1990, face aux **enjeux** du réchauffement climatique et de la mondialisation, des mouvements environnementaux et de justice sociale ont de plus en plus d'**influence** sur l'État.

Aujourd'hui, dans le régime non démocratique de la Birmanie, une dynamique s'est aussi développée entre le pouvoir en place et certains groupes qui cherchent à exercer une influence.

ACTIVITÉS DE SYNTHÈSE

1 **Le pouvoir en quatre temps** `CD 2`

Voici quatre événements qui se sont produits au cours des périodes présentées dans ce chapitre :

– Instauration du gouvernement royal en 1663 ;
– Acte constitutionnel de 1791 ;
– Application du principe de la responsabilité ministérielle en 1848 ;
– Adoption de la Loi sur les mesures de guerre par le gouvernement fédéral en 1914.

Pour chacun de ces événements, répondez aux questions suivantes :

a) Quelles ont été les conséquences de ces événements sur le pouvoir de l'État ?

b) Quelles répercussions ont eues ces événements sur les droits des citoyens ?

2 **Les concepts du pouvoir** `CD 1 • CD 2 • CD 3`

Pour chacune des périodes historiques (y compris le Québec d'aujourd'hui) présentées dans ce chapitre :

a) Décrivez le pouvoir dont dispose l'État.

b) Nommez les principales institutions qui permettent à l'État d'exercer son autorité.

c) Énumérez des groupes qui cherchent à exercer une influence sur l'État.

3 **Le contre-pouvoir** `CD 1 • CD 2 • CD 3`

Répondez aux questions suivantes pour chacune des périodes historiques (y compris le Québec d'aujourd'hui) présentées dans le chapitre :

a) Quels sont les principaux groupes de pression qui s'opposent au pouvoir de l'État ?

b) Pourquoi s'y opposent-ils ?

c) Quelles sont leurs revendications ?

d) Dans quels intérêts agissent-ils ?

4 **Des pouvoirs comparés** `CD 2`

À la page 275 de l'Atlas, observez l'organigramme A, *Le pouvoir d'État du Canada sous le régime français (1663-1760)*, et l'organigramme C, *Le pouvoir d'État au Bas-Canada (1791-1840)*. Répondez ensuite aux questions suivantes :

a) Dans chacune des organisations politiques, qui détient le plus de pouvoir ?

b) Qui détient le pouvoir exécutif ?

c) Quelles sont les principales différences entre les institutions de l'État colonial français et les institutions du Bas-Canada ?

d) Le peuple détient-il du pouvoir ? Expliquez votre réponse.

Charles Huot, *Le Conseil souverain*, vers 1920.

5 Un pouvoir responsabilisé CD 2

Prenez connaissance du document suivant :

« […] Nous croyons que la Chambre d'Assemblée, par le fait comme par l'opinion, représente les intérêts et les vœux de la grande masse des Habitants de cette Province de toute origine, et animés que nous sommes par les devoirs que cette position nous impose, il n'est aucune portion de nos constituans [sic], de quelque origine, croyance ou opinion que ce soit, que nous ne soyons également disposés à aider et à protéger. Nous apprécions les avantages que la Providence a départis à ce Pays, et nous n'avons aucun doute du degré de prospérité et de bonheur auquel ses habitans [sic] pourront parvenir, sous un Gouvernement éclairé, libéral et responsable. C'est ce Gouvernement, gage de jouissance de tous les avantages que nous avons en perspective, que nous attendons avec confiance, par suite de la constance du Peuple, et de l'attention portée aux intérêts du Pays, par le Gouvernement de Sa Majesté. »

Journaux de la Chambre d'assemblée du Bas-Canada, depuis le 27 octobre 1835 jusqu'au 21 mars 1836 dans la sixième année du règne du roi Guillaume Quatre, étant la deuxième session du quinzième Parlement provincial de cette province, session 1835-1836.

À la suite de votre lecture, répondez aux questions suivantes :

a) Quelle est la dynamique entre le pouvoir détenu par la métropole et celui des groupes de politiciens de la colonie ?

b) Expliquez en vos mots ce que signifie la responsabilité ministérielle.

c) La responsabilité ministérielle est-elle réclamée par tous les habitants de la colonie ? Expliquez votre réponse.

d) Les pouvoirs administratifs et politiques des autorités britanniques sont-ils modifiés à la suite de la mise en application du principe de la responsabilité ministérielle ?

e) Dressez un organigramme des structures du pouvoir dans la colonie sous le gouvernement responsable.

6 Le pouvoir de défendre des droits CD 2 · CD 3

Vous êtes avocate ou avocat et vous devez défendre les groupes suivants :

– Les femmes qui réclament le droit de vote ;

– Les ouvriers qui réclament le droit de former des associations syndicales ;

– Les Autochtones qui estiment que leurs droits ne sont pas respectés lors de l'occupation des terres de l'Ouest ;

– Les marchands qui réclament l'application du droit commercial anglais dans la colonie.

Pour chacun des groupes défendus :

a) Précisez à quelle époque ils ont tenté d'exercer une influence sur l'État.

b) Indiquez pourquoi ils estiment que leurs droits ne sont pas respectés.

c) Décrivez les intérêts particuliers de ces groupes.

d) Dites si les intérêts de ces groupes sont en contradiction avec l'intérêt collectif de la société.

e) Décrivez la réaction de l'État face à leurs revendications.

Campement autochtone dans les Prairies, vers 1880.

Femme repassant des cols empesés, vers 1901.

5 DES ENJEUX DE LA SOCIÉTÉ QUÉBÉCOISE

SOMMAIRE

CONCEPTS

CONCEPTS CENTRAUX

▸ **Société**

▸ **Territoire**

CONCEPTS PARTICULIERS

▸ Culture

▸ Économie

▸ Espace public

▸ Population

▸ Pouvoir

▸ Société de droit

« LES QUÉBÉCOIS FORMENT UNE NATION DANS UN CANADA UNI »

Stephen Harper dépose une résolution-surprise sur le statut du Québec

JOEL-DENIS BELLAVANCE

OTTAWA – Dans un geste aussi audacieux qu'inattendu, le premier ministre Stephen Harper a affirmé solennellement pour la première fois à la Chambre des communes, hier, que « les Québécois forment une nation ».
Mais M. Harper a pris bien soin de préciser que cette nation québécoise fera toujours partie d'un « Canada uni ». Le premier ministre, qui avait dans le passé évité comme la peste de se prononcer sur l'existence de la nation québécoise, a même déposé une résolution en ce sens qui sera débattue et votée à la Chambre des communes d'ici lundi. M. Harper veut couper l'herbe sous le pied du Bloc québécois.

>**Voir HARPER en page A6**

...sion russe en attente

MONT-ORFORD

AUJOURD'HUI : TOUR D'HORIZON

CONCEPTS CENTRAUX

Société

Regroupement d'individus qui s'organisent sur un territoire donné et qui établissent des rapports durables entre eux.

Territoire

Espace terrestre dans lequel évolue une société.

Société de droit Société organisée en fonction d'un ensemble de lois qui fixent les règles de vie en société, les rapports entre les individus ainsi que les droits et les devoirs des citoyens.

Les enjeux de la société québécoise d'aujourd'hui

La société québécoise est animée par plusieurs débats sur des enjeux politiques, économiques, sociaux, culturels et environnementaux. Les problèmes liés à ces enjeux sont souvent mis en lumière par des faits ou des événements marquants, tant sur les scènes internationale et nationale que sur la scène régionale. Parce qu'ils sont importants pour l'avenir de notre société de droit, les enjeux amènent le gouvernement et les citoyens à se questionner et à s'exprimer sur la meilleure façon d'y faire face. Gérer les enjeux de la société et du territoire québécois n'est pas une mince affaire : il faut trouver des solutions – souvent des compromis – qui s'accordent avec différentes préoccupations citoyennes, comme les valeurs démocratiques, l'efficacité économique, l'égalité sociale ou encore la préservation de l'environnement.

Qu'est-ce qu'un enjeu de société ?

L'enjeu, une affaire de choix

Un enjeu, c'est ce qu'il y a à gagner ou à perdre dans une situation qui, la plupart du temps, pose problème. En général, l'enjeu survient lorsqu'il n'y a plus de consensus autour d'une question de société. Tant l'État que les citoyens se trouvent alors devant différentes propositions de solution qui peuvent mener à des résultats complètement opposés. Un enjeu nécessite par conséquent un choix éclairé entre au moins deux points de vue, deux stratégies. Par exemple, le contrôle des armes à feu, que ce soit au Canada ou aux États-Unis, représente un enjeu sérieux en ce qui regarde la sécurité et la liberté. Pour certaines personnes, de même que pour la Coalition pour le contrôle des armes, la possession d'armes à feu – peu importe le type d'armes – et de munitions doit être étroitement surveillée au moyen de règles, de permis et d'un système d'enregistrement afin d'empêcher leur libre circulation et de prévenir la criminalité. À l'opposé, les propriétaires d'armes à feu qui respectent les lois veulent pouvoir s'en servir en toute liberté. Selon eux, la justice devrait se contenter de poursuivre les criminels. D'autres prétendent que les armes sont un gage de sécurité, ou encore que le registre canadien des armes à feu coûte trop cher à administrer.

1 **Une fusillade au collège Dawson de Montréal, en 2006**

En septembre 2006, Kimveer Gill a ouvert le feu dans l'atrium du collège Dawson, avec un fusil d'assaut semi-automatique, tuant Anastasia De Sousa et blessant six autres personnes. Depuis, le gouvernement québécois a adopté sa propre loi sur le contrôle des armes à feu.

● D'après vous, une loi sur le contrôle des armes à feu est-elle un moyen efficace d'empêcher les tueries comme celle du collège Dawson ? Expliquez votre réponse.

Les multiples facettes d'un enjeu

Pour bien comprendre la complexité d'un enjeu, il faut en avoir une vision globale. En effet, un enjeu comporte plusieurs dimensions et touche souvent plus d'un aspect de la société. Ainsi, le problème des gangs de rue dans certains quartiers de Montréal ne se résume pas à une simple question de sécurité publique. Il révèle d'autres problèmes de nature socioéconomique, comme la pauvreté et la discrimination raciale.

Espace public Lieu où l'information circule et où les questions relatives au bien commun sont débattues.

2 Les gangs de rue, plus qu'un enjeu de sécurité publique

Dans son site Internet, le Service de police de la Ville de Montréal propose un dossier sur les gangs de rue. Environ 20 gangs de rue majeurs ont été dénombrés sur le territoire de Montréal. Ils sont répartis en deux groupes (Bleus et Rouges) et réunissent dans l'ensemble entre 300 et 500 membres. En prenant connaissance des besoins que le gang de rue semble combler dans la vie d'un jeune, on comprend mieux l'ampleur du problème.

« Le gang semble offrir aux jeunes les éléments de satisfaction suivants :

– Un lieu d'appartenance

– Une famille

– La protection physique

– Un soutien social

– La solidarité

– Une occasion de développer de l'estime de soi

– Une occasion d'obtenir de la valorisation

– Une occasion d'obtenir de l'argent

– Une occasion d'avoir du pouvoir

– Une occasion d'avoir un statut »

« Profil d'un membre de gang de rue », *Service de police de la Ville de Montréal* [en ligne], réf. du 17 octobre 2008.

3 Le maire Marcel Parent dans la tourmente

En 2008, à la suite d'une émeute provoquée par le décès d'un jeune d'origine hondurienne lors d'une intervention policière, plusieurs citoyens ont réclamé la démission du maire de l'arrondissement de Montréal-Nord. La mairie a répondu en lançant une vaste série de consultations publiques dans le but de mieux connaître les besoins et les préoccupations de la population sur l'éducation, la sécurité, l'emploi, l'aménagement du territoire, la jeunesse et la famille.

Marcel Parent
Maire d'arrondissement

D'après vous, l'enjeu des gangs de rue est-il uniquement une question de criminalité ? Pourquoi ?

Aux sources d'un enjeu

Des circonstances précises peuvent favoriser l'apparition d'un enjeu. En général, il est possible de retracer ses origines. Les enjeux de société remettent en cause les acquis, le mode de vie ou les valeurs des citoyens. Aussi, lorsqu'un fait précis ou qu'une série d'événements viennent ébranler l'équilibre social, cela peut provoquer des revendications et des prises de position dans l'**espace public**. Au Québec, à la suite de l'intensification des demandes de la part de groupes provenant de minorités ethniques ou religieuses, la question des accommodements raisonnables est devenue, à partir de 2006, un sujet de débat sur toutes les tribunes du Québec. En 2007, afin de gérer cet enjeu dans l'intérêt général, le gouvernement québécois a mis sur pied la Commission de consultation sur les pratiques d'accommodements reliées aux différences culturelles (commission Bouchard-Taylor).

4 De jeunes musulmanes qui pratiquent le taekwondo

Le port du kirpan sikh à l'école ou celui du hidjab dans certaines disciplines sportives ont soulevé la controverse et contribué à lancer le débat sur les accommodements raisonnables.

5 Jean-Antoine Panet, premier président de l'Assemblée législative du Bas-Canada

En 1792, un premier conflit linguistique éclate au Bas-Canada : Panet, un Canadien qui parle peu l'anglais, est élu président de l'Assemblée par la majorité francophone, au grand déplaisir des députés anglophones, qui considèrent que le président doit parler la langue de la métropole. Aujourd'hui, la question linguistique interpelle encore l'opinion publique. En 2007, les données de Statistique Canada sur le recul du français au Québec et au Canada ont ranimé les débats dans les médias et à l'Assemblée nationale.

Anonyme, *Jean-Antoine Panet*, fin du XVIIIᵉ siècle.

7 Les changements climatiques et l'érosion des berges de la Côte-Nord

Pour les habitants de la Côte-Nord, le réchauffement planétaire est une réalité menaçante. Le relèvement du niveau du fleuve, l'augmentation du nombre de tempêtes ainsi que d'autres facteurs reliés aux changements climatiques seraient responsables de l'érosion accélérée des berges.

De nombreux enjeux actuels s'inscrivent dans une perspective historique, c'est-à-dire que des débats qui ont cours aujourd'hui ont déjà été menés à d'autres moments de l'histoire du Québec. Des enjeux comme la question linguistique, l'unité nationale, les revendications des Autochtones ou encore l'égalité des femmes occupent périodiquement l'avant-scène de l'actualité depuis plus d'un siècle, et parfois même davantage.

Des enjeux à différentes échelles

Un enjeu peut exister à différentes échelles. Il suffit de penser aux enjeux environnementaux, qui sont présents à la fois sur les plans local, national, international et planétaire. Par exemple, la décision de Postes Canada de fermer un bureau de poste dans un quartier urbain ou dans une petite localité rurale mobilise d'abord les habitants et les représentants locaux ainsi que la section locale du syndicat visé. Bien que cet enjeu puisse faire la manchette des nouvelles nationales, il touche principalement les acteurs locaux. Cependant, la multiplication des fermetures, qui s'accompagnent de nombreuses pertes d'emplois et d'une réduction significative des services à la population, peut transformer cet enjeu local en enjeu national.

Un enjeu peut aussi constituer une préoccupation à l'échelle planétaire et se répercuter à tous les autres échelons. À la fin des années 1980, les données au sujet du réchauffement climatique et les émissions de gaz à effet de serre préoccupaient surtout les institutions internationales, comme l'ONU et l'Organisation météorologique mondiale. Depuis, des traités internationaux, comme le protocole de Kyoto (1998), incitent les États à prendre position sur cet enjeu environnemental. Au Canada et au Québec, cette prise de conscience internationale, combinée aux caprices du climat ainsi qu'aux changements perceptibles dans les régions nordiques, amène un grand nombre d'acteurs sociaux à réfléchir à l'enjeu environnemental et à agir à leur tour.

6 Pointe-Saint-Charles veut conserver son bureau de poste

En 2007, la Société canadienne des postes annonce la fermeture du bureau de poste de Pointe-Saint-Charles. Selon Postes Canada, il s'agit d'une décision d'affaires : l'endroit est trop grand et sous-utilisé. Pour les résidants, le seul bureau de poste du quartier fait partie intégrante de leur milieu de vie. Ils sont des centaines à utiliser le service de mandats postaux pour faire des paiements, car ils n'ont pas de compte bancaire. De plus, les résidants peuvent s'y rendre à pied.

Les acteurs d'un enjeu

Un enjeu interpelle plusieurs acteurs de la société de droit : les simples citoyens, le gouvernement ainsi que les différents groupes d'intérêts (partis politiques, patronat, syndicats, organismes non gouvernementaux, groupes communautaires). Appelés à faire des choix en fonction du bien commun, les citoyens et l'État doivent évaluer la situation et confronter leurs points de vue afin de parvenir au meilleur compromis possible. Une foule de témoins et de protagonistes évoluent dans l'espace public et font valoir leurs intérêts. Des personnalités influentes (gens d'affaires, artistes, universitaires, etc.), des partis politiques ainsi que de nombreux groupes de pression tentent d'influencer l'opinion publique et les gouvernements.

8 Les principaux enjeux actuels au Québec

Types d'enjeux	Enjeux actuels
Enjeux économiques	– la mondialisation des marchés – le développement local et régional – la revitalisation de Montréal – l'équité salariale – la hausse du salaire minimum – la lutte contre la pauvreté
Enjeux sociaux	– la privatisation des soins de santé – le vieillissement de la population – la malbouffe – l'hypersexualisation de l'espace public – l'intégration des immigrants – la réforme de l'éducation – les coupures fédérales dans le domaine de la culture
Enjeux environnementaux	– la réduction des gaz à effet de serre – la pollution des lacs et des cours d'eau – la protection des rivières – la gestion de la forêt – le développement des énergies renouvelables – le transport écologique – l'efficacité énergétique – la gestion des déchets
Enjeux politiques	– l'unité nationale – le déséquilibre fiscal – le partage des compétences – la réforme électorale – la représentation des femmes à l'Assemblée nationale – l'autonomie gouvernementale des Amérindiens – la présence militaire canadienne en Afghanistan

9 Richard Desjardins et *L'erreur boréale*

En 1999, Richard Desjardins a scénarisé et réalisé, en collaboration avec Robert Monderie, le documentaire *L'erreur boréale*. S'opposant au discours rassurant de l'industrie forestière, Desjardins y dénonçait la surexploitation sans planification de la forêt boréale au Québec. Cinq ans plus tard, la Commission d'étude sur la gestion de la forêt publique lui a donné raison.

10 La mission du Conseil de l'industrie forestière du Québec (CIFQ)

Depuis 2004, le CIFQ est le principal porte-parole de l'industrie forestière au Québec. En 2006, le Conseil a répliqué à *L'erreur boréale* en présentant un court métrage tourné sur les mêmes lieux, et qui montre une forêt en régénération.

« Le Conseil se consacre à la défense des intérêts de ces entreprises [de l'industrie forestière], à la promotion de leur contribution au développement socio-économique, à la gestion intégrée et à l'aménagement durable des forêts, de même qu'à l'utilisation optimale des ressources naturelles.

Le Conseil œuvre auprès des instances gouvernementales, des organismes publics et parapublics, des organisations et de la population. Il encourage un comportement responsable de ses membres en regard des dimensions environnementales, économiques et sociales de leurs activités. »

CONSEIL DE L'INDUSTRIE FORESTIÈRE DU QUÉBEC [en ligne], réf. du 17 octobre 2008.

● En quoi le point de vue du CIFQ diffère-t-il de celui de Desjardins et Monderie ?

PISTES d'interrogation   CD 1 • CD 3

1. Comment définiriez-vous un enjeu de société ?
2. Parmi les principaux enjeux actuels au Québec, quels sont ceux qui vous préoccupent le plus ? Expliquez pourquoi.
3. Donnez des exemples d'enjeux qui ont un effet sur votre vie personnelle ou familiale et expliquez pourquoi.

1 LA GESTION DES ENJEUX DE SOCIÉTÉ AU QUÉBEC

— ⚫ — Aujourd'hui — ⚫ —

Dans une société de droit, la gestion des enjeux relève tout autant de l'État que des citoyens. En effet, chaque individu, qu'il agisse de façon personnelle ou collective, participe d'abord à la résolution de l'enjeu en faisant connaître son point de vue. Après avoir exercé un jugement critique sur la masse d'information en circulation, il peut répondre à un sondage, écrire une lettre ouverte, signer une pétition ou encore voter lors d'une élection. Des actions plus engagées, comme la fondation d'une association ou la participation à des manifestations et à des débats, peuvent aussi être menées. À la lumière des différents points de vue exprimés par les citoyens et les différents regroupements, l'État analyse les multiples facettes de l'enjeu. Il prend alors une décision qui fera des heureux et des mécontents. Dans un monde idéal, les choix et les décisions de l'État devraient être guidés par le bien commun. Cependant, l'intérêt du parti au pouvoir et la volonté de se faire réélire influencent aussi les décisions du gouvernement.

Aujourd'hui, de nombreux enjeux économiques, environnementaux, sociaux et politiques animent l'espace public au Québec. Ils font les manchettes des journaux télévisés, des quotidiens et des sites de nouvelles. Si ces enjeux prennent souvent racine dans l'histoire de la société et du territoire québécois, ils sont toutefois nourris par l'actualité récente. Ainsi, les questions de l'heure, que ce soit la remise en question de l'État providence, la montée des idées conservatrices ou encore les effets de la mondialisation, contribuent à façonner les enjeux de société actuels.

LE DÉVELOPPEMENT RÉGIONAL

LA GESTION DE L'EAU

La ville de Schefferville, située dans la région de la Côte-Nord

L'entretien des systèmes d'égout

Question de départ CD 2

Comment l'État et la société québécoise gèrent-ils les enjeux actuels ?

Questionnement et hypothèses

- Consultez les documents qui se trouvent sur ces deux pages ou dans les pages suivantes.
- Formulez d'autres questions à partir de celle qui est énoncée ci-dessus afin de vous aider à interpréter les enjeux décrits dans ce chapitre.
- Émettez une hypothèse pour répondre à la question de départ.

OPTION PROJET

Vous pouvez lire dès maintenant, aux pages 230 et 231, la présentation des projets.

Projet 1 CD 1 · CD 2 · CD 3

Un enjeu à l'école

Projet 2 CD 1 · CD 2 · CD 3

Une cause qui vous tient à cœur

LE RESPECT DE L'ÉGALITÉ

LES RELATIONS FÉDÉRALES-PROVINCIALES

La Marche mondiale des femmes, à Montréal, en 2000

Le déséquilibre fiscal

Le développement régional, un enjeu économique

Dès l'époque de la Nouvelle-France, les autorités se préoccupent de l'occupation permanente du territoire et de son développement économique. Soumis aux intérêts de la métropole et limité à la vallée du Saint-Laurent, le développement s'effectue lentement. Il faut attendre le XIXe siècle pour voir le peuplement et l'exploitation des ressources s'étendre à de nouvelles régions. À cette même époque, l'industrialisation et l'urbanisation de l'axe Québec–Trois-Rivières–Montréal ainsi que des régions voisines s'amorcent. Jusqu'au XXe siècle, l'État intervient peu, laissant l'initiative du développement économique à l'entreprise privée. Le soutien à l'agriculture, la mise en valeur des ressources naturelles et l'amélioration du réseau de transport constituent alors les secteurs d'intervention dans la gestion publique du vaste territoire québécois. C'est dans ce contexte que les régions urbaines et rurales qui composent le Québec prennent forme, avec leur paysage, leur identité socioculturelle et leur économie propres.

Depuis les années 1930, les pouvoirs publics et la société québécoise ont adopté différentes approches visant à prendre en main le développement des régions, que ce soit les régions périphériques, centrales ou métropolitaines. Aujourd'hui, dans une société de droit comme le Québec, l'enjeu du développement régional réunit trois aspects : la vitalité démographique, l'élimination des disparités régionales et la capacité des économies régionales à se reconvertir dans un contexte de mondialisation.

Comment l'État et la société québécoise gèrent-ils l'enjeu du développement régional ? **CD 2**

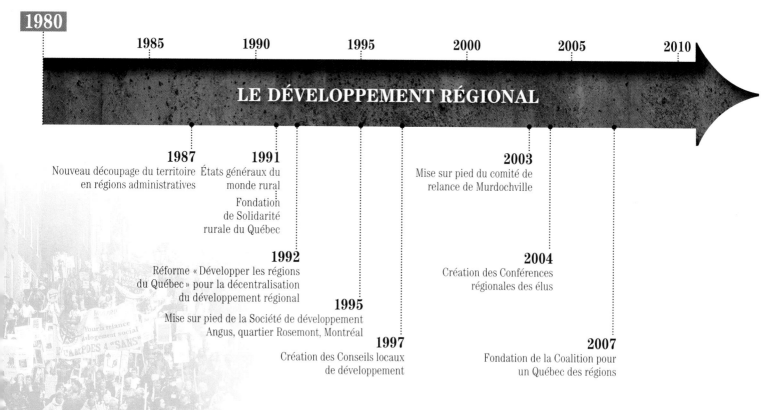

1980

1985   1990   1995   2000   2005   2010

LE DÉVELOPPEMENT RÉGIONAL

1987
Nouveau découpage du territoire en régions administratives

1991
États généraux du monde rural

Fondation de Solidarité rurale du Québec

1992
Réforme « Développer les régions du Québec » pour la décentralisation du développement régional

Mise sur pied de la Société de développement Angus, quartier Rosemont, Montréal

1995
Création des Conseils locaux de développement

1997

2003
Mise sur pied du comité de relance de Murdochville

2004
Création des Conférences régionales des élus

2007
Fondation de la Coalition pour un Québec des régions

Un bref historique du développement des régions

Les façons de gérer le développement régional ont subi de profonds changements depuis l'époque coloniale. Pendant les régimes français et britannique, les ressources du territoire (blé, fourrure, bois, etc.) approvisionnent essentiellement les industries métropolitaines. La fertilité des sols et l'accès aux voies navigables expliquent la concentration de la zone de peuplement sur les rives du Saint-Laurent. À partir du **XIXᵉ siècle**, la croissance démographique et la mise en valeur des ressources naturelles entraînent l'occupation de zones de plus en plus éloignées du fleuve et des centres urbains.

CONCEPTS

Économie, espace public, population, pouvoir

Le développement économique des régions est longtemps laissé entre les mains de la grande entreprise. Le gouvernement ne propose en effet aucun plan de développement et se contente de réglementer et de financer des projets d'infrastructures. Par ailleurs, la concentration des industries et les mouvements de population favorisent la croissance des centres urbains, tel Montréal.

Jusque dans les **années 1960**, la part des investissements étrangers (américains, notamment) dans l'économie canadienne ne cesse de croître dans les secteurs des ressources naturelles et des industries nouvelles, telle l'industrie automobile. Ces investissements permettent le développement de régions périphériques, comme l'Abitibi, la Mauricie et la Côte-Nord.

La Grande Crise et la Révolution tranquille forcent les pouvoirs publics à intervenir en matière de développement économique. Les fonctionnaires du nouvel État providence entendent éliminer les disparités entre les régions dans plusieurs domaines : revenu, chômage, éducation, accès aux soins de santé, etc. Le développement régional devient l'affaire exclusive de l'État.

11 Une classification des régions administratives du Québec

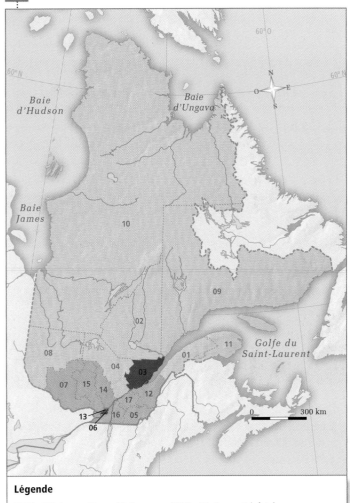

Légende

- ⬛ **Régions métropolitaines**
  - 03 Capitale-Nationale
  - 06 Montréal
  - 13 Laval
- ⬜ **Régions centrales**
  - 05 Estrie
  - 07 Outaouais
  - 12 Chaudière-Appalaches
  - 14 Lanaudière
  - 15 Laurentides
  - 16 Montérégie
  - 17 Centre-du-Québec
- ⬜ **Régions périphériques**
  - 01 Bas-Saint-Laurent
  - 02 Saguenay–Lac-Saint-Jean
  - 04 Mauricie
  - 08 Abitibi-Témiscamingue
  - 09 Côte-Nord
  - 10 Nord-du-Québec
  - 11 Gaspésie–Îles-de-la-Madeleine

12 La progression de l'électrification rurale au Québec, de 1937 à 1961

À partir des années 1880, l'électrification du Québec profite aux entreprises privées et aux villes. Les campagnes, quant à elles, doivent patienter jusqu'à la création de l'Office de l'électrification rurale, en 1945.

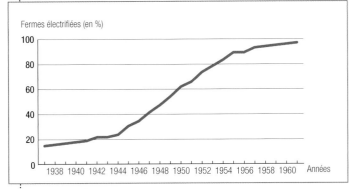

HYDRO-QUÉBEC, Archives P3/215 ; Rapports annuels de l'Office de l'électrification rurale.

● D'après vous, pourquoi l'électrification rurale au Québec se fait-elle aussi tardivement ?

À partir des **années 1960**, l'aide au développement vise les régions en difficulté au détriment de la région de Montréal. Ainsi, l'urbanisation et le développement industriel des régions périphériques sont encouragés. Selon ce modèle de développement, les nouveaux pôles urbains régionaux stimuleront la croissance économique du territoire avoisinant. Par l'intermédiaire de ses sociétés d'État, le gouvernement devient lui-même entrepreneur dans plusieurs secteurs d'importance, comme la foresterie, l'hydroélectricité et les mines.

Les gouvernements mènent aussi une politique de régionalisation de leurs services. Ainsi, en 1966, Québec découpe son territoire en 10 régions administratives (redécoupé en 16 régions en 1987, puis en 17 en 1997). Des conseils régionaux de développement sont mis sur pied afin de permettre aux gens du milieu de débattre dans l'espace public, par le biais de la consultation, des questions socio-économiques touchant leur région. Cependant, toutes les décisions relatives aux programmes et aux politiques de développement régional sont prises par les élus et les fonctionnaires.

Lieu de *mémoire*

Les Opérations Dignité

Au printemps 1968, le plan de développement du Bureau d'aménagement de l'Est du Québec (BAEQ), financé par Québec et Ottawa, annonce des projets de fermeture de villages. Près de 65 000 personnes devront être déplacées vers les centres urbains. La résistance populaire s'organise, menée par les curés des paroisses menacées. Des milliers de citoyens se regroupent au sein de mouvements, appelés Opérations Dignité, afin d'empêcher les fermetures et de trouver eux-mêmes des solutions à la survie de leur milieu. Après avoir rayé de la carte une dizaine de localités, le gouvernement est forcé de mettre fin à son projet en 1974.

Le rassemblement de l'Opération Dignité II dans la petite église paroissiale de Esprit-Saint, dans le Bas-Saint-Laurent, en 1971.

13 Le point de vue de Georges-Henri Dubé

Le notaire Georges-Henri Dubé a été président du BAEQ de 1963 à 1966.

« Ces villages avaient été ouverts [...] durant la crise. Les gens avaient exploité la forêt environnante et, dans les années 1960, certains vivaient dans la pauvreté absolue, sans ressources, sans avenir. [...] Ce sont les gens eux-mêmes qui ont décidé de fermer les villages, suite à plusieurs rencontres et discussions. Les gens ont été replacés dans les villes du littoral [...]. Ils étaient plus proches [...] des lieux de travail, des services. »

UQAR Info, 31ᵉ année, n° 15, 4 avril 2000.

14 Le point de vue d'un citoyen déplacé

En 1976, un agriculteur de l'ancienne paroisse de Saint-Nil témoigne du sort des populations déplacées.

« On voulait nous amener sur le bien-être social, dans les H.L.M. Eux autres, le côté humanitaire, le gouvernement puis les fonctionnaires, se sont pas occupés de ça. C'est ça qui a été le malheur. Parce qu'une personne qui a fait 32 ans sur une colonie [...] puis qui a élevé sa famille là, qui a défriché, qui vit là, il n'aime pas ça s'en aller dans une maison, poigné entre quatre murs [...]. »

Gilles Boileau, « Le témoignage d'un relocalisé de Saint-Nil », *Histoire Québec*, vol. 1, n° 1, juin 1995.

Quel est le point de vue de chaque témoin sur le choix fait par le BAEQ en 1968 ?

PISTES d'interprétation CD 2

1. Quel est le rôle de l'État dans le développement régional avant les années 1930 ?
2. Nommez des facteurs du développement régional au Québec avant 1960.
3. Expliquez dans vos mots la vision du développement régional sous l'État providence.

Le développement régional aujourd'hui

À partir des **années 1980**, le modèle de développement régional contrôlé par l'État et la grande entreprise est remis en question. Le chevauchement des programmes fédéraux et provinciaux ainsi que la multiplication des organismes de développement régional diminuent l'efficacité des mesures instaurées. Les pôles de croissance régionaux n'ont pas eu l'effet d'entraînement escompté et les disparités régionales persistent. De plus, la croissance démographique ralentit et le Québec doit s'intégrer à la nouvelle économie mondiale.

La vision actuelle du développement englobe toutes les régions, y compris les régions centrales et les régions métropolitaines de Montréal, de Laval et de la Capitale-Nationale. Les économies régionales sont interdépendantes. Ainsi, le dynamisme de Montréal à l'échelle canadienne ou nord-américaine contribue au développement économique de tout le Québec.

La vitalité démographique des régions

Depuis plus d'un quart de siècle, le Québec subit un important ralentissement de sa croissance démographique, qui s'accompagne d'un autre constat : le vieillissement de sa population. De plus, les migrations à l'intérieur même du territoire québécois viennent accentuer ou ralentir les effets de ces phénomènes démographiques.

Montréal et les régions centrales

Dans la métropole, l'apport de l'immigration internationale freine à la fois le vieillissement et la baisse de la population. Cependant, le bilan démographique de Montréal stagne, avec un taux de croissance d'à peine 1,1 % entre 2001 et 2007. En effet, en 2006-2007, plus de 64 000 personnes ont quitté l'île de Montréal. Une majorité de jeunes familles avec des enfants s'en vont grossir les banlieues, comme Laval et les municipalités des régions centrales situées à proximité de la métropole. Par conséquent, seules ces dernières régions connaissent des hausses de population appréciables.

16 Le phénomène du trou de beigne selon Équiterre

Équiterre, un organisme qui incite les citoyens, les organisations et les gouvernements à faire des choix écologiques, équitables et solidaires, analyse les conséquences des migrations vers les banlieues.

« En se dirigeant vers les banlieues, les gens plus fortunés ont laissé derrière eux une concentration de pauvreté dans les villes centrales. C'est ce qu'on appelle le phénomène du trou de beigne, le trou étant la pauvreté que l'on trouve dans le centre des villes et le beigne, ce qu'il y a autour, en l'occurrence les mieux nantis. Le trou s'est toutefois un peu rempli depuis quelques années en raison d'un phénomène de retour en ville. [...] La dénatalité et le vieillissement de la population sont favorables à un retour en ville, car une catégorie importante de gens (ex. : aînés, célibataires) apprécient être à proximité des services. »

« Transport écologique, Fiche thématique : Aménagement urbain », *Équiterre* [en ligne], réf. du 24 octobre 2008.

● D'après vous, pourquoi des familles quittent-elles la ville pour la banlieue ?

15 Le taux net de migration* interrégionale par groupe d'âge pour les régions de Montréal, de Lanaudière et du Saguenay–Lac-Saint-Jean, en 2006 et 2007 (pour 1000 habitants)

Région	Groupe d'âge			
	0-14 ans	15-29 ans	30-64 ans	65 ans et +
Montréal	-26,0	3,0	-21,0	-7,7
Lanaudière	25,2	12,7	20,2	6,3
Saguenay–Lac-Saint-Jean	-3,1	-23,3	-1,0	-1,4

* Taux indiquant le rapport des soldes migratoires pour 1000 habitants pour une année.

QUÉBEC, DÉVELOPPEMENT ÉCONOMIQUE, INNOVATION ET EXPORTATION, *L'ÉconoMètre. Portrait socioéconomique des régions du Québec*, 2008.

● Quels sont les facteurs qui influencent les migrations interrégionales ?

17 Un quartier résidentiel à Rosemère, Laval

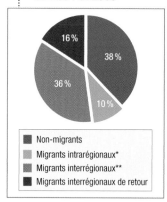
Population active Ensemble de la population qui occupe un emploi ou qui en cherche un.

Les régions périphériques

Le problème est particulièrement criant dans les régions périphériques, où la proportion de la population âgée de 65 ans et plus augmente plus vite que la moyenne québécoise. Les migrations interrégionales ébranlent particulièrement ces régions. De nombreux jeunes de moins de 25 ans quittent leur municipalité d'origine pour « vivre leur vie » ou faire des études.

Le vieillissement de la population et l'exode des jeunes mettent en péril l'équilibre socioéconomique régional. Dans les régions les plus touchées, ces phénomènes provoquent une décroissance de la **population active**. De plus, la baisse et la dispersion de la clientèle scolaire dans les régions périphériques menacent l'existence même des écoles de village. Ces facteurs peuvent affaiblir la solidarité locale et la capacité d'une communauté à résister au déclin.

Freiner le déclin

Afin d'assurer leur vitalité démographique et économique, la métropole et les régions périphériques doivent donc élaborer des stratégies visant à attirer et à retenir les jeunes. L'État doit aussi faire sa part pour stimuler la croissance démographique, soit en bonifiant ses mesures d'aide aux jeunes familles (congés parentaux pour travailleurs saisonniers ou occasionnels, places en garderie, etc.), en augmentant le nombre d'immigrants et en facilitant leur intégration. De plus, les entreprises devraient mettre en place des programmes de conciliation travail-famille.

19 Place aux jeunes, un organisme destiné à freiner l'exode des jeunes des régions

Afin de limiter leur déclin démographique, les régions doivent, entre autres, faciliter l'insertion socioprofessionnelle des immigrants, améliorer les ressources en éducation et développer les perspectives d'emploi pour les jeunes. L'organisme Place aux jeunes vise principalement à : favoriser l'engagement social des jeunes en région ; promouvoir l'intégration professionnelle des jeunes en région ; sensibiliser les jeunes, leur entourage et les acteurs locaux aux impacts de l'exode ; stimuler la création d'entreprises en région.

● Quels arguments les organismes de développement régional utilisent-ils pour garder et attirer les jeunes et les familles dans leur région ?

20 La banlieue en ville, une initiative de la Société de développement Angus dans l'arrondissement Rosemont–Petite-Patrie, à Montréal

Pour séduire les jeunes familles, Montréal doit améliorer la qualité de vie sur son territoire en favorisant le développement durable de ses quartiers. Les mesures incitatives comprennent la réduction de la circulation automobile, l'amélioration du transport en commun, ainsi que l'aménagement de parcs, de quartiers conviviaux et de logements abordables.

Les disparités économiques

Les migrations interrégionales sont souvent la conséquence des différences économiques entre les régions. Les gens recherchent les milieux les plus prospères, qui offrent à la fois de nombreuses possibilités d'emploi et un large éventail de services publics. C'est pourquoi les villes exercent un fort pouvoir d'attraction. Depuis les **années 1980**, les régions périphériques dont l'activité économique repose sur une industrie primaire dominante ont subi les contrecoups de l'épuisement de leurs ressources, de la baisse de la demande ou de la concurrence étrangère.

La prospérité d'une région se reflète dans le bien-être économique de ses habitants. Le niveau de vie s'évalue notamment à l'aide du revenu personnel disponible. Les régions périphériques affichent une fois de plus les moins bonnes performances par rapport à cet indice. Par ailleurs, dans certaines régions, comme Montréal ou le Nord-du-Québec, des revenus d'emploi et de placement élevés viennent compenser le fort taux de chômage. En **2001**, seulement quatre régions se situaient au-dessus de la moyenne québécoise quant au revenu disponible ; en **2007**, c'est plus de la moitié.

D'autres facteurs chiffrables, comme le faible coût de la vie dans une région rurale, influencent le niveau de vie. Cependant, il existe aussi des sources de bien-être qui ne peuvent être chiffrées, comme la qualité du cadre de vie. Dans la mesure où des emplois sont disponibles, ces avantages comptent parfois plus dans le choix d'un lieu de résidence que le niveau du revenu.

Dans les années **2000**, même si le niveau de vie s'améliore pour l'ensemble du territoire, il existe des disparités à l'intérieur même des régions. En 2001, alors que Montréal affiche un des revenus disponibles les plus élevés de la province, la ville révèle le plus haut taux de personnes à faible revenu (29 %) de toutes les grandes villes canadiennes. Compte tenu du coût élevé des loyers et de la faiblesse du salaire minimum, même un emploi rémunéré dans les grands centres urbains ne permet pas toujours de sortir de la pauvreté.

21 **Une manifestation pour le logement social, à Québec, en 2008**

En 1976, le Canada a ratifié le Pacte international relatif aux droits économiques, sociaux et culturels, qui reconnaît le droit à un niveau de vie et à un logement suffisants. Au Québec, depuis 1978, le Front d'action populaire en réaménagement urbain (FRAPRU) a fait du financement de logements sociaux par l'État son principal cheval de bataille.

22 **Le revenu disponible par habitant et le taux de chômage, selon les régions administratives, en 2007**

Région	Revenu disponible	Taux de chômage
Bas-Saint-Laurent	20 881 $	8,9 %
Saguenay–Lac-Saint-Jean	22 397 $	9,2 %
Capitale-Nationale	25 541 $	5,0 %
Mauricie	22 072 $	9,2 %
Estrie	22 641 $	7,1 %
Montréal	25 490 $	8,5 %
Outaouais	22 897 $	6,4 %
Abitibi-Témiscamingue	23 587 $	9,2 %
Côte-Nord	25 438 $	8,8 %
Nord-du-Québec	24 952 $	8,8 %
Gaspésie–Îles-de-la-Madeleine	20 238 $	17,2 %
Chaudière-Appalaches	23 603 $	6,0 %
Laval	25 149 $	5,2 %
Lanaudière	23 398 $	7,0 %
Laurentides	24 643 $	7,0 %
Montérégie	25 213 $	6,1 %
Centre-du-Québec	22 670 $	6,7 %
Ensemble du Québec	23 577 $	7,2 %

INSTITUT DE LA STATISTIQUE DU QUÉBEC, *Profil des régions et des MRC* [en ligne], réf. du 24 octobre 2008 ; QUÉBEC, DÉVELOPPEMENT ÉCONOMIQUE, INNOVATION ET EXPORTATION, *L'ÉconoMètre. Portrait socioéconomique des régions du Québec*, 2008.

● Quelles sont les régions où le niveau de vie est supérieur à celui de l'ensemble du Québec ?

● Pourquoi est-il important que l'État finance des logements à prix modique ?

Gérer l'enjeu du développement régional par une approche locale

Depuis les **années 1980**, une nouvelle vision du développement fait son chemin, tant à l'échelle régionale qu'à l'échelle internationale : le développement local. Suivant cette orientation, le développement des régions doit être pris en main par les gens du milieu plutôt que par un État providence qui impose ses décisions. L'État devient alors un partenaire du développement. On mise dorénavant sur l'engagement des personnes et des communautés locales, mais aussi sur une véritable régionalisation des pouvoirs de décision et des budgets. La politique de développement régional « Développer les régions du Québec », adoptée par le gouvernement québécois en **1992**, tient compte de cette approche.

Portrait

Jacques Proulx (1939-)

Jacques Proulx est un agriculteur et un syndicaliste né à Saint-Camille, en Estrie. Il assume la présidence de l'Union des producteurs agricoles de 1981 à 1993. À la suite des États généraux du monde rural en 1991, il fonde Solidarité rurale du Québec en compagnie d'une vingtaine de leaders du monde agricole. Cette coalition d'organismes œuvre pour la revitalisation du monde rural par les acteurs du milieu, basés sur la concertation des partenaires locaux, la diversification de l'économie régionale et la protection des ressources. Jacques Proulx occupera la présidence de Solidarité rurale jusqu'en 2008.

23 L'effet Fred Pellerin à Saint-Élie-de-Caxton

Frappée par la crise de l'industrie forestière, l'économie de la Mauricie doit se reconvertir. À Saint-Élie-de-Caxton, le conteur Fred Pellerin ne se contente pas de mettre en scène les héros de son village dans ses spectacles. Il s'est engagé dans le développement de sa localité avec sa famille et ses amis. Durant l'été 2008, Saint-Élie a accueilli plus de 12 000 visiteurs.

24 Quelques instances gouvernementales pour le développement régional au Québec, en 2008

Instance régionale	Fonctions
Conférence administrative régionale (CAR)	• Organisme de consultation et d'harmonisation des activités des différents ministères et organismes publics dans la région.
Conférence régionale des élus (CRÉ)	• Interlocuteur privilégié de l'État quant au développement de la région (composée d'élus municipaux). • Planification du développement régional. • Évaluation des organismes locaux et régionaux financés par l'État.
Centre local de développement	• Mobilisation et soutien financier des entrepreneurs locaux dans le but de favoriser le développement économique et la création d'emplois (dirigé par des élus municipaux et des gens du milieu des affaires et de l'économie sociale).
Table Québec-régions (TQR)	• Lieu d'échanges et de discussions entre l'État et les présidents des CRÉ.

En 2002, le ministère du Développement économique, de l'Innovation et de l'Exportation du Québec a lancé le projet ACCORD (Action concertée de coopération régionale de développement). La stratégie du projet vise à amener chaque région à réaliser l'inventaire de ses ressources, tant humaines que matérielles, afin de cibler un ou des secteurs économiques dans lesquels elle pourra se démarquer sur les scènes nationale et internationale. À titre d'exemple, la Côte-Nord a signé avec le gouvernement une entente financière pour développer les principaux secteurs de la région, les mines et les technologies marines.

L'intervention de l'État et la planification par les instances régionales ne se limitent plus qu'aux seuls éléments économiques mais s'étendent à une foule d'autres facteurs, sociaux, culturels ou environnementaux. En partenariat avec l'État, une localité peut favoriser l'innovation et la création de PME sur son territoire. Pour y arriver, elle veillera toutefois à offrir des avantages aux entreprises (qualité des infrastructures, des communications et des sites d'implantation, taxes et tarifs compétitifs, etc.), tout en s'efforçant de rendre son milieu de vie attrayant pour les individus et les familles.

Dans les régions périphériques, un accès facile aux services publics, une vie communautaire dynamique ainsi qu'un environnement sain peuvent contribuer à attirer une main-d'œuvre sensible à la qualité du milieu de vie. En effet, l'importance des savoirs de haut niveau et l'accès aux nouvelles technologies de l'information et des communications (NTIC) ont accru de façon importante la mobilité de la population active. Cette mobilité profite généralement aux grands centres urbains. Cependant, les inconvénients qui sont indissociables de ces agglomérations (embouteillages, coût de la vie, etc.) peuvent inciter plusieurs citoyens à s'installer dans un milieu moins urbanisé.

Différentes solutions s'offrent aux régions en difficulté désireuses de réorienter leur économie. D'une part, elles peuvent miser sur l'innovation touristique et culturelle (produits du terroir, mise en valeur du patrimoine, festivals, etc.). D'autre part, elles peuvent se repositionner dans des domaines de haute technologie grâce au potentiel naturel, humain et technologique de leur territoire. Ainsi, la Vallée de l'aluminium, au Saguenay–Lac-Saint-Jean, occupe une position stratégique sur le plan mondial dans la production et la transformation de l'aluminium, tout en offrant une destination touristique de choix.

25 **Murdochville, entre la fermeture et la relance**

En 2002, la compagnie minière Noranda ferme la fonderie de Murdochville, une petite ville de Gaspésie. Lors d'un référendum, 65 % des citoyens votent en faveur de la fermeture de leur municipalité et réclament des indemnisations de départ. Contre toute attente, Murdochville survit et un comité de relance est mis sur pied pour établir une stratégie de développement.

26 **La Coalition pour un Québec des régions**

Fondée en 2007, la Coalition pour un Québec des régions regroupe des citoyens qui militent en faveur d'une réforme du mode de scrutin basée sur la représentation territoriale. En plus d'avoir des représentants élus sur la base des circonscriptions (comme c'est le cas actuellement), la Coalition réclame la création d'un Conseil des Régions, où chaque région administrative ferait siéger un nombre égal de députés, et des sièges seraient réservés aux nations amérindiennes.

LIBÉRER LES QUÉBECS

Pour mieux comprendre CD 2

1. L'interprétation des documents de cette section vous a permis de mieux saisir comment l'État et la société québécoise gèrent les enjeux du développement régional. Répondez en quelques lignes à la question suivante :

   Comment l'État et la société québécoise gèrent-ils l'enjeu du développement régional ?

2. Afin d'approfondir cette question, organisez un débat autour d'un aspect du développement régional :
   a) Choisissez un sujet. Exemples : Partir ou rester en ville ? Faut-il fermer ou maintenir une petite municipalité rurale en déclin ?
   b) Dans votre manuel, repérez des documents qui vous permettraient de défendre votre position par rapport à l'aspect du développement régional que vous avez choisi.
   c) Interrogez votre entourage pour compléter ou tester vos arguments.
   d) Pour préparer votre débat et votre enquête, utilisez l'outil approprié en vous référant, au besoin, à la Boîte à outils.

PISTES d'interprétation CD 2

1. Quels sont les principales facettes du développement régional depuis 1980 ?

2. Nommez deux facteurs qui peuvent nuire au développement, et deux facteurs qui le favorisent.

3. Dans une société de droit comme le Québec, quels choix l'État et les citoyens peuvent-ils faire pour contribuer au développement économique d'une région ?

La gestion de l'eau, un enjeu environnemental

Lorsqu'ils débarquent en Nouvelle-France, les premiers colons européens s'émerveillent de l'abondance et de la pureté des cours d'eau. Cependant, au fil des siècles, le comportement et les habitudes de vie des habitants du territoire ainsi que le développement de certaines industries vont polluer cette précieuse ressource. Dans les grands centres, l'eau contaminée cause des maladies et des épidémies. Au début du XXe siècle, les pouvoirs publics remédient à ce problème par la filtration et l'ajout de chlore. Toutefois, rien n'est fait à l'époque pour réduire la pollution des cours d'eau. Depuis les années 1950, les groupes et les organismes qui militent pour l'environnement se multiplient. Leurs discours, diffusés par les médias, sensibilisent peu à peu la population aux effets de l'activité humaine sur l'environnement. Le gouvernement du Québec réagit à ces nouvelles inquiétudes par la création, en 1979, du ministère de l'Environnement et par l'adoption de nombreuses mesures législatives.

Le Québec, qui compte 4500 rivières, près de 1 million de lacs et des kilomètres de nappes d'eau souterraines, possède une richesse que plusieurs pays lui envient. L'utilisation de cette ressource est aujourd'hui très diversifiée. En plus de servir à l'alimentation et à divers usages domestiques, l'eau est essentielle pour l'agriculture, le transport et l'industrie. Elle est également indispensable à la pratique de nombreuses activités récréatives. La gestion de l'eau constitue donc une préoccupation majeure pour l'État et la société québécoise.

Comment l'État et la société québécoise gèrent-ils l'enjeu de l'eau ? CD 2

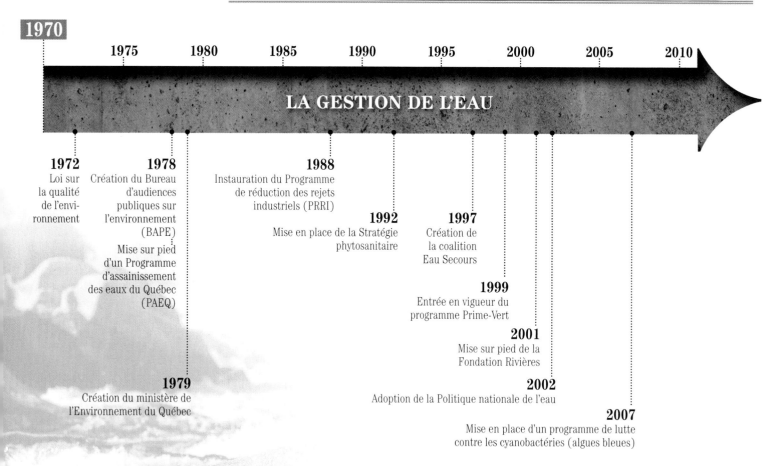

1970

1975   1980   1985   1990   1995   2000   2005   2010

LA GESTION DE L'EAU

1972
Loi sur la qualité de l'environnement

1978
Création du Bureau d'audiences publiques sur l'environnement (BAPE)

Mise sur pied d'un Programme d'assainissement des eaux du Québec (PAEQ)

1988
Instauration du Programme de réduction des rejets industriels (PRRI)

1992
Mise en place de la Stratégie phytosanitaire

1997
Création de la coalition Eau Secours

1999
Entrée en vigueur du programme Prime-Vert

2001
Mise sur pied de la Fondation Rivières

1979
Création du ministère de l'Environnement du Québec

2002
Adoption de la Politique nationale de l'eau

2007
Mise en place d'un programme de lutte contre les cyanobactéries (algues bleues)

Un bref historique de la gestion de l'eau

Les Européens découvrent en Nouvelle-France une eau pure et limpide. Malheureusement, au fil des siècles, la qualité de l'eau se dégrade en raison de l'activité humaine, jusqu'à devenir impropre à la consommation. Pendant près de trois siècles, la population va s'accommoder d'une ressource souillée par ses propres déchets et les rejets des diverses usines et manufactures. Il faudra attendre les **années 1950**, et même les **années 1970**, pour que les autorités s'intéressent à la source du problème et que la pollution des cours d'eau devienne un enjeu de société.

Une ressource mise à mal

À l'époque de la Nouvelle-France, on ignore tout de la contamination et de ses possibles effets sur la santé. De Québec à Montréal, le fleuve et les rivières avoisinantes servent alors de décharge publique. On y jette aussi bien du sang et des carcasses d'animaux que des détritus et le contenu des toilettes sèches. À mesure que la population s'accroît, la quantité de déchets rejetés dans l'eau augmente.

Le développement industriel du XIXᵉ siècle accentue la détérioration des cours d'eau. Les usines et les manufactures rejettent d'importantes quantités de déchets toxiques directement dans les lacs et les rivières. Dans la deuxième moitié du XIXᵉ siècle, des villes comme Montréal et Québec entreprennent la construction de réseaux d'aqueduc qui acheminent l'eau directement dans les foyers. Un système d'égouts récupère les eaux usées et les retourne dans le fleuve. L'eau puisée à même le fleuve est donc malsaine. Ce n'est qu'après une épidémie de fièvre typhoïde, en **1910**, que la Ville de Montréal prend la décision de chlorer et de filtrer l'eau qui entre dans le réseau d'aqueduc. Une première usine de traitement des eaux est mise en service en 1918.

28 Une papetière du XIXᵉ siècle

La fabrication du papier nécessite de grandes quantités d'eau. Le bois et les tissus qui servent à produire la pâte à papier sont dissous dans l'eau. Les particules ainsi obtenues sont filtrées et nettoyées plusieurs fois afin d'obtenir une pâte homogène. L'eau rejetée à chacune de ces étapes est chargée de polluants. De plus, l'utilisation d'une pâte de bois blanchie à l'aide de produits chimiques entraîne une augmentation des rejets toxiques dans l'eau. En 1925, le Québec compte une vingtaine d'usines de pâtes et papiers, et plus d'une soixantaine en 1960.

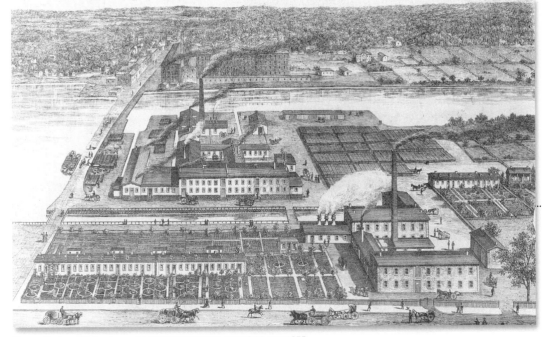

Eugene Harberer, *Usine de papier d'Alexander Buntin, Valleyfield*, vers 1875.

27 Des Autochtones en canot

Les Autochtones savent tirer le meilleur parti de l'eau, tant pour leur alimentation que pour le transport et les activités récréatives. Ce n'est pas le cas des premiers colons qui, habitués à une eau sale et corrompue en France, craignent ses effets néfastes.

John White, *Indiens à la pêche*, 1585 ou 1586.

- Les cours d'eau du Québec ont-ils joué un rôle dans le développement de l'industrie des pâtes et papiers? Expliquez votre réponse.
- Quels ont été les effets de ce développement sur le territoire et l'environnement de la province?

Des mesures pour contrer la pollution

Le traitement de l'eau permet à la population des villes d'utiliser la ressource sans crainte. Rien n'est fait cependant pour enrayer la pollution des cours d'eau de la province. Aux rejets domestiques et industriels s'ajoutent peu à peu les résidus d'engrais agricoles, tels les fumiers et les fertilisants chimiques.

Les premières dénonciations se font entendre dans les **années 1950**. Les biologistes et les chimistes confirment la pollution des cours d'eau. Des associations de pêcheurs et de **naturalistes** tentent aussi de faire valoir leur point de vue. Cependant, ce n'est qu'à partir des **années 1970** que le mouvement écologiste prend véritablement son essor. Les groupes environnementaux dénoncent alors non seulement la pollution de l'eau, mais aussi la pollution atmosphérique, la déforestation, les dangers du nucléaire, etc., et ce, tant à l'échelle nationale qu'à l'échelle internationale.

Naturaliste Spécialiste des sciences naturelles.

29 Des rejets industriels

Avant l'implantation d'un système de traitement des eaux usées, le ruisseau de Saint-Valérien-de-Milton, en Montérégie, recevait tous les rejets d'un abattoir situé à proximité. Les travaux destinés à remédier à cette situation ont été achevés en 1990.

30 Quelques catastrophes écologiques liées à la pollution de l'eau

1971	Épidémie de fièvre typhoïde à Bouchette causée par l'eau de la rivière Gatineau
	Mort de millions de poissons entre Valleyfield et Saint-Thimotée causée par les rejets d'une distillerie
1973	Destruction de la flore et des frayères à saumon de la rivière Sainte-Anne après le déversement de près de 350 millions de litres de déchets liquides, d'acide sulfurique et de résidus de cuivre
1976	Épidémie de fièvre typhoïde à Saint-Gabriel causée par la pollution des eaux de puits
1978	Mort de milliers de poissons de la rivière Etchemin à la suite des rejets de lisiers par des éleveurs de porcs
1979	Déversement accidentel d'un mélange toxique dans la rivière Bécancour

Yves Hébert, *Une histoire de l'écologie au Québec – Les regards sur la nature des origines à nos jours*, Les Éditions GID, 2006 ; Jean-Pierre Rogel, *Un paradis de la pollution*, PUQ, 1981.

L'état alarmant de certains cours d'eau, conjugué à une médiatisation de la question environnementale dans l'espace public, oblige le gouvernement à agir. En 1968, il crée la Commission d'étude des problèmes juridiques de l'eau afin de mieux comprendre les enjeux entourant cette ressource. En **1972**, il adopte la Loi sur la qualité de l'environnement. Il met également en œuvre une série de mesures destinées à l'assainissement des cours d'eau. Au début, trois secteurs industriels majeurs sont visés par les nouvelles normes : le secteur des pâtes et papiers, celui du raffinage de pétrole et celui des mines. À partir de **1978**, le Programme d'assainissement des eaux du Québec (PAEQ) permet aux municipalités de réglementer tous les rejets industriels déversés dans les réseaux d'égouts.

Afin de démontrer à la population sa détermination à gérer les enjeux écologiques, le gouvernement met sur pied le Bureau d'audiences publiques sur l'environnement (BAPE), en **1978**. Cet organisme informe la population et la consulte sur divers projets susceptibles d'avoir un impact sur l'environnement. L'année suivante, le ministère de l'Environnement voit le jour.

PISTES d'interprétation CD 2

1. Qu'est-ce qui contribue, au fil des siècles, à la dégradation des cours d'eau du Québec ?

2. Quels sont les effets de cette pollution sur la nature et la population ?

La gestion de l'eau aujourd'hui

Après 35 ans de gestion environnementale, la qualité de l'eau demeure un enjeu important pour le Québec. Malgré des améliorations notables, la population en général, l'industrie et le milieu agricole continuent de rejeter dans l'eau divers contaminants. De plus, l'abondance de cette ressource naturelle laisse croire à plusieurs qu'elle est inépuisable. En effet, en dépit des efforts de sensibilisation de la part des pouvoirs publics et des organismes écologiques, le Québec compte encore parmi les plus grands utilisateurs d'eau du monde.

Assurer la qualité de l'eau

Chaque jour, les êtres humains génèrent des milliers de tonnes de résidus polluants (matières **fécales**, produits chimiques, etc.) provenant d'usages domestiques, industriels ou agricoles. À l'heure actuelle, les problèmes de contamination découlent de trois causes principales : les rejets d'eaux usées non désinfectées, les nombreux débordements d'égouts ainsi que l'épandage d'engrais et de pesticides en milieu agricole.

Le traitement des eaux usées

Le Programme d'assainissement des eaux du Québec et les programmes similaires qui lui ont succédé constituent l'initiative la plus importante en matière de réduction de la pollution des cours d'eau. Ces programmes ont permis de mettre en place, à la grandeur de la province, des systèmes de traitement des eaux usées afin de réduire la quantité de contaminants rejetés dans l'eau. Aujourd'hui, près de 98 % des eaux usées acheminées par un réseau d'égouts sont traitées par une station d'épuration. À certains endroits, l'amélioration de la qualité de l'eau a notamment permis le retour d'activités récréatives, telle la baignade.

Les efforts d'assainissement doivent être poursuivis, car la partie n'est pas encore gagnée. La plupart des eaux usées sont traitées, mais peu sont désinfectées. Elles contiennent donc une forte concentration de **coliformes** fécaux. Cette contamination augmente lorsque surviennent des débordements d'égouts. Lors de fortes pluies, les stations d'épuration ne peuvent recevoir toute l'eau acheminée. Le trop-plein d'eau se déverse alors directement dans les cours d'eau, sans avoir été traité.

CONCEPTS

Économie, espace public, population, pouvoir, société de droit

Fécal Relatif aux excréments.

Coliforme Type de bactérie présent dans les excréments.

---

31 **L'usine d'épuration de Montréal**

La construction de l'usine d'épuration de Montréal, située à Rivière-des-Prairies, est entreprise dans les années 1970. Même si elle est fonctionnelle dès 1984, l'usine ne sera complétée qu'en 1996. Elle traite aujourd'hui les eaux rejetées par un million de familles, des dizaines de milliers de commerces et des milliers d'usines. Une centaine de ces usines rejettent plus de 100 000 m³ d'eaux usées chaque année. Le traitement élimine environ 80 % des matières polluantes déversées dans le fleuve Saint-Laurent. Toutefois, il ne permet pas d'éliminer tous les contaminants, tels les résidus de métaux lourds (cuivre, plomb, etc.).

---

32 **Un cours d'eau envahi par les algues bleues**

La présence de cyanobactéries (algues bleues) dans les lacs du Québec est causée par des concentrations trop élevées de phosphore. La prolifération de ces algues a entraîné la fermeture de plusieurs plans d'eau au cours de l'été 2007. À l'automne de la même année, la ministre de l'Environnement Line Beauchamp annonçait, entre autres mesures, que le gouvernement allait adopter un règlement interdisant les phosphates dans les détergents pour lave-vaisselle. La coalition Eau Secours, un organisme écologique qui fait la promotion d'une gestion responsable de l'eau, estime que ce règlement devrait viser tous les produits domestiques contenant du phosphate.

- Selon vous, la fermeture d'un plan d'eau peut-elle avoir des conséquences sur l'économie d'une région ? Expliquez votre réponse.

- Quelles actions les citoyens peuvent-ils faire pour aider à lutter contre les algues bleues ?

La réduction des rejets industriels

Au cours des **années 1970**, la pollution des cours d'eau par les usines du Québec atteint des sommets. Dans la foulée de son Programme d'assainissement des eaux, le ministère de l'Environnement met en place d'autres mesures, seul ou en partenariat avec le gouvernement fédéral. Ces nouvelles initiatives visent la réduction des rejets industriels. Lancé en **1988**, le Programme de réduction des rejets industriels (PRRI) témoigne d'une nouvelle approche, plus globale, en matière de gestion des rejets industriels : il cible les déversements de déchets dans l'eau et dans le sol ainsi que les émissions qui contribuent à la pollution atmosphérique.

L'application des normes environnementales s'effectue de façon graduelle jusqu'au milieu des **années 1990**. Un grand nombre d'usines se raccordent tout simplement au réseau d'égouts municipal. Elles doivent toutefois s'assurer que le système d'épuration de la municipalité peut traiter leurs rejets. Sinon, elles doivent prévoir des procédés de prétraitement pour satisfaire aux normes. Ces procédés, en plus d'être inefficaces, sont souvent très coûteux, ce qui ne plaît pas aux industriels. C'est pourquoi le gouvernement les incite plutôt à produire sans polluer ou encore à éliminer les polluants à la source. En effet, par des mesures simples, en utilisant des produits non toxiques ou en adaptant un procédé industriel, par exemple, il est possible d'éviter de produire de la pollution que l'on devra ensuite traiter. C'est ce que l'on appelle des « technologies propres ».

33 Le prélèvement d'échantillons d'eau

Depuis 1992, le ministère de l'Environnement poursuit un programme de suivi des pesticides dans les petits cours d'eau de régions agricoles, comme ici, près de Saint-Damase (en Montérégie). La présence de plusieurs pesticides – parfois jusqu'à une vingtaine – est confirmée chaque été.

● Quelles sont les conséquences de l'utilisation des pesticides ?

● Quelles mesures les agriculteurs peuvent-ils adopter pour diminuer la contamination des cours d'eau ?

34 Des rejets industriels dans la rivière Chaudière, en 1981 et en 1989

L'acheminement des eaux usées d'un abattoir de Vallée-Jonction vers la station d'épuration municipale a permis d'améliorer considérablement la qualité des eaux de la rivière Chaudière.

● En plus de traiter les eaux usées, que peuvent faire les usines pour réduire leurs rejets toxiques ?

La pollution agricole

Du côté agricole, les engrais (fumiers et lisier de porc) contribuent de façon certaine à la pollution des cours d'eau en région rurale. Laissés à l'extérieur, les fumiers entraînés par les eaux de pluie se déversent dans les cours d'eau situés à proximité. À partir des **années 1990**, les éleveurs les plus importants se dotent de systèmes d'entreposage étanches pour éviter l'écoulement du lisier. Ainsi, en **2000**, c'est 10 des 30 millions de mètres cubes de fumiers produits chaque année au Québec qui sont entreposés. Il semble toutefois que ces mesures ne soient pas suffisantes. Au moment de l'épandage, les surplus de fumiers peuvent s'écouler et ainsi augmenter la contamination des cours d'eau. Avec les rejets domestiques, les fertilisants agricoles constituent une des principales causes de la prolifération des algues bleues.

Tout comme les engrais, les pesticides utilisés dans les cultures céréalières (maïs et soya, notamment) se retrouvent souvent dans les cours d'eau. Or, la présence d'atrazine, par exemple, un pesticide très utilisé par les agriculteurs, peut avoir des conséquences néfastes pour l'écosystème aquatique (réduction de la croissance des algues, diminution du zooplancton, etc.).

À partir de **1992**, le gouvernement met en place sa Stratégie phytosanitaire, qui consiste à promouvoir la réduction graduelle des pesticides tout en respectant les besoins des producteurs qui visent de hauts rendements agricoles. Ce programme propose donc un emploi judicieux et harmonieux de plusieurs techniques (biologiques, chimiques ou autres) pour lutter contre les insectes et autres parasites. Depuis 1999, le programme Prime-Vert offre un soutien financier aux entreprises agricoles qui souhaitent adopter des pratiques plus respectueuses de l'environnement.

Smog Brouillard causé par la pollution atmosphérique.

35 La population insatisfaite de la gestion de l'eau

> Un sondage CROP–*La Presse* publié le 13 octobre 2007 fait état de l'insatisfaction de la population quant à la gestion de l'eau.
>
> «L'avenir de l'eau inquiète les Québécois. À la lumière des résultats du sondage CROP–*La Presse*, le message qu'ils lancent au gouvernement est clair: faites quelque chose! Les politiciens s'occupent mal des enjeux liés à l'eau, affirment 65% des répondants. Ils doivent agir, même si leurs actions coûteront plus cher aux Québécois. En effet, 80% des répondants sont prêts à payer plus de taxes pour que les gouvernements obligent les municipalités à mieux traiter les eaux usées. [...] Plus de 95% des répondants souhaitent que les gouvernements soient plus sévères envers les industries qui polluent les cours d'eau. Les trois quarts veulent que leur gouvernement serre également la vis aux agriculteurs, même si cela nuirait à l'industrie agro-alimentaire.»
>
> Émilie Côté, «Sauvons la planète, l'eau menacée», *La Presse*, 13 octobre 2007.

- Quels sont les principaux éléments d'insatisfaction de la population?
- Selon les répondants au sondage, qui est responsable de la pollution des cours d'eau?

36 On s'informe!

De plus en plus de producteurs agricoles se joignent à des clubs d'encadrement technique ou à des clubs-conseils en agroenvironnement afin de mieux gérer leur utilisation des pesticides. Un nombre croissant d'agriculteurs acceptent de modifier leurs façons de faire. Certains réduisent ou éliminent complètement les pesticides. D'autres se tournent vers la culture ou l'élevage biologique – sans engrais chimiques, herbicides ou pesticides –, ce qui implique une production plus limitée.

Lieu de *mémoire*

Les pluies acides: il ne faut pas les oublier!

Au début des années 1960, l'écologiste Gene Likens et son groupe de recherche mesurent la teneur en acidité de l'eau de pluie. Ils découvrent que, dans certains cas, ce taux peut être jusqu'à 10 fois plus élevé que la normale. Ce sont les polluants atmosphériques qui modifient le taux d'acidité de l'eau de pluie. Tout au long des années 1980, la question des pluies acides et de leurs effets sur l'environnement est largement débattue dans l'espace public. Aujourd'hui, ce problème n'est presque plus abordé. Pourtant, il est loin d'être résolu. Malgré une réduction des émissions d'oxyde de soufre (SO_2) de l'ordre de 60% au Québec depuis 1980, les pluies acides continuent d'endommager les écosystèmes aquatiques, d'accélérer l'érosion des édifices et de dégrader les forêts.

La pollution atmosphérique au Québec

Les émanations des pétrolières ou des papetières (ici, la papetière Stadacona) sont beaucoup plus impressionnantes que la pollution engendrée par les voitures, plus difficile à voir. Pourtant, tous ces rejets contribuent de façon égale aux pluies acides et au smog.

37 La consommation d'eau d'une famille moyenne

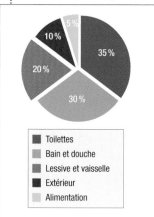

D'après Jean Langevin et autres, *Histoire d'eaux – Tout ce qu'il faut savoir sur l'eau et l'hygiène publique*, 2001.

- Quelles sont les activités où les volumes d'eau sont les plus importants?

- Est-il possible d'agir pour réduire sa consommation d'eau?

Gérer le développement durable de l'eau

De nos jours, personne ne remet en question la nécessité de diminuer la consommation d'eau potable, bien qu'il reste du travail à faire de ce côté. Par contre, les avis quant à la pertinence de poursuivre le développement hydroélectrique ou le bien-fondé de l'utilisation d'une ressource collective à des fins industrielles sont loin d'être unanimes. Entre développement et préservation, l'État et la société québécoise se retrouvent parfois devant des choix difficiles.

La surconsommation et le gaspillage

Le Québec possède 3% des ressources mondiales d'eau douce. Cette richesse patrimoniale pourrait être fort convoitée d'ici quelques années. Un rapport de l'Unesco estime en effet qu'en **2025**, les deux tiers de la planète manqueront d'eau. Malgré ce contexte de pénurie annoncée, le Canada est un des pays où l'on consomme le plus d'eau par personne.

L'énorme quantité d'eau disponible et son faible coût – un des plus bas des pays industrialisés – encouragent une consommation abondante. Pourtant, l'eau n'est pas une ressource inépuisable. En été, après quelques jours de canicule, les réserves d'eau diminuent rapidement. De nombreuses villes doivent imposer des restrictions partielles ou totales concernant l'utilisation de l'eau à l'extérieur (arrosage des pelouses, remplissage des piscines, nettoyage des voitures, etc.). À Laval, pendant une journée d'été, la consommation d'eau peut atteindre $385\,000$ m^3 alors qu'en hiver, elle est de $180\,000$ m^3.

38 La politique nationale de l'eau

En 2002, le Québec adopte sa Politique nationale de l'eau, par laquelle il entend assurer la protection de la ressource et sa gestion dans une perspective de développement durable. Sept principes sous-tendent l'orientation générale prise par le gouvernement.

«– L'eau fait partie du patrimoine collectif de la société québécoise.

– La protection, la restauration et la mise en valeur de l'eau requièrent un engagement collectif.

– Le principe de précaution doit guider l'action de la société québécoise envers sa ressource eau.

– Chaque citoyen doit pouvoir bénéficier, à un coût abordable, d'un accès à une eau potable de qualité.

– Les usagers doivent être redevables quant à l'utilisation et la détérioration de l'eau selon une approche utilisateur-payeur et pollueur-payeur.

– La ressource eau doit être gérée de manière durable et intégrée, dans un souci d'efficacité, d'équité et de transparence.

– L'acquisition et la diffusion de l'information sur l'état de la ressource eau et des pressions qu'elle subit constituent des éléments essentiels à une gestion intégrée de l'eau.»

QUÉBEC, *L'eau, la vie, l'avenir. Politique nationale de l'eau* [en ligne], 2002, p. 7, réf. du 2 octobre 2008.

39 La consommation résidentielle moyenne par personne et par jour

- Qu'est-ce qui peut expliquer la consommation élevée d'eau au Canada?

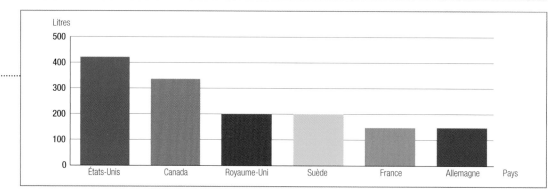

D'après Jean Langevin et autres. *Histoire d'eaux – Tout ce qu'il faut savoir sur l'eau et l'hygiène publique*, 2001.

Sauver les rivières ou développer leur potentiel hydroélectrique

Au cours des dernières années, le gouvernement québécois et Hydro-Québec ont mis en œuvre différents projets destinés à accroître le potentiel hydroélectrique de la province. Pour atteindre leurs objectifs, ils misent sur les grandes rivières sauvages du Nord-du-Québec, qui offrent un fort potentiel économique. Ces travaux engendrent toutefois des conséquences environnementales importantes.

En **2004**, Hydro-Québec présentait un projet de complexe hydroélectrique sur la rivière Romaine, au nord de Havre-Saint-Pierre, sur la Côte-Nord. Selon la société d'État, ce projet pourrait générer des retombées économiques substantielles, tant pour l'État que pour la région. De plus, il permettrait de créer des centaines d'emplois à chacune des étapes de réalisation du projet. Pour cette région aux prises avec une situation économique précaire, la perspective d'une création d'emplois, temporaires et permanents, représente une véritable manne. Pour le préfet de la MRC de la Minganie, il s'agit tout simplement d'une question de survie des communautés. Les communautés innues (montagnaises) de la région approuvent aussi le projet.

Par ailleurs, un tel projet entraîne des conséquences environnementales majeures qu'il est parfois difficile de mesurer. La Romaine, une des dernières rivières vierges – c'est-à-dire non aménagée – du Québec, verrait sa nature complètement transformée. Afin de créer ses quatre centrales hydroélectriques, Hydro-Québec se propose en effet de transformer la rivière actuelle en créant quatre grands réservoirs. Les groupes environnementaux s'opposent à ce projet qui entraînerait une reconfiguration du territoire, car ils craignent ses effets néfastes sur la faune et la flore de la région.

40 **Roy Dupuis veut sauver la Romaine**

L'acteur Roy Dupuis, cofondateur de la Fondation Rivières, souhaite sensibiliser la population à la beauté de la Romaine. Il rappelle que le Québec est en situation de surplus énergétique et qu'il n'est nullement justifié de détruire nos écosystèmes pour vendre de l'électricité aux États-Unis.

Pour mieux comprendre CD 2

1. L'interprétation des documents de cette section vous a permis de mieux saisir comment l'État et la société québécoise gèrent la question de l'eau dans une perspective environnementale. Répondez en quelques lignes à la question suivante :

   Comment l'État et la société québécoise gèrent-ils l'enjeu de l'eau ?

2. Afin d'approfondir cette question, organisez un débat sur un aspect d'un enjeu environnemental relié à l'eau :
   a) Choisissez un sujet. Exemples : Les pouvoirs publics doivent-ils faire plus pour protéger l'eau du Québec ? Doit-on imposer des tarifs sur la consommation résidentielle de l'eau ? L'eau du Québec est-elle une ressource à vendre ?
   b) Dans votre manuel, repérez des documents qui vous permettraient de défendre votre position sur cet aspect de l'enjeu environnemental.
   c) Interrogez votre entourage pour compléter ou tester vos arguments.
   d) Pour préparer votre débat et votre enquête, utilisez l'outil approprié en vous référant, au besoin, à la Boîte à outils.

PISTES
d'interprétation CD 2

1. Quelles sont les différentes facettes de la gestion de l'eau aujourd'hui ?

2. Quelles sont les mesures mises en place pour réduire la pollution des cours d'eau au Québec aujourd'hui ?

3. Quels choix l'État et les citoyens peuvent-ils faire pour contribuer au développement durable de l'eau dans une société de droit ?

Le respect de l'égalité, un enjeu social

Au Québec, les femmes, les enfants, les handicapés et les minorités ont longtemps vécu sans protection juridique de leurs droits. Il faut attendre le XXᵉ siècle pour que les lois qui garantissent les droits des citoyens s'étendent à ces groupes. Dans les sociétés de droit, des textes fondamentaux assurent à tout être humain l'égalité dans la reconnaissance et l'exercice de ses droits et libertés. À l'échelle internationale, l'article 1 de la Déclaration universelle des droits de l'homme de 1948 stipule que tous naissent libres et égaux en dignité et en droit. Dans le même esprit, les chartes québécoise et canadienne des droits et libertés, adoptées respectivement en 1975 et en 1982, condamnent la discrimination.

Aujourd'hui, de nombreuses lois du Québec et du Canada affirment et favorisent l'égalité de tous les citoyens. Cependant, plusieurs obstacles compromettent l'égalité de fait dans l'espace public, tels les préjugés, les stéréotypes ou encore le manque de volonté politique et de ressources consacrées à l'application et à la promotion de ce droit. Par conséquent, la question de l'égalité demeure un enjeu actuel, car elle touche une grande partie de la population, notamment les femmes, les minorités, les personnes démunies et les nouveaux arrivants.

Comment l'État et la société québécoise gèrent-ils l'enjeu de l'égalité ? CD 2

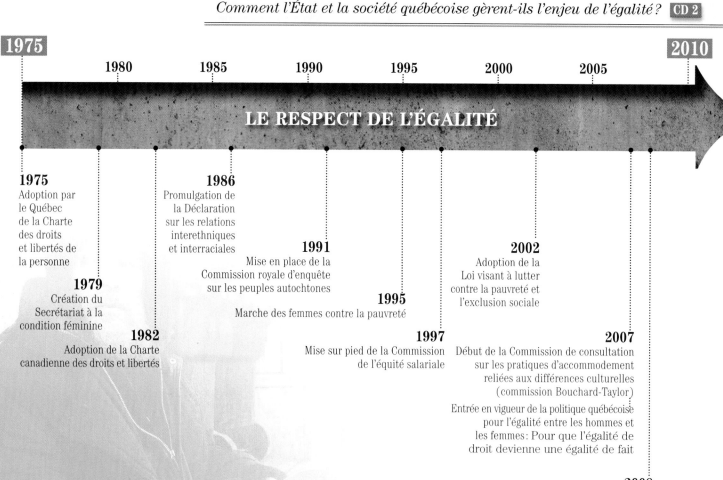

LE RESPECT DE L'ÉGALITÉ

1975
Adoption par le Québec de la Charte des droits et libertés de la personne

1979
Création du Secrétariat à la condition féminine

1982
Adoption de la Charte canadienne des droits et libertés

1986
Promulgation de la Déclaration sur les relations interethniques et interraciales

1991
Mise en place de la Commission royale d'enquête sur les peuples autochtones

1995
Marche des femmes contre la pauvreté

1997
Mise sur pied de la Commission de l'équité salariale

2002
Adoption de la Loi visant à lutter contre la pauvreté et l'exclusion sociale

2007
Début de la Commission de consultation sur les pratiques d'accommodement reliées aux différences culturelles (commission Bouchard-Taylor)

Entrée en vigueur de la politique québécoise pour l'égalité entre les hommes et les femmes: Pour que l'égalité de droit devienne une égalité de fait

2008
Ouverture de la Commission parlementaire sur l'itinérance

La conquête de l'égalité des droits

Lorsque les Français s'installent en Nouvelle-France, ils y transplantent leur propre organisation sociale. Sans être aussi hiérarchisée qu'en France, la colonie n'est toutefois pas une société égalitaire. De plus, malgré leurs alliances politiques et commerciales avec les Amérindiens, les Français ne leur reconnaissent aucun droit de propriété, pas même dans les villages des domiciliés.

La question de l'égalité des droits commence à être débattue dans l'espace public seulement à partir de la Conquête. Inspirés par les idéaux des révolutions française et américaine, des Patriotes réclament l'égalité de droit pour tous les citoyens, y compris les Autochtones. Au **XIXe siècle**, malgré l'abolition de l'esclavage en 1833, la société coloniale demeure profondément inégalitaire : femmes, enfants et minorités y jouissent de bien peu de droits.

La fin du XIXe siècle marque le début des luttes pour l'égalité dans une société canadienne où seuls les hommes blancs ont le droit de voter. Les lois civiles de l'époque n'offrent alors aucune garantie contre la discrimination. Dans la première moitié du XXe siècle, l'obtention du droit de vote est un enjeu de taille : les femmes pourront voter sur la scène fédérale à partir de **1918** et aux élections provinciales en **1940** ; les Canadiens d'origine japonaise n'obtiendront le droit de vote qu'en **1948** ; quant aux Autochtones, ils ne pourront voter au fédéral sans perdre leur statut qu'à partir de **1960**, et au Québec à partir de **1969**. Dans les années 1960, alors que les femmes bataillent pour obtenir un statut égal à celui des hommes, les Autochtones commencent à réclamer la fin des programmes d'assimilation et le respect de leurs droits ancestraux. Durant cette période, les gouvernements adoptent de plus en plus de mesures pour créer une société de droit qui protège l'égalité de tous les citoyens.

CONCEPTS

Espace public, société de droit

Droit ancestral Droit accordé aux Autochtones et lié à une pratique ou à une tradition qui existait avant le contact avec les Européens.

 41 Idola Saint-Jean s'adresse à l'Assemblée nationale

Professeure à l'Université McGill et présidente de l'Alliance canadienne pour le vote des femmes du Québec, Idola Saint-Jean est présente sur toutes les tribunes pour défendre le droit de vote des femmes. Infatigable, elle multiplie les conférences, prend la parole à la radio, participe aux manifestations, se porte candidate aux élections de 1930, et envoie même une pétition au roi d'Angleterre.

« Nous voulons voter, messieurs, parce que :

Premièrement : sous un régime démocratique le vote est le facteur qui permet au citoyen d'être représenté au parlement et de participer à la vie publique ;

Deuxièmement : parce que étant soumises aux mêmes obligations que les hommes, il n'est que juste que nous possédions les mêmes privilèges. [...]

Troisièmement : la femme travaille dans toutes les sphères de l'activité humaine. Charité, industrie, commerce, enseignement et professions qui lui sont permises. Alors pourquoi ne pourrait-elle pas participer à la vie politique de sa province ? »

Idola Saint-Jean, « Pour le rôle des femmes », *Le Devoir*, 30 mars 1939.

Quelles sont les raisons invoquées par Idola Saint-Jean pour réclamer le droit de vote des femmes ?

Portrait

Frederick Ogilvie Loft (1861-1934)

Né dans la réserve iroquoise des Six-Nations en Ontario, Fred Loft, un comptable de la fonction publique, réalise très tôt que son statut d'Indien diminue ses chances de promotion. De plus, en combattant dans l'armée canadienne lors de la Première Guerre mondiale, Loft prend conscience qu'il est mieux traité en Europe qu'au Canada. Dès 1918, il fonde la League of Indians of Canada, une des toutes premières organisations politiques pancanadiennes pour la défense des droits des Autochtones.

PISTES d'interprétation CD 2

1. À partir de quelle époque commence-t-on à débattre de l'égalité des droits dans la société coloniale et quels idéaux inspirent ces débats ?

2. Au XXe siècle, quels groupes accèdent à plus d'égalité et quels droits obtiennent-ils ?

CONCEPTS

Culture, économie, espace
public, population, pouvoir,
société de droit

L'égalité des droits aujourd'hui

Avec l'adoption par le gouvernement du Québec de la Charte des droits et libertés de la personne, en **1975**, puis l'enchâssement de la Charte canadienne dans la Loi constitutionnelle de **1982**, tous les citoyens sont égaux en droits. Pourtant, pour plusieurs groupes plus vulnérables et moins favorisés, l'équité sociale et l'égalité des chances restent encore à venir.

42 L'égalité garantie par la loi

- Selon ce document, quels sont les principaux facteurs d'inégalité dans la société?

- De quelle façon les chartes québécoise et canadienne protègent-elles les citoyens?

> Au Québec comme au Canada, l'égalité des droits est garantie par la loi. Le fait que ce principe soit intégré dans la Constitution place l'égalité au-dessus de toutes les autres lois. Ainsi, les tribunaux peuvent déclarer inconstitutionnelle une loi qui ne respecterait pas le principe d'égalité.
>
> « 15. (1) La loi ne fait acception de personne et s'applique également à tous, et tous ont droit à la même protection et au même bénéfice de la loi, indépendamment de toute discrimination, notamment des discriminations fondées sur la race, l'origine nationale ou ethnique, la couleur, la religion, le sexe, l'âge ou les déficiences mentales ou physiques. »
>
> *Charte canadienne des droits et libertés de la personne*, 1982.

Portrait

Isabelle Hudon (1967-)

Après des études en sciences économiques et en administration des affaires, Isabelle Hudon commence sa carrière comme organisatrice politique au Parti conservateur. Au fil des ans, elle développe une solide expertise en relations publiques et en communications. De 2002 à 2008, Isabelle Hudon œuvre à la Chambre de commerce du Montréal métropolitain, dont elle devient présidente en 2005. Isabelle Hudon figurait en 2006 parmi la liste des 100 femmes les plus influentes au Canada. Elle a été élue présidente du conseil d'administration de l'Université du Québec à Montréal et nommée présidente de l'agence de publicité Marketel en 2008.

Les femmes égales aux hommes

Malgré les acquis des années **1960-1970**, comme la pleine capacité juridique de la femme mariée et la reconnaissance dans la Constitution de l'égalité entre les femmes et les hommes, considérée comme un droit fondamental, des inégalités persistent encore dans la société québécoise. Les changements de mentalités s'opèrent lentement. Les préjugés et les stéréotypes sexistes (homme fort, sûr de lui, pourvoyeur, femme sans défense, séduisante, dévouée aux soins des enfants) persistent. C'est un enjeu complexe qui touche les sphères de l'espace public (la pauvreté des mères de familles monoparentales, l'accès des femmes à l'emploi et au pouvoir, etc.) et de la vie privée (la violence conjugale, l'égalité hommes-femmes chez les immigrants et les Autochtones, etc.). Les statistiques révélatrices d'inégalités ne manquent pas. Par exemple, en 2006 au Québec, 84 % des victimes de violence conjugale étaient des femmes.

En 1979, pour gérer la question de l'égalité des femmes, l'État québécois a créé le poste de ministre déléguée à la condition féminine et il a mis sur pied le Secrétariat à la condition féminine, qui élabore divers programmes et politiques et s'assure de leur mise en application. En théorie, la Charte canadienne devrait suffire pour enrayer la discrimination, mais les mécanismes de plainte ne sont pas toujours connus ou utilisés, surtout en matière d'égalité économique. C'est pourquoi le gouvernement du Québec a adopté des lois plus spécifiques, comme la Loi sur l'équité salariale, en **1996**, ainsi que la Loi sur l'accès à l'égalité en emploi dans des organismes publics, en **2001**, qui s'applique tant aux femmes qu'aux minorités visibles.

Cependant, la question de l'équité en emploi pose toujours problème. La Loi sur l'équité salariale ne protège pas les travailleurs des plus petites entreprises (moins de 10 employés). Quant aux grandes entreprises visées par cette loi, certains de leurs dirigeants se plaignent des coûts et de la complexité d'une telle mesure. En outre, la plupart des femmes non syndiquées refusent de se plaindre à la Commission de l'équité salariale, mise sur pied en **1997**, de peur de perdre leur emploi. En 1997, l'écart du salaire horaire moyen entre les hommes et les femmes était de 16,1 % ; en 2004, il se chiffrait à 13,9 %. En 2006, seulement la moitié des entreprises visées par la Loi avaient corrigé les écarts salariaux. Devant la lenteur des progrès, les syndicats et les groupes de pression, comme le Conseil d'intervention pour l'accès des femmes au travail, continuent d'informer les travailleuses et suggèrent à l'État d'améliorer les dispositions pour imposer le respect de l'équité.

---

43 | **La politique québécoise pour l'égalité entre les hommes et les femmes**

Publiée en 2007, la politique intitulée *Pour que l'égalité de droit devienne une égalité de fait* contient six grandes orientations, dont la promotion de modèles et de comportements égalitaires.

« Il importe de travailler de concert avec les services de garde et les milieux scolaires pour éliminer les stéréotypes sexistes et favoriser la progression vers l'égalité entre les sexes. [...]

Une meilleure articulation des responsabilités familiales et professionnelles passe par une vision renouvelée des rôles de mère et de père ainsi que par un partage équitable des tâches entre les conjoints. Il faut que les hommes s'engagent davantage dans l'univers domestique et familial. »

GOUVERNEMENT DU QUÉBEC, *Pour que l'égalité de droit devienne une égalité de fait*, 2007, p. 39 et 59.

● Quels milieux sont ciblés par le gouvernement pour faire la promotion de l'égalité ?

Lieu de *mémoire*

La Marche du pain et des roses

En 1995, à l'instigation de la Fédération des femmes du Québec, 850 femmes marchent de villes en villages jusqu'à Québec pour exiger de l'État de meilleures conditions de vie, tant pour les femmes que pour les plus démunis. La perception automatique des pensions alimentaires, la formation et le travail des femmes, le logement social, l'équité salariale et la hausse du salaire minimum sont au cœur de leurs revendications. Dix ans plus tard, cette manifestation a inspiré la Marche mondiale des femmes, un mouvement d'actions féministes engagées dans plus de 160 pays.

La pauvreté, un obstacle à l'égalité

Les politiques et les programmes d'aide sociale de l'État providence n'ont pas éliminé les disparités économiques au sein de la société québécoise. Pourtant, la pauvreté peut nuire à l'obtention de l'égalité. Au Québec, elle frappe des milliers de mères et d'enfants de familles monoparentales, d'immigrants, d'Autochtones, de personnes aux prises avec un handicap ou un problème de santé mentale, de chômeurs et de travailleurs qui gagnent le salaire minimum. Le manque de logements subventionnés, les coupes dans les prestations d'aide sociale et d'assurance-emploi au cours des dernières décennies ou encore les fermetures d'usines constituent les principales causes économiques de l'indigence.

Des facteurs sociaux entraînent également la pauvreté et l'exclusion sociale. Les préjugés peuvent nuire à l'accès égalitaire aux soins de santé. En effet, l'organisme Médecins du Monde Canada considère que les itinérants craignent le mépris des professionnels de la santé et ne consultent que dans des situations de crise. La difficulté pour les gens âgés de plus de 50 ans à se trouver un emploi révèle également un préjugé lié à l'âge. Il en est de même pour la discrimination liée au sexe, à l'ethnie ou à un handicap.

Réclamée par le Réseau d'aide aux personnes seules et itinérantes et le Parti québécois depuis 2006, la Commission parlementaire sur l'itinérance a été mise sur pied en septembre 2008 par le gouvernement du Québec. Lors des audiences publiques qui se sont déroulées à différents endroits dans la province, les intervenants, les sans-abri et les personnes ayant vécu l'itinérance ont témoigné de leur expérience devant 12 députés des différents partis politiques. Les travaux de la Commission devraient servir de base à l'élaboration d'une politique gouvernementale.

En 2005, au Québec, le seuil de faible revenu après impôt, dans une ville de 500 000 habitants et plus, était de 17 219 $ pour une personne seule et de 31 556 $ pour une famille de quatre personnes.

Type de famille	Taux (en %)
Famille à faible revenu	**9,6**
Famille comptant un couple	6,1
• Sans enfant	6,4
• Avec 1 enfant	5,5
• Avec 2 enfants	4,8
• Avec 3 enfants et plus	8,9
Famille monoparentale	28,2
• Avec 1 enfant	25,1
• Avec 2 enfants	30,0
• Avec 3 enfants et plus	43,2
Personne seule	**23,6**

INSTITUT DE LA STATISTIQUE DU QUÉBEC, « Taux de faible revenu, selon le type de famille, Gaspésie–Îles-de-la-Madeleine et ensemble du Québec, 2001-2005 » [en ligne], réf. du 21 novembre 2008.

● Comment expliquez-vous le fait qu'au Québec, le plus haut taux de faible revenu soit représenté par les familles monoparentales ?

À travers le temps

Les réserves autochtones

Le terme « réserve » apparaît au début du régime britannique pour désigner des terres mises de côté à l'usage permanent des Amérindiens, en contrepartie de l'abandon de la majeure partie d'un territoire ancestral. Au fil des décennies, la multiplication des réserves par les autorités ébranle l'organisation socioéconomique des groupes amérindiens. Pour de nombreuses populations, le renoncement aux déplacements saisonniers et aux activités traditionnelles entraîne la dépendance à l'aide gouvernementale, l'isolement et la pauvreté.

Depuis les années 1970, les tribunaux, puis la Loi constitutionnelle de 1982 reconnaissent les droits ancestraux et obligent les autorités à négocier avec les Autochtones des solutions politiques et économiques. La réalisation de ces ententes contribue au développement économique des villages autochtones et des réserves, notamment chez les Cris et les Inuits. En revanche, certaines communautés qui ne sont pas encore parvenues à signer des accords vivent toujours dans l'indigence.

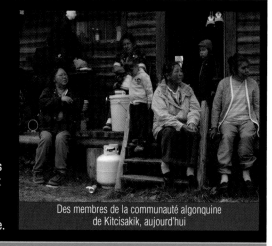

Des membres de la communauté algonquine de Kitcisakik, aujourd'hui

Pour l'État, la lutte à la pauvreté vise à offrir l'égalité des chances à tous ses citoyens. Chaque personne devrait avoir accès à une éducation de qualité, peu importe sa condition sociale : il en va de même pour les soins de santé, le logement ou l'emploi. Cependant, le gouvernement agit souvent lorsque les revendications des citoyens deviennent pressantes, ou qu'une situation dramatique est diffusée par les médias dans l'espace public. Ainsi, la crise d'Oka a mené à la création de la Commission royale d'enquête sur les peuples autochtones en **1991**.

De même, le mouvement de revendications amorcé lors de la Marche du pain et des roses a mené en **2002** à l'adoption par le gouvernement du Québec de la Loi visant à lutter contre la pauvreté et l'exclusion sociale. Le Québec s'est donné pour objectif de faire partie avant 2013 du nombre des nations industrialisées comptant le moins de personnes démunies.

Les droits des nouveaux arrivants

Depuis les **années 1980**, le flux grandissant d'immigrants d'origines de plus en plus variées pose le défi de leur intégration harmonieuse et de leur participation active au développement de la société québécoise.

Des accommodements conclus dans les **années 2000** à la suite de revendications religieuses sont à l'origine d'un vif débat médiatique qui anime l'espace public québécois. L'opinion publique est partagée. D'un côté, les partisans d'un État qui doit protéger les valeurs communes de démocratie et de laïcité refusent les concessions faites sur une base religieuse dans l'espace public, que ce soit la prière catholique au conseil municipal ou le port du voile islamique par une enseignante. De l'autre côté se trouvent ceux qui soutiennent les accommodements au nom des libertés individuelles garanties par la Charte (liberté de culte et protection contre la discrimination).

Afin de trouver des solutions à cet enjeu, le gouvernement crée en **2007** la Commission de consultation sur les pratiques d'accommodement reliées aux différences culturelles. La Commission tient des audiences publiques où les citoyens et les groupes d'intérêt peuvent venir s'exprimer. En **2008**, les commissaires Gérard Bouchard et Charles Taylor déposent leur rapport, qui formule une trentaine de recommandations portant sur l'information et l'éducation à la diversité, la gestion harmonieuse de la diversité, l'intégration des immigrants, l'interculturalisme, les inégalités et la discrimination, la langue française, la laïcité ainsi que le besoin de nouvelles recherches pour mieux comprendre ces sujets.

47 Quelques recommandations du rapport Bouchard-Taylor en matière religieuse

46 *Ici Radio-Refuge*, une tribune d'expression et d'information multiculturelles

Le rapport Bouchard-Taylor recommande aux membres des minorités ethniques de faire connaître davantage leur réalité et leur culture. Il souhaite que l'État encourage et finance des initiatives visant le grand public, comme *Ici Radio-Refuge*, une émission de radio conçue et animée par des immigrants montréalais.

Gérard Bouchard et Charles Taylor recommandent à l'État québécois de produire un Livre blanc sur la laïcité afin de mieux la définir, de présenter les objectifs qu'il envisage pour la société et les moyens d'y parvenir.

« Que l'État s'emploie à mieux connaître et combattre les diverses formes de racisme [...] présentes dans notre société. Dans cet esprit : [...]

– Que des initiatives exceptionnelles soient prises pour lutter contre l'islamophobie et l'antisémitisme et pour combattre la discrimination dont sont l'objet tous les groupes racisés, notamment les Noirs ; [...]

– Concernant le port de signes religieux par les agents de l'État :

• Qu'il soit interdit aux magistrats et procureurs de la Couronne, aux policiers, aux gardiens de prison, aux présidents et vice-présidents de l'Assemblée nationale.

• Qu'il soit autorisé aux enseignants, aux fonctionnaires, aux professionnels de la santé et à tous les autres agents de l'État. »

Gérard Bouchard et Charles Taylor, *Fonder l'avenir, Le temps de la conciliation*, Gouvernement du Québec, 2008, p. 270-271.

Pourquoi le rapport Bouchard-Taylor recommande-t-il que le port de signes religieux soit interdit à certains agents de l'État? Que représentent ces agents?

L'enjeu de l'égalité des droits des immigrants est étroitement lié à ceux de l'égalité des femmes, de la pauvreté et de la discrimination envers les minorités. Selon le rapport Bouchard-Taylor, les inégalités socioéconomiques vécues par certains immigrants gênent leur intégration. De plus, les femmes immigrantes peuvent vivre des situations de discrimination multiple eu égard notamment à leur origine ethnique, à leur sexe ou à leur condition économique.

48 Une étude sur l'intégration des immigrants au marché du travail selon leur niveau de scolarité

En 2006, deux chercheurs de l'Université de Montréal, Jean Renaud et Tristan Cayn, ont mené une enquête qui remet en question le stéréotype de l'immigrant diplômé qui doit devenir chauffeur de taxi pour gagner sa vie au Québec.

« […] les facteurs qui influencent le plus la rapidité de l'insertion au marché du travail québécois sont, principalement, le niveau de scolarité, la préparation à la migration, les séjours préalables et la région d'origine. […] Les résultats tendent […] à démontrer que l'intégration à la société québécoise se déroule de façon satisfaisante pour la plupart des immigrants sélectionnés. De fait, trois mois après leur admission au Québec, la moitié d'entre eux avaient obtenu un premier emploi, et après une année, un emploi correspondant à leur niveau de scolarité. Plus des deux tiers avaient obtenu un tel emploi cinq ans après leur admission. »

« Première étude sur l'intégration des immigrants au marché du travail selon leur niveau de scolarité », *Département de sociologie, Université de Montréal* [en ligne], 27 mars 2006, réf. du 21 novembre 2008.

● Quels sont les facteurs qui favorisent l'insertion des immigrants au marché du travail québécois ?

Des facteurs politiques peuvent aussi entraver l'égalité des droits. Depuis les attentats du 11 septembre 2001, la sécurité nationale occupe une place importante, tant dans les débats internationaux que nationaux. Cette crise a affecté directement les immigrants établis au Canada, notamment ceux d'origine arabe ou de religion musulmane.

Au Québec, la société de droit ne manque pas de moyens pour lutter contre la discrimination et soutenir l'égalité. Les chartes sur les droits et libertés de la personne, la Déclaration sur les relations interethniques et interraciales promulguée en **1986**, les lois sur l'équité et l'accès à l'emploi, les politiques d'égalité hommes-femmes et les pratiques d'accommodement reconnues par les tribunaux, procurent déjà une large gamme de protections aux nouveaux arrivants. Ceux-ci peuvent également compter sur le support de groupes communautaires ethniques. Afin de parvenir à une égalité de fait et d'éliminer les préjugés parfois tenaces, l'État québécois peut encore agir en coordonnant toutes les mesures existantes pour s'assurer de leur efficacité, en misant sur l'éducation, notamment en milieu défavorisé, et en finançant des initiatives qui encouragent le rapprochement entre les divers groupes ethnoculturels.

49 La Semaine québécoise des rencontres interculturelles

En 2003, le ministère de l'Immigration et des Communautés culturelles du Québec lançait la Semaine québécoise des rencontres interculturelles afin de souligner l'apport des diverses communautés culturelles et de favoriser le dialogue entre elles. De Rouyn-Noranda à Rimouski, les municipalités, les écoles, les groupes communautaires et les chambres de commerce organisent pour l'occasion un grand éventail d'activités.

ICI ON S'INTER CULTURALISE

DU 28 SEPTEMBRE AU 5 OCTOBRE 2008 SEMAINE QUÉBÉCOISE DES RENCONTRES INTERCULTURELLES

PISTES d'interprétation CD 2

1. Quels sont les principaux facteurs de discrimination au Québec ?

2. Quels sont les principaux groupes victimes d'inégalité ?

3. Quels choix l'État et le société peuvent-ils faire pour favoriser l'égalité ?

Pour mieux comprendre CD 2

1. L'interprétation des documents de cette section vous a permis de mieux saisir comment l'État et la société gèrent l'enjeu du respect de l'égalité. Répondez en quelques lignes à la question suivante :

   Comment l'État et la société québécoise gèrent-ils l'enjeu de l'égalité ?

2. Afin d'approfondir cette question, organisez un débat sur l'enjeu du respect de l'égalité :
   a) Choisissez un sujet. Exemple : Faut-il augmenter le salaire minimum ?
   b) Dans votre manuel, repérez des documents qui vous permettraient de défendre votre position sur cet enjeu.
   c) Interrogez votre entourage pour compléter ou tester vos arguments.
   d) Pour préparer votre débat et votre enquête, utilisez l'outil approprié en vous référant, au besoin, à la Boîte à outils.

Les relations fédérales-provinciales, un enjeu politique

Adopté en 1867, l'Acte de l'Amérique du Nord britannique instaure un nouveau régime politique au Canada, le fédéralisme. Ce régime prévoit une répartition des devoirs et des responsabilités entre deux paliers de gouvernement, l'un fédéral, et l'autre, provincial. Dès cette époque, le partage des compétences soulève des problèmes d'interprétation. Rapidement, deux visions s'opposent : d'un côté, les défenseurs de l'autonomie provinciale et, de l'autre, les partisans d'un gouvernement central fort.

À la faveur de la Grande Crise, de la Seconde Guerre mondiale et des besoins croissants de la société, le fédéral intervient de plus en plus dans le domaine social, pourtant un champ de compétence provinciale. Grâce à ses ressources financières importantes, le gouvernement central impose sa direction politique. Le Québec tente de résister à cette vague centralisatrice. Encore aujourd'hui, les gouvernements du Québec, quel que soit le parti au pouvoir, défendent le concept d'autonomie provinciale. Ils revendiquent entre autres un juste pacte fiscal et ils s'opposent aux efforts de centralisation du gouvernement fédéral en exigeant le respect des champs de compétence des provinces. Enfin, tous réclament la reconnaissance de la spécificité du Québec.

Comment l'État et la société québécoise gèrent-ils l'enjeu des relations fédérales-provinciales ? **CD 2**

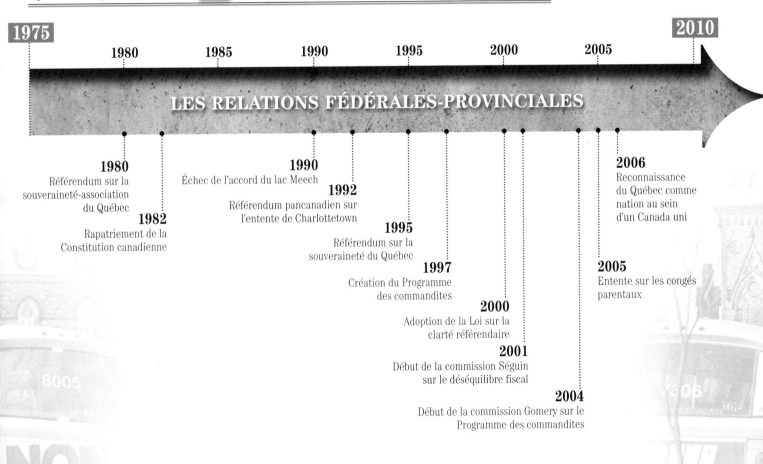

1975 **2010**

1980   1985   1990   1995   2000   2005

LES RELATIONS FÉDÉRALES-PROVINCIALES

1980
Référendum sur la souveraineté-association du Québec

1982
Rapatriement de la Constitution canadienne

1990
Échec de l'accord du lac Meech

1992
Référendum pancanadien sur l'entente de Charlottetown

1995
Référendum sur la souveraineté du Québec

1997
Création du Programme des commandites

2000
Adoption de la Loi sur la clarté référendaire

2001
Début de la commission Séguin sur le déséquilibre fiscal

2004
Début de la commission Gomery sur le Programme des commandites

2005
Entente sur les congés parentaux

2006
Reconnaissance du Québec comme nation au sein d'un Canada uni

L'évolution des relations fédérales-provinciales

Dès la signature de l'entente constitutionnelle de 1867, les provinces se montrent insatisfaites du peu de ressources financières qui leur est alloué et s'opposent aux efforts de centralisation du gouvernement fédéral. C'est avec l'arrivée d'Honoré Mercier, premier ministre du Québec de **1887 à 1891**, que la voix de la province se fait entendre pour la première fois dans le combat pour l'autonomie provinciale. Les revendications du Québec vis-à-vis du fédéralisme canadien changent peu au fil des ans.

À la **fin des années 1950**, devant l'insatisfaction du Québec et d'autres provinces qui font face à une hausse constante de leurs dépenses, le gouvernement canadien consent à augmenter les transferts fédéraux. À la suite des demandes répétées du Québec, il accepte également le principe de l'« *opting out* », ou « désengagement ». Cette formule donne le droit à une province de se retirer d'un programme fédéral et de recevoir l'argent nécessaire pour mettre en place son propre programme.

50 La centralisation fédérale

Le rêve du premier ministre Macdonald de voir s'édifier un État centralisé est mis à rude épreuve : dans les premières années de la Confédération, les provinces réussissent à affirmer leur autonomie. Elles poursuivent cette quête avec succès jusqu'à la fin des années 1920.

John William Bengough, *Centralisation*, 1886.

● Que représentent les personnages au pied de la pyramide ?

● Selon vous, en quoi la situation décrite par le caricaturiste diffère-t-elle de la réalité historique ?

L'INTRÉPIDE DÉFENSEUR DE NOS DROITS

COOPÉRATION OUI

ASSIMILATION JAMAIS

51 Une affiche électorale de l'Union nationale

À l'élection de 1939, l'Union nationale fait campagne sur le thème de l'autonomie provinciale. Après la guerre, alors qu'Ottawa veut garder le droit exclusif de lever des impôts directs, Maurice Duplessis affirme que les provinces ne peuvent pas prétendre être autonomes si elles n'ont pas le pouvoir de percevoir leurs propres impôts.

Ce fédéralisme de coopération se termine vers la **fin des années 1960**. La décennie suivante est marquée par un durcissement des positions de part et d'autre. Le Québec se définit désormais comme une société distincte à l'intérieur du Canada. Il revendique des pouvoirs qui lui permettraient de défendre et de soutenir sa langue, sa culture et ses valeurs. Le gouvernement fédéral, dirigé par Pierre Elliott Trudeau, rejette ces prétentions autonomistes. En **1976**, la victoire du Parti québécois, qui s'est engagé à tenir un référendum sur l'avenir du Québec, fait monter la tension chez les défenseurs d'un Canada fort et uni.

PISTES d'interprétation CD 2

1. Comment le fédéral réagit-il aux demandes des provinces ?

2. Quelles sont les demandes du Québec à la fin des années 1960 ?

52 Le programme du Parti québécois

Le Parti québécois évoque les motifs qui justifient, selon lui, l'accession à la souveraineté.

« Le Québec est bloqué dans presque tous les domaines par le dédoublement des structures et l'impossibilité juridique et financière de coordonner ses politiques. La langue française est menacée même au Québec. Le développement économique se fait en fonction des intérêts de l'Ontario et des provinces de l'Ouest. Enfin, plusieurs études démontrent que les Québécois, par leurs impôts, donnent plus d'argent au gouvernement fédéral qu'ils n'en reçoivent. Le fédéralisme n'est pas rentable pour les Québécois. »

Programme du Parti québécois, 1975.

● Selon le Parti québécois, pourquoi le Québec doit-il accéder à la souveraineté ?

Les relations fédérales-provinciales aujourd'hui

Les **années 1980** marquent le début d'une nouvelle phase dans les relations entre Québec et Ottawa. Le statut de la province au sein du Canada divise les Québécois entre eux, en plus de les opposer au reste des Canadiens. À côté de ce débat qui soulève les passions, celui du déséquilibre fiscal mobilise aussi le Québec contre le gouvernement fédéral.

Le statut du Québec au sein du Canada

Les revendications autonomistes et le projet souverainiste du Québec dictent l'essentiel de l'ordre du jour constitutionnel du pays.

Un Québec isolé

En **1980**, les Québécois sont invités à se prononcer sur leur avenir au sein du Canada. Alors que l'inefficacité du fédéralisme est dénoncé par les souverainistes, le premier ministre Trudeau s'engage à reprendre les négociations constitutionnelles et à répondre aux principales demandes du Québec advenant une victoire du Non au référendum. Le Non l'emporte avec près de 60 % des voix. Une conférence fédérale-provinciale est convoquée. Les provinces, toutefois, sont à nouveau incapables de s'entendre et le *statu quo* constitutionnel persiste.

Pierre Elliott Trudeau décide alors qu'il présentera au Parlement britannique une requête unilatérale, c'est-à-dire sans l'accord des provinces, afin de rapatrier la Constitution. La Cour suprême reconnaît la légalité de cette démarche, mais conseille au gouvernement d'obtenir l'approbation des provinces. Ainsi, à l'occasion d'une nouvelle rencontre, les premiers ministres négocient, à l'insu de René Lévesque, une entente qui ne tient pas compte des revendications du Québec. Mis devant le fait accompli, Lévesque refuse de signer l'entente. La Constitution est officiellement rapatriée le **17 avril 1982**, sans l'accord du Québec.

53 Le référendum de 1980

La question référendaire divise profondément la population du Québec, qui se mobilise en faveur du Oui ou du Non.

Lieu de *mémoire*

Le Québec dit toujours non

Le **17 avril 2002**, les députés de l'Assemblée nationale votent à l'unanimité une motion réaffirmant leur opposition à la Loi constitutionnelle de 1982. Le premier ministre du Québec Bernard Landry et le chef de l'opposition Jean Charest dénoncent tous deux le « coup de force » de 1982.

« Vingt ans après le rapatriement unilatéral de la Constitution, la voie d'une réforme en profondeur du fédéralisme est toujours bel et bien bloquée. [...] On nous a imposé unilatéralement une Constitution qui ne nous convient pas. Nous nous donnerons un jour, comme nation libre, [...] un pays et une Constitution qui seront à nous à jamais. »

Bernard Landry, *Journal des débats*, 17 avril 2002.

« En 1981, le gouvernement fédéral décidait de rapatrier la Constitution et de modifier les pouvoirs de l'Assemblée nationale du Québec sans obtenir l'approbation expresse de cette Assemblée. [...] cette décision était inacceptable en 1981, elle est toujours inacceptable en 2002. C'est une question de principe [...] il y a effectivement un avenir pour le Québec, il y a un avenir pour le Canada. »

Jean Charest, *Journal des débats*, 17 avril 2002.

● Selon Bernard Landry, comment le Québec peut-il se sortir de l'impasse constitutionnelle ?

● Pourquoi, selon Jean Charest, la décision du gouvernement fédéral est-elle inacceptable ?

De nouvelles tentatives de réformes constitutionnelles

L'arrivée au pouvoir des conservateurs, en **1984**, modifie le ton des relations entre Québec et Ottawa. Moins centralisateurs que leurs prédécesseurs libéraux, les conservateurs se montrent plus réceptifs aux revendications autonomistes du Québec. Le premier ministre Brian Mulroney accepte de lancer de nouvelles rondes de négociations constitutionnelles afin de satisfaire les exigences du Québec et ainsi l'amener à signer la Constitution.

54 Les cinq conditions du Québec

En 1986, le ministre délégué aux Affaires intergouvernementales canadiennes, Gil Rémillard, énonce les cinq conditions « minimales » pour que le Québec adhère à la Constitution canadienne.

- Une reconnaissance du Québec en tant que société distincte
- Un droit de veto sur les modifications constitutionnelles
- Une limitation du pouvoir fédéral de dépenser
- Le tiers des juges siégeant à la Cour suprême du Canada et une participation à la nomination des juges
- Des pouvoirs accrus en matière d'immigration

● D'après vous, en quoi ces revendications sont-elles autonomistes ?

55 La coalition pour le Oui, en 1995

Mario Dumont, Jacques Parizeau et Lucien Bouchard s'associent pour mener les troupes souverainistes à la victoire.

56 Le premier ministre Jean Chrétien s'adresse à la nation

À quelques jours du référendum, le premier ministre du Canada s'adresse aux Québécois et aux Canadiens.

« Derrière une question ambiguë se cache une option très claire. C'est la séparation du Québec. Un Québec séparé ne ferait plus partie du Canada. Nous, Québécois, ne serions plus Canadiens et n'aurions plus droit aux privilèges attachés à la citoyenneté canadienne, comme le passeport et la monnaie, quoi qu'en disent les tenants de la séparation. Les Québécois deviendraient des étrangers dans leur propre pays. »

Jean Chrétien, *Message à la nation*, 1995.

● Selon Jean Chrétien, quelles seraient les conséquences de la séparation du Québec ?

L'accord du lac Meech, négocié en **1987**, octroie au Québec l'essentiel de ses demandes. Cependant, il ne fait pas l'unanimité : pour les souverainistes québécois, l'accord est nettement insuffisant. De plus, un grand nombre de Canadiens anglais s'y opposent parce qu'il concède au Québec un statut distinct. Quant à Elijah Harper, un député cri du Manitoba, il retarde la ratification de l'accord du lac Meech au-delà de la date limite du 30 avril 1990. Il veut ainsi protester contre le peu d'attention porté à la question autochtone dans l'accord. Finalement, comme le Manitoba et Terre-Neuve refusent de ratifier l'entente, ce nouvel effort constitutionnel se solde encore une fois par un échec.

En **1992**, Brian Mulroney tente à nouveau de régler la question du statut du Québec au sein du Canada tout en tenant compte, cette fois, des revendications des autres provinces et des communautés autochtones. Le débat est relancé dans l'espace public canadien. L'accord de Charlottetown reconnaît donc le Québec comme une société distincte et prévoit des réformes susceptibles de répondre aux principales revendications des représentants autochtones et provinciaux. Soumis à un référendum pancanadien, l'accord est cependant rejeté par plus de 54 % de la population canadienne et par 56 % des Québécois.

La souveraineté à nouveau dans la balance

Aux élections fédérales de **1993**, la population du Québec appuie massivement le Bloc québécois, un parti souverainiste fédéral fondé par Lucien Bouchard à la suite de l'échec du lac Meech. L'année suivante, lors des élections provinciales, les Québécois portent au pouvoir le Parti québécois, qui s'engage à tenir un nouveau référendum sur la question nationale.

La campagne référendaire démarre le **1er octobre 1995**. Cette fois encore, les avis sont partagés. Une coalition formée du Parti québécois, du Bloc québécois et de l'Action démocratique mène la bataille pour le Oui. Pour gagner des votes, le premier ministre canadien Jean Chrétien s'engage quant à lui à faire reconnaître le Québec comme société distincte et à lui obtenir un droit de veto sur les modifications constitutionnelles. Le Non l'emporte de justesse avec 50,6 % des voix.

La réaction fédérale postréférendaire

Au lendemain du vote, Ottawa adopte des mesures dans le but de convaincre les Québécois de demeurer au sein du Canada. Une des premières stratégies consiste à accroître la visibilité du gouvernement fédéral au Québec. À partir de **1997**, un programme de commandites accorde des subventions aux organisateurs d'événements à la condition qu'ils mettent en évidence le drapeau du Canada. L'opération déployée par le gouvernement fédéral se retourne toutefois contre lui. À la suite d'irrégularités dans la gestion du programme, une commission d'enquête est mise sur pied en **2004**.

57 Le juge Gomery livre son rapport

Dans son rapport, le président de la commission, le juge John Gomery, conclut qu'il y a eu négligence dans les règles d'attribution de contrats et utilisation abusive des fonds publics (surfacturation, fausses factures) afin de récompenser des amis du Parti libéral.

58 Les intentions de vote en faveur de la souveraineté, de 1995 à 2005

Année	Pour	Contre
Référendum 1995	49,4 %	50,6 %
Mars 1996	53 %	47 %
Mars 1997	49,6 %	50,4 %
Mars 1998	42 %	58 %
Mars 1999	49 %	51 %
Mars 2000	43 %	57 %
Mars 2001	46 %	54 %
Février 2002	41 %	59 %
Janvier 2003	40 %	60 %
Mai 2005	54 %	46 %

Sondage Léger Marketing, *Globe and Mail* et *Le Devoir*, 27 avril 2005.

- Selon vous, la stratégie de visibilité adoptée par les libéraux a-t-elle été efficace?

- À quoi peut-on attribuer la remontée du vote souverainiste en 2005?

Le fédéral souhaite également encadrer une éventuelle accession du Québec à l'indépendance. En **1999**, le ministre libéral Stéphane Dion dépose le projet de loi C-20 sur la clarté référendaire. En vertu de cette loi votée en 2000, la question soumise aux électeurs québécois dans le cadre d'un référendum sur la souveraineté devra être approuvée par Ottawa. La Loi sur la clarté remet aussi en question le seuil de la majorité (50 % + 1) exigé pour que la souveraineté du Québec soit reconnue. En réponse à cette loi, le Québec adopte la loi 99, qui réaffirme que, dans une société de droit, les citoyens québécois peuvent décider seuls de leur avenir.

Le plan du gouvernement fédéral consiste aussi à faire la preuve que le fédéralisme fonctionne et qu'il répond aux besoins des Québécois. L'entente sur les congés parentaux signée par Québec et Ottawa en **2005** constitue, selon les députés fédéraux, un exemple de souplesse. Selon cet accord, le fédéral accepte de diminuer la cotisation exigée pour l'assurance-emploi afin de permettre au Québec d'imposer sa propre cotisation pour instaurer un programme de congés parentaux. Les partis souverainistes font toutefois valoir que les congés parentaux sont de compétence provinciale et que le Québec a attendu neuf ans avant que le fédéral règle cette question.

Avant même leur arrivée au pouvoir, les conservateurs fédéraux affirment vouloir instaurer un fédéralisme d'ouverture. À l'automne **2006**, Stephen Harper présente une motion reconnaissant le statut de nation aux Québécois. Il déclare: «Les Québécois forment une nation au sein d'un Canada uni.» Le premier ministre Charest salue la motion, tout comme le chef de l'Action démocratique, Mario Dumont. Quant au Bloc et au Parti québécois, ils déplorent que le Québec soit reconnu comme une nation seulement s'il fait partie du Canada.

Le déséquilibre fiscal

En marge des débats entourant la question de l'unité nationale, un autre affrontement se prépare entre les provinces et le fédéral. Au **milieu des années 1990**, le déséquilibre fiscal, longtemps nié par Ottawa, devient un enjeu majeur dans l'espace public.

Les transferts fédéraux

Chaque année, Ottawa retourne une partie de ses revenus aux provinces au moyen, notamment, de la péréquation et des transferts en matière de santé, d'éducation et de services sociaux. Au début des années 1990, le gouvernement fédéral est en très mauvaise santé financière. En 1993-1994, il affiche un déficit record de 42 milliards de dollars. Afin de remédier à cette situation, il effectue des compressions importantes dans les transferts aux provinces. Ces réductions placent les provinces dans une situation précaire, car leurs dépenses en santé et en éducation, entre autres, continuent d'augmenter.

En quatre ans, Ottawa efface son déficit et commence à enregistrer des surplus. D'abord modestes, ces excédents augmentent rapidement, grâce entre autres à une économie plus vigoureuse. Du côté des provinces, la plupart ont du mal à équilibrer leur budget. En 1997-1998, le Québec affiche un déficit de 2,2 milliards de dollars. De 2001 à 2005, l'endettement des provinces s'accroît de 19 milliards de dollars.

Dégager un consensus

Alors qu'Ottawa enregistre des surplus, le gouvernement du Québec instaure une commission sur le déséquilibre fiscal. Présidée par le fiscaliste Yves Séguin, cette commission a pour mandat de déterminer les causes du déséquilibre fiscal, d'en évaluer les conséquences et de proposer des solutions. Le dépôt du rapport, en **2002**, est suivi d'un forum québécois consacré à cet enjeu important. Au terme de deux jours de discussion, tous les participants, y compris les trois chefs de parti de l'Assemblée nationale, émettent une déclaration commune : Ottawa doit reconnaître et régler le problème du déséquilibre fiscal.

En dépit d'un large consensus, tant populaire que politique, autour de la notion de déséquilibre fiscal, le gouvernement fédéral libéral refuse d'en accréditer l'existence.

---

59 Les surplus du gouvernement fédéral

Année	Surplus en milliards de dollars
1997-1998	2,13
1998-1999	2,85
1999-2000	13,15
2000-2001	20,16
2001-2002	7,02
2002-2003	6,97
2003-2004	9,08
2004-2005	1,63

RADIO-CANADA, *Le déséquilibre fiscal*, 24 mars 2006.

● Quels facteurs expliquent l'amélioration des finances fédérales ?

● Selon vous, l'endettement des provinces aurait-il pu être évité ?

---

60 Le pouvoir de dépenser du fédéral

Nicolas Marceau, économiste à l'École nationale d'administration publique (ENAP), explique les raisons qui incitent le gouvernement fédéral à utiliser son pouvoir de dépenser.

« Ottawa dépense dans des champs de compétence des provinces dans le but de donner une visibilité et un rôle au gouvernement fédéral. Cela contribue à forger une identité canadienne. [...] Le pouvoir de dépenser est devenu une façon de lutter contre le mouvement souverainiste au Québec. »

RADIO-CANADA, *Le déséquilibre fiscal*, 10 mars 2006.

● Selon cet économiste, pour quelles raisons le gouvernement fédéral exerce-t-il son pouvoir de dépenser dans des champs de compétence provinciale ?

---

61 Des surplus de 9,5 milliards de dollars à Ottawa

Le **22 août 2005**, Ralph Goodale, le ministre des Finances du Canada, annonce un excédent budgétaire beaucoup plus important que prévu pour le premier trimestre de 2005-2006.

SURPLUS DE 9,5 MILLIARDS À OTTAWA...

Garnotte (Michel Garneau), *Le Devoir*, 23 août 2005.

Des solutions

Pour corriger la situation, la commission Séguin propose une solution jugée novatrice qui rallie plusieurs observateurs de la scène politique : les provinces devraient récupérer les revenus générés par la taxe sur les produits et services (TPS) et, en échange, le fédéral abolirait une partie des transferts sociaux. Cette formule générerait rapidement des revenus supplémentaires pour les provinces. Les gouvernements fédéraux successifs écartent cependant cette possibilité. Ils préfèrent augmenter peu à peu le montant des transferts. En **2007**, le gouvernement conservateur de Stephen Harper annonce même une hausse considérable – 37 milliards de dollars en sept ans – afin de régler la question. Toutefois, malgré des dépenses plus importantes et des allégements fiscaux (diminution de la TPS, notamment), Ottawa continue d'accumuler des surplus : l'exercice financier de 2007-2008 se termine avec un excédent de plus de 9 milliards de dollars.

62 **Le maire de Montréal veut plus d'argent pour sa ville**

Le déséquilibre fiscal n'est pas qu'un enjeu fédéral-provincial. Plusieurs municipalités se plaignent d'un déséquilibre entre elles et le gouvernement provincial. Montréal, avec près de deux millions d'habitants en 2008, a d'énormes besoins. Le maire Gérald Tremblay n'hésite pas à exiger une plus large part des revenus provinciaux.

Pour mieux comprendre CD 2

1. L'interprétation des documents de cette section vous a permis de mieux saisir comment l'État et la société québécoise gèrent l'enjeu des relations fédérales-provinciales. Répondez en quelques lignes à la question suivante :

> *Comment l'État et la société québécoise gèrent-ils l'enjeu des relations fédérales-provinciales ?*

2. Afin d'approfondir cette question, organisez un débat sur un aspect de l'enjeu des relations fédérales-provinciales.
   a) Choisissez un sujet. Exemples : Le Québec peut-il s'épanouir au sein du Canada ? Le Canada doit-il reconnaître le Québec comme une société distincte ? Le gouvernement fédéral devrait-il s'occuper de champs de compétence provinciale telles la santé ou l'éducation ?
   b) Dans le manuel, repérez des documents qui vous permettraient de défendre votre position sur cet aspect de l'enjeu des relations fédérales-provinciales.
   c) Interrogez votre entourage pour compléter ou tester vos arguments.
   d) Pour préparer votre débat et votre enquête, utilisez l'outil approprié en vous référant, au besoin, à la Boîte à outils.

PISTES d'interprétation CD 2

1. Quelles sont les principales revendications du Québec à l'égard du fédéralisme canadien ?

2. Comment le gouvernement fédéral accueille-t-il les demandes du Québec ?

3. Quels facteurs peuvent expliquer les différentes positions du fédéral au fil des ans ?

4. Quels choix l'État et les citoyens peuvent-ils faire pour gérer l'enjeu des relations fédérales-provinciales dans une société de droit ?

AUJOURD'HUI : ENJEUX DE CITOYENNETÉ

La participation à la délibération sociale

Délibération Examen des différents aspects d'une question avant de prendre une décision.

Dans une société démocratique, la participation citoyenne est fondamentale. Elle s'avère nécessaire, entre autres, à l'élection d'un gouvernement. Elle constitue aussi un rouage essentiel dans la gestion des divers enjeux de société. Avant de prendre position sur un enjeu, soit par une loi, un programme ou une politique, l'État doit tenir compte des différents points de vue exprimés par la population afin d'agir dans l'intérêt du bien commun. Les décideurs privés, tels les chefs d'entreprise, peuvent aussi prendre en considération l'opinion publique avant de prendre une décision. De leur côté, les citoyens, seuls ou par l'intermédiaire d'un regroupement, ont le devoir de participer de façon éclairée aux débats qui s'engagent dans l'espace public. En exprimant leurs valeurs, leurs attentes ou encore leurs craintes, les citoyens donnent aux décideurs les outils nécessaires pour délibérer et résoudre l'enjeu. Ils contribuent ainsi au développement de la société de droit.

63 **Jean Lemire, chroniqueur**

Biologiste, photographe et cinéaste, Jean Lemire a dirigé trois missions à bord du voilier *Sedna IV*, dont la plus récente, en Antarctique. Chaque semaine dans *La Presse*, il signe une chronique dans laquelle il fait connaître ses prises de position sur la question de l'environnement.

La prise de position

Il n'est pas toujours facile de prendre position sur un enjeu. Il faut d'abord en étudier l'historique et considérer ses multiples dimensions (politique, économique, sociale, environnementale, etc.). Il faut également déterminer s'il s'agit d'un enjeu local, régional ou même international. Par la suite, il est possible de tenir compte des points de vue exprimés par les individus ou les différents groupes impliqués dans l'enjeu. L'opinion du gouvernement, d'un spécialiste ou d'un groupe de pression est souvent diffusée par les médias. Plusieurs associations peuvent aussi fournir de la documentation sur leur position respective. Il est donc important de diversifier les sources d'information. Pour arriver à prendre une décision éclairée, il faut comparer les avantages et les désavantages des différentes options, des différentes possibilités d'action. Ce processus de **délibération**, de réflexion, mène à un choix et par conséquent à une prise de position.

64 Une prise de position

Le Réseau québécois d'action pour la santé des femmes (RQASF) explique sa position sur l'enjeu du droit à la santé.

« Nous le savons, la santé est un bien précieux et une valeur socialement reconnue. Toutefois, le droit à la santé pour toutes et tous demeure un enjeu de société qui appelle à la vigilance. Aussi, fort de son expérience, le RQASF réaffirme plus que jamais son engagement en faveur d'une approche globale et féministe de la santé, une approche qui

- conçoit la personne comme un tout
- prend en compte l'ensemble des facteurs qui ont un impact sur la santé
- allie responsabilité individuelle et responsabilité collective comme l'accès à un environnement sain, à l'éducation, à la sécurité économique et sociale, à des soins de santé de qualité, etc.
- mise sur la prévention plutôt que sur le curatif
- reconnaît aux personnes le droit de prendre part aux décisions concernant leur santé. »

Réseau québécois d'action pour la santé des femmes [en ligne], réf. du 10 octobre 2008.

Comment le RQASF participe-t-il à la délibération sociale ?

La participation au débat de société

Après s'être fait une opinion sur un enjeu donné, il est important de partager ce point de vue avec l'ensemble des citoyens. Si un point de vue présente une nouvelle perspective sur un enjeu, le faire connaître dans l'espace public contribue à faire progresser le débat. Il peut aussi rallier d'autres personnes. Si une opinion rejoint plutôt celle d'autres citoyens, la mettre dans la balance ne peut que donner davantage de poids à cette option. Il est aussi possible de faire plus pour convaincre la société, l'État ou les décideurs privés du bien-fondé d'une position. Un engagement plus actif permet notamment de sensibiliser les gens et de les gagner à une cause.

De fait, la loi du nombre est souvent prépondérante dans le débat public. Plus le nombre de personnes mobilisées en faveur d'une cause est élevé, plus elles ont de chances d'être écoutées. L'opinion publique peut s'avérer un outil puissant, particulièrement lorsqu'il s'agit de convaincre des politiciens ou des entreprises sensibles aux jugements de la société. Les citoyens possèdent donc un véritable pouvoir d'action. Toutefois, lorsque la participation citoyenne faiblit, les points de vue qui circulent dans l'espace public sont de moins en moins représentatifs de cette société, puisque certains groupes ne se font pas entendre.

65 Le taux de participation aux élections fédérales de 2004, au Canada et au Québec

Selon un sondage mené en 2004, les jeunes Québécois de 18 à 24 ans évoquent deux raisons principales pour expliquer leur faible taux de participation : d'une part, ils ne s'intéressent pas aux élections en général (22,7 %) et, d'autre part, ils ne sont pas assez informés sur la politique (47,9 %).

66 Une manifestation contre la guerre en Irak, en 2003

Comme dans de nombreux pays du monde, des milliers de citoyens ont marché dans les rues du centre-ville de Montréal le 15 février 2003 pour dire non à la guerre en Irak. Cette manifestation qui a rassemblé 150 000 personnes était la plus importante de l'histoire du Québec. D'autres marches ont aussi eu lieu simultanément ailleurs dans la province et au Canada. Quelques jours plus tard, le premier ministre Jean Chrétien a affirmé que le Canada ne participerait pas à une guerre contre l'Irak, à moins qu'elle ne soit approuvée par les Nations unies.

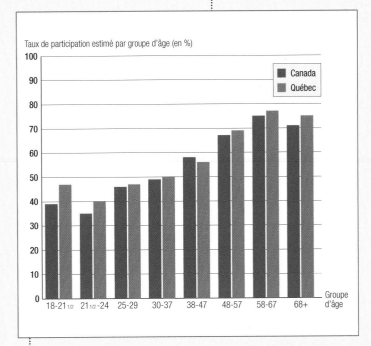

Taux de participation estimé par groupe d'âge (en %)

ÉLECTIONS CANADA, *Estimation du taux de participation par groupes d'âge à la 38ᵉ élection générale fédérale (28 juin 2004)*, Rapport final [en ligne], 2005, réf. du 17 octobre 2008.

● Pourquoi est-il important que les jeunes Québécois et Canadiens participent aux élections ?

● Comment intéresser les jeunes aux enjeux politiques ?

Les façons de participer au débat de société

Il existe plusieurs façons de prendre part au débat public. Chaque citoyenne ou citoyen s'exprime et s'engage différemment selon sa personnalité, ses aptitudes et ses motivations. Un individu peut choisir d'agir seul, ou décider de se joindre à un groupe qui partage ses convictions. Il peut aussi fonder sa propre association. Quel que soit leur domaine d'intérêt (environnement, santé, politique, justice sociale, etc.), la plupart des sites d'organismes militants proposent des pistes d'actions à suivre. Il est donc possible de mettre en pratique ces actions ou encore de s'en inspirer pour en concevoir de nouvelles.

67 La pauvreté : un enjeu prioritaire mondial

En 2006, la firme Gallup International Association réalise un vaste sondage – le plus grand jamais réalisé – auprès de 53 749 personnes originaires de 68 pays. L'objectif est de connaître les principales préoccupations de la population à l'échelle de la planète. Fait intéressant à noter, le Québec et le Canada placent l'environnement en deuxième position, derrière la pauvreté, avec un taux respectif de 8 % et de 10 %.

Préoccupation	Taux mondial
Pauvreté	26 %
Terrorisme	12 %
Chômage	9 %
Guerre	8 %
Problèmes économiques	7 %
Environnement	6 %

D'après Clairandrée Cauchy, « La pauvreté avant le terrorisme », *Le Devoir* [en ligne], 27 mars 2006, réf. du 17 octobre 2008.

● Selon les auteurs du manifeste, quel rôle joue la culture sur le plan individuel et collectif ?

● Selon vous, est-il important que les gouvernements soutiennent financièrement les artistes et la culture ? Expliquez votre réponse.

68 Promouvoir la tolérance

Depuis 1996, La Fondation de la tolérance enseigne aux jeunes le respect de la différence et les droits de la personne. Dans la « Zone jeunesse » de son site Internet, la Fondation propose aux jeunes d'organiser des activités pour faire la promotion de la tolérance à l'école.

« Que l'on parle d'intimidation, de "taxage", d'exclusion ou de violence verbale, on parle d'ignorance, de peur de la différence. Et c'est justement l'ignorance qui alimente cette peur. Organiser des activités où les jeunes de ton école pourront s'exprimer, échanger et s'informer sur des sujets qui les touchent peut aider à valoriser des attitudes tolérantes envers les autres, et donc à améliorer l'ambiance de l'école ! Plusieurs thèmes peuvent être à l'honneur : l'homophobie, le racisme, la xénophobie, les communautés culturelles, les différentes religions ou même les différents styles vestimentaires. »

La Fondation de la tolérance, Zone jeunesse [en ligne], réf. du 17 octobre 2008.

● De quelles façons la Fondation de la tolérance encourage-t-elle la participation aux débats sociaux ?

S'exprimer de façon anonyme

Le vote secret et le sondage sont d'excellents moyens de faire connaître une opinion sans dévoiler son identité. En effet, lors d'une élection ou d'un référendum, par exemple, il est possible d'approuver ou de refuser, de façon tout à fait anonyme, un candidat, un programme de parti, un projet de loi, etc. De la même façon, les citoyens peuvent donner leur point de vue à un sondeur sans révéler leur identité. Celui-ci ne s'intéressera qu'à certains critères, comme l'âge, le sexe, le revenu familial et le niveau de scolarité.

Prendre la parole ou prendre la plume

Participer à une tribune téléphonique, écrire une lettre d'opinion dans les journaux ou créer un blogue constituent diverses façons d'exprimer son opinion. Elles ont l'avantage de permettre aux médias de diffuser les réactions des lecteurs et des auditeurs. Participer à une commission d'enquête créée par le gouvernement peut aussi constituer une bonne façon de se faire entendre. Les citoyens peuvent y prendre la parole lors d'audiences publiques ou encore déposer un mémoire expliquant leur position sur l'enjeu à l'étude. Au cours des dernières années, le gouvernement du Québec a mis sur pied de nombreuses commissions sur des sujets tout aussi variés que l'itinérance, les accommodements raisonnables, le déséquilibre fiscal et la gestion de l'eau.

69 Des compressions dans la culture

À la fin de l'été 2008, le gouvernement du Canada a annoncé une série de compressions budgétaires dans des programmes de soutien à la culture, ce qui a suscité de vives réactions dans la communauté artistique du Québec. La coalition « Les artistes de concert contre les coupures » a alors invité la population à signer son manifeste.

« La Culture est ce qui nous permet de nous structurer, de nous connaître, de nous reconnaître, de nous faire reconnaître et de nous construire.

La Culture est ce qui nous aide à penser par nous-même.

Elle est ce qui nous permet de comprendre le monde pour pouvoir contribuer à sa transformation.

Au Québec, la Culture est la dimension essentielle de notre sentiment d'appartenance à notre nation. [...]

Le Québec culturel est prêt pour la résistance ! Résistons au saccage des chances de notre existence ! [...] »

« Les coupures, ça tue la culture », *Les artistes de concert contre les coupures* [en ligne], réf. du 17 octobre 2008.

Jouer avec les mots et les images

Pour sortir la population de son indifférence, pour la sensibiliser à certains enjeux, il faut parfois une bonne dose de créativité. À l'aide d'une publicité-choc, d'un slogan accrocheur ou d'une affiche originale, il est possible d'interpeller les gens, d'attirer leur attention sur un sujet précis. Plusieurs artistes et créateurs n'hésitent pas à utiliser leur art comme moyen de sensibilisation. Parmi ces créations se trouvent de nombreuses chansons engagées de même que des films très percutants.

Agir

Pour sensibiliser et convaincre, il peut s'avérer efficace pour les citoyens d'accomplir des actions qui reflètent leurs convictions. Ainsi, les citoyens qui croient à la nécessité de sauver la planète peuvent choisir de recycler, de diminuer leur consommation d'eau, d'acheter des produits équitables, etc. De la même façon, ceux qui souhaitent dénoncer l'intolérance peuvent commencer par faire preuve d'ouverture envers les gens qu'ils côtoient régulièrement.

À une autre échelle, l'organisation d'événements publics tels une manifestation, une activité de sensibilisation ou un débat peut avoir un grand impact sur l'opinion publique et jouer un rôle important dans le débat de société.

71 **La Journée du silence**

Dans le cadre d'une semaine de sensibilisation à la diversité sexuelle, l'Association des Gais, Lesbiennes et Bisexuel(le)s de l'Université de Sherbrooke (AGLEBUS) organise la « Journée du silence ». Lors de cet événement, le silence observé par les participants (étudiants et professeurs) fait écho au silence que doivent aussi observer certaines personnes afin d'éviter le harcèlement, la discrimination et la violence dont elles sont  victimes à cause de leur orientation sexuelle. Plutôt que de prendre la parole pour dénoncer cette forme d'intolérance, les participants gardent donc le silence et remettent à ceux qui le souhaitent un carton explicatif.

70 **Dénoncer les stéréotypes et l'hypersexualisation chez les jeunes**

Avec son documentaire *Sexy Inc. Nos enfants sous influence*, Sophie Bissonnette livre un outil informatif destiné à aider les adultes à comprendre le phénomène de l'hypersexualisation chez les jeunes. Elle souhaite faire réagir les parents et les mobiliser pour qu'ils interviennent auprès de leurs enfants. Distribué par l'Office national du film en 2007, ce court métrage a été produit en collaboration avec le projet *Outiller les jeunes face à l'hypersexualisation* de l'Université du Québec à Montréal (UQÀM) et du Y des femmes de Montréal.

- Selon vous, est-ce une bonne idée de s'adresser aux parents pour qu'ils interviennent auprès de leurs enfants ?
- Y a-t-il d'autres façons de sensibiliser les jeunes au phénomène de l'hypersexualisation ?

Débats d'idées ⟨CD 3⟩

1. Les citoyens possèdent-ils un véritable pouvoir d'action ?
2. Les jeunes ont-ils leur place dans les débats de société ?
3. D'après vous, les jeunes sont-ils engagés politiquement ?
4. Trouvez-vous utile l'enseignement de l'éducation à la citoyenneté ?

PISTES de réflexion citoyenne ⟨CD 3⟩

1. Pouvez-vous trouver d'autres façons de participer aux débats publics ? Donnez des exemples.
2. Quels sont les enjeux qui vous interpellent le plus ?
3. En tant que citoyenne ou citoyen, que feriez-vous pour contribuer à la gestion des enjeux de société ?

Faites appel au contenu du chapitre pour réaliser l'un des projets suivants.

Projet 1 CD 1 · CD 2 · CD 3 TIC

Un enjeu à l'école

Vous participez au journal étudiant de votre école et vous souhaitez publier un article sur un enjeu actuel qui interpelle les élèves et le personnel de l'établissement. Vous devez donc faire connaître cet enjeu à vos lecteurs afin qu'ils puissent en débattre dans l'espace public et prendre position.

Les étapes à suivre

1. Dans votre école, faites une enquête qui vous permettra de cerner un enjeu actuel, puis décrivez-le.

2. Poursuivez votre enquête afin de déterminer :
    – les origines de cet enjeu ;
    – les différents aspects de société auxquels se rattache cet enjeu ;
    – les principaux acteurs impliqués dans cet enjeu et leurs intérêts ;
    – les principaux groupes d'intérêts qui sont interpellés par cet enjeu ;
    – les différents points de vue liés à cet enjeu ;
    – l'échelle (locale, régionale, nationale) de cet enjeu.

3. Analysez la situation et décrivez :
    – les choix possibles liés à cet enjeu, leurs avantages et leurs désavantages ;
    – les conséquences de ces choix ;
    – le type de gestion associé à chacun de ces choix.

4. Faites un sondage auprès de vos lecteurs et compilez les données afin de connaître :
    – leur position face à cet enjeu ;
    – les principaux facteurs qui ont influencé leur prise de position.

5. a) Énumérez différents moyens que vos lecteurs pourraient employer pour faire connaître leur position.
    b) Précisez l'impact que peuvent avoir ces différents moyens dans votre école et peut-être au-delà de votre environnement scolaire.

6. Rédigez votre article.

7. Publiez votre article dans le journal de l'école et recueillez les commentaires de vos camarades de classe.

Projet 2 `CD 1 • CD 2 • CD 3` `TIC`

Une cause qui vous tient à cœur

Vous devez préparer une activité-bénéfice afin de ramasser de l'argent qui servira à appuyer une cause liée à un enjeu actuel important. Le but de votre activité est de convaincre les gens du bien-fondé de votre cause.

Les étapes à suivre

1. Choisissez un enjeu de société actuel au Québec et décrivez-le.

2. Décrivez les choix possibles face à cet enjeu, leurs avantages et leurs désavantages.

3. Décrivez les groupes d'intérêts qui sont interpellés par cet enjeu, leurs points de vue, les intérêts qu'ils défendent et les valeurs qui motivent leur prise de position.

4. Prenez position face à cet enjeu :
   - Précisez votre position ;
   - Justifiez votre point de vue ;
   - Énumérez les principaux facteurs dont vous avez tenu compte dans votre prise de position ;
   - Indiquez les facteurs sur lesquels vous vous êtes basés pour prendre position ;
   - Indiquez quelle serait, selon vous, la meilleure façon de gérer cet enjeu.

5. Nommez un organisme qui défend cette cause ou encore fondez-en un.

6. Préparez votre activité-bénéfice :
   - Choisissez votre activité-bénéfice (divertissement, vente de produit, service, etc.) et décrivez-la ;
   - Fixez la date, le lieu et l'heure de l'activité ;
   - Trouvez un titre pour votre événement ainsi qu'un slogan lié à la cause ;
   - Trouvez des bénévoles qui vont participer à l'activité ;
   - Lancez des invitations ;
   - Prévoyez un divertissement, des prix de présence, etc., pour les participants ;

7. Préparez le programme de votre activité en décrivant son déroulement. Indiquez, s'il y a lieu, les noms des invités et des collaborateurs, la liste des prix de présence, les remerciements, etc.

8. Présentez le programme de votre activité à vos camarades de classe et recueillez leurs commentaires.

SYNTHÈSE DU CHAPITRE

Dans la **société de droit** québécoise, la gestion des enjeux relève tout autant du **pouvoir** de l'État que des citoyens. En exprimant leurs points de vue, les citoyens donnent aux décideurs des outils pour s'attaquer aux nombreux enjeux économiques, environnementaux, sociaux et politiques qui animent l'**espace public**.

Le développement régional, un enjeu économique

- À partir des années 1960, l'État providence s'intéresse au développement régional, qui avait été jusque-là laissé à la grande entreprise. Il entend éliminer les disparités entre les régions et impose sa vision du développement régional.

- Le ralentissement de la croissance démographique, le vieillissement de la population et les migrations interrégionales influencent le développement économique des régions.

- L'État, les organismes de développement régional et les entreprises élaborent diverses stratégies afin d'attirer et de retenir la **population** dans les régions.

- Les difficultés économiques nuisent au développement régional. Un fort taux de chômage peut entraîner un exode de population.

- Depuis les années 1980, le gouvernement favorise la prise en main de l'**économie** des régions par les gens du milieu. En partenariat avec l'État, les régions doivent se reconvertir en misant sur l'innovation et la qualité de leur milieu de vie.

La gestion de l'eau, un enjeu environnemental

- Pendant des siècles, la population du Québec s'accommode d'une ressource souillée par ses propres déchets et les rejets des diverses usines et manufactures.

- Depuis 1978, des programmes d'assainissement des eaux permettent de construire des stations d'épuration et de traiter les eaux usées. Toutefois, certains contaminants continuent de polluer l'eau.

- Afin de réduire les rejets industriels dans les cours d'eau, l'État encourage les industries à utiliser des technologies propres.

- Les fumiers et les pesticides représentent la principale source de pollution des cours d'eau en milieu rural. Depuis 1999, l'État aide les agriculteurs à adopter des pratiques plus respectueuses de l'environnement.

- Au Québec et au Canada, l'énorme quantité d'eau disponible et son faible coût favorisent une surconsommation de la ressource. De plus, la gestion durable de cette ressource oppose parfois les promoteurs économiques à ceux qui souhaitent la préserver.

Le respect de l'égalité, un enjeu social

- Jusque dans les années 1960, les lois du Québec offrent peu de garanties contre la discrimination. Depuis l'adoption des Chartes en 1975 et en 1982, tous les citoyens sont égaux en droit. Pourtant, la persistance de préjugés envers certains groupes nuit à l'égalité de fait.

- Afin de gérer la question de l'égalité des femmes, le gouvernement du Québec adopte la Loi sur l'équité salariale (1996) et la Loi sur l'accès à l'égalité en emploi dans des organismes publics (2001).

- La pauvreté gêne la réalisation de l'égalité. En 2002, le Québec adopte la Loi visant à lutter contre la pauvreté et l'exclusion sociale.

- Malgré tous les moyens de lutte contre la discrimination envers les nouveaux arrivants, l'État doit encore agir sur les plans de l'éducation et du rapprochement entre les groupes de **cultures** différentes.

Les relations fédérales-provinciales, un enjeu politique

- Ardents défenseurs de l'autonomie provinciale, les différents gouvernements du Québec dénoncent l'empiètement d'Ottawa sur leurs champs de compétence.

- Avec ses revendications autonomistes, son projet souverainiste et son refus de signer la Constitution de 1982, le Québec se retrouve isolé au sein de la fédération canadienne.

- De 1987 à 1992, le gouvernement fédéral conservateur relance les négociations constitutionnelles afin de satisfaire les exigences du Québec. Les accords du lac Meech et de Charlottetown sont toutefois rejetés.

- À la suite de la victoire du Non au référendum de 1995, le gouvernement fédéral prend des mesures pour accroître sa visibilité et convaincre les Québécois de rester dans la fédération canadienne.

- Devant les surplus budgétaires du fédéral, le Québec dénonce la répartition inéquitable des ressources financières entre Ottawa et les provinces.

ACTIVITÉS DE SYNTHÈSE

1 **Un portrait des principaux enjeux de la société québécoise** `CD 1`

Faites le portrait des différents enjeux de la société au Québec.

a) Dressez la liste des enjeux.

b) Classez chacun de ces enjeux selon les aspects suivants : économique, environnemental, social ou politique.

c) Expliquez en quoi chaque enjeu nommé constitue un enjeu de société.

d) Établissez un lien entre chaque enjeu et un des concepts du chapitre.

2 **Une gestion responsable ?** `CD 2`

Choisissez un enjeu.

a) Relevez des mesures qui ont été prises par la société ou l'État pour assurer une gestion responsable de l'enjeu que vous avez choisi.

b) Dites si vous êtes en accord ou en désaccord avec les mesures proposées par l'État ou la société pour faire évoluer cet enjeu. Justifiez votre réponse.

c) Dites si d'autres mesures seraient nécessaires pour améliorer la situation. Justifiez votre point de vue.

3 **Des citoyens actifs** `CD 3`

À partir de l'enjeu que vous avez choisi :

a) Relevez différents exemples de participation des citoyens.

b) Indiquez d'autres moyens de participation que les citoyens pourraient adopter pour faire connaître leur point de vue.

c) Expliquez quels sont, selon vous, les moyens de participation qui seraient les plus susceptibles de trouver une solution à l'enjeu.

d) Énumérez les principaux motifs qui poussent des citoyens à s'engager pour faire avancer le débat lié à l'enjeu que vous avez choisi.

La ville de Schefferville, en 2007.

BOÎTE À OUTILS

S'INTERROGER EN VUE DE L'INTERPRÉTATION HISTORIQUE

Savoir poser de bonnes questions constitue le point de départ essentiel d'une interprétation historique. Des questions pertinentes guident la recherche de documentation et soutiennent une interprétation fouillée d'un sujet d'étude (ou objet d'interrogation).

Méthode

1. Analyser le document en vue du questionnement

a) Quelle est la source du document ?

b) Quelle est l'information principale du document ?

c) De quel aspect de l'histoire le document traite-t-il ?

2. Interpréter le document en vue du questionnement

a) Quel est le message du document ?

b) Quels sont les liens entre les informations présentées dans le document et le sujet d'étude (ou objet d'interrogation) ?

3. Formuler une question

Dans votre question, introduisez :

a) une marque interrogative qui renvoie au passé (quand, depuis quand, à quand remonte, à quel moment, combien de temps, pendant quelle(s) période(s), a-t-on toujours eu, qui est à l'origine de, dans quel contexte, dans quelle circonstance, pourquoi, comment, etc.) ;

b) le sujet d'étude (ou objet d'interrogation) OU des éléments du document qui sont en lien avec le sujet ;

c) un ou plusieurs aspects de l'histoire (politique, économique, social, culturel, religieux, etc.) OU ENCORE un ou des concepts en lien avec le document.

Exemples

Document 1

1 La population québécoise en 2007

	Nombre	%
La population totale (au 1er juillet 2007)	**7 700 807**	–
L'accroissement naturel	28 150	0,37
L'accroissement migratoire	23 450	0,30
L'accroissement total	55 890	0,73

D'après INSTITUT DE LA STATISTIQUE DU QUÉBEC. « Mouvement de la population (population totale, naissances, décès, migration nette), Québec, 1971-2008 » et « Taux de natalité, de mortalité et d'accroissement, Québec, 1971-2007 » [en ligne], réf. du 1er avril 2008.

1. a) D'après INSTITUT DE LA STATISTIQUE DU QUÉBEC. « Mouvement de la population (population totale, naissances, décès, migration nette), Québec, 1971-2008 » et « Taux de natalité, de mortalité et d'accroissement, Québec, 1971-2007 » [en ligne], réf. du 1er avril 2008.

b) L'évolution démographique du Québec en 2007.

c) L'aspect social.

2. a) La population québécoise comptait 7 700 807 personnes en 2007, ce qui constitue une légère croissance par rapport à l'année précédente. Cette croissance est due au fait que le bilan naturel et le bilan migratoire sont tous deux positifs.

b) Le sujet d'étude est la population et le peuplement aujourd'hui, au Québec, et ce document nous donne des informations actuelles sur le nombre d'habitants et le pourcentage de croissance de la population du Québec en 2007.

3. a) <u>Depuis quand</u> les migrations contribuent-elles à la croissance de la population québécoise ?

b) Le bilan démographique de la <u>population</u> du Québec a-t-il toujours été positif ?

c) <u>Du point de vue social</u>, les migrations ont-elles toujours contribué à la croissance de la population québécoise ? OU Pendant quelles périodes l'accroissement naturel a-t-il le plus contribué à la <u>croissance</u> de la <u>population</u> québécoise ?

Document 2

L'industrie aérospatiale du Québec devrait voir la création de 1600 nouveaux emplois en 2008

Charles-Philippe Giroux, *La Presse canadienne*, 26 février 2008

Étudiants de l'École des métiers de l'aérospatiale de Montréal.

1. a) Charles-Philippe Giroux, « L'industrie aérospatiale du Québec devrait voir la création de 1600 nouveaux emplois en 2008 », *La Presse canadienne*, 26 février 2008.

b) La création d'emploi dans le secteur de l'industrie aérospatiale.

c) L'aspect économique.

2. a) On prévoit une création d'emplois dans le secteur de l'aérospatiale au Québec, en 2008.

b) Le sujet d'étude est l'économie et le développement, aujourd'hui, au Québec, et ce document nous fournit des informations sur la croissance d'un des secteurs clés de l'économie québécoise : l'aérospatiale.

3. a) <u>À quand remonte</u> les débuts de l'industrie aérospatiale au Québec ?

b) L'industrie aérospatiale a-t-elle toujours été un secteur important pour le <u>développement économique du Québec</u> ?

c) <u>D'un point vue économique</u>, depuis quand l'industrie aérospatiale génère-t-elle de nombreux emplois au Québec ? OU Depuis quand le Québec est-il un chef de file mondial dans la <u>production</u> d'avions ?

UTILISER LA MÉTHODE HISTORIQUE

Afin d'approfondir leur sujet, de répondre à leurs questionnements et de tester leurs hypothèses, les historiennes et les historiens utilisent une démarche de recherche : la méthode historique. Bien que les étapes de cette démarche soient présentées ici dans un ordre précis, l'historienne ou l'historien revient souvent sur ses pas pour revoir une hypothèse, ajuster son plan, introduire de nouveaux mots-clés ou suivre la piste de nouveaux documents.

Utilité

Cette technique est utile pour :

- trouver des réponses à ses questions ;
- utiliser des stratégies d'apprentissage efficaces ;
- appuyer une interprétation ou une hypothèse ;
- présenter un travail de recherche bien planifié.

1. Prendre connaissance d'un problème

- Déterminez le problème à résoudre ou le thème à explorer et expliquez-le dans vos mots.
- Faites appel à vos connaissances antérieures sur le sujet.
- Informez-vous sur votre problème ou votre thème (questionnez votre entourage ou consultez votre manuel).

2. S'interroger

- Choisissez des aspects précis du thème à explorer ou formulez des hypothèses, c'est-à-dire proposez vos idées sur les causes du problème ou suggérez des explications possibles.
- Formulez des questions (Quoi ? Qui ? Quand ? Pourquoi ? Où ? Depuis quand ?).
- Organisez vos questions à l'aide de catégories (sous-thèmes).

7. Revenir sur la démarche

- En vous basant sur les commentaires de vos pairs et de votre enseignante ou enseignant, faites un retour sur votre travail.
- Les résultats de votre recherche vous satisfont-ils ? Quels sont vos points forts ? Vos points faibles ?
- Vous posez-vous de nouvelles questions ?
- Si vous aviez à refaire votre démarche de recherche, que feriez-vous différemment ?

6. Communiquer les résultats de la démarche

- Prévoyez le matériel nécessaire à la présentation. Assurez-vous de maîtriser le fonctionnement de votre appareil (ordinateur, projecteur, etc.).
- Dans le cas d'un travail écrit, créez une page de titre et une table des matières.
- Dans le cas d'un exposé oral, maîtrisez votre sujet. N'ayez pas l'air de lire votre texte. Prévoyez une période de questions pour vos pairs.

3. Planifier la recherche

- Établissez un plan de recherche en organisant vos idées principales et secondaires.
- Faites une liste de mots-clés.
- Repérez des sources d'information pertinentes (atlas, encyclopédies, ouvrages d'histoire, sites Internet, journaux, magazines, etc.).
- Préparez des outils pour recueillir les informations (feuilles de notes, fiches, tableaux, tableur électronique, etc.).

4. Recueillir et traiter l'information

- Consultez les sources d'information repérées et sélectionnez les documents utiles à votre recherche.
- Vérifiez la fiabilité des documents retenus (voir l'outil 4).
- Recueillez les données qui vous permettent de répondre à vos questions ou de mieux comprendre votre sujet de recherche.
- Exercer votre jugement critique au moment de faire vos choix.
- Distinguez les faits des opinions (voir l'outil 6).
- Notez les documents et les données retenus sur votre support préféré (fiches, tableaux, etc.).
- Classez vos données en fonction de votre plan de recherche. Regroupez-les par mots-clés, par exemple.

5. Organiser l'information

- Ajustez votre plan de recherche en fonction de l'information recueillie. Veillez à ce que l'organisation de vos données vous permette de répondre à vos questions de manière à confirmer ou infirmer votre hypothèse.
- Choisissez un moyen de transmettre les résultats de votre collecte d'informations.
- Rédigez soigneusement votre travail. Exposez clairement vos idées principales et secondaires. Utilisez le vocabulaire approprié. Évitez les répétitions. Préparez une introduction, rédigez votre développement et faites votre conclusion.
- Prévoyez des documents visuels appropriés pour rendre votre travail dynamique (diagrammes, lignes du temps, reconstitutions, costumes d'époque, etc.).
- Rédigez votre médiagraphie (voir l'outil 12).
- Choisissez une forme de présentation : exposé oral, travail écrit, affiche, site Internet, diaporama numérique, reportage vidéo, etc.

3 DIFFÉRENCIER LES TYPES DE DOCUMENTS HISTORIQUES

Pour étudier l'histoire, il faut s'appuyer sur différentes sources d'information. Habituellement, on distingue les documents produits lors d'une époque donnée de ceux qui ont été rédigés pour commenter des documents d'époque. En fait, il existe une grande variété de types de documents. Si les historiennes et les historiens utilisent très souvent des documents écrits, ils recourent également aux images, aux artefacts et aux témoignages oraux pour étayer leurs recherches.

A. Les documents de source primaire

Définition : documents écrits ou réalisés par des témoins ou des acteurs qui sont contemporains de l'événement étudié.

Exemples : discours, sermons, documents juridiques, récits de voyage, codes de loi, journaux intimes, articles de presse, peintures, photographies, etc.

Utilité : prendre connaissance d'un point de vue datant de l'époque.

Difficultés d'interprétation : les documents produits par des contemporains peuvent être teintés par leurs préjugés, leurs opinions personnelles ou leurs valeurs, suivant le groupe social auquel ils appartiennent. Aussi convient-il, pour analyser ces documents, de bien se renseigner sur leurs auteurs et sur leurs contextes de production.

B. Les documents de source secondaire

Définition : documents écrits ou réalisés par des personnes qui analysent ou commentent des documents provenant d'une source primaire.

Exemples : synthèses d'histoire, manuels d'histoire, articles de magazine, films, documentaires, reconstitutions historiques, etc.

Utilité : prendre connaissance de différentes interprétations d'événements historiques.

Difficultés d'interprétation : ces documents traduisent les points de vue de personnes qui ne sont pas contemporaines des événements étudiés. De plus, il faut tenir compte du fait que les convictions personnelles des auteurs influencent la nature de leur propos.

C. La nature des documents

Les documents utilisés par les historiens sont très variés et peuvent être classés de toutes sortes de façons. Voici un exemple de classification qui tient compte de la nature des documents.

1. Documents écrits :

- manuscrits et imprimés (textes de loi, lettres, articles de presse, rapports, etc.)

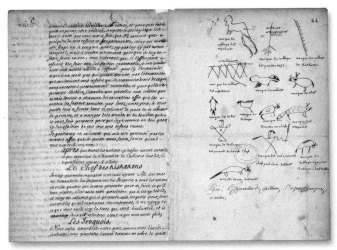

Archives nationales de France. Centre des Archives d'outre-mer, Aix-en-Provence.

2. Documents iconographiques :

- tableaux, gravures, peintures, photographies, illustrations, etc.

John Henry Walker, *Autochtone*, 1850-1885

3. Documents audiovisuels :

- entretiens enregistrés
- films, émissions (radio, télévision), cédéroms, etc.

Gramophone (Musée Moving Image).

4. Artefacts (objets fabriqués ou transformés par la main humaine) :

- vestiges archéologiques
- objets de la vie quotidienne
- édifices, sites, etc.

Anonyme (Autochtone Mi'kmaq), Récipient avec couvercle, 1904 (Musée McCord).

REPÉRER ET SÉLECTIONNER DES DOCUMENTS

Le choix des documents constitue une étape cruciale de la méthode historique. C'est ici que le plan de recherche, avec ses idées principales et secondaires, est mis à l'épreuve. Pour repérer et sélectionner l'information, il faut exercer son jugement critique afin de s'assurer que les documents trouvés correspondent à la problématique ou à l'hypothèse de recherche. La sélection d'un document doit se faire selon sa fiabilité et sa pertinence par rapport à la question de recherche.

Méthode

1. Établir ses critères de sélection

En vous basant sur votre plan de recherche, relevez les mots-clés (noms de lieux ou de personnes, dates, etc.) qui serviront à repérer votre documentation.

2. Repérer les sources d'information pertinentes

a) Quels documents sont les plus susceptibles de contenir l'information nécessaire à votre recherche ? Consultez des ouvrages de référence comme les encyclopédies, les atlas et les dictionnaires. Interrogez le catalogue de la bibliothèque et Internet à l'aide de vos mots-clés.

b) Vérifiez la justesse de vos mots-clés. Si vous ne trouvez rien, essayez des termes de la même famille, des synonymes ou encore de nouveaux mots-clés.

3. Apprécier la pertinence des documents

a) Repérez vos mots-clés dans les titres, les tables des matières et, s'il y a lieu, les index des documents. Dans Internet, parcourez le plan des sites et passez en revue les titres des différentes sections.

b) Survolez le contenu des documents.

c) Faites une liste des documents qui correspondent le mieux à vos critères de recherche.

4. Apprécier la fiabilité des documents

a) Classez vos documents suivant leur type (voir l'outil 3).

b) Déterminez la provenance de vos documents de source primaire (textes, images, etc.). Sont-ils identifiés par une référence complète ? Proviennent-ils d'un ouvrage spécialisé ou d'un organisme reconnu (musée, archives, site gouvernemental, etc.) ?

c) Déterminez la provenance de vos documents de source secondaire. Qui en est l'auteur ? S'agit-il d'un spécialiste ou d'un organisme reconnu ? Méfiez-vous des textes anonymes ainsi que des sites Internet personnels.

d) Votre document de source secondaire est-il récent ? Une synthèse d'histoire périmée ne rendra pas compte des nouvelles recherches et des découvertes récentes.

5. S'assurer de la diversité des documents sélectionnés

Sélectionnez des documents de nature différente (documents tirés d'Internet, ouvrages imprimés, documents iconographiques, etc.) pour accroître la qualité de votre recherche.

6. Faire des fiches bibliographiques

a) S'il s'agit d'un ouvrage de la bibliothèque, notez la référence complète du document et sa cote (voir l'outil 12).

b) Notez les informations trouvées pendant le processus de sélection.

Exemples

Documents repérés et sélectionnés :

1. Le sujet de la recherche est la rébellion des Métis du Nord-Ouest, en 1885.
Les mots-clés à retenir sont « Métis », « Louis Riel » et « rébellion ».

2. a) b) La liste des documents susceptibles de fournir de l'information sur la rébellion
des Métis du Nord-Ouest en 1885 est la suivante :

- des ouvrages imprimés : synthèses sur l'histoire du Canada, monographies sur
l'histoire du Nord-Ouest canadien, des biographies de Louis Riel, des articles de
revues spécialisées en histoire canadienne, etc. ;
- des sites Internet : site de Bibliothèque et Archives Canada, site du gouvernement
du Manitoba, site des Métis du Nord-Ouest, etc.

3. a) b) c) Les mots-clés retenus se retrouvent à la fois dans les titres des documents et
dans les textes.

Document 1

1 La rébellion du Nord-Ouest de 1885

« Au début des années 1880, le mécontentement gronde
dans les Territoires du Nord-Ouest, qui sont toujours
soumis au contrôle direct de l'administration fédérale.
Les différents groupes de la région […] connaissent des
moments difficiles. Après les soulèvements de 1870, qui
se sont soldés par la création du Manitoba, de nombreux
Métis de la Rivière-Rouge ont délaissé leurs terres devant
l'affluence de colons étrangers […]. En 1884, les Métis
francophones et anglophones de la vallée de la
Saskatchewan appellent à leur rescousse <u>Louis Riel</u>. »

Jacques-Paul Couturier et autres, *Un passé composé : le Canada de 1850 à nos
jours*, Moncton, Éditions d'Acadie, 1996, p. 104.

Document 2

2 Dictionnaire biographique du Canada en ligne

Riel, Louis, porte-parole des Métis, considéré comme le
fondateur du Manitoba, instituteur et chef de la rébellion
du Nord-Ouest, né le 22 octobre 1844 dans la colonie de
la Rivière-Rouge (Manitoba), fils aîné de Louis Riel et de
Julie Lagimonière, fille de Jean-Baptiste Lagimonière et
de Marie-Anne Gaboury ; en 1881, il épousa Marguerite
Monet, dit Bellehumeur, et ils eurent trois enfants, dont
le plus jeune mourut pendant que Riel attendait son
exécution ; pendu le 16 novembre 1885 à Régina.

Lewis H. Thomas, « <u>Riel, Louis</u> », dans BIBLIOTHÈQUE ET ARCHIVES
NATIONALES CANADA, *Dictionnaire biographique du Canada en ligne*
[en ligne], réf. du 1er avril 2008.

Document 3

3 <u>Louis Riel</u> s'adressant au jury durant son procès pour trahison

BIBLIOTHÈQUE ET ARCHIVES
CANADA, <u>*Louis Riel*</u> *s'adressant au
jury durant son procès pour trahison*
[en ligne], réf. du 26 mars 2008.

4. a) La monographie de Jacques-Paul Couturier et l'article tiré du *Dictionnaire biographique du Canada* sont des documents de source secondaire : ils ont été rédigés après la période à l'étude. La photo est un document de source primaire : elle a été prise durant la période à l'étude.

   b) La photo de Louis Riel provient de Bibliothèque et Archives Canada, qui est un organisme gouvernemental citant ses sources.

   c) Jacques-Paul Couturier est professeur d'histoire à l'Université de Moncton, au Nouveau-Brunswick. Lewis H. Thomas était professeur d'histoire à l'Université de l'Alberta, à Edmonton.

   d) L'ouvrage de Couturier a été publié en 1996. Le site de Bibliothèque et Archives Canada est mis à jour régulièrement.

5. Les documents sélectionnés sont de nature différentes. Ils comprennent un extrait d'une synthèse historique, un article en ligne et un document iconographique.

6.

Document 1

a) Jacques-Paul Couturier et autres, « La rébellion du Nord-Ouest de 1885 », dans *Un passé composé : le Canada de 1850 à nos jours*, Moncton, Éditions d'Acadie, 1996, p. 104-107.

   Cote de la bibliothèque : 262663 CON (Bibliothèque et Archives nationales du Québec)

b) Document de source secondaire (manuel).

   Contient un tableau des populations des Territoires du Nord-Ouest en 1885 et une carte historique de la rébellion.

Document 2

a) Lewis H. Thomas, « Riel, Louis », dans BIBLIOTHÈQUE ET ARCHIVES NATIONALES CANADA, *Dictionnaire biographique du Canada en ligne*, [en ligne], réf. du 1er avril 2008.

b) Document de source secondaire (article biographique).

   Présente une biographie de Louis Riel.

Document 3

a) BIBLIOTHÈQUE ET ARCHIVES CANADA, *Louis Riel s'adressant au jury durant son procès pour trahison*, [en ligne], réf. du 26 mars 2008.

b) Document de source primaire (iconographie).

   Représentation de Louis Riel à son procès.

INTERPRÉTER UN DOCUMENT ICONOGRAPHIQUE

Les documents iconographiques se présentent sous forme d'images. Selon les époques et les sociétés, les types de documents iconographiques varient : peintures, gravures, dessins, photographies, caricatures, etc. Les historiens et les historiennes les interprètent pour mieux comprendre le passé. Bien qu'on puisse percevoir l'ensemble d'une image au premier coup d'œil, le document iconographique communique souvent des messages complexes ou symboliques.

Méthode d'interprétation

1. Préciser son intention

Quels buts visez-vous en interprétant le document iconographique ?

2. Identifier le document iconographique

a) De quel type de document s'agit-il (photographie, peinture, affiche, caricature, gravure, etc.) ?

b) Quelle est la source du document (auteur, titre, date, provenance) ?

3. Analyser le document iconographique

a) Décrivez ce que vous observez.
  - Quel lieu observez-vous ? Quels personnages sont représentés ? Que font-ils ?
  - Quels liens pouvez-vous établir entre les éléments que vous observez ?

b) Y a-t-il des aspects du document que vous ne comprenez pas ? Proposez une explication en faisant une recherche.

c) Dans quel contexte historique le document a-t-il été créé ?

4. Interpréter le document iconographique

a) Quel est, selon vous, le message du document ? Quel regard l'auteur porte-t-il sur le sujet du document ?

b) Quels renseignements présents dans le document aident à comprendre l'époque historique que vous étudiez ?

5. Comparer des documents

a) Quelles similitudes ou différences constatez-vous entre les documents ? Quels éléments de continuité ou de changement y constatez-vous ?

b) Quelles précisions sur le contexte historique de l'époque avez-vous trouvées ? Cette comparaison vous permet-elle de modifier votre interprétation de l'époque ?

Document **1**

1 Photographie du port de Montréal, en 1884

William Notman, *Vue du port, Montréal, Qc*, 1884 (Musée McCord).

1. Le but consiste à définir l'utilisation du port de Montréal à la fin du XIXe siècle.

2. a) Le document est une photographie.

   b) William Notman, *Vue du port, Montréal, Qc*, 1884, Musée McCord.

3. a) b) Plusieurs bateaux à voiles, un train de marchandises ainsi que des voitures à cheval circulent sur la rue principale, en terre. Les bassins du port sont ouverts sur le fleuve pour permettre aux bateaux de décharger leurs marchandises. On aperçoit au loin le toit du marché Bonsecours.

   c) Les activités du port de Montréal à l'époque de l'industrialisation.

4. a) Le photographe a voulu témoigner des activités du port de Montréal à l'époque de l'industrialisation.

   b) Les bateaux à voiles, les voitures à cheval ainsi que le train suggèrent que le port de Montréal est au centre des activités économiques de la ville, puisque la majorité des moyens de transport s'y concentrent.

Document **2**

2 Photographie du port de Montréal, en 2000

Andrzej Maciejewski, *Vue du port de Montréal en direction est depuis le Musée d'archéologie*, 2000 (Musée McCord).

1. Le but consiste à définir l'utilisation du Vieux-Port de Montréal vers 2000.

2. a) Le document est une photographie.

   b) Andrzej Maciejewski, *Vue du port de Montréal en direction est depuis le Musée d'archéologie*, 2000, Musée McCord.

3. a) b) Plusieurs bâtiments récents occupent les quais. Les bassins ont été remplis et on y a aménagé des espaces verts avec des étangs. La voie ferrée est bordée d'arbres et d'un sentier piétonnier. Des automobiles et un autocar de touristes circulent sur la rue, asphaltée.

   c) Les activités au Vieux-Port de Montréal au début du XXIe siècle.

4. a) Le photographe a voulu témoigner des activités dans le Vieux-Port de Montréal au XXIe siècle.

   b) L'aménagement du Vieux-Port de Montréal permet de comprendre que sa vocation est axée sur les loisirs et le tourisme.

Comparer les documents  et

5. Les deux photographies montrent la transformation du Vieux-Port de Montréal sur une période d'environ 100 ans. La zone du Vieux-Port de Montréal est passée d'une vocation essentiellement économique à une vocation principalement touristique.

Document 3

1. Le but consiste à comprendre la vie culturelle d'une famille de Canadiens français au milieu du XIXe siècle.

2. a) Le document est une peinture.

b) Cornelius Krieghoff, *Violoneux accompagnant un garçon dansant la gigue*, 1852, Musée des beaux-arts de l'Ontario.

3. a) b) Au premier plan du tableau, on voit un homme jouant du violon à trois enfants, parmi lesquels un garçon qui danse. Coiffé d'un bonnet bleu, l'homme porte une ceinture fléchée et des mocassins. Au deuxième plan, sur le manteau de la cheminée, quelques objets sont placés : une bougie, une pomme, un petit bol et un fer à repasser au-dessus duquel est accroché un chapelet. À l'arrière-plan, fixé au mur, on peut voir un tableau représentant le Christ. Sur le buffet, à droite, il y a un panier et des pommes de terre.

c) La représentation de la vie culturelle de Canadiens français du Québec au milieu du XIXe siècle.

4. a) Le peintre dépeint l'univers culturel et matériel de Canadiens français au Québec.

b) Le peintre a voulu illustrer la place de la musique et de la danse dans la vie culturelle des Canadiens français au XIXe siècle. En insérant un chapelet et une peinture religieuse aux deuxième et troisième plans, il souligne l'importance de la religion dans la vie des Canadiens français. Le peintre dépeint aussi la culture matérielle des personnages. Les habits traditionnels et la nourriture témoignent de leur condition modeste.

3 Une peinture de Cornelius Krieghoff

Cornelius Krieghoff, *Violoneux accompagnant un garçon dansant la gigue*, 1852, huile sur toile, Musée des beaux-arts de l'Ontario.

INTERPRÉTER UN DOCUMENT ÉCRIT

Qu'il soit gravé ou imprimé, le texte nous renseigne non seulement sur un événement ou une idée du passé, mais aussi sur son auteur et sur la société à laquelle il appartient. La nature des documents écrits influence l'interprétation qu'on en fait. Ainsi, le caractère officiel ou personnel d'un texte, ou encore le fait qu'il s'agisse d'un texte de loi ou d'un article de presse, en change la portée et la signification. Dans le cadre de son travail, l'historien doit sélectionner, analyser et interpréter divers documents écrits.

Utilité

Cette technique est utile pour :

- faire sa propre interprétation d'un fait ou d'un événement ;
- mieux comprendre le point de vue des acteurs et des témoins d'une époque ;
- brosser un portrait nuancé d'une époque.

Méthode

1. Préciser son intention

Que cherchez-vous en interprétant ce document ?

2. Identifier le document écrit

a) Quelle est la source du document (auteur, titre, date) ?

b) S'il y a lieu, distinguez la date du document de celle de l'événement décrit dans le document.

c) Quelle est la nature du document (texte de loi, rapport d'enquête, discours, lettre, etc.) ?

d) Le document provient-il d'une source primaire ou d'une source secondaire (voir l'outil 3) ?

e) À qui ce document s'adresse-t-il ?

3. Analyser le contenu du document écrit

a) Lisez le document avec attention. Y a-t-il des mots ou des expressions que vous ne comprenez pas ? Cherchez-en la définition.

b) Quelle est l'idée principale du document ? Repérez les passages qui permettent de faire ressortir cette idée principale.

c) Le document présente-t-il un fait ou une opinion ?

d) Dans quel contexte historique le document a-t-il été rédigé ?

4. Interpréter le document écrit

a) Selon vous, quel est le message du document ? Quel regard l'auteur porte-t-il sur son sujet ?

b) Quels renseignements ou précisions présents dans le document vous aident à atteindre le but de votre recherche ?

5. Comparer des documents

a) Quelles similitudes ou différences constatez-vous entre les documents ? Quels éléments de continuité ou de changement constatez-vous entre les documents ?

b) Quelles précisions sur le contexte historique de l'époque avez-vous trouvées ? Cette comparaison vous permet-elle de modifier votre interprétation de l'époque ?

Exemples

Interprétation du document 1

1. Le but est de connaître l'évolution de l'éducation des filles au Québec, au XXe siècle.

2. a) Joseph-Médard Émard, « Extrait de la lettre de Mgr Joseph-Médard Émard, évêque de Valleyfield, aux religieuses enseignantes de son diocèse, 1915 », dans Collectif Clio, *L'histoire des femmes au Québec depuis quatre siècles*, Montréal, Le Jour, 1992, p. 336.

   b) Le document a été rédigé en 1915 et renvoie à la même époque.

   c) Il s'agit d'un extrait d'une lettre.

   d) Ce document est de source primaire.

   e) Ce document s'adresse aux religieuses enseignantes du diocèse de Valleyfield.

3. a) Les « arts d'agréments » désignent le dessin, la peinture et la musique. Par « jeunes gens », l'évêque entend « les garçons ».

   b) L'éducation des filles doit leur permettre de remplir leur rôle de mère, d'épouse et de ménagère.

   c) Ce document présente essentiellement des opinions.

   d) Le contexte est celui des premières revendications féministes, lors de la Première Guerre mondiale.

4. a) La place des femmes est au foyer, où elles doivent prendre soin de leur famille.

   b) Les filles n'ont pas accès à la même éducation que les garçons.

1 L'éducation des filles selon Mgr Émard, 1915

« Ce qui fait la femme fort utile aux siens, c'est l'art de leur procurer la félicité complète, qui provient de la bonne conscience et de la bonne humeur ; celle-ci étant habituellement le fruit du dévouement maternel, qui sait fournir à tous le vêtement et l'aliment, dans une demeure de tenue irréprochable. [...] L'histoire, le calcul, le français et les arts d'agréments [...] pourront rendre service à ceux qui vivront dans la maison de femmes bien préparées à non pas devenir des femmes savantes que leur ridicule vanité ne tendrait qu'à écarter de la vocation et des devoirs ordinaires à leur sexe [...]. Il n'y a aucune comparaison à faire, aucun rapprochement à établir avec l'éducation des jeunes gens... »

Joseph-Médard Émard, « Extrait de la lettre de Mgr Joseph-Médard Émard, évêque de Valleyfield, aux religieuses enseignantes de son diocèse, 1915 », dans Collectif Clio, *L'histoire des femmes au Québec depuis quatre siècles*, Montréal, Le Jour, 1992, p. 336.

Cours d'enseignement ménager chez les Ursulines au début du XXe siècle. Archives des Ursulines de Trois-Rivières, vers 1916.

« La préparation de la jeune fille à la vie ne doit pas se limiter à la formation ménagère, qu'on entende celle-ci dans un sens étroit : cuisine, entretien ménager, etc., ou dans un sens plus large : équilibre du budget, formation de la consommatrice-acheteuse, etc. D'une part, on doit intéresser toutes les jeunes filles à ces occupations et au rôle de maîtresse de maison, aussi bien celles qui seront médecins, professeurs et techniciennes que celles qui se marieront au sortir de l'école ; d'autre part, on doit les préparer toutes, dans une certaine mesure, à être des femmes conscientes des grands problèmes de la vie conjugale, et des mères capables de prendre soin de leurs enfants et de les élever convenablement. Enfin, on doit fournir à toute jeune fille une certaine préparation à une occupation qui lui permettra de gagner sa vie avant ou durant sa vie en ménage ou quand ses enfants seront élevés. »

GOUVERNEMENT DU QUÉBEC, *Rapport de la Commission royale d'enquête sur l'enseignement dans la province de Québec*, tome II, volume 3, Québec, Publications du Québec, 1964, p. 279.

Interprétation du document **2**

1. Le but est de s'informer sur l'évolution de l'éducation des filles au Québec, au XXᵉ siècle.

2. a) GOUVERNEMENT DU QUÉBEC, *Rapport de la Commission royale d'enquête sur l'enseignement dans la province de Québec*, tome II, volume 3, Québec, Publications du Québec, 1964, p. 279.

   b) Ce document a été rédigé en 1964 et renvoie à la même époque.

   c) Il s'agit d'un extrait d'un rapport d'une commission royale d'enquête.

   d) Ce document est de source primaire.

   e) Ce document s'adresse au gouvernement du Québec.

3. a) L'expression « vie de ménage » renvoie à la vie familiale alors que l'expression « vie conjugale » renvoie aux relations entre époux.

   b) L'éducation doit préparer les jeunes filles à leur rôle de ménagère, mais aussi leur permettre d'occuper un emploi.

   c) Ce document présente essentiellement des opinions.

   d) Le contexte est celui d'une réforme de l'éducation, alors que les femmes participent de plus en plus à la vie publique du Québec (travail, politique, etc.).

4. a) Les femmes doivent être qualifiées pour jouer leur rôle familial et professionnel.

   b) En plus de recevoir la formation ménagère (cuisine, entretien, budget, etc.), toutes les filles auront dorénavant accès à une formation menant au marché du travail.

Les membres de la Commission Parent.

Interprétation du document 3

1. Le but est de s'informer sur l'évolution de l'éducation des filles au Québec, au XXe siècle.

2. a) Jacques-Paul Couturier et autres, *Un passé composé : le Canada de 1850 à nos jours*, Moncton, Éditions d'Acadie, 1996, p. 302.

b) L'ouvrage a été rédigé en 1996 et renvoie à des événements survenus dans les années 1960 et 1970.

c) Il s'agit d'un extrait d'une synthèse sur l'histoire du Canada.

d) Ce document est de source secondaire.

e) Ce document s'adresse aux étudiants en histoire de niveau postsecondaire ainsi qu'à toute personne qui s'intéresse à l'histoire du Canada.

3. a) Le « premier cycle universitaire » correspond généralement aux trois premières années d'études dans une institution universitaire.

b) Au cours des années 1960, la présence des femmes s'est accrue tant à l'université que sur le marché du travail.

c) Ce document présente des faits.

d) Ce document renvoie au contexte de la Révolution tranquille.

4. a) À l'aide de données statistiques, l'auteur démontre l'accroissement de la présence des femmes tant à l'université que sur le marché du travail.

b) Entre 1960 et 1970, la proportion de femmes au sein de la clientèle universitaire canadienne connaît une hausse de 11,9 %. Entre 1957 et 1971, le taux d'activité des femmes de 15 ans et plus passe de 26 % à 37 %.

3 L'éducation des filles dans les années 1960, « La révolution des femmes »

« À compter des années 1960, les femmes ont moins d'enfants que par le passé, ce qui les laisse plus libres de poursuivre des études et d'entreprendre une carrière. Ainsi, elles représentent 36,7 p. 100 de la clientèle universitaire dans les programmes de premier cycle en 1970, alors qu'elles ne comptaient que pour 24,8 p. 100 des inscriptions à ce niveau en 1960 […]. Plus scolarisées, les femmes sont aussi de plus en plus présentes sur le marché du travail. À preuve, le taux d'activité chez les femmes de 15 ans et plus s'élève de 26 à 37 p. 100 entre 1957 et 1971. »

Jacques-Paul Couturier et autres, *Un passé composé : le Canada de 1850 à nos jours*, Moncton, Éditions d'Acadie, 1996, p. 302.

Étudiantes du séminaire de Joliette au milieu des années 1960, Archives des Clercs de Saint-Viateur de Joliette.

Comparer les documents 1, 2 et 3

a) Tous ces documents nous renseignent sur l'éducation des filles au Québec, au XXe siècle.

Les documents 1 et 2 présentent deux points de vue différents à différentes époques. Selon Mgr Émard, l'éducation des filles a pour but de les préparer à leurs rôles d'épouse, de mère et de ménagère. Le rapport Parent confirme l'importance de cette formation ménagère et du rôle traditionnel des femmes, mais souligne que ces dernières doivent aussi avoir accès à une formation menant au marché du travail.

Le document 3 met en évidence l'accroissement significatif de la scolarisation des femmes et de leur présence sur le marché du travail au cours des années 1960, tel qu'on semblait le souhaiter dans le document 2.

b) La comparaison nous permet de constater que, dans les années 1960, malgré la persistance d'une certaine vision traditionaliste de leur rôle et de leur formation, les femmes occupent une place de plus en plus grande dans les établissements scolaires et sur le marché du travail.

INTERPRÉTER ET RÉALISER DES REPÈRES TEMPORELS

Les repères temporels servent à mettre en ordre une suite d'événements afin de situer une réalité historique dans le temps. Il existe différentes représentations graphiques du temps :

a) la ligne du temps est un simple trait qui permet de situer des événements de façon chronologique dans la durée ;

b) le ruban du temps est une bande sur laquelle on peut facilement délimiter des périodes historiques, à l'aide de couleurs ou de hachures ;

c) la frise du temps est une superposition de rubans du temps qui permet de situer, dans une même durée, des faits survenus dans des contextes (politique, culturel, etc.) ou des lieux différents.

Utilité

Cette technique est utile pour :

- avoir une vue d'ensemble d'une réalité sociale ;
- situer les réalités sociales les unes par rapport aux autres ou par rapport à aujourd'hui ;
- comparer des sociétés ou des contextes différents ;
- relever des éléments de continuité ou de changement à travers le temps.

Méthode d'interprétation

1. Préciser son intention

Quels buts visez-vous en interprétant le repère temporel ?

2. Interpréter un repère temporel

a) Déterminez le thème général du repère temporel à l'aide de son titre ou de sa légende.

b) Relevez la ou les périodes représentées sur le repère temporel.

c) Situez les périodes ou les événements les uns par rapport aux autres et par rapport au temps présent.

Exemples

Document 1

1 Les dates marquantes de l'histoire occidentale

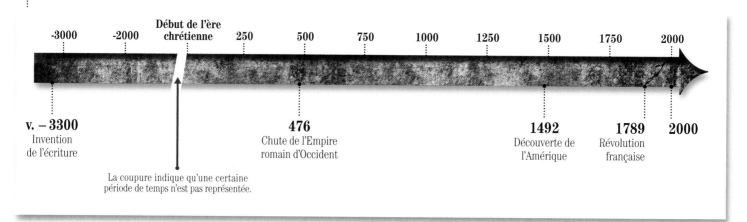

-3000   -2000   **Début de l'ère chrétienne**   250   500   750   1000   1250   1500   1750   2000

v. – 3300
Invention
de l'écriture

La coupure indique qu'une certaine période de temps n'est pas représentée.

476
Chute de l'Empire
romain d'Occident

1492
Découverte de
l'Amérique

1789
Révolution
française

2000

Document 2

2 Les grandes périodes de l'histoire du Québec

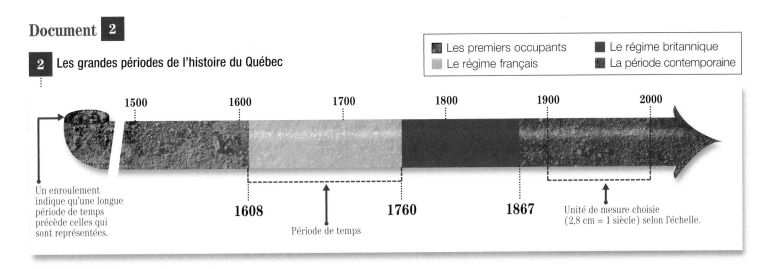

■ Les premiers occupants ■ Le régime britannique
■ Le régime français ■ La période contemporaine

1500   1600   1700   1800   1900   2000

1608   **1760**   **1867**

Un enroulement indique qu'une longue période de temps précède celles qui sont représentées.

Période de temps

Unité de mesure choisie (2,8 cm = 1 siècle) selon l'échelle.

Document 3

3 Vie économique et politique au Québec entre 1929 et 1976

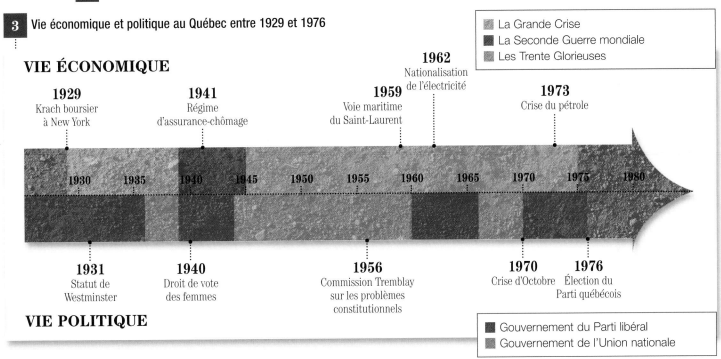

▨ La Grande Crise
■ La Seconde Guerre mondiale
▨ Les Trente Glorieuses

VIE ÉCONOMIQUE

1929
Krach boursier
à New York

1941
Régime
d'assurance-chômage

1959
Voie maritime
du Saint-Laurent

1962
Nationalisation
de l'électricité

1973
Crise du pétrole

1930   1935   1940   1945   1950   1955   1960   1965   1970   1975   1980

1931
Statut de
Westminster

1940
Droit de vote
des femmes

1956
Commission Tremblay
sur les problèmes
constitutionnels

1970
Crise d'Octobre

1976
Élection du
Parti québécois

VIE POLITIQUE

■ Gouvernement du Parti libéral
▨ Gouvernement de l'Union nationale

Méthode de réalisation

1. Choisissez un thème. Sélectionnez les aspects que vous jugez essentiels pour représenter le thème (événements, personnages, durée d'un événement) et datez chacun des aspects.

2. Tracez et orientez de façon chronologique une ligne, un ruban ou une frise.

3. Calculez la durée à représenter. Pour vous aider, posez-vous ces questions :

   a) Quel est l'élément le plus éloigné dans le temps ?

   b) Quel est l'élément le plus récent ?

4. Déterminez une unité de mesure ou d'intervalle adéquate (par exemple 10 ans, 50 ans, un siècle, un millénaire, etc.) et divisez votre repère selon l'unité de temps ou l'intervalle choisi.

5. Inscrivez, selon l'ordre chronologique, les informations que vous avez sélectionnées.

6. Donnez un titre à votre repère temporel.

INTERPRÉTER ET RÉALISER UN TABLEAU OU UN DIAGRAMME

Les tableaux et les diagrammes sont des outils qui servent à organiser et à présenter de façon cohérente et dynamique des informations ou des données semblables ou comparables. Nous nous attarderons ici aux différents types de diagrammes.

Il y a trois types de diagrammes :

a) le diagramme à bandes présente des données quantitatives à l'aide de bandes verticales ou horizontales. Ces bandes représentent des catégories de données. En un seul coup d'œil, on peut ainsi comparer leurs différentes valeurs ;

b) le diagramme circulaire représente les proportions de chacune des parties d'un ensemble. Chaque pointe illustre la valeur d'une partie. En général, les données sont exprimées en pourcentage ;

c) le diagramme linéaire met en évidence les fluctuations, à la hausse ou à la baisse, d'un phénomène. La courbe relie une suite de points qui représentent une valeur à un moment donné.

Utilité

Cette technique est utile pour :

- classer et présenter des données ;
- établir rapidement des relations entre des données ;
- constater au premier coup d'œil l'évolution d'un facteur dans le temps.

Méthode d'interprétation

1. Préciser son intention

Quels buts visez-vous en interprétant ce diagramme ?

2. Connaître et analyser un diagramme

a) De quel type de diagramme s'agit-il ?

b) Déterminez le sujet du diagramme à l'aide du titre et de la légende, s'il y a lieu.

c) Quelle est la source ?

d) Quelles sont les données présentées ? Repérez les axes (x et y) et les unités de mesure.

3. Interpréter un diagramme

a) Quelles données le diagramme met-il en relation ?

b) Que vous apprend le diagramme ? En quoi ces informations vous aident-elles à comprendre le sujet de votre recherche ?

Méthode de réalisation

1. Précisez votre intention. Quels buts visez-vous en réalisant le diagramme ?

2. a) Déterminez le sujet du diagramme.

b) Sélectionnez les données qui doivent apparaître dans le diagramme.

c) Déterminez le type de diagramme qui convient le mieux pour présenter vos données.

d) Établissez le rapport de proportion entre vos données ou déterminez les unités de mesure qui les représenteront.

e) Dessinez le diagramme choisi en répartissant les données sur les axes x et y.

f) Utilisez différents moyens (couleurs ou symboles) pour faciliter la compréhension de votre diagramme.

g) Titrez votre diagramme, indiquez la ou les sources de vos données et créez une légende, s'il y a lieu.

Exemples

Document **1**

1. Le but est de mieux comprendre la composition de la population de l'île de Montréal au début de la colonisation.

2. a) Il s'agit d'un diagramme à bandes. En fait, c'est une pyramide des âges composée de deux diagrammes à bandes inversés et accolés. Ce type de diagramme représente la répartition par sexe et par âge d'une population à un moment donné. Le côté gauche indique le nombre d'hommes par tranche d'âge, le côté droit, le nombre de femmes.

   b) Le diagramme traite de la composition de la population de l'île de Montréal au 1er janvier 1660. La légende nous indique s'il s'agit d'immigrants ou de Canadiens nés dans la colonie.

   c) Réal Bates, « Des hommes en quête d'épouse », dans Yves Landry (dir.), *Pour le Christ et le Roi : la vie au temps des premiers Montréalais*, Montréal, Libre Expression ; Art Global, 1992, p. 103.

   d) L'axe des x indique le nombre de personnes et l'axe des y, l'âge des personnes par tranches de cinq ans.

3. a) Ce diagramme met en relation le nombre d'hommes et de femmes qui habitaient l'île de Montréal en 1660 et leur répartition selon leur âge.

   b) Ces informations nous apprennent que Montréal était peu peuplé en 1660. La population était alors composée majoritairement d'immigrants âgés de 20 à 35 ans. Les femmes étaient moins nombreuses que les hommes, et la population devait compter sur l'immigration plutôt que sur les naissances pour se renouveler.

1 La population de l'île de Montréal au 1er janvier 1660

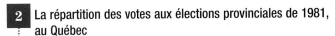

D'après Réal Bates, « Des hommes en quête d'épouse », dans Yves Landry (dir.), *Pour le Christ et le Roi : la vie au temps des premiers Montréalais*, Montréal, Libre Expression ; Art Global, 1992, p.103.

Document **2**

1. Le but est de mieux comprendre la situation politique des années 1980.

2. a) Il s'agit d'un diagramme circulaire.

   b) Il traite de la répartition des votes aux élections de 1981. La légende indique les partis en lice.

   c) Les statistiques sont tirées de Paul-André Linteau, René Durocher, Jean-Claude Robert et François Picard, *Histoire du Québec contemporain : le Québec depuis 1930*, Montréal, Boréal Express, 1989, p.719.

   d) Les pourcentages représentent les votes obtenus par chacun des partis.

3. a) Ce diagramme circulaire met en relation les votes obtenus par les principaux partis politiques. Le Parti québécois a obtenu la majorité des voix.

   b) Ces informations nous apprennent que le Parti québécois et le Parti libéral dominaient la scène politique québécoise au début des années 1980.

2 La répartition des votes aux élections provinciales de 1981, au Québec

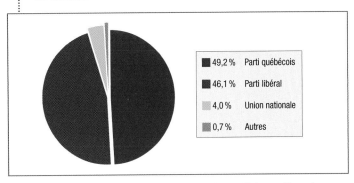

D'après Paul-André Linteau, René Durocher, Jean-Claude Robert et François Picard, *Histoire du Québec contemporain : le Québec depuis 1930*, Montréal, Boréal Express, 1989, p. 719.

Document 3

1. Le but est de comprendre l'évolution de la population immigrante au Québec à la fin du XXe siècle.

2. a) Il s'agit d'un diagramme linéaire.

   b) Il traite de la répartition de la population immigrante selon la langue maternelle (français, anglais ou autre) entre 1980 et 2000.

   c) INSTITUT DE LA STATISTIQUE DU QUÉBEC, *Immigrants selon la langue maternelle*, Québec, 1980-2006 [en ligne], 2007, réf du 12 avril 2006.

   d) L'axe des x indique les années et l'axe des y, le nombre de personnes.

3. a) Ce diagramme linéaire met en relation le nombre d'immigrants au Québec entre 1980 et 2000 et leur langue maternelle.

   b) Ces informations nous apprennent que les immigrants dont la langue maternelle n'est ni le français ni l'anglais représentent une proportion de plus de 74 % de l'immigration au Québec. On remarque que la proportion d'immigrants de langue anglaise diminue constamment.

3 Immigrants selon la langue maternelle, Québec, 1980-2000

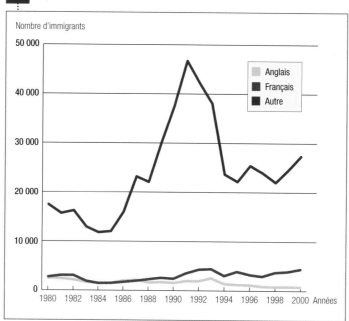

D'après INSTITUT DE LA STATISTIQUE DU QUÉBEC, *Immigrants selon la langue maternelle*, Québec, 1980-2006 [en ligne], 2007, réf. du 12 avril 2008.

INTERPRÉTER ET RÉALISER UNE CARTE HISTORIQUE

La carte historique est une représentation spatiale d'une réalité du présent ou du passé. Elle fournit des informations géographiques, mais aussi des renseignements sur l'économie, la culture, la politique et la population, ou encore sur les conflits dans un territoire donné, à une époque donnée. De son côté, la carte ou le plan ancien donne des indices sur la représentation qu'on se faisait du monde à l'époque de sa production.

Utilité

Cette technique est utile pour :

- situer dans l'espace et dans le temps des événements ou des informations;
- traduire l'évolution d'un phénomène dans l'espace et le temps.

Méthode d'interprétation

1. Préciser son intention

Quels buts visez-vous en interprétant la carte ?

2. Connaître et analyser la carte

a) Quel est le titre et, s'il y a lieu, quelle est la source de la carte ?

b) Que vous apprend la légende ?

c) Quel est l'espace géographique représenté ? À quelle date ?

d) Quelle est l'orientation de la carte selon la rose des vents ?

e) Le territoire est-il représenté à petite ou à grande échelle ?

3. Interpréter la carte

a) Quelles informations la carte vous donne-t-elle ?

b) En quoi ces informations vous aident-elles à comprendre l'époque historique que vous étudiez ?

Méthode de réalisation

1. Précisez votre intention. Quels buts visez-vous en réalisant la carte ?

2. a) Déterminez le sujet de votre carte.

b) Sélectionnez les informations qui doivent y apparaître.

c) Trouvez un fond de carte (une carte modèle).

d) Intégrez-y les informations en choisissant le moyen le plus adéquat (des symboles, des couleurs, etc.).

e) Rédigez le titre de la carte et la légende.

f) Tracez la rose des vents et l'échelle sur la carte.

g) Indiquez la source des informations qui ont servi à réaliser la carte.

Exemples d'interprétation

Document 1

1. Le but est de connaître le développement de la ville de Québec à la fin du Régime français.

2. a) *Plan de la ville de Québec* par Le Rouge, Bibliothèque et Archives Canada.

   b) À l'aide de lettres, la légende indique l'emplacement de différents sites.

   c) La ville de Québec, en 1755.

   d) La rose des vents est située dans le coin supérieur gauche de la carte. Elle est orientée vers l'ouest.

   e) Le territoire est représenté à grande échelle, car il s'agit d'un petit territoire.

3. a) En 1755, Québec était une ville fortifiée. Toutefois, il y avait quelques zones de développement à l'extérieur des murs. On y trouvait des églises, un hôpital, des couvents, un évêché ainsi que des bâtiments d'intendance. Il y avait aussi des espaces cultivés à l'intérieur même de la ville.

   b) Québec était le centre administratif et religieux de la Nouvelle-France, mais le développement urbain y était assez limité. La ville, située au confluent du fleuve Saint-Laurent et de la rivière Saint-Charles, était un lieu de défense stratégique.

1 Plan de la ville de Québec, 1755

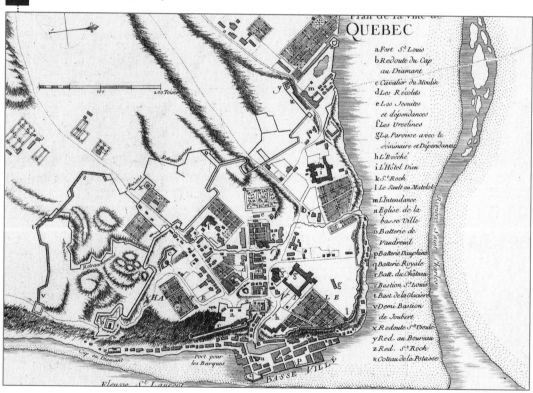

Le Rouge, *Plan de la ville de Québec, 1755*, Bibliothèque et Archives Canada.

Document 2

1. Le but est de connaître l'évolution du développement urbain de la ville de Québec.

2. a) Le centre-ville de Québec ; il n'y a pas de source.

   b) La légende indique les sites historiques, les édifices gouvernementaux et l'emplacement des fortifications.

   c) La ville de Québec, en 2008.

   d) La carte est orientée vers le nord.

   e) Le territoire est représenté à grande échelle.

3. a) La ville s'est considérablement développée à l'extérieur des remparts qui sont encore debout. Elle s'est dotée d'une infrastructure routière complexe qui comprend des autoroutes et des ponts. Les installations portuaires ont été aménagées sur des terrains artificiels à même le fleuve. On peut aussi observer plusieurs espaces verts.

   b) La ville de Québec est toujours un centre administratif et religieux. Elle est aussi devenue un haut lieu du tourisme grâce à ses nombreux musées et sites historiques liés, notamment, à l'histoire de la Nouvelle-France.

2 Le centre-ville de Québec, en 2008

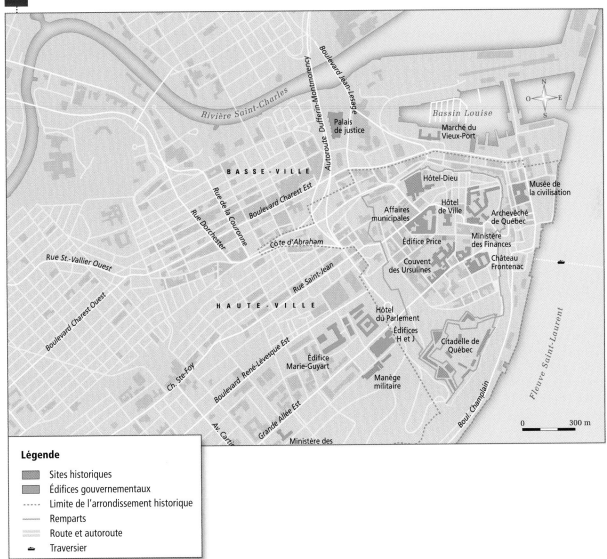

Légende

- ▪ Sites historiques
- ▪ Édifices gouvernementaux
- ----- Limite de l'arrondissement historique
- ——— Remparts
- ▓▓▓ Route et autoroute
- ⛴ Traversier

INTERPRÉTER UN ROMAN, UN FILM OU UNE BANDE DESSINÉE HISTORIQUES

Les romans, les films et les bandes dessinées historiques sont des œuvres de fiction inspirées du passé. Leurs auteurs s'intéressent aux événements historiques pour tenter de reconstituer un pan de l'histoire, pour donner un contexte historique à ce qu'ils désirent raconter ou pour présenter leur interprétation d'un événement historique. Pour interpréter ces œuvres, il faut les comparer avec des données tirées de document de source première ou secondaire.

Méthode

1. Analyser l'œuvre

a) Repérez le titre et la source de l'œuvre.

b) Déterminez la période historique ou l'événement auquel le document renvoie.

c) Trouvez des indices qui rattachent le ou les passages à un contexte historique.

2. Interpréter l'œuvre

a) Que nous raconte le document ou l'extrait sur le plan historique ?

b) Vérifiez, à l'aide de documents ou d'ouvrages de référence, l'interprétation et les faits historiques présentés dans le document.

3. Saisir le message et comprendre la symbolique

a) À quel public l'œuvre s'adresse-t-elle ?

b) Quelle est l'intention de l'auteur ?

c) Quel est le message général de l'œuvre ?

Exemples

Document 1

1. a) Régis Loisel et Jean-Louis Tripp, *Magasin général : Marie*, Tournai, Casterman, 2006, p. 77.

b) Les bédéistes mettent en scène les habitants d'un village fictif de la région de Charlevoix, dans les années 1920.

c) Les activités des habitants, leurs vêtements, leurs outils (seaux en bois, hache forgée, charrette, barils de bois, etc.).

2. a) L'extrait montre les travaux de la ferme à l'automne, après la récolte. Un jeune garçon de 13 ans se fait offrir une hache en vue de son départ pour les chantiers forestiers d'hiver.

b) D'après certains documents historiques, il semble probable que des garçons âgés de 12 et 13 ans aient pu travailler en tant que bûcherons durant l'hiver, à l'époque. Toutefois, les photos prises sur des chantiers nous laissent croire que les garçons aussi jeunes y étaient peu nombreux.

3. a) Cet ouvrage s'adresse, entre autres, à un public amateur de bandes dessinées historiques.

b) Les auteurs décrivent le quotidien des habitants d'un petit village, au fil des saisons, dans le Charlevoix des années 1920.

c) L'extrait montre la façon dont les adolescents de l'époque contribuaient très tôt à la vie économique familiale.

Régis Loisel et Jean-Louis Tripp, *Magasin général : Marie*, Tournai, Casterman, 2006, p. 77.

RÉALISER UNE ENQUÊTE ORALE

L'histoire peut aussi être construite, en partie, à l'aide de témoignages oraux. Ceux-ci nous renseignent sur le vécu des gens, leur savoir-faire et leurs traditions. Pour recueillir des sources orales, l'historienne ou l'historien doit mener une enquête et faire témoigner des personnes qu'on appelle informatrices ou informateurs. Les entretiens enregistrés sont ensuite transcrits et interprétés comme tout autre document écrit (voir l'outil 6).

Méthode

1. Préciser son intention

Que cherchez-vous à apprendre en réalisant votre enquête orale ?

2. Choisir ses informateurs

Qui sont les informateurs les plus aptes à fournir les renseignements dont vous avez besoin ? Trouvez-en au moins deux ou trois afin d'avoir plusieurs point de vue.

3. Préparer l'entretien

a) Pour chaque entretien, préparez soigneusement vos questions sur des fiches.

Formulez d'abord des questions qui permettront de bien connaître votre informateur ou votre informatrice :

- identification de l'informateur (nom, date et lieu de naissance, origine ethnique, religion, etc.) ;
- situation familiale et profession-nelle (état civil, nombre d'enfants, emploi, etc.) ;
- formation scolaire (diplômes, brevets, etc.).

Formulez ensuite des questions relatives à votre sujet d'enquête.

b) Vérifiez attentivement votre matériel d'enregistrement.

c) Prenez rendez-vous avec votre infor-mateur.

4. Recueillir le témoignage

a) Expliquez le but de votre recherche. Avertissez votre informateur que vous allez enregistrer l'entretien. Dites-lui bien que l'entretien peut demeurer anonyme.

b) Testez votre matériel.

c) Au début de l'enregistrement, nommez-vous, donnez la date et le lieu de l'entretien ainsi que le nom de l'informateur.

d) Énoncez vos questions clairement. Soyez à l'écoute de votre informateur : ne posez pas une question à laquelle la personne a déjà répondu.

5. Transcrire l'entretien

Reproduisez exactement les phrases telles qu'elles ont été prononcées. Notez aussi les silences, les rires ou les hésitations. On nomme « verbatim » le produit de cette transcription.

6. Analyser et interpréter la transcription (voir l'outil 6)

Exemple

1. Le but de cette enquête est de connaître les loisirs des personnes appartenant
à la génération de nos grands-parents alors qu'elles avaient environ 16 ans.

2. Nos grands-parents, grands-oncles, grands-tantes, etc.

3.

L'informateur ou l'informatrice

- *Quels sont vos nom et prénom ?*
- *Quel est votre lieu de naissance ?*
- *En quelle année ?*
- *Quelle est votre origine ethnique ?*
- *Quelle est votre religion ?*
- *Quelle est votre profession ?*

L'enquête

- *Où habitiez-vous à l'âge de 16 ans ?*
- *Quels étaient vos loisirs à l'âge de 16 ans ?*
- *Alliez-vous à l'école ?*
- *Que faisiez-vous durant la fin de semaine ou les jours de congé ?*
- *Sortiez-vous en famille ? En solitaire ? Avec des amis ?*

4. et 5. Extrait d'un entretien avec Claude Lessard, 74 ans.

Q : Alliez-vous à l'école ?

R : Mmmoui, j'allais à l'école supérieure Le Plateau, dans le parc Lafontaine… Lorsque
j'rencontrais des amis du primaire, y me disaient tout surpris : « Claude, tu vas encore
à l'école ? » (rire).

Q : Que faisiez-vous la fin de semaine ou les jours de congé ?

R : J'allais au cinéma du coin. Après les cours, j'prenais des cours de natation à la Palestre
nationale… (silence) L'été, on jouait à balle-molle dans le champ ou au parc pis l'hiver
on aimait ça patiner… (toux) Ah, oui, j'aimais aussi aller voir les matchs de lutte à
25 cents près d'chez nous à Montréal-Nord ou encore les Royaux, l'équipe de baseball
de Montréal, au stade du coin de la rue De Lorimier pis Ontario… Avec mes p'tits jobs
d'été, j'pouvais me payer le billet à 50 cents.

Extrait d'un entretien avec Pauline Gauthier, 72 ans.

Q : Alliez-vous à l'école ?

R : Heu… J'n'allais plus à l'école (rire)… J'travaillais à Montréal-Nord chez mon oncle
comme assistante dentaire…

Q : Que faisiez-vous durant la fin de semaine ou les jours de congé ?

R : J'aimais aller prendre un café avec mes amies, puis j'allais au cinéma…
J'aimais beaucoup aller magasiner avec ma tante chez Morgan (rire).

PRÉSENTER UNE MÉDIAGRAPHIE

Un travail de recherche en histoire doit être accompagné d'une médiagraphie. Une médiagraphie est une liste des ouvrages utilisés pour faire un travail de recherche. Ces ouvrages peuvent provenir de divers médias (imprimés, Internet, cédérom, etc.). Si l'on n'utilise que des documents imprimés, on parlera plutôt de bibliographie.

Utilité

Cette technique est utile pour :

- organiser son travail ;
- permettre au lecteur de vérifier la valeur des arguments avancés ou de l'interprétation faite ;
- respecter les droits d'auteur.

Méthode

1. Faites une fiche bibliographique pour chacun des documents que vous consultez durant votre travail de recherche (voir l'outil 4).

2. Faites une liste des différents genres de documents que vous avez consultés : ouvrages de référence, articles de revue, sites Internet et autres (voir l'outil 4).

3. Citez les documents en suivant le modèle approprié parmi les exemples ci-dessous.

Exemples de références bibliographiques

Dans le cas d'un ouvrage de référence (dictionnaire, encyclopédie, atlas) :

NOM, Prénom de ou des auteurs. « Titre de l'article », *Titre de l'ouvrage*, Ville d'édition, Nom de la maison d'édition, année de publication, tome ou volume, pages où l'article a été consulté.

COMMISSION DE TOPONYMIE. « Logan, Mont », *Noms et lieux du Québec : dictionnaire illustré*, Québec, Gouvernement du Québec, 2006, p. 391.

Dans le cas d'un livre :

NOM, Prénom de ou des auteurs. *Titre : sous-titre*, Ville d'édition, Nom de la maison d'édition, année de publication, nombre total de pages.

COUTURIER, Jacques-Paul, et autres. *Un passé composé : le Canada de 1850 à nos jours*, Moncton, Éditions d'Acadie, 1996, 418 p.

Dans le cas d'un article de presse :

> NOM, Prénom de ou des auteurs. « Titre de l'article », *Titre du journal*, date de publication, Nom du cahier (s'il y a lieu), pages du journal où l'article a été consulté.

CÔTÉ, Émilie. « Le combat des chasseurs madelinots », *La Presse*, 30 mars 2008, cahier Plus, p. 2-3.

Dans le cas d'un article d'une revue ou d'un magazine :

> NOM, Prénom de ou des auteurs. « Titre de l'article », *Titre du périodique*, volume ou numéro (s'il y a lieu), date ou numéro de parution, pages de la revue où l'article a été consulté.

HANSON, Jim. « Des aventuriers noirs au pays de la fourrure », *Cap-aux-Diamants*, n° 79, automne 2004, p. 26-29.

Dans le cas d'un site Internet :

> NOM, Prénom de ou des auteurs. *Titre du site* [en ligne], date à laquelle le site a été consulté.

BIBLIOTHÈQUE ET ARCHIVES NATIONALES CANADA. *Bibliothèque et Archives Canada* [en ligne], réf. du 1er avril 2008.

Dans le cas d'un article dans un site Internet :

> NOM, Prénom de ou des auteurs. « Titre de l'article », dans Prénom NOM, *Titre du site* [en ligne], adresse URL, date à laquelle l'article a été consulté.

THOMAS, Lewis H. « Riel, Louis », dans BIBLIOTHÈQUE ET ARCHIVES NATIONALES CANADA, *Dictionnaire biographique du Canada en ligne* [en ligne], http://www.biographi.ca/FR/ShowBio.asp?BioId=39918&query=, réf. du 1er avril 2008.

PRÉPARER UN DÉBAT ET Y PARTICIPER

Le débat est une occasion de faire ressortir différents points de vue sur des enjeux de société. Les historiennes et historiens débattent aussi de différents sujets pour construire leur interprétation des réalités du passé. Pour être vraisemblable, une opinion ou une interprétation doit reposer sur des arguments solides et être appuyée par des documents ou des témoignages.

Méthode

1. Organiser et préparer le débat

a) Choisissez le sujet du débat et énoncez-le clairement.

b) Quelle est votre position par rapport à l'enjeu du débat ?

c) Quels sont les arguments qui justifient votre point de vue ? Faites une liste de tous les arguments possibles, en pensant aux avantages et aux inconvénients de chacun.

d) Résumez vos arguments en des phrases simples et courtes que vous pourrez noter sur une fiche.

e) Appuyez vos arguments sur des faits, des documents ou des témoignages.

2. Participer au débat

a) Organisez les équipes selon le point de vue des participantes et participants (pour ou contre) ou selon les solutions envisagées par rapport au sujet du débat.

b) Choisissez une médiatrice ou un médiateur qui animera le débat (par exemple, en faisant respecter le temps accordé à chacune des équipes et en posant des questions pour alimenter le débat).

c) Expliquez et appuyez clairement votre position à l'aide de vos arguments.

d) Si l'horaire le permet, prévoyez un temps de réplique pour chacune des équipes.

3. Conclure le débat

a) Dressez un bilan des forces et des faiblesses des arguments exposés.

b) Quels ont été les arguments les plus convaincants ? Résumez-les.

c) À la suite du débat, votre point de vue a-t-il changé ?

Exemple

1. Sujet à débattre : Êtes-vous d'accord avec la chasse aux phoques ?

2.

Arguments pour :

- Les populations de phoques visées par cette chasse ne sont pas menacées : il y aurait plutôt une surpopulation.
- À Terre-Neuve, au Labrador et dans le golfe du Saint-Laurent, le nombre de phoques a triplé depuis 1970 et ces phoques menacent les stocks de poissons, par exemple la morue.
- Si l'on interdit complètement la chasse, l'impact sur les stocks de poissons pourrait nuire à l'industrie de la pêche, déjà en difficulté.
- Il s'agit d'une chasse réglementée. On ne peut pas chasser dans les zones de reproduction ni abattre les blanchons (bébés phoques) avant qu'ils ne soient sevrés et qu'ils n'aient perdu leur fourrure blanche.
- La chasse aux phoques est payante : près de 60 $ par peau. Elle représente le quart (jusqu'à 35 %, dans certains cas) des revenus de 15 000 familles de pêcheurs canadiens.

Arguments contre :

- La chasse aux phoques pratiquée à l'aide d'un gourdin muni d'un pic pour tuer les bêtes est cruelle.
- Les quotas (nombre autorisé de bêtes à abattre) fixés par le gouvernement du Canada ne cessent d'augmenter.
- La chasse aux phoques représente moins de 1 % de l'économie de Terre-Neuve-et-Labrador : les Terre-Neuviens pourraient s'en passer.
- Les États-Unis, la Belgique, les Pays-Bas, la Croatie et le Mexique ont déjà banni l'importation des produits du phoque.

3. Conclusion

Au Canada, la chasse aux phoques est bien encadrée et représente un revenu intéressant pour de nombreuses familles de pêcheurs. Cette activité permet de contrôler la croissance des troupeaux de phoques qui menacent les stocks de poissons. Il faudrait cependant imposer des mesures pour s'assurer que les bêtes sont abattues sans souffrances inutiles et que la fixation des quotas soit basée sur des données scientifiques.

DÉTERMINER LES CAUSES ET LES CONSÉQUENCES D'UN ÉVÉNEMENT

Pour bien comprendre un événement historique, il faut en déterminer les causes et les conséquences. Il faut donc savoir pourquoi cet événement s'est produit et ce qu'il a entraîné comme répercussions.

Utilité

Cette technique est utile pour :

- mesurer l'importance d'un événement au cours d'une période historique ;
- comprendre l'effet d'un événement sur la société de l'époque et, parfois, ses répercussions sur la société actuelle ;
- établir un lien entre plusieurs événements historiques.

Méthode

1. Déterminer les causes d'un événement

a) Faites une recherche sur le contexte historique qui précède l'événement.

b) Déterminez les raisons qui permettent d'expliquer pourquoi l'événement s'est produit. Pour vous aider, demandez-vous pour quelle raison cet événement a eu lieu. Les causes de l'événement peuvent être politiques, sociales, économiques, culturelles, etc. Elles peuvent parfois s'échelonner sur plusieurs années.

2. Déterminer les conséquences d'un événement

a) Faites une recherche sur le contexte historique qui suit l'événement.

b) Déterminez les changements que l'événement a provoqués. Pour vous aider, demandez-vous quels ont été les résultats ou les effets de l'événement sur la société. Les conséquences peuvent être politiques, sociales, économiques, culturelles, etc. Elles peuvent, de plus, s'échelonner sur plusieurs années.

Voici, à titre d'exemple, l'analyse des principales causes et conséquences d'un événement.

Exemple : La fondation de la Compagnie de la baie d'Hudson en 1670

Quelles sont les causes de cette fondation ?

- Au XVIIe siècle, la France et l'Angleterre se disputent le commerce des fourrures et sont des rivales dans la colonisation de l'Amérique du Nord.
- En 1660, Radisson et Des Groseilliers font connaître aux autorités françaises le potentiel de la région de la baie d'Hudson en ce qui concerne la traite des fourrures.
- Les autorités françaises refusent de fonder une compagnie pour exploiter ce potentiel.
- Radisson et Des Groseilliers réussissent à convaincre les autorités anglaises de créer une telle compagnie.

L'événement

Le 2 mai 1670, Charles II d'Angleterre accorde aux explorateurs Radisson et Des Groseilliers une charte royale créant la « Compagnie des aventuriers d'Angleterre faisant le commerce dans la baie d'Hudson ». Cette charte leur octroie le monopole de la traite avec les Amérindiens dans le bassin hydrographique de la baie d'Hudson, aussi désigné Terre de Rupert.

Quelles sont les conséquences de cette fondation ?

- La Compagnie implante un réseau de postes de traite sur le pourtour des baies James et d'Hudson.
- Cette présence renforce la position de l'Angleterre dans le commerce des fourrures en Amérique du Nord.
- Ces activités de commerce touchent directement de nouvelles populations amérindiennes, qui adoptent les marchandises de traite (couteaux, couvertures, etc.).
- Jusqu'à la Conquête, la Compagnie lutte contre les Français pour la maîtrise du commerce des fourrures dans le sud de la région.

ATLAS

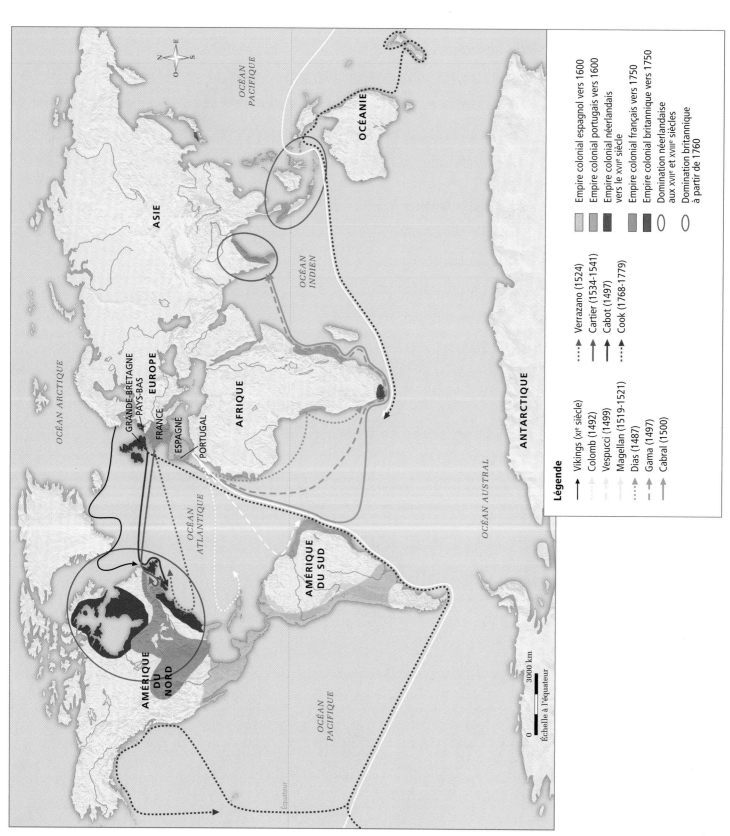

Légende

Empire colonial espagnol vers 1600
Empire colonial portugais vers 1600
Empire colonial néerlandais vers le XVIIᵉ siècle
Empire colonial français vers 1750
Empire colonial britannique vers 1750
Domination néerlandaise aux XVIIᵉ et XVIIIᵉ siècles
Domination britannique à partir de 1760

Vikings (XIᵉ siècle)
Colomb (1492)
Vespucci (1499)
Magellan (1519-1521)
Dias (1487)
Gama (1497)
Cabral (1500)

Verrazano (1524)
Cartier (1534-1541)
Cabot (1497)
Cook (1768-1779)

3000 km
Échelle à l'équateur

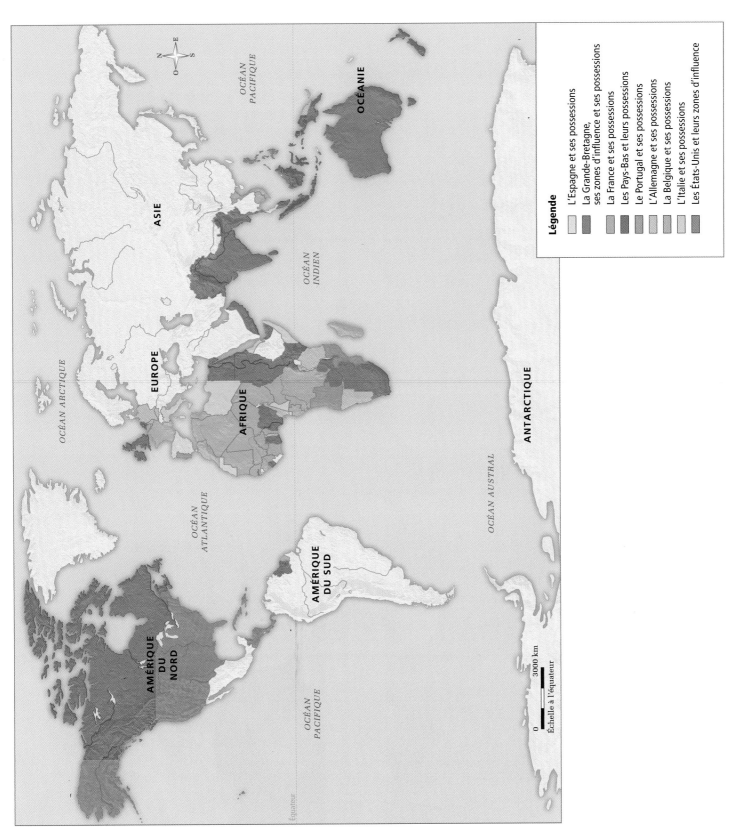

Légende

- L'Espagne et ses possessions
- La Grande-Bretagne, ses zones d'influence et ses possessions
- La France et ses possessions
- Les Pays-Bas et leurs possessions
- Le Portugal et ses possessions
- L'Allemagne et ses possessions
- La Belgique et ses possessions
- L'Italie et ses possessions
- Les États-Unis et leurs zones d'influence

B La Nouvelle-France, vers 1700

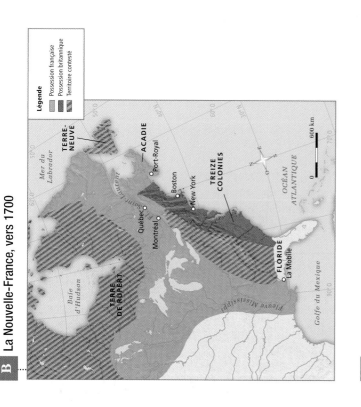

D L'Amérique du Nord après la Proclamation royale, en 1763

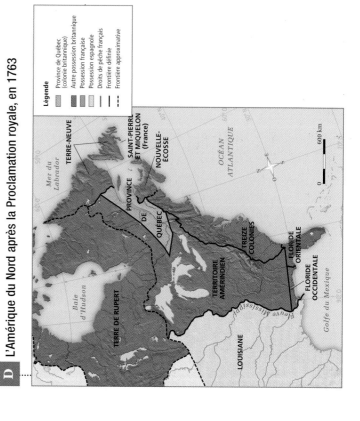

A Les nations autochtones du nord-est de l'Amérique, vers 1500

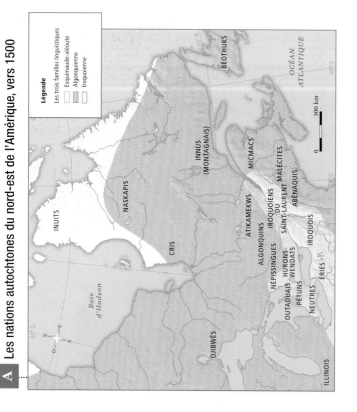

C La Nouvelle-France après le traité d'Utrecht de 1713

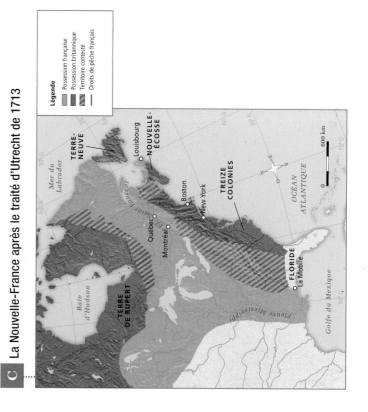

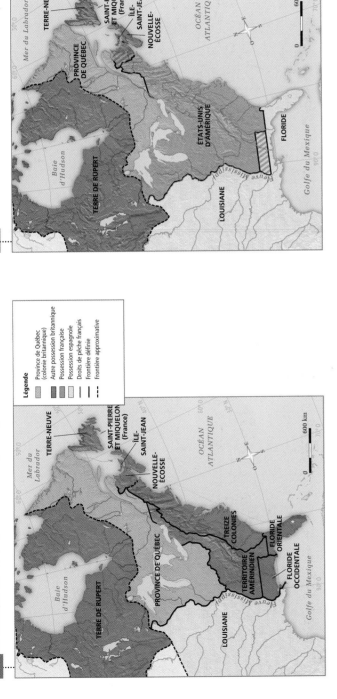

E L'Amérique du Nord après l'Acte de Québec, en 1774

Légende

- Province de Québec (colonie britannique)
- Autre possession britannique
- Possession française
- Possession espagnole
- Droits de pêche français
- Frontière définie
- Frontière approximative

TERRE-NEUVE

Mer du Labrador

SAINT-PIERRE ET MIQUELON (France)

ÎLE-SAINT-JEAN

NOUVELLE-ÉCOSSE

OCÉAN ATLANTIQUE

Baie d'Hudson

TERRE DE RUPERT

PROVINCE DE QUÉBEC

TREIZE COLONIES

FLORIDE ORIENTALE

TERRITOIRE AMÉRINDIEN

FLORIDE OCCIDENTALE

LOUISIANE

Fleuve Mississippi

Golfe du Mexique

0   600 km

F L'Amérique du Nord après le traité de Paris, en 1783

Légende

- Province de Québec (colonie britannique)
- Possession britannique
- Possession française
- Possession espagnole
- États-Unis d'Amérique
- Territoire contesté (Espagne–États-Unis d'Amérique)
- Territoire contesté (Grande-Bretagne–États-Unis d'Amérique)
- Droits de pêche français
- Frontière définie
- Frontière approximative

TERRE-NEUVE

Mer du Labrador

SAINT-PIERRE ET MIQUELON (France)

ÎLE-SAINT-JEAN

NOUVELLE-ÉCOSSE

PROVINCE DE QUÉBEC

OCÉAN ATLANTIQUE

Baie d'Hudson

TERRE DE RUPERT

ÉTATS-UNIS D'AMÉRIQUE

Fleuve Mississippi

FLORIDE

LOUISIANE

Golfe du Mexique

0   600 km

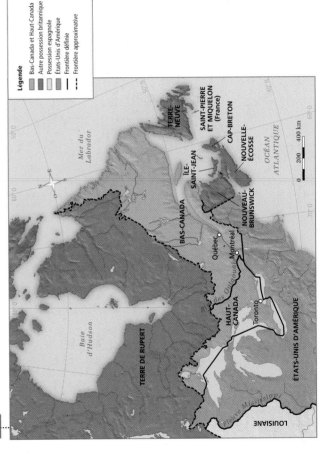

G L'Amérique du nord-est après l'Acte constitutionnel, en 1791

Légende

- Bas-Canada et Haut-Canada
- Autre possession britannique
- Possession espagnole
- États-Unis d'Amérique
- Frontière définie
- Frontière approximative

TERRE-NEUVE

Mer du Labrador

SAINT-PIERRE ET MIQUELON (France)

CAP-BRETON

ÎLE-SAINT-JEAN

NOUVELLE-ÉCOSSE

NOUVEAU-BRUNSWICK

BAS-CANADA

Québec

Montréal

HAUT-CANADA

Toronto

OCÉAN ATLANTIQUE

Baie d'Hudson

TERRE DE RUPERT

ÉTATS-UNIS D'AMÉRIQUE

Fleuve Mississippi

LOUISIANE

0   200   400 km

H Le Canada-Uni après l'Acte d'Union, en 1840

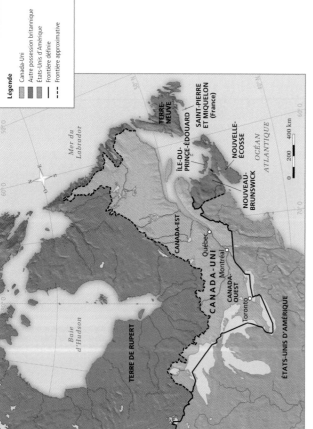

Légende
- Canada-Uni
- Autre possession britannique
- États-Unis d'Amérique
- Frontière définie
- Frontière approximative

I Le Dominion du Canada en 1867

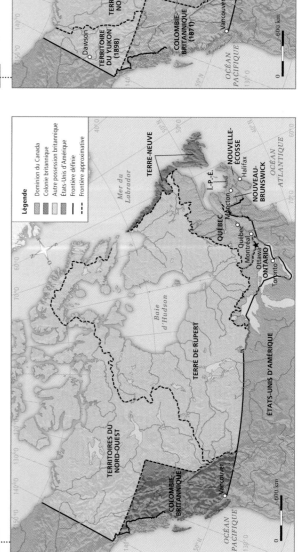

Légende
- Dominion du Canada
- Colonie britannique
- Autre possession britannique
- États-Unis d'Amérique
- Frontière définie
- Frontière approximative

J L'expansion territoriale du Canada de 1867 à 1999

Légende
- Province canadienne
- Territoires du Yukon, du Nord-Ouest et du Nunavut
- Autre territoire britannique
- États-Unis d'Amérique
- Frontière définie
- Frontières approximatives
- (1867) Date d'entrée dans la Confédération

L'ÉVOLUTION DE L'ORGANISATION POLITIQUE, DE 1663 À AUJOURD'HUI

A Le pouvoir d'État du Canada sous le régime français, de 1663 à 1760

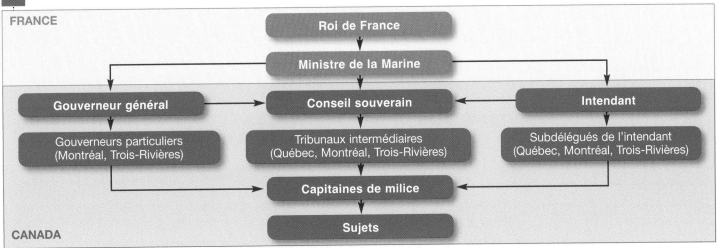

B Le pouvoir d'État dans la province de Québec, de 1764 à 1791

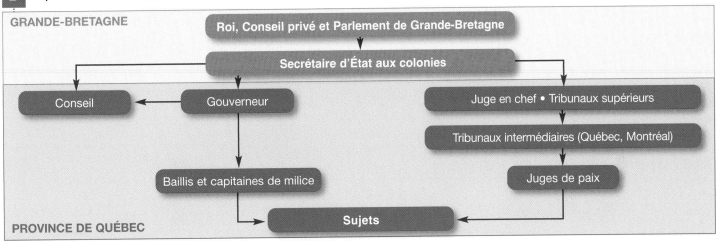

C Le pouvoir d'État au Bas-Canada, de 1791 à 1840

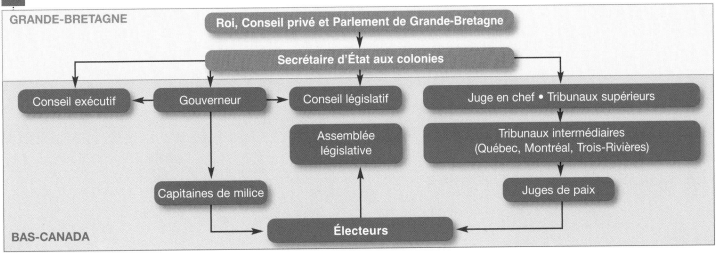

➡ Indique un rapport d'autorité.

D Le pouvoir d'État au Canada-Uni, de 1840 à 1867

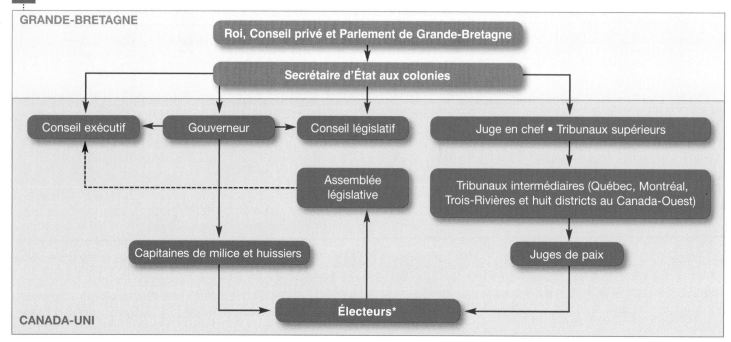

E Le pouvoir d'État dans la fédération canadienne, depuis 1867

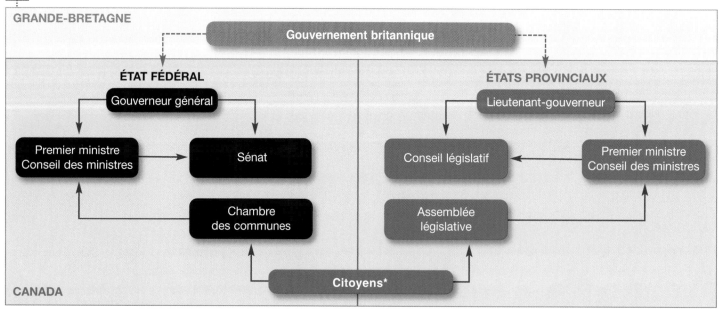

➡️ Indique un rapport d'autorité.

⇢ Après l'obtention du gouvernement responsable de 1848.

⇢ Indique que l'influence de la métropole diminue.

* Ils élisent aussi les gouvernements municipaux.

LE QUÉBEC PHYSIQUE

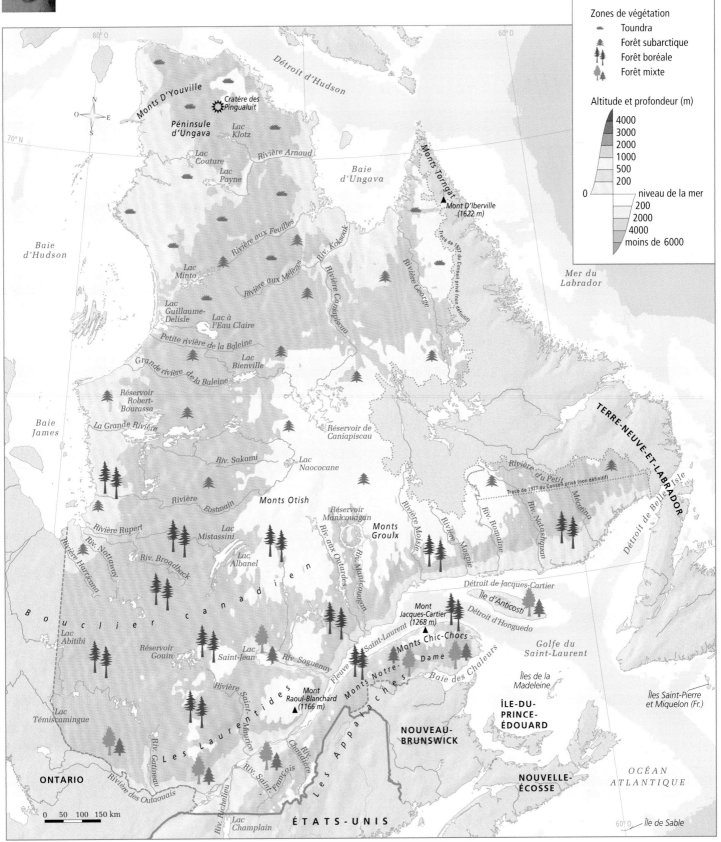

Légende

▲ Montagne

✸ Cratère

Zones de végétation

🌿 Toundra

🌲 Forêt subarctique

🌲 Forêt boréale

🌲 Forêt mixte

Altitude et profondeur (m)

4000
3000
2000
1000
500
200
0 — niveau de la mer
200
2000
4000
moins de 6000

Détroit d'Hudson

Monts D'Youville

Cratère des Pingualuit

Péninsule d'Ungava

Lac Klotz

Baie d'Ungava

Monts Torngat

Mont D'Iberville (1622 m)

Mer du Labrador

Lac Couture

Lac Payne

Rivière Arnaud

70° N

80° O

60° O

Baie d'Hudson

Rivière aux Feuilles

Riv. Koksoak

Lac Minto

Rivière aux Mélèzes

Rivière Caniapiscau

Rivière George

Tracé de 1927 du Conseil privé (non définitif)

Lac Guillaume-Delisle

Lac à l'Eau Claire

Petite rivière de la Baleine

Lac Bienville

Grande rivière de la Baleine

Réservoir Robert-Bourassa

La Grande Rivière

Réservoir de Caniapiscau

Baie James

Riv. Sakami

Lac Naococane

TERRE-NEUVE-ET-LABRADOR

Rivière du Petit Mécatina

Tracé de 1927 du Conseil privé (non définitif)

Détroit de Belle Isle

Rivière Eastmain

Monts Otish

Réservoir Manicouagan

Monts Groulx

Rivière Moisie

Riv. Romaine

Riv. Natashquan

60° N

Rivière Rupert

Lac Mistassini

Riv. aux Outardes

Rivière Magpie

Riv. Nattaway

Riv. Broadback

Lac Albanel

Riv. Manicouagan

Détroit de Jacques-Cartier

Île d'Anticosti

Rivière Harricana

Bouclier canadien

Lac Abitibi

Réservoir Gouin

Lac Saint-Jean

Riv. Saguenay

Mont Jacques-Cartier (1268 m)

Détroit d'Honguedo

Fleuve Saint-Laurent

Monts Chic-Chocs

Golfe du Saint-Laurent

La Dame

Les Laurentides

Rivière Saint-Maurice

Mont Raoul-Blanchard (1166 m)

Monts Notre-Dame

Baie des Chaleurs

Îles de la Madeleine

Lac Témiscamingue

Les Appalaches

NOUVEAU-BRUNSWICK

ÎLE-DU-PRINCE-ÉDOUARD

Îles Saint-Pierre et Miquelon (Fr.)

ONTARIO

Riv. Gatineau

Rivière des Outaouais

Riv. Richelieu

Riv. Saint-François

Riv. Chaudière

NOUVELLE-ÉCOSSE

OCÉAN ATLANTIQUE

Lac Champlain

ÉTATS-UNIS

0 50 100 150 km

60° O

Île de Sable

Légende

☆ Capitale provinciale

■ Ville de plus de 1 million d'habitants

○ Ville de plus de 100 000 habitants

• Ville ou village de moins de 100 000 habitants

——— Frontière internationale

‑ ‑ ‑ Frontière provinciale

······· Frontière non définitive
(tracé de 1927 du Conseil privé)

Ivujivik
Salluit
Détroit d'Hudson
Puvirnituq
Lac Klotz
Lac Couture
Lac Payne
Rivière Arnaud
Kangirsuk
Baie d'Ungava
Baie d'Hudson
Lac Minto
Rivière aux Feuilles
Rivière aux Mélèzes
Riv. Koksoak
Rivière Caniapiscau
Kuujjuaq
Rivière George
Mer du Labrador
Umiujaq
Lac Guillaume-Delisle
Lac à l'Eau Claire
Petite rivière de la Baleine
Lac Bienville
Kujjuarapik
Grande rivière de la Baleine
Schefferville
Réservoir Robert-Bourassa
Réservoir La Grande 3
Réservoir La Grande 4
La Grande Rivière
Chisasibi
Baie James
Réservoir de Caniapiscau
Lac Sakami
Riv. Sakami
Lac Naococane
Fermont
TERRE-NEUVE-ET-LABRADOR
Réservoir Opinaca
Eastmain
Rivière Eastmain
Réservoir Manicouagan
Tracé de 1927 du Conseil privé (non définitif)
Waskaganish
Riv. Nottaway
Lac Mistassini
Lac Albanel
Riv. Broadback
Riv. Manicouagan
Rivière Moisie
Rivière Magpie
Riv. Romaine
Riv. Natashquan
Havre-Saint-Pierre
Natashquan
Riv. Harricana
Matagami
Chibougamau
Sept-Îles
Détroit de Jacques-Cartier
Île d'Anticosti
Lebel-sur-Quévillon
Lac Abitibi
Baie-Comeau
Fleuve Saint-Laurent
Sainte-Anne-des-Monts
Gaspé
Golfe du Saint-Laurent
Amos
Réservoir Gouin
Dolbeau-Mistassini
Alma
Matane
Rimouski
Rouyn-Noranda
Val-d'Or
Lac Saint-Jean
Riv. Saguenay
Saguenay
Tadoussac
Îles de la Madeleine
Rivière Saint-Maurice
La Malbaie
Rivière-du-Loup
Baie des Chaleurs
Saint-Pierre-et-Miquelon (Fr.)
Réservoir Dozois
Réservoir Cabonga
La Tuque
Baie-Saint-Paul
La Pocatière
ÎLE-DU-PRINCE-ÉDOUARD
Québec
Montmagny
Mont-Laurier
Shawinigan
Lévis
NOUVEAU-BRUNSWICK
Trois-Rivières
Saint-Georges
Joliette
Sorel-Tracy
Victoriaville
OCÉAN ATLANTIQUE
ONTARIO
Saint-Jérôme
Drummondville
Rivière des Outaouais
Laval
Longueuil
Sherbrooke
NOUVELLE-ÉCOSSE
Gatineau
Montréal
Salaberry-de-Valleyfield
Saint-Jean-sur-Richelieu
ÉTATS-UNIS
Lac Champlain

0 50 100 150 km

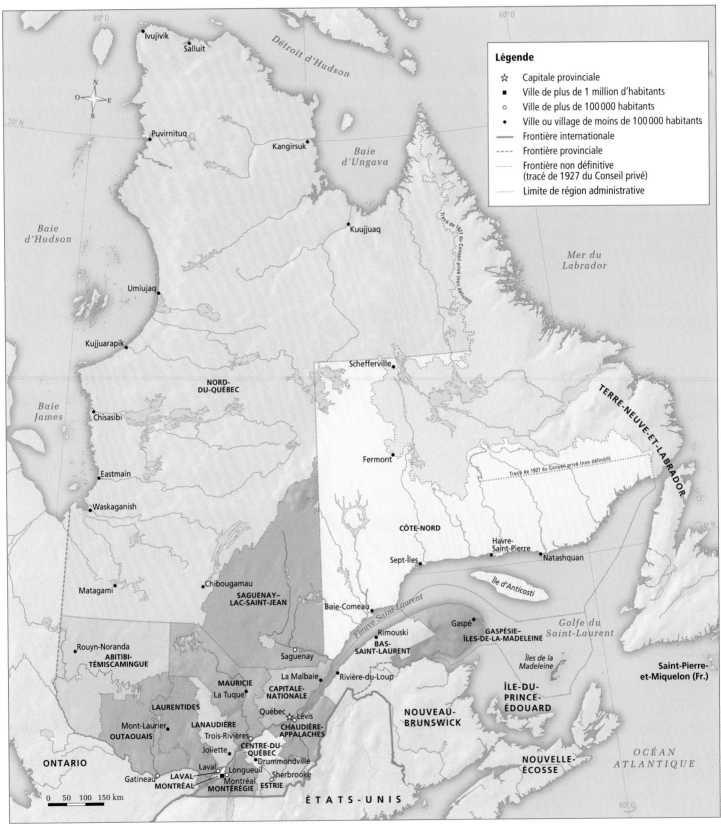

Légende

☆ Capitale provinciale
■ Ville de plus de 1 million d'habitants
○ Ville de plus de 100 000 habitants
• Ville ou village de moins de 100 000 habitants
— Frontière internationale
--- Frontière provinciale
···· Frontière non définitive
(tracé de 1927 du Conseil privé)
···· Limite de région administrative

Détroit d'Hudson

Ivujivik
Salluit
Puvirnituq
Kangirsuk
Baie d'Ungava
Baie d'Hudson
Mer du Labrador
Kuujjuaq
Umiujaq
Kujjuarapik
Schefferville
Baie James
NORD-DU-QUÉBEC
Chisasibi
TERRE-NEUVE-ET-LABRADOR
Eastmain
Tracé de 1927 du Conseil privé (non définitif)
Waskaganish
Fermont
CÔTE-NORD
Havre-Saint-Pierre
Natashquan
Sept-Îles
Île d'Anticosti
Matagami
Chibougamau
SAGUENAY–LAC-SAINT-JEAN
Baie-Comeau
Fleuve Saint-Laurent
Gaspé
Golfe du Saint-Laurent
Rouyn-Noranda
ABITIBI-TÉMISCAMINGUE
Saguenay
Rimouski
BAS-SAINT-LAURENT
GASPÉSIE–ÎLES-DE-LA-MADELEINE
Îles de la Madeleine
Saint-Pierre-et-Miquelon (Fr.)
La Malbaie
Rivière-du-Loup
MAURICIE
CAPITALE-NATIONALE
La Tuque
ÎLE-DU-PRINCE-ÉDOUARD
LAURENTIDES
Québec
Lévis
Mont-Laurier
LANAUDIÈRE
CHAUDIÈRE-APPALACHES
NOUVEAU-BRUNSWICK
OUTAOUAIS
Joliette
Trois-Rivières
CENTRE-DU-QUÉBEC
ONTARIO
Laval
Drummondville
Longueuil
Sherbrooke
OCÉAN ATLANTIQUE
Gatineau
LAVAL
Montréal
NOUVELLE-ÉCOSSE
MONTRÉAL
MONTÉRÉGIE
ESTRIE
0 50 100 150 km
É T A T S - U N I S

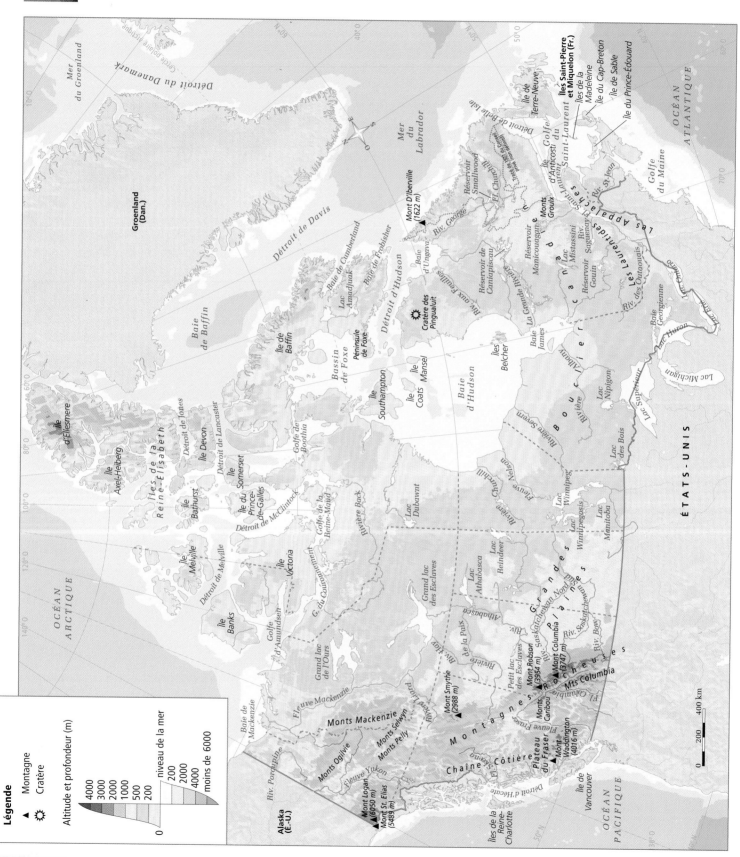

Légende

Montagne ▲

Cratère ✳

Altitude et profondeur (m)

4000
3000
2000
1000
500
200

niveau de la mer

200
2000
4000
moins de 6000

0

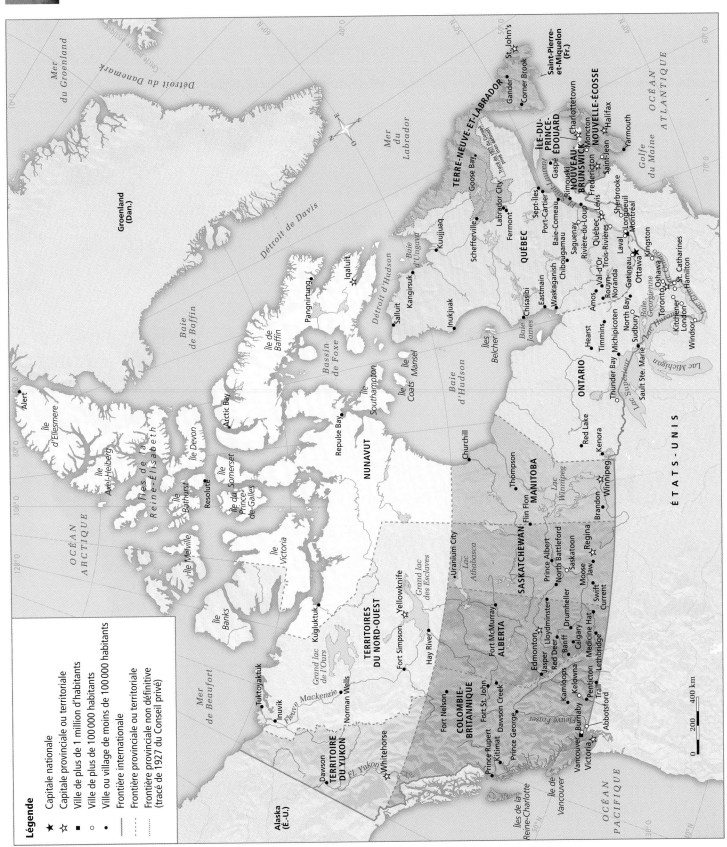

Légende

★ Capitale nationale
☆ Capitale provinciale ou territoriale
■ Ville de plus de 1 million d'habitants
○ Ville de plus de 100 000 habitants
• Ville ou village de moins de 100 000 habitants
— Frontière internationale
--- Frontière provinciale ou territoriale
···· Frontière provinciale non définitive
(tracé de 1927 du Conseil privé)

Mer du Groenland

Détroit du Danemark

Groenland (Dan.)

Cercle polaire arctique

Mer du Labrador

Détroit de Davis

Baie de Baffin

Île de Baffin

OCÉAN ATLANTIQUE

Golfe du Maine

St. John's
Saint-Pierre-et-Miquelon (Fr.)
Gander
Corner Brook
Charlottetown
ÎLE-DU-PRINCE-ÉDOUARD
NOUVELLE-ÉCOSSE
Halifax
Yarmouth
NOUVEAU-BRUNSWICK
Moncton
Fredericton
Saint-Jean
TERRE-NEUVE-ET-LABRADOR
Goose Bay
Rimouski
Gaspé
Sherbrooke
Levis
Québec
Longueuil
Montréal
Laval
Labrador City
Fermont
Sept-Îles
Port-Cartier
Baie-Comeau
Saguenay
Rivière-du-Loup
Gatineau
Ottawa
Kingston
St. Catharines
Hamilton
Scheffervile
QUÉBEC
Chibougamau
Val-d'Or
Rouyn
Noranda
Trois-Rivières
London
Windsor
Kitchener
Toronto
Oshawa
Kuujjuaq
Kangirsuk
Chisasibi
Eastmain
Waskaganish
Amos
North Bay
Michipicoten
Sudbury
Baie Georgienne
Lac Huron
Inukjuak
Hearst
Timmins
Lac Supérieur
Sault Ste. Marie
Thunder Bay
Lac Michigan

Pangnirtung
Iqaluit
Détroit d'Hudson
Baie d'Ungava

Salluit
Mer de Beaufort

Île Coats
Île Mansel
Îles Belcher
Baie James
Baie d'Hudson

Île Southampton
Bassin de Foxe

Arctic Bay
Repulse Bay
Churchill

Alert
Île d'Ellesmere
Île Axel-Heiberg
Îles de la Reine-Élisabeth
Île Devon
Île Bathurst
Île Melville
Île du Prince-de-Galles
Île Somerset
Resolute
Île Victoria
Île Banks

NUNAVUT

OCÉAN ARCTIQUE

ONTARIO
Red Lake
Kenora
ÉTATS-UNIS

Thompson
MANITOBA
Flin Flon
Lac Winnipeg
Winnipeg
Brandon

Kugluktuk
Yellowknife
TERRITOIRES DU NORD-OUEST
Fort Simpson
Hay River
Grand lac des Esclaves
Grand lac de l'Ours
Fleuve Mackenzie
Norman Wells

Uranium City
Lac Athabasca
Fort McMurray
SASKATCHEWAN
Prince Albert
North Battleford
Saskatoon
Moose Jaw
Regina
Swift Current
Medicine Hat

ALBERTA
Edmonton
Lloydminster
Red Deer
Jasper
Banff
Calgary
Drumheller
Lethbridge

Tuktoyaktuk
Inuvik
Dawson
Whitehorse
Fl. Yukon
TERRITOIRE DU YUKON

Fort Nelson
Fort St. John
Dawson Creek
Prince George
COLOMBIE-BRITANNIQUE
Prince Rupert
Kitimat
Kamloops
Kelowna
Penticton
Trail
Abbotsford
Vancouver
Burnaby
Victoria
Fleuve Fraser
Île de Vancouver
Îles de la Reine-Charlotte

OCÉAN PACIFIQUE

Alaska (É.-U.)

0   200   400 km

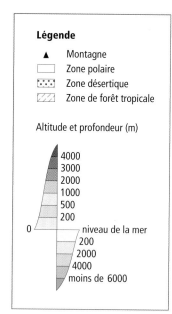

Légende

▲ Montagne

☐ Zone polaire

Zone désertique

Zone de forêt tropicale

Altitude et profondeur (m)

4000
3000
2000
1000
500
200
0 — niveau de la mer
200
2000
4000
moins de 6000

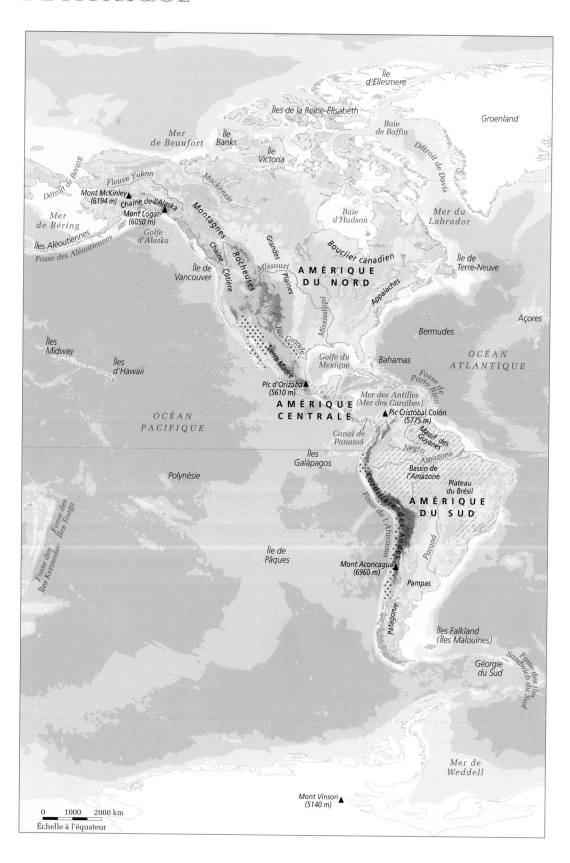

Île
d'Ellesmere

Îles de la Reine-Élisabeth

Groenland

Mer
de Beaufort

Île
Banks

Baie
de Baffin

Détroit de Davis

Île
Victoria

Détroit de Béring

Fleuve Yukon

Mackenzie

Mont McKinley
(6194 m) ▲

Chaîne de l'Alaska ▲

Baie
d'Hudson

Mer du
Labrador

Mont Logan
(6050 m)

Mer
de Béring

Golfe
d'Alaska

Montagnes Rocheuses

Grandes

Bouclier canadien

Île de
Terre-Neuve

Îles Aléoutiennes

Fosse des Aléoutiennes

Île de
Vancouver

Chaîne Côtière

Missouri

Plaines

AMÉRIQUE
DU NORD

Appalaches

Açores

Mississippi

Bermudes

Îles
Midway

Îles
d'Hawaii

Rio Grande

Sierra Madre

Golfe du
Mexique

Bahamas

OCÉAN
ATLANTIQUE

Pic d'Orizaba ▲
(5610 m)

Fosse de
Porto Rico

Mer des Antilles
(Mer des Caraïbes)

AMÉRIQUE
CENTRALE

▲ Pic Cristóbal Colón
(5775 m)

OCÉAN
PACIFIQUE

Canal de
Panamá

Massif des
Guyanes

Îles
Galápagos

Negro

Amazone

Bassin de
l'Amazone

Plateau
du Brésil

Polynésie

Cordillère des Andes

AMÉRIQUE
DU SUD

Fosse de l'Atacama

Panamá

Fosse des
Îles Tonga

Fosse des
Îles Kermadec

Îles Tonga

Île de
Pâques

Mont Aconcagua ▲
(6960 m)

Pampas

Patagonie

Îles Falkland
(Îles Malouines)

Géorgie
du Sud

Fosse des îles
Sandwich du Sud

Mer de
Weddell

Mont Vinson ▲
(5140 m)

0   1000   2000 km

Échelle à l'équateur

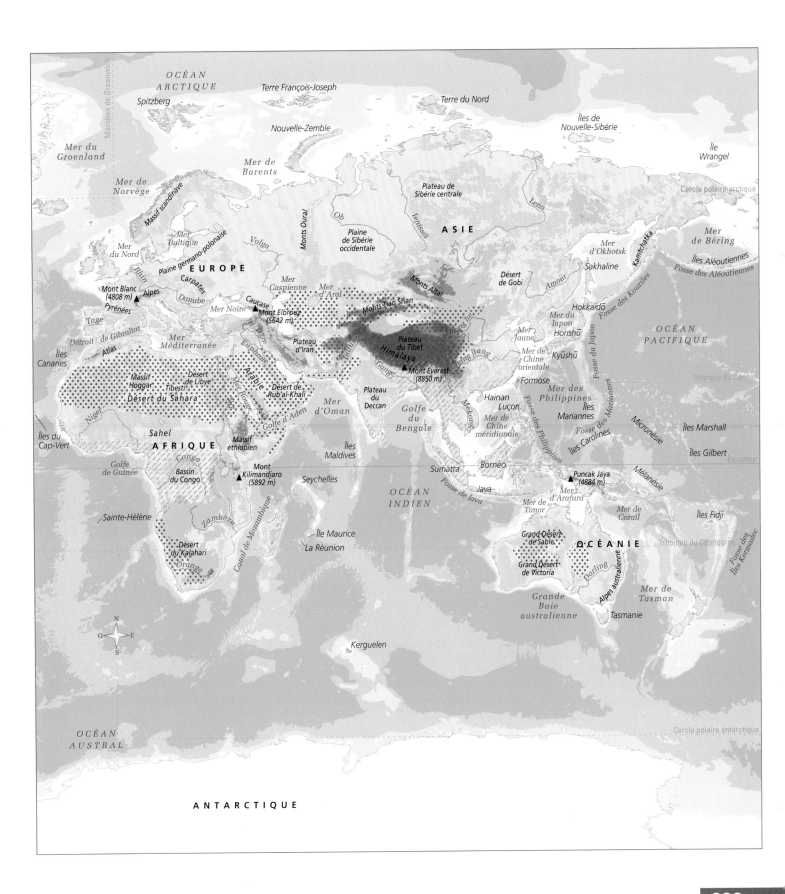

OCÉAN
ARCTIQUE

Spitzberg

Terre François-Joseph

Terre du Nord

Îles de
Nouvelle-Sibérie

Île
Wrangel

Mer du
Groenland

Nouvelle-Zemble

Mer de
Norvège

Mer de
Barents

Plateau de
Sibérie centrale

Cercle polaire arctique

Massif scandinave

Mer du
Nord

Mer
Baltique

Plaine germano-polonaise

Volga

Monts Oural

Ob

Plaine
de Sibérie
occidentale

Iénisséï

ASIE

Lena

Mer
d'Okhotsk

Kamtchatka

Mer
de Béring

Îles Aléoutiennes

Fosse des Aléoutiennes

OCÉAN
PACIFIQUE

EUROPE

Carpates

Danube

Mer
Caspienne

Mer
d'Aral

Monts Altaï

Désert
de Gobi

Amour

Sakhaline

Hokkaidō

Mer du
Japon

Honshū

Fosse des Kouriles

Mont Blanc
(4808 m)
Alpes

Pyrénées

Rhin

Mer Noire

Caucase
Mont Elbrouz
(5642 m)

Monts Tian Shan

Huang He

Mer
Jaune

Mer de
Chine
orientale

Kyūshū

Fosse du Japon

Tage

Détroit de Gibraltar

Atlas

Mer
Méditerranée

Tigre

Euphrate

Plateau
d'Iran

Indus

Plateau
du Tibet

Himalaya

Chang Jiang

Formose

Mer des
Philippines

Tropique du Cancer

Îles
Canaries

Massif
Hoggar

Tibesti

Désert
de Libye

Arabie

Désert de
Rub'al-Khali

Ganges

Mont Everest
(8850 m)

Hainan

Luçon

Îles
Marianne

Fosse des Mariannes

Îles Marshall

Désert du Sahara

Niger

Mer Rouge

Golfe d'Aden

Mer
d'Oman

Plateau
du
Deccan

Golfe
du
Bengale

Mékong

Mer de
Chine
méridionale

Fosse des Philippines

Îles Carolines

Micronésie

Îles Gilbert

Îles du
Cap-Vert

Sahel

AFRIQUE

Congo

Massif
éthiopien

Îles
Maldives

Sumatra

Bornéo

Équateur

Golfe
de Guinée

Bassin
du Congo

Mont
Kilimandjaro
(5892 m)

Seychelles

OCÉAN
INDIEN

Fosse de Java

Java

Mélanésie

Puncak Jaya
(4884 m)

Mer
d'Arafura

Mer de
Corail

Îles Fidji

Sainte-Hélène

Zambèze

Île Maurice

La Réunion

Mer de
Timor

OCÉANIE

Orange

Désert
du Kalahari

Canal de Mozambique

Grand Désert
de Sable

Grand Désert
de Victoria

Darling

Alpes australienne

Tropique du Capricorne

Fosse des
Îles Kermadec

N
O   E
S

Kerguelen

Grande
Baie
australienne

Tasmanie

Mer de
Tasman

OCÉAN
AUSTRAL

Cercle polaire antarctique

ANTARCTIQUE

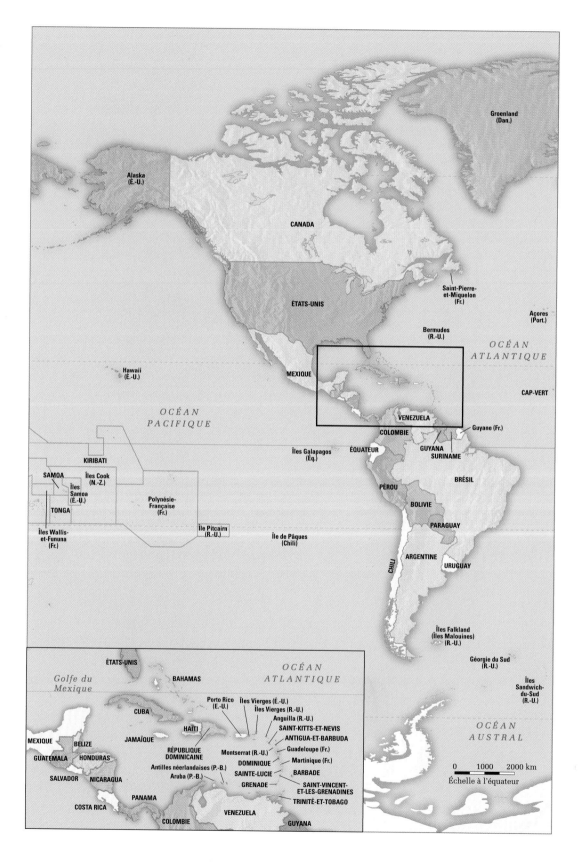

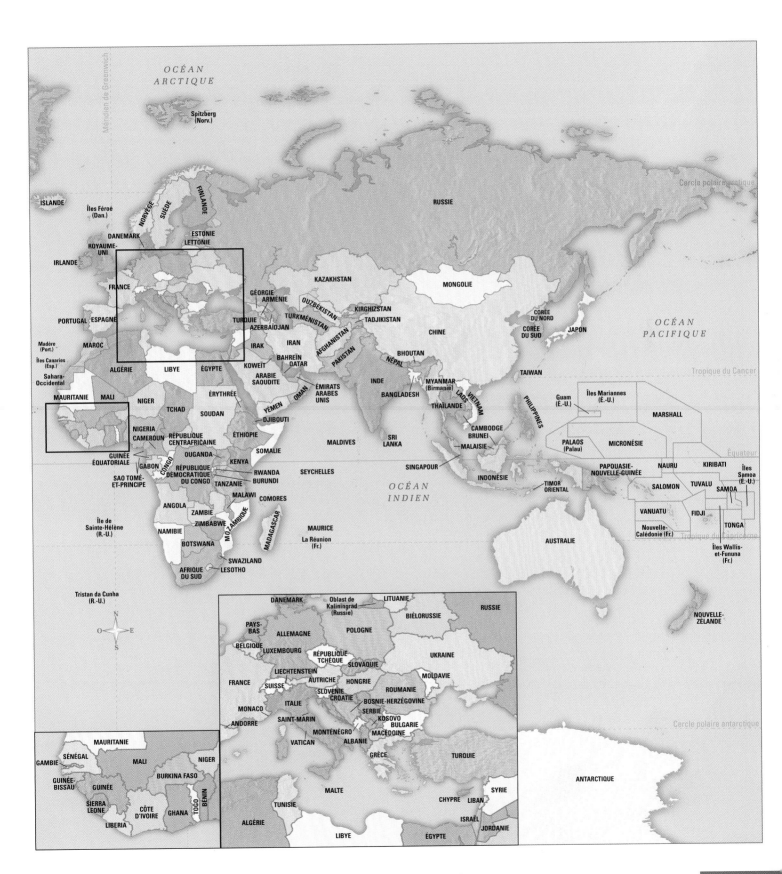

OCÉAN
ARCTIQUE

Spitzberg
(Norv.)

OCÉAN
PACIFIQUE

Cercle polaire arctique

Meridien de Greenwich

ISLANDE

Îles Féroé
(Dan.)

RUSSIE

NORVÈGE
SUÈDE
FINLANDE

DANEMARK
ESTONIE
LETTONIE

ROYAUME-
UNI

IRLANDE

FRANCE

KAZAKHSTAN

MONGOLIE

GÉORGIE
ARMÉNIE

OUZBÉKISTAN
KIRGHIZSTAN
TADJIKISTAN

CORÉE
DU NORD

PORTUGAL ESPAGNE

TURQUIE
AZERBAÏDJAN

TURKMÉNISTAN

CHINE

CORÉE
DU SUD
JAPON

Madère
(Port.)

MAROC

IRAK
IRAN

AFGHANISTAN
PAKISTAN

NÉPAL

BHOUTAN

TAIWAN

Tropique du Cancer

Îles Canaries
(Esp.)

Sahara-
Occidental

ALGÉRIE

LIBYE
ÉGYPTE

BAHREÏN
QATAR

KOWEÏT
ARABIE
SAOUDITE

OMAN

ÉMIRATS
ARABES
UNIS

INDE

MYANMAR
(Birmanie)

BANGLADESH

LAOS
VIETNAM
THAÏLANDE

Guam
(É.-U.)

Îles Mariannes
(É.-U.)

MARSHALL

MAURITANIE
MALI

NIGER
TCHAD

SOUDAN

ÉRYTHRÉE

YÉMEN

DJIBOUTI

PHILIPPINES

NIGERIA
CAMEROUN

RÉPUBLIQUE
CENTRAFRICAINE

ÉTHIOPIE

SOMALIE

MALDIVES

SRI
LANKA

CAMBODGE
BRUNEI

MALAISIE

PALAOS
(Palau)

MICRONÉSIE

Équateur

GUINÉE
ÉQUATORIALE

GABON

OUGANDA

KENYA

SINGAPOUR

PAPOUASIE-
NOUVELLE-GUINÉE

NAURU

KIRIBATI

Îles
Samoa
(É.-U.)

CONGO

RÉPUBLIQUE
DÉMOCRATIQUE
DU CONGO

RWANDA
BURUNDI

TANZANIE

SEYCHELLES

INDONÉSIE

SALOMON
TUVALU

SAMOA

SAO TOMÉ-
ET-PRINCIPE

MALAWI

COMORES

OCÉAN
INDIEN

TIMOR
ORIENTAL

VANUATU

FIDJI

TONGA

ANGOLA

ZAMBIE

ZIMBABWE

MOZAMBIQUE

MADAGASCAR

MAURICE

La Réunion
(Fr.)

AUSTRALIE

Nouvelle-
Calédonie (Fr.)

Tropique du Capricorne

Îles Wallis-
et-Fununa
(Fr.)

Île de
Sainte-Hélène
(R.-U.)

NAMIBIE

BOTSWANA

SWAZILAND

AFRIQUE
DU SUD
LESOTHO

NOUVELLE-
ZÉLANDE

Tristan da Cunha
(R.-U.)

N
O   E
S

DANEMARK

Oblast de
Kaliningrad
(Russie)

LITUANIE

RUSSIE

PAYS-
BAS

ALLEMAGNE

POLOGNE

BIÉLORUSSIE

BELGIQUE

LUXEMBOURG

RÉPUBLIQUE
TCHÈQUE
SLOVAQUIE

UKRAINE

LIECHTENSTEIN

FRANCE

SUISSE

AUTRICHE
HONGRIE

SLOVÉNIE
CROATIE

MOLDAVIE

ROUMANIE

MONACO

ITALIE

BOSNIE-HERZÉGOVINE
SERBIE

KOSOVO
BULGARIE

ANDORRE

SAINT-MARIN

MONTÉNÉGRO
MACÉDOINE

VATICAN

ALBANIE

GRÈCE

TURQUIE

Cercle polaire antarctique

MAURITANIE

GAMBIE
SÉNÉGAL

MALI

NIGER

GUINÉE-
BISSAU
GUINÉE

BURKINA FASO

MALTE

CHYPRE

LIBAN

SYRIE

ANTARCTIQUE

SIERRA
LEONE

CÔTE
D'IVOIRE
GHANA

TOGO
BÉNIN

TUNISIE

ISRAËL

JORDANIE

LIBERIA

ALGÉRIE

LIBYE

ÉGYPTE

L'AMÉRIQUE DU NORD ET L'AMÉRIQUE CENTRALE

Légende

★ Capitale nationale

—— Frontière internationale

---- Frontière provinciale, d'État ou de territoire

Légende

★ Capitale nationale

— Frontière internationale

Aruba (P.-B.)

Curaçao (P.-B.)

Caracas ★

Orénoque

VENEZUELA

Georgetown ★

GUYANA

Paramaribo ★

Bogotá ★

COLOMBIE

SURINAME

Guyane (Fr.)

Magdalena

★ Quito

ÉQUATEUR

Équateur

Putumayo

Japurá

Negro

Amazone

Îles Galápagos (Équateur)

Amazone

Juruá

Madeira

Topajós

Tocantins

BRÉSIL

Ucayali

Lima ★

PÉROU

OCÉAN PACIFIQUE

Lac Titicaca

La Paz ★

Brasília ★

BOLIVIE

PARAGUAY

Tropique du Capricorne

Asunción ★

Îles Juan Fernández (Chili)

ARGENTINE

URUGUAY

OCÉAN ATLANTIQUE

Santiago ★

Buenos Aires ★

★ Montevideo

CHILI

Îles Falkland (Îles Malouines) (R.-U.)

Géorgie-du-Sud (R.-U.)

0 200 400 600 km

Détroit de Drake

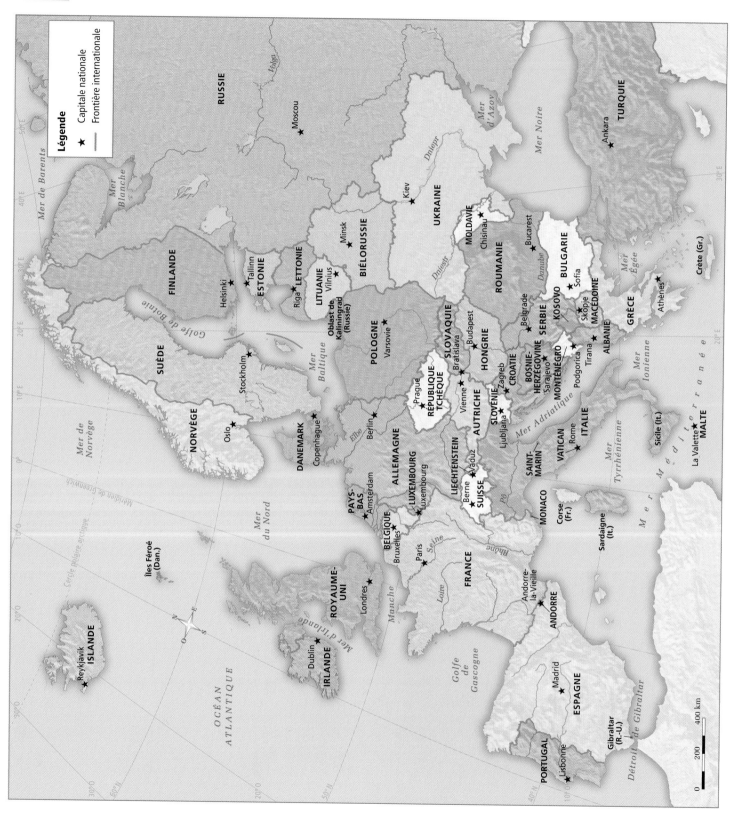

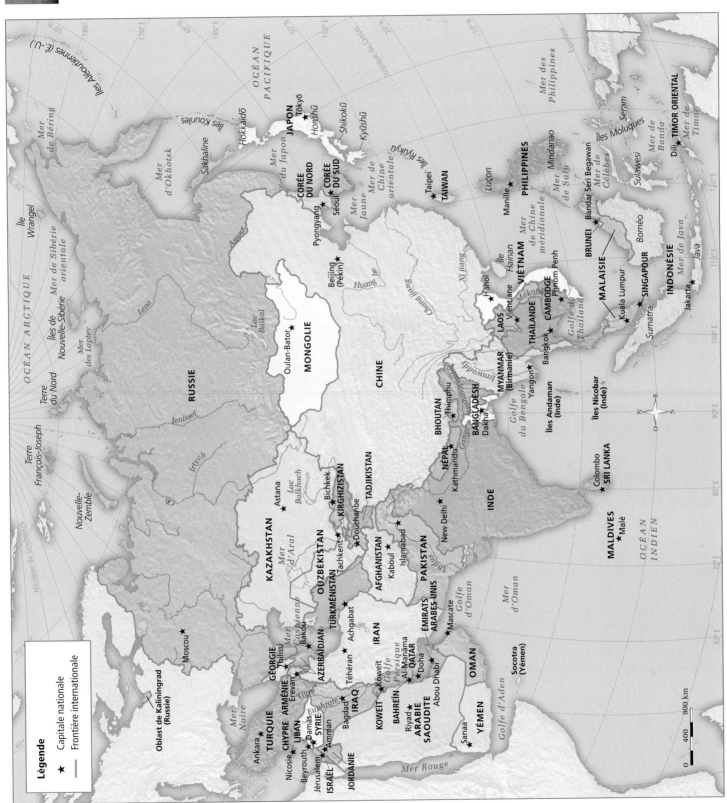

Légende
★ Capitale nationale
— Frontière internationale

OCÉAN ARCTIQUE

Île Wrangel

Mer de Béring

Îles Aléoutiennes (É.-U.)

Mer de Sibérie orientale

Îles de Nouvelle-Sibérie

Mer des Laptev

Terre du Nord

Mer d'Okhotsk

Sakhaline

Îles Kouriles

Hokkaidō

JAPON Tōkyō★

Honshū

Shikokū

Kyūshū

Mer du Japon

CORÉE DU NORD
Pyongyang★
CORÉE DU SUD
Séoul★

Mer Jaune

Mer de Chine orientale

Îles Ryūkyū

Taipei★
TAIWAN

Mer des Philippines

Luçon
Manille★
PHILIPPINES

Mindanao

Mer de Sulu

Bandar Seri Begawan
BRUNEI

Mer de Célèbes

Sulawesi

Seram

Îles Moluques

Mer de Banda

Mer de Timor

Dili★ TIMOR ORIENTAL

Bornéo

SINGAPOUR★
MALAISIE
Kuala Lumpur★

INDONÉSIE

Mer de Java

Java

Jakarta★

Sumatra

Terre François-Joseph

Nouvelle-Zemble

RUSSIE

Lena

Ienisseï

Irtych

Ob

Lac Baïkal

Amour

Oulan-Bator★
MONGOLIE

CHINE

Beijing (Pékin)★

Huang He

Chang Jiang

Xi Jiang

Mer de Chine méridionale

Île Hainan

Hanoï★
VIÊTNAM

Vientiane★
LAOS

MYANMAR (Birmanie)
Yangon★

THAÏLANDE
Bangkok★

CAMBODGE
Phnom Penh★

Golfe de Thaïlande

Irrawaddy

Mékong

Moscou★

Oblast de Kaliningrad (Russie)

KAZAKHSTAN
Astana★

Lac Balkhach

Mer d'Aral

OUZBÉKISTAN
Tachkent★

KIRGHIZISTAN
Bichkek★

TADJIKISTAN
Douchanbé★

Mer Caspienne

TURKMÉNISTAN
Achgabat★

AFGHANISTAN
Kaboul★

Islamabad★
PAKISTAN

Indus

New Delhi★
INDE

NÉPAL
Kathmandu★

BHOUTAN
Thimphu★

Gange

BANGLADESH
Dakha★

MYANMAR

Golfe du Bengale

Îles Andaman (Inde)

Îles Nicobar (Inde)

Colombo★
SRI LANKA

MALDIVES
Malé★

OCÉAN INDIEN

Mer Noire

TURQUIE
Ankara★

GÉORGIE
Tbilissi★

ARMÉNIE
Erevan★

AZERBAÏDJAN
Bakou★

CHYPRE
Nicosie★
LIBAN
Beyrouth★
SYRIE
Damas★
ISRAËL
Jérusalem★
Amman★
JORDANIE

IRAK
Bagdad★

Tigre

Euphrate

IRAN
Téhéran★

KOWEÏT
Koweit★

BAHREÏN
Al-Manama★
QATAR
Doha★
ÉMIRATS ARABES UNIS
Abou Dhabi★

ARABIE SAOUDITE
Riyad★

Golfe Persique

Mascate★
OMAN

Golfe d'Oman

Mer d'Oman

YÉMEN
Sanaa★

Socotra (Yémen)

Golfe d'Aden

Mer Rouge

0 400 800 km

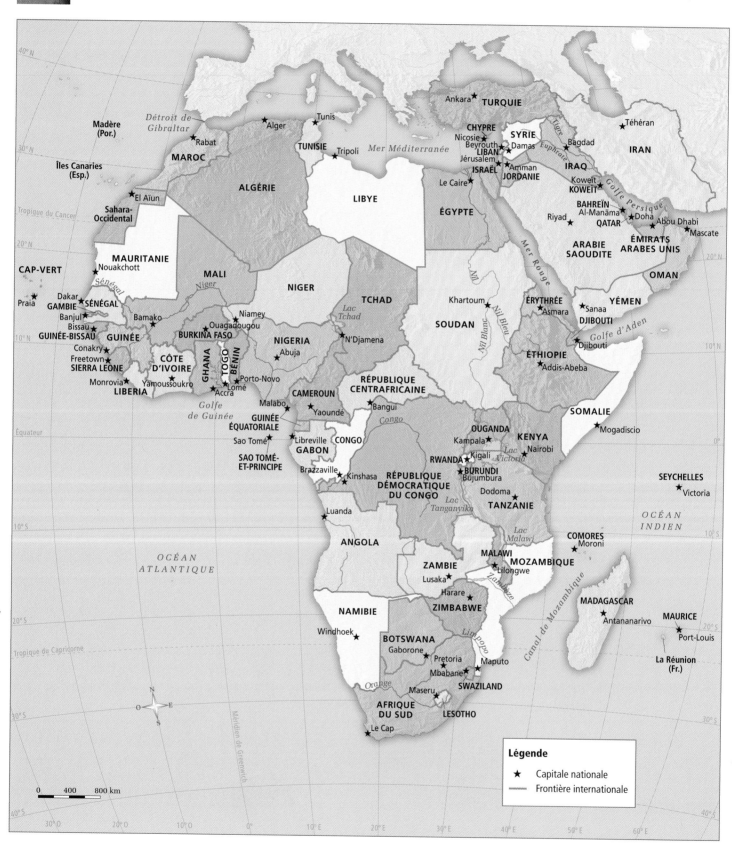

Madère
(Por.)

Détroit de
Gibraltar

Alger
Tunis

Rabat

TUNISIE
Tripoli

MAROC

Mer Méditerranée

Ankara ★ TURQUIE

CHYPRE
Nicosie ★ Beyrouth SYRIE ★ Damas
LIBAN ★
Jérusalem ISRAËL ★ Amman
JORDANIE

Téhéran ★

Bagdad ★
Euphrate
IRAN

IRAQ
Koweït
KOWEÏT ★

Îles Canaries
(Esp.)

ALGÉRIE

LIBYE

ÉGYPTE

Le Caire ★

BAHREÏN
Al-Manāma ★
QATAR

Doha ★

Riyad ★

Abou Dhabi ★
Mascate ★

El Aïun ★

Sahara-
Occidental

Tropique du Cancer

ARABIE
SAOUDITE

ÉMIRATS
ARABES UNIS

CAP-VERT

MAURITANIE
Nouakchott ★

MALI

Niger

NIGER

Mer Rouge

OMAN

Sénégal

TCHAD

Khartoum ★

ÉRYTHRÉE
Asmara ★

YÉMEN
Sanaa ★

Praia ★
Dakar ★
GAMBIE ★ SÉNÉGAL
Banjul ★
Bissau ★
GUINÉE-BISSAU GUINÉE
Conakry ★
Freetown ★
SIERRA LEONE

Bamako ★

Niamey ★
Ouagadougou ★
BURKINA FASO

Lac
Tchad

N'Djamena ★

SOUDAN

Nil Blanc

Nil Bleu

DJIBOUTI
Djibouti ★

Golfe d'Aden

NIGERIA
Abuja ★

ÉTHIOPIE
Addis-Abeba ★

Monrovia ★
LIBERIA

GHANA
CÔTE
D'IVOIRE
Yamoussoukro ★
Lomé
Accra ★

TOGO
BÉNIN
Porto-Novo ★

RÉPUBLIQUE
CENTRAFRICAINE

SOMALIE

Golfe
de Guinée

Malabo ★
GUINÉE
ÉQUATORIALE

CAMEROUN
Yaoundé ★

Bangui ★

Mogadiscio ★

Équateur

Sao Tomé ★

SAO TOMÉ-
ET-PRINCIPE

Libreville ★
GABON
Brazzaville ★

CONGO

Congo

OUGANDA
Kampala ★

KENYA
Nairobi ★

Kinshasa ★

Kigali ★
RWANDA
BURUNDI
Bujumbura ★

Lac
Victoria

SEYCHELLES
★ Victoria

Luanda ★

RÉPUBLIQUE
DÉMOCRATIQUE
DU CONGO

Lac
Tanganyika

Dodoma ★

TANZANIE

OCÉAN
INDIEN

ANGOLA

Lac
Malawi

COMORES
Moroni ★

OCÉAN
ATLANTIQUE

ZAMBIE
Lusaka ★

MALAWI
Lilongwe ★

MOZAMBIQUE

Zambèze

Harare ★

MADAGASCAR
Antananarivo ★

MAURICE
Port-Louis ★

NAMIBIE

ZIMBABWE

Tropique du Capricorne

Windhoek ★

BOTSWANA
Gaborone ★

Limpopo

Canal de Mozambique

La Réunion
(Fr.)

Orange
Maseru ★

Pretoria ★
Mbabane ★
SWAZILAND

Maputo ★

Méridien de Greenwich

AFRIQUE
DU SUD LESOTHO

Le Cap ★

N
O ★ E
S

0 400 800 km

Légende

★ Capitale nationale
— Frontière internationale

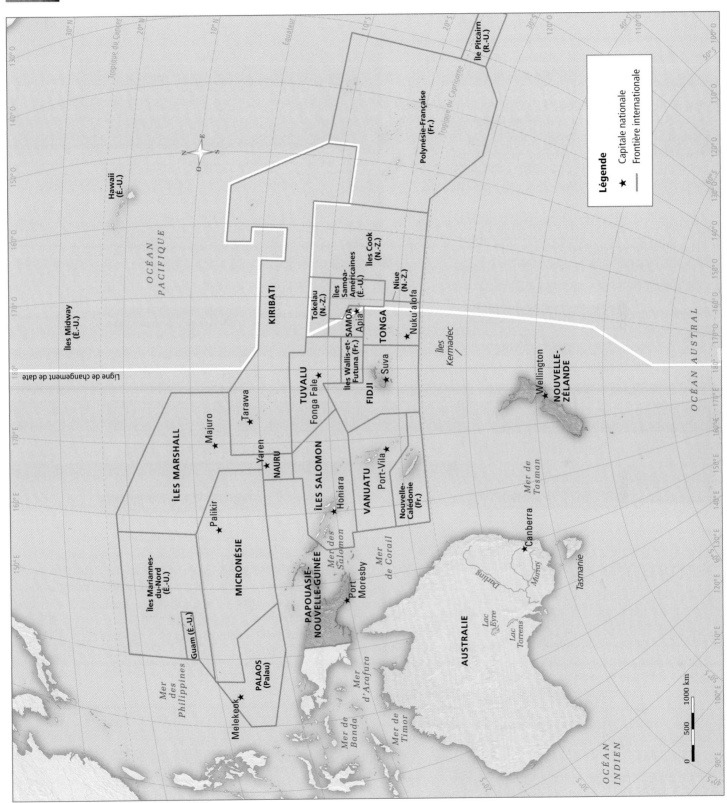

L'AUSTRALIE ET L'OCÉANIE

Légende

★ Capitale nationale

—— Frontière internationale

Île Pitcairn (R.-U.)

Polynésie-Française (Fr.)

Hawaii (É.-U.)

OCÉAN PACIFIQUE

Îles Midway (É.-U.)

KIRIBATI

Îles Cook (N.-Z.)

Tokelau (N.-Z.)

Îles Samoa-Américaines (É.-U.)

Niue (N.-Z.)

SAMOA ★ Apia

TONGA ★ Nuku'alofa

Îles Kermadec

TUVALU Fonga Fale

Îles Wallis-et-Futuna (Fr.)

FIDJI ★ Suva

Tarawa ★

Majuro ★

Yaren ★ NAURU

ÎLES MARSHALL

ÎLES SALOMON ★ Honiara

VANUATU Port-Vila ★

Nouvelle-Calédonie (Fr.)

Wellington ★ NOUVELLE-ZÉLANDE

OCÉAN AUSTRAL

Palikir ★

MICRONÉSIE

Ligne de changement de date

Îles Mariannes-du-Nord (É.-U.)

Guam (É.-U.)

PAPOUASIE-NOUVELLE-GUINÉE

Port Moresby ★

Mer des Salomon

Mer de Corail

Mer de Tasman

Canberra ★

Mer des Philippines

Melekeok ★

PALAOS (Palau)

Mer de Banda

Mer d'Arafura

Mer de Timor

OCÉAN INDIEN

AUSTRALIE

Lac Eyre

Lac Torrens

Darling

Murray

Tasmanie

Tropique du Cancer

Équateur

Tropique du Capricorne

0   500   1000 km

CHRONOLOGIE THÉMATIQUE

POPULATION ET PEUPLEMENT

- v. –50 000 à v. –13 000, datations des nombreuses hypothèses sur les premières migrations vers l'Amérique du Nord
- v. –16 000, réchauffement et retrait graduel des glaces
- v. –10 000, début de la période du Paléoindien ; occupation du Méganticois
- v. –8000, début de la période de l'Archaïque ; occupation du Bouclier canadien et de la Côte-Nord
- v. –2500, arrivée des Prédorsétiens dans l'Arctique québécois
- v. –1000, début de la période du Sylvicole
- v. 900 à v. 1000, les Iroquoiens sont sédentarisés dans la vallée du Saint-Laurent
- v. 1000, arrivée des Thuléens dans l'Arctique québécois
- v. 1500, début des contacts avec les Européens

Vers –50 000 à vers 1500

- 1608, fondation de Québec
- 1627, fondation de la Compagnie des Cent-Associés
- 1634, fondation de Trois-Rivières
- 1642, fondation de Ville-Marie
- 1666, premier recensement au Canada
- 1709, légalisation de l'esclavage en Nouvelle-France
- 1755, déportation des Acadiens
- 1759, prise de Québec

1608 à 1760

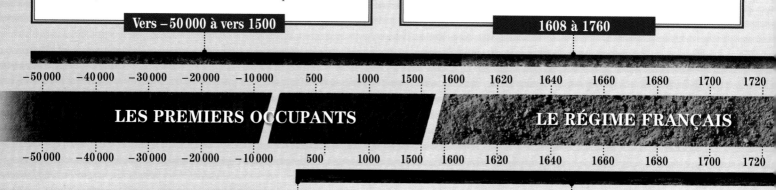

| –50 000 | –40 000 | –30 000 | –20 000 | –10 000 | 500 | 1000 | 1500 | 1600 | 1620 | 1640 | 1660 | 1680 | 1700 | 1720 |

LES PREMIERS OCCUPANTS

LE RÉGIME FRANÇAIS

| –50 000 | –40 000 | –30 000 | –20 000 | –10 000 | 500 | 1000 | 1500 | 1600 | 1620 | 1640 | 1660 | 1680 | 1700 | 1720 |

Vers –1000 à vers 1500

- v. –1000, des Autochtones nomades sont établis dans la zone subarctique et dans la zone continentale humide
- v. 900 à v. 1000, les Iroquoiens sont sédentarisés dans la zone continentale humide
- v. 1000, les ancêtres des Inuits, les Thuléens, sont établis dans la zone arctique ; des Scandinaves sont présents sur les côtes de Terre-Neuve
- 1492, Christophe Colomb atteint l'Amérique
- 1497, Jean Cabot atteint Terre-Neuve et longe la côte de l'Amérique du Nord
- 1524, Giovanni da Verrazano atteint la côte atlantique de l'Amérique du Nord
- 1534, Jacques Cartier fait ériger une croix à Gaspé
- 1600, le premier poste de traite permanent est établi à Tadoussac

1608 à 1760

- 1618, *Mémoire à Louis XIII*, de Champlain
- 1663, acquisition par les Sulpiciens de la seigneurie de l'île de Montréal
- 1670, création de la Compagnie de la Baie d'Hudson
- 1674, dissolution de la Compagnie des Indes occidentales
- Années 1690, crise du castor
- 1701, fondation de La Mobile en Louisiane par Bienville
- 1732, ouverture des chantiers maritimes du roi
- 1737, construction du Chemin du Roy

ÉCONOMIE ET DÉVELOPPEMENT

- 1760, Capitulation de Montréal
- 1760-1763, régime militaire britannique
- 1763, cession de la Nouvelle-France à la Grande-Bretagne (traité de Paris); Proclamation royale; instructions au gouverneur Murray
- 1775, premiers loyalistes à Québec
- 1776, Déclaration d'Indépendance américaine
- 1783, fin de la guerre d'Indépendance des États-Unis (traité de Paris)
- 1815, fin de la seconde guerre entre les États-Unis et la Grande-Bretagne
- Années 1830, période de crise agricole
- 1832, première épidémie de choléra et ouverture de la station de quarantaine de la Grosse-Île
- 1833, abolition de l'esclavage dans l'Empire britannique
- 1847, famine en Irlande

1760 à 1867

- 1867, Acte de l'Amérique du Nord britannique
- 1869, acquisition par le Dominion de la Terre de Rupert
- 1871, premier recensement dans le Dominion
- 1876, Loi sur les Indiens
- 1885, épidémie de variole à Montréal, achèvement de la première voie ferrée pancanadienne par le Canadien Pacifique
- 1918, épidémie de grippe espagnole
- 1945, début du baby-boom
- 1968, création du ministère de l'Immigration du Québec

Depuis 1867

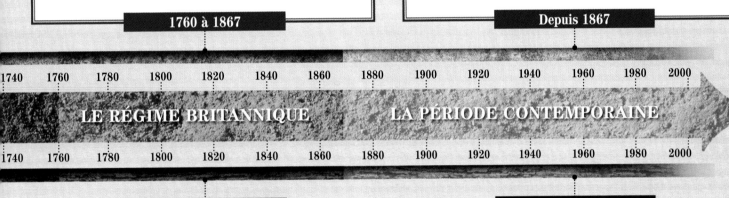

| 1740 | 1760 | 1780 | 1800 | 1820 | 1840 | 1860 | 1880 | 1900 | 1920 | 1940 | 1960 | 1980 | 2000 |

LE RÉGIME BRITANNIQUE   **LA PÉRIODE CONTEMPORAINE**

| 1740 | 1760 | 1780 | 1800 | 1820 | 1840 | 1860 | 1880 | 1900 | 1920 | 1940 | 1960 | 1980 | 2000 |

1760 à 1867

- 1777, instauration du droit commercial anglais
- 1783, officialisation de la Compagnie du Nord-Ouest
- 1806, blocus continental économique imposé à la Grande-Bretagne par la France
- 1817, fondation de la Banque de Montréal
- 1825, mise en service du canal de Lachine
- 1836, établissement d'une première ligne de chemin de fer entre Saint-Jean et Laprairie
- 1846, abolition des *Corn Laws*
- 1852, création du projet ferroviaire du Grand Tronc
- 1854, traité de réciprocité avec les États-Unis

Depuis 1867

- 1879, entrée en vigueur de la Politique nationale
- 1886-1889, Commission royale d'enquête sur les relations entre le capital et le travail
- 1900, fondation de la première caisse populaire
- 1929-1939, Grande Crise
- 1934, création de la Banque du Canada
- 1936, création de l'Office du crédit agricole
- 1962, proposition de nationaliser l'hydroélectricité au Québec
- 1965, création de la Caisse de dépôt et placement du Québec
- 1968, inauguration du barrage Daniel-Johnson et de la centrale Manic-5 sur la Côte-Nord
- 1975, convention de la Baie-James et du Nord québécois
- 1985, fermeture de la ville de Gagnon sur la Côte-Nord
- 1994, Accord de libre-échange nord-américain (ALENA)

CULTURE ET MOUVEMENTS DE PENSÉE

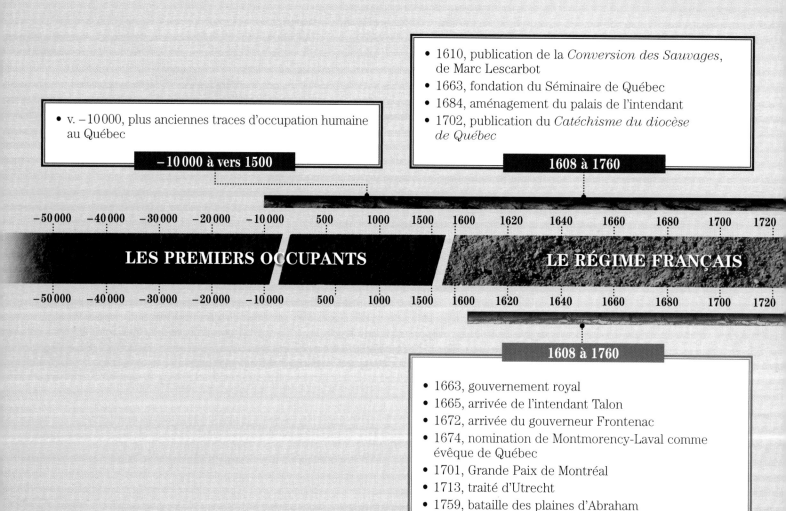

- v. –10 000, plus anciennes traces d'occupation humaine au Québec

–10 000 à vers 1500

- 1610, publication de la *Conversion des Sauvages*, de Marc Lescarbot
- 1663, fondation du Séminaire de Québec
- 1684, aménagement du palais de l'intendant
- 1702, publication du *Catéchisme du diocèse de Québec*

1608 à 1760

| –50 000 | –40 000 | –30 000 | –20 000 | –10 000 | 500 | 1000 | 1500 | 1600 | 1620 | 1640 | 1660 | 1680 | 1700 | 1720 |

LES PREMIERS OCCUPANTS

LE RÉGIME FRANÇAIS

| –50 000 | –40 000 | –30 000 | –20 000 | –10 000 | 500 | 1000 | 1500 | 1600 | 1620 | 1640 | 1660 | 1680 | 1700 | 1720 |

1608 à 1760

- 1663, gouvernement royal
- 1665, arrivée de l'intendant Talon
- 1672, arrivée du gouverneur Frontenac
- 1674, nomination de Montmorency-Laval comme évêque de Québec
- 1701, Grande Paix de Montréal
- 1713, traité d'Utrecht
- 1759, bataille des plaines d'Abraham

POUVOIR ET POUVOIRS

- 1776, ouverture de l'imprimerie de Fleury Mesplet
- 1778, fondation du journal *La Gazette du commerce et littéraire de Montréal* (aujourd'hui *The Gazette*)
- 1834, fondation de la Société Saint-Jean-Baptiste par Ludger Duvernay
- 1836, inauguration de la cathédrale Saint-Jacques-le-Majeur
- 1841, organisation de l'Instruction publique
- 1844, fondation de l'Institut Canadien de Montréal
- 1845, publication de l'*Histoire du Canada*, de François-Xavier Garneau
- 1863, publication de *Les Anciens Canadiens*, de Philippe Aubert de Gaspé père

1760 à 1867

- 1888, nomination du curé Labelle au poste de sous-ministre de l'Agriculture et de la Colonisation
- 1890, construction du premier édifice de la Sun Life à Montréal
- 1906, ouverture du Ouimetoscope à Montréal
- 1945, publication du roman *Bonheur d'occasion*, de Gabrielle Roy
- 1948, publication du manifeste du *Refus Global*
- 1950, fondation de la revue *Cité libre*
- 1960, publication de l'essai *Les insolences du frère Untel*, de Jean-Paul Desbiens
- 1978, création de la pièce de théâtre *Les fées ont soif*, de Denise Boucher

Depuis 1867

1740   1760   1780   1800   1820   1840   1860   1880   1900   1920   1940   1960   1980   2000

LE RÉGIME BRITANNIQUE   **LA PÉRIODE CONTEMPORAINE**

1740   1760   1780   1800   1820   1840   1860   1880   1900   1920   1940   1960   1980   2000

1760 à 1867

- 1760-1763, gouvernement militaire
- 1763, Proclamation royale
- 1763, révolte du chef Pontiac
- 1774, Acte de Québec
- 1791, Acte constitutionnel
- 1832, Loi de pleine émancipation des Juifs
- 1837-1838, rébellions dans le Bas-Canada et le Haut-Canada
- 1839, rapport Durham
- 1840, Acte d'Union
- 1848, application du principe de responsabilité ministérielle
- 1849, incendie du Parlement de Montréal

Depuis 1867

- 1867, Acte de l'Amérique du Nord britannique
- 1885, pendaison de Louis Riel
- 1899-1902, guerre des Boers en Afrique du Sud
- 1917, crise de la conscription
- 1918, obtention par les femmes du droit de vote au fédéral
- 1940, obtention par les femmes du droit de vote au Québec
- 1942, création du Bloc populaire
- 1960, publication de l'essai *Le chrétien et les élections*, de Gérard Dion et Louis O'Neil
- 1967, fondation du Mouvement souveraineté-association
- 1970, crise d'Octobre
- 1971, Conférence de Victoria
- 1972, déclenchement d'une grève menée par le Front commun intersyndical
- 1975, Convention de la Baie-James et du Nord québécois
- 1977, adoption de la Charte de la langue française (projet de loi 101)
- 1980, référendum sur la souveraineté-association
- 1995, référendum sur la souveraineté

GLOSSAIRE-INDEX

Note : Les mots qui ne sont pas suivis d'un numéro de page ont été définis dans le tome 1.

A

Absolutisme (p. 28) Idéologie politique selon laquelle le souverain détiendrait son pouvoir directement de Dieu et en serait le représentant sur terre.

Afrikaners Citoyens blancs d'Afrique du Sud descendant des Boers.

Afrikans Langue d'origine néerlandaise parlée en Afrique du Sud.

Agriculturisme (p. 57) Idéologie qui valorise un mode de vie traditionnel, axé sur le travail agricole.

Aire linguistique Zone géographique définie en fonction de la langue qu'on y parle.

Alène Poinçon servant à percer les cuirs, de façon à pouvoir passer l'aiguille pour les coudre.

Altermondialisme (p. 73) Mouvement social, politique et culturel qui vise à créer des liens entre les individus à l'échelle mondiale.

Américanisme (p. 64) Mode ou habitude de vie semblable à ce qui a cours aux États-Unis.

ANASE (p. 173) Association des nations de l'Asie du Sud-Est. Elle regroupe 10 pays : la Birmanie, le Brunei, le Cambodge, l'Indonésie, le Laos, la Malaisie, les Philippines, Singapour, la Thaïlande et le Viêtnam.

Animisme (p. 14) Croyance qui consiste à attribuer un esprit aux objets, aux végétaux et aux animaux.

Anticléricalisme (p. 45) Attitude consistant à refuser l'influence de l'Église dans d'autres sphères que la vie religieuse.

Antisémitisme Racisme dirigé contre les Juifs.

Appartenance Le fait pour une personne d'appartenir et de s'identifier à un groupe ou à une collectivité.

Aquaculture Élevage d'espèces aquatiques destinées à la commercialisation.

Archéométrie Ensemble des techniques scientifiques (physique, chimie, sciences environnementales, mathématiques) appliquées aux découvertes archéologiques afin de détecter des vestiges, de les dater et de mieux les identifier.

Armateur Propriétaire d'un ou de plusieurs navires exploités à des fins commerciales.

Arpent Ancienne mesure agraire qui valait environ 3400 mètres carrés.

Assignation à résidence (p. 175) Forme d'emprisonnement par laquelle une personne ne peut sortir de sa résidence.

Autochtonisme (p. 71) Attitude consistant à tenir compte des caractéristiques culturelles des Autochtones.

Autonomie provinciale (p. 57) Refus de l'ingérence du fédéral dans les domaines de compétence qui relèvent du gouvernement provincial en vertu de la loi constitutionnelle.

B

Baby-boom Augmentation importante du taux de natalité.

Bantoustan Zones géographiques réservées uniquement aux populations noires du temps de l'apartheid. Elles ont été instaurées en 1948 et dissoutes en 1994.

Basque Habitant de la région appelée «pays basque» située à la frontière de la France et de l'Espagne, en bordure de l'océan Atlantique.

Bauxite Minerai dont on extrait l'alumine, qui sert à fabriquer l'aluminium.

Boers Nom donné aux descendants des colons néerlandais, allemands, scandinaves et français qui s'installèrent en Afrique du Sud.

Bois d'œuvre Pièces de bois sciées destinées à la construction.

Boucanier Aventurier qui chassait le gibier à Saint-Domingue et qui le faisait ensuite fumer ou «boucaner». Plusieurs s'engageaient dans la flibuste.

Breton Habitant du duché de Bretagne, situé au nord-ouest de la France, sur la côte atlantique.

Brûlis Pratique agricole qui consiste à brûler la végétation d'une partie d'un territoire afin de préparer le sol à la culture.

C

Canton Division territoriale où les occupants sont propriétaires et libres de toute forme de redevance. Généralement, le canton prend la forme d'un carré découpé en lots.

Capital Ensemble des éléments (biens ou argent) qu'une personne ou une entreprise peut investir dans le but d'en tirer un profit.

Capitalisme (p. 48) Système économique qui favorise la concentration de la richesse, le contrôle des moyens de production par un petit nombre ainsi que la libre concurrence.

Carême (p. 110) Dans la religion catholique, période de privation d'une durée de 40 jours avant Pâques.

Casse-tête (p. 17) Massue à tête sphérique.

Chert Roche riche en quartz appréciée pour sa dureté.

Chloration Action de purifier l'eau en y ajoutant du chlore.

Cité-État Territoire exclusivement contrôlé par une ville souveraine.

CNA Acronyme désignant le Congrès national africain, un parti politique chargé de la défense des droits de la majorité noire contre les abus de pouvoir de la minorité blanche en Afrique du Sud.

Coliforme (p. 207) Type de bactérie présent dans les excréments.

Collège classique (p. 40)
Établissement dirigé par des prêtres et qui dispense un cours préuniversitaire.

Colonialisme Politique de domination d'un territoire par un autre État étranger.

Colonie-comptoir Poste mis sur pied sur un territoire dans le but d'en exploiter les ressources.

Coloured En Afrique du Sud, individu d'origine mixte.

Commune Ensemble de villages qui exploitent collectivement leurs ressources.

Communisme (p. 62) Idéologie qui prône l'abolition de la propriété privée et la redistribution des richesses par la mise en commun des moyens de production. Les communistes considèrent que la révolution est essentielle pour donner le pouvoir aux ouvriers.

Concession Contrat par lequel un individu ou une compagnie se voit accorder l'exclusivité de l'exploitation d'une ressource sur un territoire appartenant à l'État.

Confédération (p. 139) Association de plusieurs États qui délèguent certains de leurs pouvoirs à un gouvernement central tout en conservant leur autorité politique.

Conscription (p. 143) Mesure prise par le gouvernement pour obliger les civils à s'enrôler dans les forces armées.

Consommation Utilisation (après achat) de biens et services dans le but de satisfaire un besoin.

Contribuable Personne qui paie des impôts.

Coopératisme (p. 61) Système économique qui favorise la mise en commun des ressources, un mode de gestion partagée ainsi que le partage des profits.

Créancier Personne à qui une somme d'argent est due.

Créole Langue qui incorpore des éléments linguistiques propres à différentes communautés.

Croissance Augmentation d'une population, que ce soit par accroissement naturel, c'est-à-dire les naissances, ou par l'immigration.

Culture (p. 4) Ensemble des coutumes, des façons de faire, des savoir-faire, des idées, des valeurs, des croyances et des conceptions du monde qui sont partagés par une collectivité.

D

Décollectiviser Le fait de créer des entreprises privées qui peuvent faire des profits en remplacement d'entreprises publiques ou étatiques dont les bénéfices reviennent à l'État.

Délibération (p. 226) Examen des différents aspects d'une question avant de prendre une décision.

Délocalisation industrielle Changement d'implantation géographique des activités d'une entreprise, notamment pour réduire les coûts de production.

Demande Quantité de produits demandée par les consommateurs et le prix auquel les producteurs sont prêts à les vendre sur le marché.

Dépression En économie, cycle caractérisé par une baisse de production, des prix et des profits et par une hausse du chômage.

Dévot Personne très attachée à la religion et à ses pratiques.

Diaspora Ensemble des membres d'un peuple dispersés dans le monde mais qui conservent des liens entre eux.

Dictature (p. 79, 172) Régime politique dans lequel une personne, un parti ou un groupe s'attribue arbitrairement tous les pouvoirs. Dans une dictature, la critique publique n'est pas tolérée.

Dîme Impôt versé pour l'entretien du curé et de l'église paroissiale, et qui consiste en une petite portion de la récolte de grains.

Diplomatie (p. 103) Branche de la politique qui concerne les relations entre les États ou les peuples.

Disparité Inégalité ou situation de déséquilibre entre deux États.

Distribution Répartition des ressources ou des produits selon un territoire ou un marché donné. La distribution assure le lien entre le producteur et le consommateur.

Domicilié Amérindien établi en permanence dans un village de la vallée du Saint-Laurent, administré par une communauté missionnaire.

Droit ancestral (p. 213) Droit accordé aux Autochtones et lié à une pratique ou à une tradition qui existait avant le contact avec les Européens.

E

Économie Ensemble des activités de production, de distribution et de consommation des ressources transformées en biens et en services, selon les besoins de la population.

Économie informelle Ensemble d'activités de type économique qui échappent au contrôle de l'État.

Écoumène Ensemble des terres habitées ou exploitées par une population.

Embargo Mesure visant à empêcher la libre circulation d'un objet.

Émigration Départ de personnes vivant sur un territoire vers un autre territoire.

Énergie hydraulique Énergie obtenue grâce à la force ou au mouvement de l'eau. Au cours du XIXᵉ siècle, les scieries, les meules, les machines à vapeur, etc., fonctionnent grâce à cette énergie.

Engagé Colon qui s'engage à travailler pendant trois ans pour un employeur de la colonie qui, en retour, paye son voyage aller-retour, son entretien et son salaire.

Espace public (p. 191) Lieu où l'information circule et où les questions relatives au bien commun sont débattues.

Excommunication (p. 32) Dans la religion catholique, peine grave qui empêche le fidèle de recevoir les sacrements religieux, comme l'eucharistie (communion) ou l'extrême-onction.

Expansionnisme Politique d'expansion territoriale et commerciale d'un État sur un territoire étranger.

F

Fascisme (p. 63) Idéologie qui fait la promotion de la tradition, du totalitarisme ainsi que d'un nationalisme exacerbé.

Fécal (p. 207) Relatif aux excréments.

Fédération (p. 139) Union de plusieurs colonies sous la gouverne d'un seul État central fort, qui détient plus de pouvoirs que les gouvernements provinciaux.

Fétiche (p. 80) Objet qui, selon certaines croyances, aurait des pouvoirs magiques.

Flibustier Pirate de la mer des Antilles qui s'attaquait aux possessions espagnoles en Amérique.

Franc-maçon (p. 118) Membre d'une organisation masculine aux rituels secrets, la franc-maçonnerie, qui prétend œuvrer au progrès de l'humanité, sans préjugés nationaux ou religieux. La franc-maçonnerie serait apparue en Grande-Bretagne au XVIIᵉ siècle, avant de se répandre dans l'Occident.

Francophonie (p. 4) Communauté francophone internationale.

G

Gallicanisme (p. 29) Doctrine selon laquelle l'Église catholique en France jouit d'une autonomie par rapport à l'autorité du pape.

Ghettoïsation Fait de transformer un lieu en ghetto, c'est-à-dire en un milieu où une communauté vit dans l'isolement.

Gouvernement responsable (p. 128) Gouvernement où les membres du Conseil exécutif sont choisis parmi les membres du parti majoritaire à l'Assemblée législative.

H

Habeas corpus (p. 33) Loi anglaise du XVIIᵉ siècle qui oblige les autorités à justifier rapidement devant un juge la détention d'un citoyen, faute de quoi elles doivent le remettre en liberté.

Hectare Unité de mesure agraire qui équivaut à 10 000 mètres carrés.

Hochelaga Village iroquoien du Saint-Laurent situé sur l'emplacement de la ville actuelle de Montréal.

Homogénéisation (p. 84) Le fait de rendre uniforme.

I

Identité Ensemble de caractéristiques propres à une personne ou à un groupe et qui se distingue des autres. Désigne aussi le sentiment d'appartenance d'un individu à ce groupe.

Igname Plante tropicale à gros tubercules comestibles qu'on transforme en farine.

Immigration Installation sur un territoire de personnes nées sur un autre territoire.

Impérialisme (p. 35) Attitude consistant à donner son appui à la domination politique, culturelle, économique ou militaire qu'exerce un État sur un autre.

Indice de fécondité Relation entre le nombre total de naissances viables et le nombre moyen de femmes en âge d'avoir des enfants.

Indigo Teinture bleutée produite à partir de l'indican, une substance extraite des feuilles de l'indigotier.

Inflation Phénomène économique qui se caractérise par une hausse générale des prix.

Influence (p. 97) Capacité ou possibilité de faire modifier un comportement, une position, et ce, sans avoir recours à la violence.

Inlandsis Calotte glaciaire.

Institution (p. 96) Organisme dont l'objectif est de répondre aux besoins des citoyens et qui a une valeur officielle ou légale.

Intérêt (p. 96) Ce qui importe ou qui procure un avantage à une personne ou à un groupe.

Interventionnisme (p. 66) Politique d'intervention de l'État dans divers domaines (social, culturel et économique, notamment).

J

Jésuite (p. 21) Religieux membre de la Compagnie de Jésus fondée par Ignace de Loyola dans le but de propager la foi catholique dans le monde.

Junte (p. 172) Nom donné à un groupe de militaires qui dirige un pays à la suite d'un coup d'État.

K

Karma (p. 176) Croyance religieuse selon laquelle les actions accomplies dans les vies antérieures déterminent la qualité de la vie présente.

Laïcisme (p. 65) Idéologie qui soutient que seul le spirituel est du ressort de l'Église.

Libéralisme (p. 33) Idéologie politique selon laquelle tous les individus disposeraient de droits égaux et fondamentaux (naturels), dont celui d'être protégés des abus de pouvoir des rois.

Libre-échangisme Système économique qui abolit les droits de douane sur une partie ou sur l'ensemble des échanges commerciaux entre les pays qui y adhèrent.

Lithique Relatif à la pierre.

Lobbyiste (p. 98) Personne ou groupe de personnes qui tente d'influencer les instances gouvernementales dans un but précis. Il peut s'agir d'un projet de loi ou encore de l'attribution de permis, de contrats, de subventions, de nominations, etc.

Loi martiale (p. 132) Loi qui autorise le recours à la force armée et suspend les libertés pour résoudre une situation de crise à l'intérieur d'un pays.

Loyaliste Personne demeurée fidèle à la Couronne britannique et qui refuse d'appuyer les insurgés des Treize colonies.

M

Marguiller (p. 115) Personne laïque, élue par l'assemblée des paroissiens, pour gérer les biens de la paroisse, notamment les bâtiments, tels l'église et le presbytère.

Mercantilisme Théorie économique qui fonde la prospérité d'une nation sur l'accumulation d'or et d'argent.

Migration Déplacement de personnes qui passent d'un territoire à un autre pour s'y installer.

Milicien (p. 104) En Nouvelle-France, colon de sexe masculin âgé de 15 à 60 ans environ et soumis au service militaire non rémunéré, sur simple ordre du gouverneur. Le milicien n'est pas un soldat de métier et il ne fait pas partie de l'armée.

Monopole Exploitation exclusive d'une ressource ou d'un marché par un individu ou une compagnie.

Mouvement de pensée (p. 4) Idées et croyances qui ont cours dans une société à une époque donnée.

N

Nationalisme (p. 38) Idéologie politique qui identifie en tant que nation un groupe d'individus partageant des caractéristiques communes. Désigne aussi le sentiment d'appartenance d'un individu à une nation.

Nationalisme de la survivance (p. 43) Nationalisme qui fait du maintien de la foi et de l'Église catholiques, ainsi que de la langue et de la culture françaises, des conditions essentielles à la survie culturelle des Canadiens français en Amérique.

Nationalisme économique Politique interventionniste dont le but est de renforcer la mainmise d'un État sur son économie.

Naturaliste (p. 206) Spécialiste des sciences naturelles.

Nègre Personne noire réduite à l'état d'esclavage.

Néolibéralisme (p. 73) Idéologie qui fait la promotion du laisser-faire en économie et qui remet en question l'interventionnisme de l'État.

Noix de cola Graine du colatier dont on tire un extrait stimulant qui entre dans la préparation de certaines boissons.

Numéraire Argent, pièces, billets ou toute monnaie ayant cours légal.

Offre Quantité de produits que les producteurs désirent vendre sur le marché et le prix que les consommateurs sont prêts à payer pour les acquérir.

Ordination (p. 31) Cérémonie lors de laquelle un prêtre se voit autoriser à exercer la prêtrise.

Parti unique Parti qui contrôle seul l'activité politique.

Patrimoine (p. 20) Ensemble des manifestations culturelles du passé, du présent et de l'avenir qui caractérise une société.

Patronage (p. 127) Anglicisme utilisé traditionnellement au Québec pour désigner le favoritisme, c'est-à-dire la distribution de biens publics (emplois dans l'administration, subventions) par une personne au pouvoir, en échange d'un appui politique.

Péréquation (p. 151) Programme de compensation financière destiné à réduire les inégalités entre les provinces canadiennes.

Perlasse Sous-produit de la potasse utilisé dans l'industrie textile comme agent de blanchiment.

PIB Abréviation de «produit intérieur brut». Le PIB correspond à la valeur de l'ensemble des biens et services produits en une année par un pays ou une province. Il permet de mesurer le développement économique global d'un pays ou d'une province.

Pluriculturalité Diversité de cultures ou de groupes culturels au sein d'une société.

Population Ensemble de personnes qui partagent un même espace géographique.

Population active (p. 200) Ensemble de la population qui occupe un emploi ou qui en cherche un.

Potasse Produit issu de la transformation de la cendre du bois brûlé et utilisé comme agent de blanchiment.

Pouvoir (p. 96) Fait de disposer de moyens d'accomplir quelque chose ou d'imposer son autorité sur des individus ou des groupes d'individus dans une société.

Privatisation Action de transférer au secteur privé ce qui était auparavant la propriété de l'État.

Production Action de transformer des ressources par le travail, au moyen des outils appropriés, de façon à obtenir un rendement efficace. La production désigne aussi l'ensemble des ressources exploitées et des services offerts sur un territoire ou dans un environnement.

Protectionnisme Politique économique qu'un État ou un gouvernement met en place afin de protéger l'économie d'un pays ou d'un empire contre la concurrence étrangère.

Protectorat Forme d'impérialisme colonial qui consiste, pour une puissance impérialiste, à gouverner un territoire par l'intermédiaire d'un chef ou d'un souverain local.

Protocole de Kyoto (p. 165) Traité international par lequel 38 pays industrialisés s'engagent à abaisser collectivement, d'ici 2012, leurs émissions de gaz à effet de serre de 5,2% par rapport au taux de 1990.

R

Recensement Dénombrement détaillé de la population d'un pays, d'une région ou d'une ville.

Récession Ralentissement des activités économiques qui se mesure par une baisse de l'emploi et du PIB.

Réformisme social (p. 51) Idéologie qui prône des changements sociaux permettant de lutter contre la misère et les autres conséquences du développement industriel.

Réformiste (p. 126) Qui prône une idéologie libérale visant la transformation des institutions politiques en place.

Régime à parti unique Régime politique où un seul parti contrôle l'activité politique.

Régime seigneurial Type d'organisation sociale dans laquelle le seigneur distribue des terres à des paysans en échange de redevances.

Région périphérique Région éloignée des grands centres urbains et des marchés importants. L'économie de ces régions dépend souvent de l'exploitation des ressources naturelles de leur territoire.

Républicanisme (p. 38) Idéologie politique selon laquelle la souveraineté appartient au peuple.

Réserve Territoire réservé aux populations amérindiennes et administré par le gouvernement fédéral.

Responsabilité ministérielle (p. 128) Dans un gouvernement responsable, principe selon lequel l'Assemblée législative approuve le choix des membres du Conseil exécutif, qui sont tenus de démissionner s'ils perdent l'appui de l'Assemblée.

Ressources Moyens disponibles qui permettent d'assurer la subsistance d'une personne ou d'une collectivité.

Revenu fiscal (p. 141) Revenu de l'État obtenu par la perception d'impôts, de taxes et de droits de douane.

Révolution culturelle Mouvement politique lancé par Mao pour promouvoir les valeurs révolutionnaires.

Rhyolite Roche vitreuse.

Roman épistolaire (p. 34) Œuvre de fiction qui prend la forme d'un échange de lettres entre les personnages.

Roturier (p. 113) Personne qui n'est pas noble.

Sauvage Terme souvent utilisé dans les documents d'époque pour désigner un Amérindien. Il témoigne d'un préjugé défavorable à l'égard du mode de vie des Amérindiens, que les Européens trouvent peu « civilisés ».

Secteur primaire Division de l'économie axée sur l'exploitation des ressources naturelles (agriculture, forêts, mines, etc.).

Secteur secondaire Division de l'économie axée sur la transformation des matières premières (industries, construction, etc.)

Secteur tertiaire Division de l'économie qui regroupe l'ensemble des activités (commerce, finance, éducation, santé, etc.) destinées à fournir des services.

Sédition (p. 118) Révolte préméditée contre l'autorité de l'État.

Ségrégationniste Partisan des politiques de ségrégation raciale visant à isoler certains groupes de population en fonction de leur religion ou de leur couleur.

Serment du Test Serment par lequel une personne renonce à la foi catholique et rejette l'autorité du pape.

Services Domaine de l'emploi qui fournit des services contre paiement, comme la vente, l'éducation, le transport, les soins médicaux, l'administration publique, etc.

Sisal Plante dont la fibre sert à fabriquer des cordes, des filets, des sacs, etc.

Smog (p. 209) Brouillard causé par la pollution atmosphérique.

Socialisme (p. 62) Idéologie qui défend les intérêts du plus grand nombre plutôt que ceux de petits groupes. Les socialistes considèrent que seul un État interventionniste est en mesure d'assurer cette défense.

Société (p. 190) Regroupement d'individus qui s'organisent sur un territoire donné et qui établissent des rapports durables entre eux.

Société de droit (p. 190) Société organisée en fonction d'un ensemble de lois qui fixent les règles de vie en société, les rapports entre les individus ainsi que les droits et les devoirs des citoyens.

Spéculation Opération financière qui consiste à tirer profit des fluctuations économiques.

Stadaconé Village iroquoien du Saint-Laurent situé sur l'emplacement de la ville actuelle de Québec.

Stagflation Terme formé par la contraction des mots « stagnation » et « inflation ». Ce mot désigne un phénomène économique qui se caractérise par la présence simultanée de chômage et d'inflation.

Subsistance Ensemble des activités accomplies par un groupe pour combler ses besoins essentiels et assurer sa survie.

Taïnos Nom donné à l'un des peuples qui habitait l'île d'Hispaniola à l'arrivée des Européens.

Tarifs préférentiels Frais de douanes moins élevés imposés sur les produits importés des colonies.

Taux de croissance naturelle Différence entre le nombre de naissances et le nombre de décès pour 1000 habitants dans une année.

Taux de mortalité Taux indiquant le nombre de décès pour 1000 habitants (‰) dans une année.

Taux de naissance Taux indiquant le nombre de naissances pour 1000 habitants (‰) dans une année.

Territoire (p. 190) Espace terrestre dans lequel évolue une société.

Titre foncier Droit de propriété ou d'utilisation d'un territoire.

Troc Échange d'un produit contre un autre.

Ultramontanisme (p. 40) Doctrine politique et religieuse selon laquelle l'Église catholique prédomine sur tous les plans, notamment sur le pouvoir politique.

V

Vaudou Culte qui mélange les principes de la foi chrétienne à la pensée animiste de l'Afrique de l'Ouest, d'où venaient les esclaves.

Voyageur Commerçant spécialiste de la traite des fourrures et des relations avec les Amérindiens qui détient un permis ou travaille pour un marchand qui en possède un.

X

Xénophobie Hostilité ou crainte à l'égard des personnes d'origine étrangère.

SOURCES

Légende

haut = h bas = b centre = c
gauche = g droite = d

Photographies

Couverture

(canot) Frances Anne Hopkins, *Canoes in a fog, Lake Superior*, 1869. Collection du Glenbow Museum, Calgary, Canada, 55.8.1; (port) Musée McCord, MP-0000.890.2; (meule) Ministère de la Culture et des Communications du Québec, site Lanoraie (meule à main et grains), BIFh-1-ca44, reproduction autorisée par Les Publication du Québec; (pianiste) AP Photo/Keystone, Martial Trezzini; (partie de carte) Bibliothèque et Archives Canada; (forêt) Raymond Gehman/CORBIS; (viaduc) Bibliothèque et Archives nationales du Québec, Centre d'archives de Montréal, E6,S7,SS1,P700379; (procession) Musée McCord, MP-0000.25.931; (manifestation) Archives La Presse; (immigrants) Bibliothèque et Archives Canada: PA-010254; (train) Bibliothèque et Archives Canada: PA-149059; (parlement) Bibliothèque et Archives Canada: C-000773; (bébé) CP PHOTO/Andrew Vaughan. **Pictogrammes: P. III:** (lunette) Musée McCord, ME930.10; (maison) Stéphanie Colvey; (théière) Victoria and Albert Museum Teapot, made at an unidentified factory in Britain, probably 1740s. Museum no. C.50&A-1961; (chorégraphie) © photo Robert Etcheverry, Fondation Jean-Pierre Perreault; (statuette) Werner Forman/Art Resource, NY; (croix de Saint-Louis) Collection du Musée Stewart; (masse) Bibliothèque du Parlement/Mone Cheng; (parlement) William Manning/CORBIS. **P. IV:** (hôtel de ville) AFP/Getty Images; (fleurs de lis) Coalition pour un Québec des régions; (robinet) iDesign/Shutterstock; (du pain et des roses) Gracieuseté de la Fédération des Femmes du Québec; (feuille d'érable) fritzkocher/Shutterstock; (fleur de lis) Istockphoto. **P. V:** (port) Musée McCord, MP-0000.890.2; (pianiste) AP Photo/Keystone, Martial Trezzini; (partie de carte) Bibliothèque et Archives Canada: C-011003; (forêt) Raymond Gehman/CORBIS; (viaduc) Bibliothèque et Archives nationales du Québec, Centre d'archives de Montréal, E6,S7,SS1,P700379; (procession) Musée McCord, MP-0000.25.931; (manifestation) Archives La Presse. **P. XI:** (h.) Christopher J. Morris/CORBIS; (c.) Girouard. C. A./Publiphoto; (b.) Jean du Boisberranger/Hemis/CORBIS. **P. XII:** Gracieuseté du Musée canadien des civilisations, photo Vilhjalmur Stefansson, c. 1913-1916, nº 20288. **P. XIII:** Bibliothèque et Archives nationales du Québec, F5002,C453,L6. **P. XIV:** Musée McCord, I-17502.1. **P. XV:** William James Topley/Bibliothèque et Archives Canada/PA-010151. **P. XVI:** Musée McCord, M192. **P. XVII:** © The Newberry Library. Cartes marines 105, Ayer MS Map 110/Sur catalogue Newberry: VAULT drawer Ayer MS map 30 sheet 106, 1721. **P. XVIII:** Musée McCord, VIEW-2231. **P. XIX:** Collection: Musée national des beaux-arts du Québec, 38.01, photo: Patrick Altman. **P. 2:** (Amérindienne) Bibliothèque nationale de France; (armoirie) Bibliothèque nationale de France; (place Jacques-Cartier) Bibliothèque et Archives Canada: C-018887; (édifice) Bibliothèque et Archives nationales du Québec, Direction du Centre de Montréal: P750-4-3-B; (Frances Brooke) Bibliothèque et Archives Canada: C-117373; (coffre) Photo © Musée canadien des civilisations/D2007-08502; (crucifix) Collection: Musée national des beaux-arts du Québec, 1934.712 et 1934.566, photo: Patrick Altman; (presse à imprimer) The Art Archive/Alfredo Dagli Orti; (institutrice et commissaires d'école) Musée des beaux-arts du Canada; (cathédrale) Musée des beaux-arts du Canada; (pipe) Photo © Musée canadien des civilisations, VIII-F-8497, image D2002-008056. **P. 3:** (couverture de livre) Jean-Paul Desbiens. *Les Insolences du frère Untel*, Montréal, Éditions de l'homme; (Rita Mestokosho) © Rita Mestokosho; (partition) Centre d'archives du Séminaire de Saint-Hyacinthe, Fonds Charles-Émile Gadbois, AFG 042; (cinéparc) Robert Nadon/La Presse; (pièce de théâtre) Archives du Théâtre du Nouveau Monde; (spectacle) René Picard/La Presse; (jazz) Service des archives de l'Université Concordia. **P. 4:** Gracieuseté de Les Rendez-vous de la Francophonie. **P. 5:** (h.) © Kate Hutchinson; (b.) Gracieuseté de Gris Montréal. **P. 6:** (g.) © Vivavision. Photo: Renaud Chasse; (d.) Photo Thibaut Baron Heiko Wittenborn; (d.) Archives La Presse. **P. 8:** (hg.) Bibliothèque nationale de France; (bg.) Gracieuseté de Sainte-Marie des Hurons, Midland, Ontario, Canada, photo: Bill Brodeur; (hd.) © Public Trustee of Nunavut, succession Karoo Ashevak, photo: Musée des beaux-arts du Canada; (bd.) Musée canadien de la guerre: 19940024-001. **P. 9:** (hg.) The Art Archive/Alfredo Dagli Orti; (bg.) Bibliothèque et Archives nationales du Québec, Direction du Centre de Montréal: P48,S1,P23122; (hd.) Musée de la civilisation, collection du Séminaire de Québec, 1993.25513; (bd.) René Picard/La Presse. **P. 11:** (hg.) Musée McCord, ME930.10; (bg.) Stéphanie Colvey; (d.) Musée McCord, MP-0000.1468.27. **P. 12:** Yale University Art Gallery/Art Resource, NY. **P. 13:** Bibliothèque nationale de France. **P. 14:** Photo © Musée canadien des civilisations, IV-B-160, image S2001-2537. **P. 15:** (h.) Photo © Musée canadien des civilisations, VIII-F-8497, image D2002-008056; (b.) © Public Trustee of Nunavut, succession Karoo Ashevak, photo: Musée des beaux-arts du Canada. **P. 16:** (g.) Bibliothèque nationale de France; (hd.) Photo © Musée canadien des civilisations, III-F-325, image S96-006244; (bd.) Musée McCord, M8369A. **P. 17:** (h.) Archives de la Ville de Montréal (fonds BM7); (bg.) Archives de la Ville de Montréal (fonds BM7); (bd.) Images du Québec, photo de Marcel Laborde-Peyré. **P. 18:** Bibliothèque et Archives Canada: C-000360. **P. 19:** (h.) Bibliothèque et Archives Canada: C-000360; (b.) Bibliothèque et Archives Canada: C-001854. **P. 20:** (h.) Bibliothèque et Archives nationales du Québec, Centre d'archives de Québec: N874-271; (bg.) Musée des beaux-arts de Montréal; (bd.) Stéphanie Colvey. **P. 21:** (g.) United Kingdom Hydrographic Office (Taunton), D688/A, © British Crown Copyright 2003, published by permission of the Controller of Her Majesty's Stationery Office and the UK Hydrographic Office (www.ukho.gov.uk); (d.) Stéphanie Colvey. **P. 22:** (g.) Gracieuseté de Sainte-Marie des Hurons, Midland, Ontario, Canada, photo: Bill Brodeur; (d.) Musée des Ursulines de Québec, collection du Monastère des Ursulines de Québec. **P. 23:** (g.) Musée des Augustines de l'Hôtel-Dieu de Québec; (c.) Bibliothèque nationale de France; (d.) Stéphanie Colvey . **P. 24:** (g.) Bibliothèque et Archives Canada: C-000354; (d.) Bibliothèque et Archives Canada: C-000354. **P. 25:** (cg.) Musée des Augustines de l'Hôtel-Dieu de Québec; (cd.) Musée de la civilisation, collection du Séminaire de Québec, sq033473; (bd.) Bibliothèque et Archives nationales du Québec, Centre d'archives de Montréal, P266,S4,P121. **P. 26:** (cd.) Collection: Musée national des beaux-arts du Québec, 1934.712 et 1934.566, photo: Patrick Altman; (bd.) Archives des Ursulines de Québec. **P. 27:** Bibliothèque nationale de France. **P. 28:** Musée canadien de la guerre: 19940024-001. **P. 29:** (h.) Musée de la civilisation, collection du Séminaire de Québec, Pierre Soulard, photographe, n° 1995.3480; (b.) Bibliothèque et Archives Canada: C-000360. **P. 30:** Musée de la civilisation, collection du Séminaire de Québec, 1993.25513. **P. 31:** The Art Archive/Alfredo Dagli Orti. **P. 32:** Bibliothèque et Archives Canada: C-024888. **P. 33:** Bibliothèque et Archives nationales du Québec, Centre d'archives de Montréal: E6,S7,SS1,P671955. **P. 34:** Bibliothèque et Archives Canada: C-117373. **P. 35:** (c.) Victoria and Albert Museum Teapot, made at an unidentified factory in Britain, probably 1740s. Museum nº C.50&A-1961; (d.) Collection: Musée national des beaux-arts du Québec, 67-197, photo: Patrick Altman. **P. 36:** Bibliothèque et Archives Canada: C-018887. **P. 37:** (h.) Stéphanie Colvey; (c.) Musée de la civilisation, collection du Séminaire de Québec, 1993.25513; (b.) Bibliothèque et Archives nationales du Québec, Centre d'archives de Québec: P1000,S4,D83,PT59. **P. 38:** Musée de la civilisation, collection du Séminaire de Québec, The Burland Lithographic Co, Ancien Collège de Montréal, détail de *Le Grand Séminaire et le nouveau collège de Montréal*, nº 1993-15409. **P. 39:** Musée McCord, M976.71.1. **P. 40:** Stéphanie Colvey. **P. 41:** (g.) Bibliothèque et Archives nationales du Québec; (d.) Albums de rue E.Z Massicotte, Bibliothèque et Archives nationales du Québec, Centre de conservation. **P. 42:** (h.) Musée des beaux-arts du Canada; (b.) Musée McCord, MP-0000.1164.5. **P. 43:** Bibliothèque et Archives nationales du Québec, Centre d'archives de Québec: P560,S2,D1,P001622. **P. 44:** (h.) Bibliothèque et Archives Canada: C-081325; (c.) Musée McCord, MP-0000.933.1; (b.) Bibliothèque et Archives nationales du Québec, Centre d'archives de Québec, P600,S6,D5,P93. **P. 45:** Archives de l'Institut Canadien de Québec. **P. 46:** SOCAMI. **P. 47:** Hayward Studios/Bibliothèque et Archives Canada/PA-069265. **P. 48:** (g.) Bibliothèque et Archives nationales du Québec, Direction du Centre de Montréal: P750-4-3-B; (d.) Hayward Studios/Bibliothèque et Archives Canada/PA-069265. **P. 49:** (h.) Musée McCord, VIEW-8781; (b.) Stéphanie Colvey. **P. 50:** Musée McCord, VIEW-24035. **P. 51:** (h.) Musée McCord, VIEW-16187; (b.) Archives de la Ville de Montréal, VM94/Y1,17,95.4. **P. 52:** (h.) Photo: Ullstein, Berlin; (b.) Archives du CHA-Hôpital Enfant-Jésus. **P. 53:** (h.) SOCAMI; (b.) © Succession de Rose « La Poune » Ouellette, reproduction autorisée par Kathleen Verdon, nlc-2798. **P. 54:** (h.) Bibliothèque et Archives Canada: C-086343; (b.) Archives de la Ville de Montréal (VM94-Z2227). **P. 55:** (hd.) CP PHOTO; (cg.) Musée McCord, VIEW-8094; (bg.) Service des archives de l'Université Concordia; (bd.) Michel Verrault. **P. 56:** (h.) Centre d'archives du Séminaire de Saint-Hyacinthe, Fonds Charles-Émile Gadbois, AFG 042; (b.) Tiré de Albert Lévesque, *Almanach de la langue française, Bottin national canadien-français*, Éditions Albert Lévesque, 1929. **P. 57:** Bibliothèque et Archives nationales du Québec, Direction du Centre de Montréal: P48,S1,P23122. **P. 58:** Bibliothèque et Archives Canada: e010691120. **P. 59:** (h.) Bibliothèque et Archives nationales du Québec, Centre d'archives de Québec, P1000,S4,D83,PF21; (b.) Musée McCord, VIEW-1565.3. **P. 60:** (h.) Photo: Musée des beaux-arts de Montréal, Christine Guest; (b.) Centre de recherche Lionel-Groulx. **P. 61:** (h.) Wikipedia Commons; (b.) Musée McCord, MP-0000.843.7. **P. 62:** (h.) Collection privée; (b.) Bernard Brault/La Presse. **P. 63:** (h.) Reproduction autorisée par M. Roger Nincheri; (b.) Reproduction autorisée par M. Roger Nincheri. **P. 64:** (g.) Robert Nadon/La Presse; (d.) Yves Beauchamp/La Presse. **P. 65:** © Succession Jean Paul Riopelle/SODRAC (2008), collection: Musée national des beaux-arts de Québec, nº 96.96, photographe: Kedl. **P. 66:** Jean-Paul Desbiens. *Les Insolences du frère Untel*, Éditions de l'homme, 1960. **P. 67:** (h.) Cinémathèque québécoise; (bg.) Archives de la STM; (bd.) © Photo Robert Etcheverry, Fondation Jean-Pierre Perreault. **P. 68:** (g.) Megapress.ca/Pharand; (d.) Archives de la Ville de Montréal/VM6-R3631.2-457-1975. **P. 69:** Gilles Richard, Bibliothèque et Archives nationales du Québec, Centre d'archives de Montréal: E6,S7,SS1,P642260. **P. 70:** (c.) Photo Gaby (Gabriel Desmarais), 1959, Bibliothèque et Archives nationales du Québec, Centre d'archives de Montréal, P795,S1,D9682, © Ronald Desmarais; (b.) René Picard/La Presse. **P. 71:** (g.) Gracieuseté de Rita Mestokosho; (d.) Gracieuseté de Chloé Sainte-Marie. **P. 72:** (h.) Archives du Théâtre du Nouveau Monde; (b.) Anne-Claire Poirier @ Office national du film du Canada, tous droits réservés, crédit photo: Jean-Pierre Joly. **P. 73:** (g.) CP PHOTO/Paul Chiasson; (d.) Pedro Ruiz/Le Devoir. **P. 74:** Musée McCord, ME930.6. **P. 75:** Musée des Ursulines de Québec, collection du Monastère des Ursulines de Québec. **P. 76:** (g.) Musée de la civilisation, don de Claude André Lavoie, Pierre Soulard, photographe, nº 1991.106; (d.) Albert Lévesque, *Almanach de la langue française, Bottin national canadien-français*, Éditions Albert Lévesque, 1929. **P. 78:** *Quel avenir pour notre art?* (Triptyque n° 1/3), 1997, 51 5/8 × 76 3/4 po (131 × 195 cm), acrylique et paillettes sur toile,

© Chéri Samba, Courtesy C.A.A.C. – The Pigozzi Collection, Geneva, photo: Claude Postel. **P. 80 :** (g.) Werner Forman/ Art Resource, NY; (cd.) Teddy Seguin; (bd.) © 2007. Musée du quai Branly, photo Hugues Dubois/SCALA, Florence. **P. 81 :** (cd.) Patrick Robert/Sygma/CORBIS; (bg.) collection B. Jewsiewicki. **P. 82 :** Tshibumba, *Kimbangu prêche*, photo: E.Vincke. **P. 83 :** *Quel avenir pour notre art ?* (Triptyque n° 1/3), 1997, 51 5/8 × 76 3/4 po (131 × 195 cm), acrylique et paillettes sur toile, © Chéri Samba, Courtesy C.A.A.C. – The Pigozzi Collection, Geneva, photo: Claude Postel. **P. 85 :** Georges Dutil photographe. **P. 86 :** (h.) Megapress; (b.) Centre de conservation du Québec, atelier de sculpture, photo: Michel Élie. **P. 87 :** Paul G. Adam/Publiphoto. **P. 88 :** Gilbert Bochenek/Wikipedia Commons. **P. 89 :** (h.) Paul G. Adam/Publiphoto; (b.) Megapress.ca/Pharand. **P. 93 :** Collection: Musée national des beaux-arts du Québec, 74.255. **P. 94 :** (Amérindien) Bibliothèque et Archives nationales du Québec, Centre d'archives de Québec: P600,S5,PAQ43; (catéchisme) Musée de la civilisation, Bibliothèque du Séminaire de Québec, Saint-Vallier, Jean-Baptiste de La Croix de Chevrières de, 1653-1727, Catéchisme du diocèse de Québec, Paris: Urbain Coustelier, 1702, QMUCSQ033473; (procession) Musée McCord, MP-0000.933.1; (conférence) © Private Collection/Archives Charmet/The Bridgeman Art Library; (assemblée) Collection: Musée national des beaux-arts du Québec, 37.54, photo: Patrick Altman; (Conseil souverain) Collection de l'Assemblée nationale; (coffee house) Granger Collection; (session parlementaire) Bibliothèque et Archives Canada: C-000315. **P. 95 :** (graffiti) CP PHOTO/Toronto Star Syndicate; (manifestation) Robert Skinner/La Presse; (foule en 1980) CP PHOTO; (grève) Archives de la CSN; (Big Bear) O.B. Buell/Bibliothèque et Archives Canada/C-001873; (Assemblée nationale) CP PHOTO/Jacques Boissinot. **P. 97 :** CP PHOTO/Jacques Boissinot. **P. 98 :** (h.) Photo: © Images distribution; (bg.) © Laëtitia Boudaud, 2007, Ethno'photos – L'image nomade; (bd.) CP PHOTO/Jacques Boissinot. **P. 99 :** CP PHOTO/Jacques Boissinot. **P. 100 :** (g.) Fotosearch; (c.) Photo courtesy of Newberry Library; (d.) Bibliothèque et Archives Canada: C-000040. **P. 101 :** (g.) © Société Saint-Jean-Baptiste de Montréal, photo: Stéphanie Colvey; (c.) CP PHOTO/Peter Bregg; (d.) CP PHOTO/Jacques Boissinot. **P. 102 :** Photo courtesy of Newberry Library. **P. 103 :** Collection de l'Assemblée nationale. **P. 104 :** Musée des Augustines du Monastère de l'Hôtel-Dieu de Québec. **P. 105 :** Bibliothèque et Archives Canada: C-147536. **P. 106 :** (c.) Musée canadien de la guerre, 19430003-001; (b.) © Warren Gordon. **P. 107 :** (h.) Archives nationales de France; (c.) Fotosearch. **P. 108 :** (h.) Bibliothèque et Archives nationales du Québec, Centre d'archives de Québec: P600,S5,PAQ43; (b.) Archives nationales de France, section outre-mer, Dépôt des fortifications de colonies, Amérique septentrionale, 490B. **P. 109 :** Photo courtesy of Newberry Library. **P. 110 :** Musée de la civilisation, Bibliothèque du Séminaire de Québec, A-136,T-224, fiche T-24. **P. 111 :** Musée de la civilisation, Bibliothèque du Séminaire de Québec, Saint-Vallier, Jean-Baptiste de La Croix de Chevrières de, 1653-1727, Catéchisme du diocèse de Québec, Paris: Urbain Coustelier, 1702. QMUCSQ033473. **P. 112 :** (g.) Collection du Musée Stewart; (d.) Société d'histoire de Longueuil/collection Le Moyne de Martigny. **P. 113 :** Bibliothèque et Archives Canada: C-010599. **P. 114 :** Wikipedia Commons. **P. 115 :** Musée des beaux-arts du Canada: 5278. **P. 116 :** Collection de l'Assemblée nationale. **P. 118 :** Granger Collection. **P. 119 :** (h.) The Granger Collection, New York; (b.) Musée des beaux-arts du Canada (n° 8005). **P. 120 :** (h.) Bibliothèque et Archives Canada: C-002833; (b.) Archives du Monastère des Ursulines de Québec. **P. 123 :** Bibliothèque du Parlement/ Mone Cheng. **P. 124** : SOCAMI. **P. 126** : (h.) Bibliothèque et Archives Canada: C-001506; (b.) Bibliothèque et Archives Canada: C-000040. **P. 127 :** (h.) Bibliothèque et Archives Canada: C-001575; (b.) Bibliothèque et Archives Canada: C-000040. **P. 128 :** Wikipedia Commons. **P. 129 :** Musée McCord, M969.53.1. **P. 130 :** © Société Saint-Jean-Baptiste de Montréal, photo: Stéphanie Colvey. **P. 131 :** Collection: Musée national des beaux-arts du Québec, 37.54, photo: Patrick Altman. **P. 132 :** Bibliothèque et Archives nationales du Québec. **P. 133 :** Archives de la Ville de Montréal – BM1-S5-P1270. **P. 134 :** Bibliothèque et Archives Canada: C-000315. **P. 136 :** Musée McCord, M10963. **P. 137 :** Musée McCord, I-6442. **P. 138 :** Bibliothèque et Archives Canada: C-011909. **P. 139 :** © Private Collection/Archives Charmet/ The Bridgeman Art Library. **P. 140 :** Ville de Québec. Gestion des documents et des archives, N019196. **P. 142 :** (h.) Bibliothèque et Archives nationales du Québec; (b.) Ville de Québec, Gestion des documents et des archives, N019196. **P. 143 :** Archives de la Ville de Montréal, BM1,S5,P218. **P. 144 :** Bibliothèque et Archives Canada: PA-012854. **P. 145 :** Canada, Ministère des Affaires indiennes et du Nord canadien/Bibliothèque et Archives Canada: PA-059617. **P. 146 :** (h.) O.B. Buell/Bibliothèque et Archives Canada/ C-001873; (b.) Bibliothèque et Archives Canada: e000008112. **P. 147 :** (h.) Musée McCord, M994X.5.273.144; (b.) Archives de la CSN. **P. 149 :** Bibliothèque et Archives nationales du Québec. Centre d'archives de Québec, P1000S4D1P0047. **P. 150 :** Centre de recherche Lionel-Groulx. **P. 151 :** (g.) Chris Lund/Office national du film du Canada, Photothèque/ Bibliothèque et Archives Canada/PA-129262; (d.) Office national du film du Canada, Photothèque/Bibliothèque et Archives Canada/C-026989. **P. 152 :** (h.) Archives La Presse; (b.) Bibliothèque et Archives Canada: PA-115281. **P. 153 :** (c.) The Gazette/Bibliothèque et Archives Canada/PA-129184; (bd.) John Steele /Bibliothèque et Archives Canada/PA-200774. **P. 154 :** Société des archives historiques de la région de l'Amiante. **P. 155 :** Archives d'Hydro-Québec. **P. 156 :** (g.) Archives de la CSN; (c.) Archives/La Presse; (d.) Centre de l'information – Société Radio-Canada. **P. 157 :** (bg.) Châtelaine/Bibliothèque et Archives Canada/PA-135131; (bd.) Réal St-Jean/La Presse. **P. 158 :** Richard Godin/La Presse. **P. 159 :** Edwards/Montreal Star/Bibliothèque et Archives Canada/PA-137177. **P. 160 :** CP PHOTO/Jacques Boissinot. **P. 161 :** Bibliothèque et Archives Canada: PA-117488. **P. 162 :** (h.) Photo: Archives Filmoption International Inc.; (bg.) CP PHOTO/Toronto Star Syndicate; (bd.) CP PHOTO. **P. 163 :** CP PHOTO/Peter Bregg. **P. 164 :** CP PHOTO/Jacques Boissinot. **P. 165 :** (g.) Illustration de Frédéric Back, photo: Société Radio-Canada; (d.) Alain Roberge/La Presse. **P. 166 :** (hg.) Robert Skinner/La Presse; (cg.) Robert Skinner/La Presse; (bd.) Atlantide Phototravel/ CORBIS; (d.) Photo: Martin Boudreault. **P. 167 :** Martin Tremblay/La Presse. **P. 168 :** Collection Roger-Viollet/ Ponopresse. **P. 169 :** (h.) Bibliothèque et Archives Canada; (c.) Musée McCord, M4777.5. **P. 170 :** (g.) Canada, Ministère de la Défense/Bibliothèque et Archives Canada/PA-024439; (d.) Bibliothèque et Archives nationales du Québec, Centre d'archives de Montréal, E6,S7SS1,P651500. **P. 171 :** AP Photo/Mizzima news. **P. 173 :** epa/CORBIS. **P. 174 :** (h.) AFP/Getty Images; (b.) James Robert Fuller/CORBIS. **P. 175 :** (h.) Time & Life Pictures/Getty Images; (b.) AP Photo/Myanmar News Agency via Xinhua. **P. 176 :** (g.) AP Photo/Mizzima news; (d.) AFP/Getty Images. **P. 177 :** Thai Royal Air Forces/epa/CORBIS. **P. 178 :** (bd.) © ACTI-MENU 2008, toute reproduction interdite, Le Défi J'arrête, j'y gagne ! est une marque de commerce de ACTI-MENU; (bg.) Directeur général des élections du Québec. **P. 179 :** (b.) Robert Estall/CORBIS. **P. 180 :** Gracieuseté d'Opération Nez rouge. **P. 181 :** Photo: © Yves Beaulieu. **P. 182 :** Chris Schmidt/iStockphoto. **P. 183 :** Photos.com. **P. 186 :** Collection de l'Assemblée nationale. **P. 187 :** (h.) Musée McCord, MP-0000.25.530; (b.) Musée McCord, MP-1985. 31.180. **P. 188 :** (papeterie) CP PHOTO/Francis Vachon; (Roy Dupuis) Photo Hugo-Sébastien Aubert/Le Journal de Montréal; (pollution) Ministère du Développement durable, de l'Environnement et des Parcs, reproduction autorisée par Les Publications du Québec; (Murdochville) Wolfgang Kaehler/CORBIS; (banlieue) Francis Lépine/Megapress; (Fred Pellerin) L'Hebdo du Saint-Maurice/Hugo Lemay. **P. 189 :** (femmes musulmanes) Shaun Best/Reuters/CORBIS; (marche) Photo Le Journal de Montréal; (sans-abri) CP PHOTO/Graham Hughes; (partisans du oui) Brooks Kraft/Sygma/CORBIS; (partisans du non) CP PHOTO; (une de quotidien) © La Presse; (manifestation) Frapru/ François Roy 2008. **P. 190 :** © Journal de Montréal/Luc Laforce. **P. 191 :** (h.) François Roy/La Presse; (b.) CP PHOTO/Peter McCabe. **P. 192 :** (cg.) Archives de la Ville de Montréal (BM1, p1623); (bg.) Collection Jean-Marie Dubois, Université de Sherbrooke; (bd.) Conception: Luc Leblanc, Clinique communautaire de Pointe-Saint-Charles. **P. 193 :** *L'erreur boréale*, @ 1999 Office national du film du Canada, tous droits réservés. **P. 194 :** (g.) Images du Québec; (d.) Archives de la Ville de Montréal. **P. 195 :** (g.) Archives FTQ/Serge Jongué; (d.) © Garnotte, caricature parue dans *Le Devoir* du 27 juin 2006. **P. 196 :** Frapru/François Roy 2008. **P. 198 :** UQAR: bibliothèque (fonds de la CIPEQ). **P. 199 :** Francis Lépine/Megapress. **P. 200 :** (h.) Place aux jeunes; (b.) Alexandre Genest. **P. 201 :** Frapru/François Roy 2008. **P. 202 :** (g.) Gracieuseté de Solidarité rurale du Québec; (d.) L'Hebdo du Saint-Maurice/Hugo Lemay. **P. 203 :** (g.) Wolfgang Kaehler/ CORBIS; (d.) Coalition pour un Québec des régions. **P. 204 :** Photo Hugo-Sébastien Aubert/Le Journal de Montréal. **P. 205 :** (bg.) Musée McCord, MP-0000.941.4; (d.) Private Collection, The Bridgeman Art Library. **P. 206 :** Ministère du Développement durable, de l'Environnement et des Parcs, reproduction autorisée par Les Publications du Québec. **P. 207 :** (h.) Paul G. Adam/Publiphoto; (b.) Patrick Sanfaçon/La Presse, autorisée par Les Publications du Québec. **P. 208 :** (g.) Ministère du Développement durable, de l'Environnement et des Parcs, photo: Isabelle Giroux; (c.) Ministère du Développement durable, de l'Environnement et des Parcs, reproduction autorisée par Les Publications du Québec; (d.) Ministère du Développement durable, de l'Environnement et des Parcs, reproduction autorisée par Les Publications du Québec. **P. 209 :** (h.) Ministre de l'Agriculture, des Pêcheries et de l'Alimentation, photo: Pierre Lachance; (b.) CP PHOTO/Francis Vachon. **P. 211 :** Photo Hugo-Sébastien Aubert/Le Journal de Montréal. **P. 212 :** CP PHOTO/Graham Hughes. **P. 213 :** Canada. Ministère de la défense/Bibliothèque et Archives Canada/PA-007439. **P. 214 :** Marie-Claude Hamel, photographe. **P. 215 :** Photo Le Journal de Montréal. **P. 216 :** (h.) CP PHOTO/Graham Hughes; (c.) © Jérémie Monderie Larouche. **P. 217 :** Gracieuseté de Radio-Refuge. **P. 218 :** Reproduit avec la permission de la Semaine québécoise des rencontres interculturelles. **P. 219 :** (g.) CP PHOTO; (d.) CP PHOTO. **P. 220 :** (g.) Bibliothèque et Archives Canada: C-078864; (c.) Bibliothèque et Archives Canada: C-087690. **P. 221 :** (g.) CP PHOTO; (d.) CP PHOTO. **P. 222 :** CP PHOTO/ Paul Chiasson. **P. 223 :** CP PHOTO/Jonathan Hayward. **P. 224 :** © Garnotte, caricature parue dans *Le Devoir* du 23 août 2005. **P. 225 :** CP PHOTO/La Presse – Martin Chamberland. **P. 226 :** © Arte/Courtesy Everett Collection/ CP PHOTO. **P. 227 :** CP PHOTO/La Presse – Martin Tremblay. **P. 229 :** (g.) Aglebus www.usherbrooke.ca/vers/aglebus; (d.) Crédit: *Sexy inc. Nos enfants sous influence* @2007 Office national du film du Canada, tous droits réservés. **P. 230 :** Megapress/Mauritius. **P. 231 :** Matt Rainey/Star Ledger/ CORBIS. **P. 232 :** Images du Québec. **P. 237 :** École des métiers de l'aérospatiale de Montréal. **P. 241 :** (hg.) Centre des archives d'outre-mer (Archives nationales de France); (hd.) Musée McCord, M991X.5.633; (bg.) Dorling Kindersley/Getty Images; (bd.) Musée McCord, M14099. **P. 243 :** O.B. Buell/Bibliothèque et Archives Canada/C-001879. **P. 246 :** (h.) Musée McCord, VIEW-1332; (b.) Musée McCord, M2001.60.4. **P. 247 :** (hg.) Musée McCord, VIEW-1332; (hd.) Musée McCord, M2001.60.4; (cd.) Art Gallery of Ontario, The Thomson Collection. **P. 249 :** Archives des Ursulines de Trois-Rivières, cote P015.0013. **P. 250 :** Tiré de *Le Mémorial du Québec*, Tome VI, Montréal, Société des Éditions du Mémorial, 1980. **P. 251 :** Archives des Clercs de Saint-Viateur de Joliette. **P. 258 :** Bibliothèque et Archives Canada: NMC-45192. **P. 261 :** *Magasin général*, tome 1, *Marie*, Régis Loisel et Jean-Louis Tripp © Casterman, avec l'aimable autorisation des auteurs et des Éditions Casterman.

Textes

P. 5 : (h.) *La domination de l'anglais*, Réseau Éducation-Médias, 2007, [en ligne] (10 juin 2008) ; (b.) QUÉBEC, COMMISSION DES DROITS DE LA PERSONNE ET DES DROITS DE LA JEUNESSE, *Charte des droits et libertés de la personne, préambule*, 19 avril 2006, [en ligne] (11 août 2008). **P. 6 :** BEAUCHEMIN, Philippe, « Marie-Thérèse Fortin : "L'avenir du théâtre québécois passe par l'éclectisme" », *Montréal Express*, 7 mai 2008, [en ligne] (11 juin 2008). **P. 7 :** QUÉBEC, MINISTÈRE DE L'ÉDUCATION, DU LOISIR ET DU SPORT, « L'école, tout un programme », *Énoncé de politique éducative*, 1997, [en ligne] (11 juin 2008). **P. 12 :** LE JEUNE, Paul, *Relation de ce qui s'est passé en la Nouvelle-France, en l'année 1636* ; VIMONT, Barthelemy, *Relation de ce qui s'est passé en la Nouvelle-France, ès années 1644-1645*, cités dans Denys DELÂGE, *Le pays renversé*, Montréal, Boréal, 1991, p. 72. **P. 13 :** BOUGAINVILLE, Louis Antoine de, *Journal de l'expédition d'Amérique*, 10 juillet 1757, cité dans Roland VIAU, *Enfants du néant et mangeurs d'âmes. Guerre, culture et société en Iroquoisie ancienne*, Montréal, Boréal, 2000, p. 167. **P. 14 :** SAGARD, Gabriel, *Le grand voyage du pays des Hurons*, 1632, Montréal, Bibliothèque québécoise, 1999, p. 270-271. **P. 22 :** LESCARBOT, Marc, *Conversion des Sauvages qui ont esté baptizés en la Nouvelle France, cette année 1610*, Parcs Canada, [en ligne] (9 octobre 2008). **P. 27 :** (h.) *Intendant Raudot, Documents judiciaires*, janvier-juin 1712, 13 février 1712, cité dans André LACHANCE, *Vivre à la ville en Nouvelle-France*, Montréal, Libre expression, 2004, p. 264-266 ; (b.) BÉGON, Élizabeth, *Lettres au cher fils*, éd. revue et augmentée, préf. Nicole Deschamps, Montréal, Boréal, 1994. **P. 28 :** BOSSUET, Jacques Bénigne, « La politique tirée de l'Écriture sainte, 1700-1717 », dans *Œuvres de Bossuet*, p. 323, [en ligne] (8 octobre 2008). **P. 31 :** Lettre de Guy Carleton à Lord Shelburne, Québec, 12 avril 1768, dans Jean-Pierre WALLOT, *Documents sur le British North America, 1759-1775*, Montréal, Université de Montréal, 1973, p. 40. **P. 32 :** BRIAND, Jean-Olivier (évêque), *Mandement aux sujets rebelles durant la guerre américaine*, 1776, cité dans Yvan LAMONDE, *Histoire sociale des idées au Québec (1760-1896)*, tome I, Montréal, Fides, 2000, p. 31. **P. 34 :** (h.) BROOKE, Frances, *The History of Emily Montague*, 1769, The Gutenberg Project, [en ligne] (18 novembre 2008) ; (b.) Pétition au roi concernant la révocation de l'Acte de Québec, 12 novembre 1774, dans *Documents relatifs à l'histoire constitutionnelle du Canada, 1759-1791*, Archives canadiennes, p. 571, [en ligne] (18 novembre 2008). **P. 36 :** *Quebec Mercury*, 27 octobre 1806, dans John A. DICKINSON et Brian YOUNG, *Brève histoire socio-économique du Québec*, Sillery, Septentrion, 1995, p. 76. **P. 38 :** *92 Résolutions*, 17 février 1834, [en ligne] (18 novembre 2008). **P. 39 :** *Lettre du curé Jean-Baptiste Saint-Germain à Mgr l'évêque de Québec*, Saint-Laurent, 22 avril 1834, dans Richard CHABOT, *Le curé de campagne et la contestation locale au Québec de 1791 aux troubles de 1837-1838*, Montréal, Hurtubise HMH, 1975, p. 99. **P. 43 :** GARNEAU, François Xavier, *Histoire du Canada depuis sa découverte jusqu'à nos jours* (1845-1849), cité dans André G. TURCOTTE, dir., *Anthologie. Confrontation des écrivains d'hier à aujourd'hui*, Tome 3 : *De la Nouvelle-France au Québec actuel*, Montréal, Modulo, 2007, p. 45. **P. 46 :** BUIES, Arthur, *La Lanterne*, décembre 1868, cité dans André G. TURCOTTE, dir., *Anthologie. Confrontation des écrivains d'hier à aujourd'hui*, Tome 3 : *De la Nouvelle-France au Québec actuel*, Montréal, Modulo, 2007, p. 70-72. **P. 50 :** ROY, Gabrielle, *Bonheur d'occasion*, Montréal, Stanké, coll. 10/10, 1978, p. 38-39. **P. 51 :** Les Cercles des Fermières, *La Bonne Parole*, vol.12, n° 11, novembre 1924, p. 1, cité dans Karine HÉBERT, « Une organisation maternaliste au Québec. La Fédération nationale Saint-Jean-Baptiste et la bataille pour le vote des femmes », *Revue d'histoire de l'Amérique française*, vol. 52, n° 3, hiver 1999, [en ligne] (18 novembre 2008). **P. 58 :** BOURASSA, Henri, *Le Nationaliste*, 3 avril 1904, cité dans André LAURENDEAU, « Le nationalisme de Bourassa », *L'Action nationale*, vol. 43, n° 1, janvier 1954, p. 30-31. **P. 60 :** HÉMON, Louis, *Maria Chapdelaine*, Montréal, Fides, 1982, p. 195-196. **P. 65 :** BORDUAS, Paul-Émile, *Refus global*, 1948, [en ligne] (18 novembre 2008). **P. 66 :** Frères des Écoles Chrétiennes, *Découvreurs et Pionniers : histoire du Canada, manuel de 4e et de 5e année*, 1958. **P. 75 :** PAPINEAU, Louis-Joseph, *La Minerve*, 2 novembre 1837, [en ligne] (18 novembre 2008). **P. 77 :** « Plus rien », paroles et musique de Jean-François PAUZÉ, 2004, © La Tribu, de l'album des Cowboys fringants, *La Grand-Messe*, 2005. **P. 84 :** (g.) FRÉCHETTE, Christine, « Protéger la langue à l'ère de la mondialisation », *Conseil supérieur de la langue française*, mars 2007, [en ligne] (11 juin 2008) ; (d.) « Tête à tête avec Farhang Rajaee », *Bulletin du centre de recherches pour le développement international*, 22 février 2001, [en ligne] (11 juin 2008). **P. 85 :** BÉLANGER, Mauril, « Les parlements et l'identité culturelle à l'heure de la mondialisation », *Union de la Presse francophone*, 12 septembre 2000, [en ligne] (11 juin 2008). **P. 87 :** (h.) ALLARD, Geneviève, « La saga de l'avenue du Parc se poursuit », *L'express d'Outremont*, 12 décembre 2006, [en ligne] (11 juin 2008) ; (c.) DIOTTE, Simon, « Année charnière pour les plus beaux villages du Québec », *Cyberpresse*, 3 juin 2008, [en ligne] (11 juin 2008). **P. 93 :** BUIES, Arthur, *La Lanterne*, 1868, cité dans André G. TURCOTTE, dir., *Anthologie. Confrontation des écrivains d'hier à aujourd'hui*, Tome 3 : *De la Nouvelle-France au Québec actuel*, Montréal, Modulo, 2007, p. 70-72. **P. 97 :** NADEAU, Stéphanie, « Mauvaise interprétation des sondages par les médias ? », *Perspective Monde*, Université de Sherbrooke, 25 mars 2007, [en ligne] (6 octobre 2008). **P. 98 :** QUÉBEC, *Loi sur la transparence et l'éthique en matière de lobbyisme*, révisée le 1er août 2008, [en ligne] (9 octobre 2008). **P. 99 :** (g.) CHARRON, Guy, « Élections 2007 au Québec : la FTQ appuie officiellement le Parti québécois », *Word Socialist Website*, 12 mars 2007, [en ligne] (9 octobre 2008) ; (d.) GRÉGOIRE, Isabelle, « Le pouvoir communautaire », *L'Express.fr*, 13 décembre 2004, [en ligne] (9 octobre 2008). **P. 104 :** Lettre anonyme jointe à la correspondance du gouverneur et de l'intendant, octobre 1730, Bibliothèque et Archives Canada, [en ligne] (19 novembre 2008). **P. 107 :** FRANQUET, Louis, *Voyages et mémoires sur le Canada*, 1753, cité dans Louise DECHÊNE, *Le Peuple, l'État et la Guerre au Canada sous le régime français*, Montréal, Boréal, 2008. **P. 110 :** LAVAL, François de, 1674. **P. 111 :** SAINT-VALLIER, Jean de la Croix de, *Catéchisme du diocèse de Québec*, 1702, fac-simile, Montréal, Éditions franciscaines, 1958. **P. 112 :** *Insinuations du Conseil souverain de la Nouvelle-France*, mars 1668, cité dans Pierre-Georges ROY, *Lettres de noblesse, généalogies, érections de comtés et baronnies insinuées par le Conseil souverain de la Nouvelle-France*, Beauceville, L'Éclaireur, 1920. **P. 113 :** BÉGON, Élizabeth, *Lettres au cher fils*, éd. revue et augmentée, préf. Nicole Deschamps, Montréal, Boréal, 1994. **P. 115 :** *Jugements et délibérations du Conseil souverain*, séance du 12 août 1715, cité dans Louise DECHÊNE, *Le partage des subsistances au Canada sous le régime français*, Montréal, Boréal, 1994. **P. 119 :** Lettre de Pierre Guy à François Baby, 19 juin 1775, Université de Montréal, Service de la gestion de documents et des archives, [en ligne] (24 novembre 2008). **P. 120 :** Lettre de Carleton au général Gage, 4 février 1775, British National Archives, Colonial Office 42. **P. 121 :** Adam SHORTT et Arthur G. DOUGHTY, *Documents relatifs à l'histoire constitutionnelle du Canada, 1759-1791*, 2 volumes, Ottawa, 1921, p. 737. **P. 122 :** Pétition demandant une Chambre d'assemblée, 24 novembre 1784, dans Adam SHORTT et Arthur G. DOUGHTY, *Documents relatifs à l'histoire constitutionnelle du Canada, 1759-1791*, 2 volumes, Ottawa, 1921. **P. 123 :** Journal de François Baillairgé, 1er janvier 1792, cité dans Denis VAUGEOIS, *Québec 1792. Les acteurs, les institutions et les frontières*, Sillery, Septentrion, 1992, p. 112. **P. 125 :** Le *Alien Act* de 1794, *Journal de l'Assemblée législative du Bas-Canada*, 1794. **P. 126 :** Lettre de Papineau à sa femme, 29 avril 1839, [en ligne] (24 novembre 2008). **P. 133 :** (h.) Chevalier de Lorimier, *Lettres d'un patriote condamné à mort*, 14 février 1839, Montréal, Comeau et Nadeau, 1996, p. 55-57 ; (b.) *Rapport sur les affaires de l'Amérique du Nord britannique*, 1839, dans Louis-Joseph Papineau, *Histoire de la résistance du Canada au gouvernement anglais*, présentation, notes et chronologie par Georges Aubin, Montréal, Comeau et Nadeau, 2001. **P. 143 :** BOURASSA, Henri, *Le Devoir*, 1910, [en ligne] (14 octobre 2008). **P. 144 :** Louis Riel, Liste de droits, 1869, dans Auguste-Henri de TRÉMAUDAN. *Histoire de la nation métisse dans l'Ouest canadien*, Saint-Boniface, les éditions du Blé, 1979, p. 231-233. **P. 149 :** GÉRIN-LAJOIE, Marie, « Le suffrage féminin », *La bonne parole*, vol. 10, 1922. **P. 168 :** FRANQUET, Louis, *Voyages et mémoires sur le Canada*, 1753, cité dans Louise DECHÊNE, *Le Peuple, l'État et la Guerre au Canada sous le régime français*. Montréal, Boréal, 2008. **P. 178 :** ROBITAILLE, Antoine, « Les baby-boomers décrocheurs », *Le Devoir*, 19 septembre 2008, [en ligne] (10 octobre 2008). **P. 179 :** QUÉBEC, COMMISSION DES DROITS DE LA PERSONNE ET DES DROITS DE LA JEUNESSE, *La Charte des droits et libertés de la personne* [en ligne], réf. du 10 octobre 2008. **P. 180 :** LAMBERT-CHAN, Marie, « Ils sont venus d'ailleurs », *Le Devoir*, 5 janvier 2008, [en ligne] (10 octobre 2008). **P. 181 :** GAGNON, Katia, « Une majorité qui craint ses minorités », *La Presse*, 15 août 2007, [en ligne] (10 octobre 2008). **P. 191 :** « Profil d'un membre de gang de rue », *Service de police de la Ville de Montréal*, [en ligne] (17 octobre 2008). **P. 193 :** CONSEIL DE L'INDUSTRIE FORESTIÈRE DU QUÉBEC, [en ligne] (17 octobre 2008). **P. 198 :** (g.) *UQAR Info*, 31e année, n° 15, 4 avril 2000, [en ligne] (19 novembre 2008) ; (d.) BOILEAU, Gilles, « Le témoignage d'un relocalisé de Saint-Nil », *Histoire Québec*, vol. 1, n° 1, juin 1995, [en ligne] (19 novembre 2008). **P. 199 :** « Transport écologique, Fiche thématique : Aménagement urbain », *Équiterre*, [en ligne] (24 octobre 2008). **P. 209 :** CÔTÉ, Émilie, « Sauvons la planète, l'eau menacée », *La Presse*, 13 octobre 2007. **P. 210 :** QUÉBEC, *L'eau, la vie, l'avenir. Politique nationale de l'eau*, 2002, p. 7, [en ligne] (2 octobre 2008). **P. 213 :** SAINT-JEAN, Idola, « Pour le rôle des femmes », *Le Devoir*, 30 mars 1939, [en ligne] (19 novembre 2008). **P. 214 :** *Charte canadienne des droits et libertés de la personne*, 1982, [en ligne] (19 novembre 2008). **P. 215 :** GOUVERNEMENT DU QUÉBEC, *Pour que l'égalité de droit devienne une égalité de fait*, 2007, p. 39 et 59, [en ligne] (19 novembre 2008). **P. 217 :** BOUCHARD, Gérard, et Charles TAYLOR, *Fonder l'avenir, Le temps de la conciliation*, Gouvernement du Québec, 2008, p. 270-271, [en ligne] (19 novembre 2008). **P. 220 :** *Programme du Parti québécois*, 1975. **P. 221 :** (g.) LANDRY, Bernard, *Journal des débats*, 17 avril 2002, [en ligne] (19 novembre 2008) ; (d.) CHAREST, Jean, *Journal des débats*, 17 avril 2002, [en ligne] (19 novembre 2008). **P. 223 :** CHRÉTIEN, Jean, *Message à la nation*, 1995. **P. 224 :** RADIO-CANADA, Le déséquilibre fiscal, 10 mars 2006. **P. 226 :** *Réseau québécois d'action pour la santé des femmes*, [en ligne] (10 octobre 2008). **P. 243 :** (g.) COUTURIER, Jacques Paul et collab., « La rébellion du Nord-Ouest de 1885 » dans *Un passé composé. Le Canada de 1850 à nos jours*, Moncton, Éditions d'Acadie, 1996, p. 104-105 ; (d.) THOMAS, Lewis H., « Riel, Louis », dans Bibliothèque et Archives Canada, *Dictionnaire biographique du Canada en ligne*, [en ligne] (19 novembre 2008). **P. 249 :** « Extrait de la lettre de Mgr Joseph-Médard Émard, évêque de Valleyfield, aux religieuses enseignantes de son diocèse, 1915 », tiré de Collectif Clio, *L'histoire des femmes au Québec depuis quatre siècles*, Montréal, Le Jour, 1992, p. 336. **P. 250 :** Extrait du *Rapport de la Commission royale d'enquête sur l'enseignement dans la province de Québec, tome II, volume 3 : les structures pédagogiques du système scolaire*, Québec, Publications du Québec, 1964, p. 279. **P. 251 :** Extrait de « La révolution des femmes » dans Jacques Paul COUTURIER et collab., *Un passé composé. Le Canada de 1850 à nos jours*, Moncton, Éditions d'Acadie, 1996, p. 302. **P. 261 :** LOISEL, Régis et TRIPP, *Jean-Louis, Magasin général : Marie*, Tournai, Casterman, 2006, p. 77.